7º ANO

Ciências da
NATUREZA

CB013442

Caro leitor:

Visite o site **harbradigital.com.br** e tenha acesso aos **objetos digitais** especialmente desenvolvidos para esta obra. Para isso, siga os passos abaixo:

▶▶▎ acesse o endereço eletrônico **www.harbradigital.com.br**

▶▶▎ clique em **Cadastre-se** e preencha os **dados** solicitados

▶▶▎ inclua seu **código de acesso**:

9E38E04304453B919D6E

Seu cadastro já está feito! Agora, você poderá desfrutar de vídeos, animações, textos complementares, banco de questões, banco de imagens, entre outros conteúdos especialmente desenvolvidos para tornar seu estudo ainda mais agradável.

Requisitos do sistema

- O Portal é multiplataforma e foi desenvolvido para ser acessível em *tablets*, celulares, *laptops* e PCs (existentes até ago. 2018).
- Resolução de vídeo mais adequada: 1024 x 768.
- É necessário ter acesso à internet, bem como saídas de áudio.
- Navegadores: Google Chrome, Mozilla Firefox, Internet Explorer 9+, Safari ou Edge.

Acesso

Seu código de acesso é válido por 1 ano a partir da data de seu cadastro no portal HARBRADIGITAL.

editora **HARBRA**

CIÊNCIAS DA NATUREZA

1	• Observar o mundo a sua volta e fazer perguntas.	**Definição de problemas**
2	• Analisar demandas, delinear problemas e planejar investigações.	
3	• Propor hipóteses.	
4	• Planejar e realizar atividades de campo (experimentos, observações, leituras, visitas, ambientes virtuais etc.).	**Levantamento, análise e representação**
5	• Desenvolver e utilizar ferramentas, inclusive digitais, para coleta, análise e representação de dados (imagens, esquemas, tabelas, gráficos, quadros, diagramas, mapas, modelos, representações de sistemas, fluxogramas, mapas conceituais, simulações, aplicativos etc.).	
6	• Avaliar informação (validade, coerência e adequação ao problema formulado).	
7	• Elaborar explicações e/ou modelos.	
8	• Associar explicações e/ou modelos à evolução histórica dos conhecimentos científicos envolvidos.	
9	• Selecionar e construir argumentos com base em evidências, modelos e/ou conhecimentos científicos.	
10	• Aprimorar seus saberes e incorporar, gradualmente, e de modo significativo, o conhecimento científico.	
11	• Desenvolver soluções para problemas cotidianos usando diferentes ferramentas, inclusive digitais.	
12	• Organizar e/ou extrapolar conclusões.	**Comunicação**
13	• Relatar informações de forma oral, escrita ou multimodal.	
14	• Apresentar, de forma sistemática, dados e resultados de investigações.	
15	• Participar de discussões de caráter científico com colegas, professores, familiares e comunidade em geral.	
16	• Considerar contra-argumentos para rever processos investigativos e conclusões.	
17	• Implementar soluções e avaliar sua eficácia para resolver problemas cotidianos.	**Intervenção**
18	• Desenvolver ações de intervenção para melhorar a qualidade de vida individual, coletiva e socioambiental.	

7º ANO

Ciências da
NATUREZA

ARMÊNIO UZUNIAN

Mestre em Ciências na área de Histologia pela
Universidade Federal de São Paulo

Médico pela Universidade Federal de São Paulo

Professor e Supervisor de Biologia
em cursos pré-vestibulares na cidade de São Paulo

ERNESTO BIRNER

Licenciado em Ciências Biológicas pelo Instituto
de Biociências da Universidade de São Paulo

Professor de Biologia na cidade de São Paulo

JOSÉ EDUARDO REZENDE

Bacharel em Física pela Universidade Estadual de Campinas

Coordenador e professor de Física, Química e Matemática em
escolas particulares e cursos pré-vestibulares

Trabalha com projetos de formação continuada
de professores da rede privada

MARLON WRUBLEWSKI

Mestre em Ciência e Engenharia de Materiais pela
Universidade Federal do Paraná

Licenciado em Física pela Universidade Federal do Paraná

Professor de Física em cursos de graduação em Engenharia na
Pontifícia Universidade Católica do Paraná

Professor de Física do Ensino Fundamental e Médio

editora
HARBRA

Direção Geral:

Julio E. Emöd

Supervisão Editorial:

Maria Pia Castiglia

Edição de Texto:

Carla Castiglia Gonzaga

Programação Visual:

Mônica Roberta Suguiyama

Editoração Eletrônica:

Neusa Sayuri Shinya

Assistente Editorial:

Darlene Fernandes Escribano

Capa:

Grasiele Lacerda Favatto Cortez

Fotografias da Capa:

Shutterstock

Impressão e Acabamento:

Cipola Inteligência Gráfica

CIP-BRASIL. CATALOGAÇÃO NA PUBLICAÇÃO
SINDICATO NACIONAL DOS EDITORES DE LIVROS, RJ

C511

Ciências da Natureza: 7º ano / Armênio Uzunian ... [et al.]. - 1. ed. -
São Paulo : HARBRA, 2019.
 356 p. : il. ; 28 cm.   (Ciências da natureza)

Inclui bibliografia
manual do professor e objetos digitais
ISBN 978-85-294-0519-3

 1. Ciências - Estudo e ensino (Ensino fundamental). I. Uzunian,
Armênio. II. Série.

18-53917   CDD: 372.35
                                  CDU: 373.3.016:5

Ciências da NATUREZA – 7º ano
Copyright © 2019 por editora HARBRA ltda.
Rua Joaquim Távora, 629
04015-001 – São Paulo – SP
Tel.: (0.xx.11) 5084-2482. Fax: (0.xx.11) 5575-6876

ISBN (coleção) 978-85-294-0516-2

ISBN 978 85 294 0519 3

Impresso no Brasil   *Printed in Brazil*

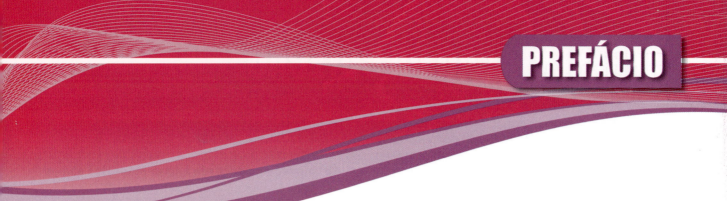

Prezado estudante:

É com prazer que lançamos uma coleção que valorizará sempre a sua intensa participação e incentivará o conhecimento das Ciências da Natureza com ética, responsabilidade, estimulando o respeito a si próprio e ao outro. Dirigiremos nossas abordagens principalmente ao princípio da valorização do meio ambiente e incentivaremos sempre que possível a sustentabilidade ambiental de forma responsável, conscientes de que é preciso interagir e efetuar um trabalho em conjunto, com ênfase na ética e na cidadania, sempre com a meta de formar cidadãos responsáveis e participativos.

Nesta coleção, valorizaremos insistentemente o processo investigativo e questionador, sempre recorreremos à contextualização dos conhecimentos, e utilizaremos as Ciências da Natureza para incentivá-lo a tomar decisões frente a questões científicas, tecnológicas e socioambientais, com respeito à saúde individual e coletiva. Enfatizaremos os princípios éticos, democráticos, sustentáveis e solidários. Para isso, é preciso reconhecer a importância da transversalidade e a integração dos conhecimentos de Química, Biologia e Física, e mostrar que as novidades derivadas dessas áreas contribuem para formar cidadãos participativos, questionadores e difusores de boas práticas diárias de respeito ao meio ambiente e às pessoas que nos cercam, valorizando a diversidade de indivíduos e grupos sociais, sem preconceitos de qualquer natureza.

Nós, professores, precisamos levar em conta a opinião dos nossos alunos. Precisamos valorizar a sua opinião, necessitamos de sua conhecida capacidade de observar fenômenos, propor hipóteses, fazer perguntas, planejar e realizar atividades que permitam a perfeita compreensão dos fenômenos que ocorrem à sua volta. Esse é um dos importantes diferenciais da presente obra – contar com a participação dos estudantes. Esse foi o desejo da editora HARBRA e dos autores, também professores, ao lançar a presente coleção de Ciências destinada aos alunos do Ensino Fundamental de nosso país e que se enquadra perfeitamente bem às novas orientações geradas pela Base Nacional Comum Curricular.

Os autores.

APRESENTAÇÃO DA COLEÇÃO

Organização do volume

① Unidades organizadas segundo a BNCC

A abertura de cada unidade assim como de cada capítulo, com fotos motivadoras e texto cuidadosamente preparado, visam captar a atenção dos alunos, apresentando-os ao conteúdo a ser estudado e sua relação com o cotidiano.

② Linguagem adequada à faixa etária dos alunos

Textos escritos em linguagem acessível, de modo a facilitar a compreensão dos conceitos.

Quadros à margem do texto estimulam a interação dos alunos com o conteúdo

③ Fique por dentro!

Pequenas curiosidades motivadoras sobre o tema em pauta.

④ Descubra você mesmo!

Neste momento, os alunos são convidados a pesquisar em livros da biblioteca ou por meio eletrônico, hoje praticamente ao alcance de todos, para descobrir respostas a atividades propostas.

⑤ Glossário

Nova oportunidade para enriquecer o vocabulário dos leitores.

⑥ Jogo rápido

Perguntas simples sobre o tema que acabou de ser exposto, cujas respostas podem estar no próprio capítulo ou já fazer parte do repertório dos alunos.

⑦ Lembre-se

São destacados do corpo do texto dados e informações relevantes que os alunos não podem deixar de contemplar.

Complementando a teoria, quadros apresentam uma diversidade de situações em que o tema em estudo é aplicado

8 De olho no planeta
Meio ambiente, Sustentabilidade e Ética & Cidadania
Neste quadro, a importantíssima questão socioambiental, tema da atualidade, é abordada, em seus três pilares, objetivando o desenvolvimento da capacidade de atuação no e sobre o mundo, importante ao exercício pleno da cidadania.

9 Estabelecendo conexões
Cotidiano, Interdisciplinaridade e Saúde
Quadros que integram os temas abordados no capítulo com outras áreas do conhecimento, situações do cotidiano e saúde.

10 É sempre bom saber mais!
Destacados do corpo principal do texto, esses sempre interessantes aprofundamentos podem ser abordados em sala de aula a critério do professor.

13 Nosso desafio
Ao fim do capítulo, atividade de construção de mapas de conceitos.

11 Entrando em ação!
Práticas que não precisam de laboratório para serem realizadas.

12 Em conjunto com a turma!
Atividades facilitadoras de integração e interação entre os membros da equipe. Estimulam o interesse e a curiosidade científica, permitem definir problemas, levantar, analisar e representar resultados, comunicar conclusões e propor intervenções.

14 Atividades
Questões e problemas sobre os temas abordados. As habilidades a serem desenvolvidas em cada atividade estão indicadas entre colchetes no início de cada uma.

15 Navegando na net!
Sugestão de *sites* relacionados ao tema do capítulo.

Ao final de cada unidade

16 Leitura
Enriquecendo a unidade, uma leitura direcionada, seguida de uma ou mais questões para reflexão, é mais uma oportunidade para estimular os alunos a investigar sobre os temas apresentados.

17 Tecnews
Leitura em formato de revista científica. Inclui sugestão de pesquisa, oportunidade em que os alunos podem utilizar ferramentas, inclusive digitais, para coleta, análise e representação de dados.

CONTEÚDO

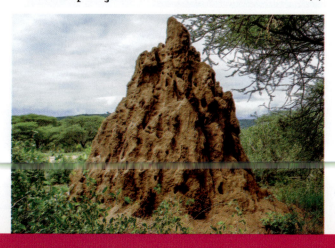

capítulo 4 — OS AMBIENTES DA BIOSFERA E OS BIOMAS BRASILEIROS 54

capítulo 5 — BIODIVERSIDADE E A CLASSIFICAÇÃO DOS SERES VIVOS 77

capítulo **8** — **INVERTEBRADOS I** **137**

capítulo **9** — **INVERTEBRADOS II** **164**

capítulo 10 — **PEIXES E ANFÍBIOS** 187

capítulo 11 — **RÉPTEIS E AVES** 213

capítulo **12** — **MAMÍFEROS** **240**

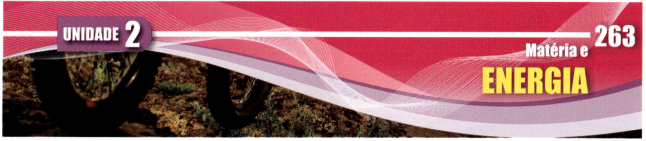

UNIDADE 2

Matéria e **263**
ENERGIA

capítulo **13** — **MÁQUINAS SIMPLES** **264**

capítulo 17 — AS PROPRIEDADES DO AR   323

capítulo 18 — FENÔMENOS NATURAIS E IMPACTOS AMBIENTAIS   336

Tradicionalmente transmitido pelas fezes contaminadas do inseto barbeiro, o *Trypanosoma cruzi*, parasita causador da doença de Chagas, é também transmitido por alimentos como o açaí e o caldo de cana-de-açúcar. Ao ocorrer a trituração dos frutos do açaí e do caule de cana-de-açúcar, os insetos que vivem junto às plantas também são triturados, o que causa a contaminação dos alimentos. Segundo o Ministério da Saúde, os casos da doença mais do que dobraram de 2010 a 2017. A média anual era de 200 casos, número que tem sido superado desde 2015. Embora os números não sejam precisos, estima-se que haja de 1,9 milhão a 4,6 milhões de brasileiros afetados.

A riqueza em seres vivos no Brasil é enorme, com componentes de praticamente todos os grupos biológicos. Nesta unidade, você conhecerá vários grupos de seres vivos, dentre eles os causadores e transmissores da doença de Chagas, bem como a biodiversidade característica do nosso país.

Vida e
EVOLUÇÃO

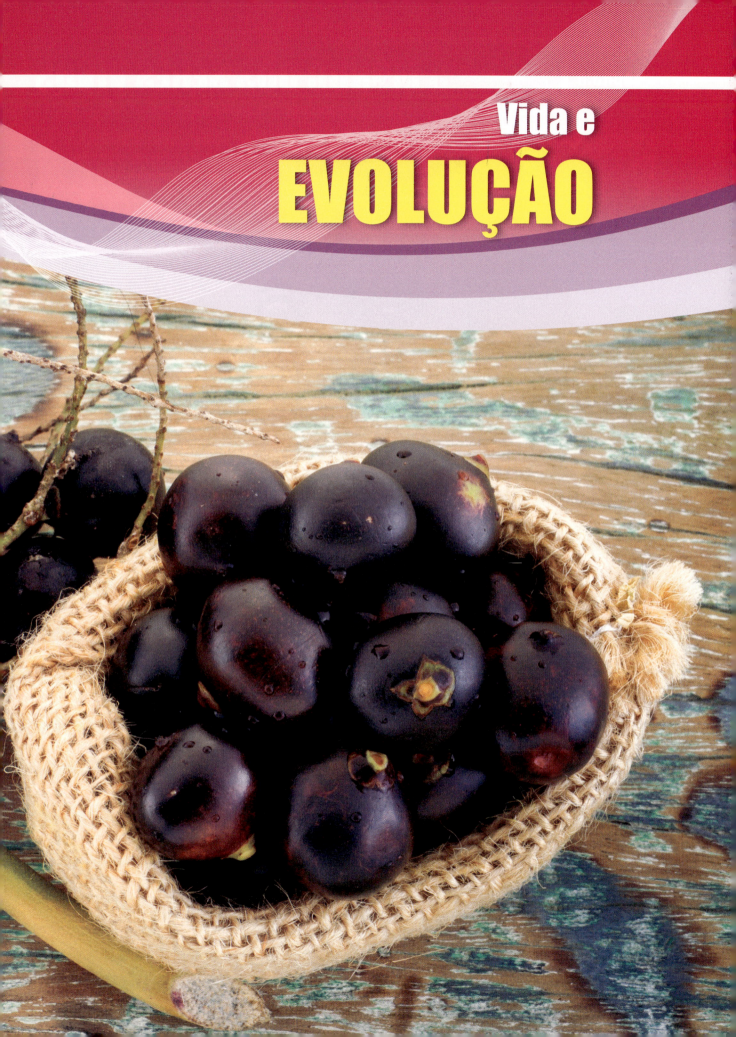

Cara de leão, tamanho de esquilo

De todos os animais brasileiros ameaçados de extinção, ele é o que mais chama a atenção internacional. É um símbolo da conservação do meio ambiente e da imensa variedade de seres vivos em nosso país. Sua pequena juba se parece com a de um leão, mas seu tamanho é o de um esquilo. Já sabe quem é?

O mico-leão-dourado é um animal encontrado somente no Brasil, em regiões de Mata Atlântica.

A maior ameaça à sua sobrevivência tem sido o *"bicho-homem"*, que praticamente destruiu a Mata Atlântica, único local de vida desses animais. Como consequência, hoje, as quatro espécies de micos-leões existentes estão ameaçadas de extinção. A mais conhecida delas é o mico-leão-dourado, que, por pouco, não desapareceu na década de 1970. Na época, só havia pouco mais de 200 deles livres no

território do Rio de Janeiro. Com a ajuda do governo e de organizações nacionais e internacionais, a população desses animais saltou para aproximadamente 3.000 indivíduos.

Adaptado de: RAMOS, M. Cara de leão, tamanho de esquilo. Disponível em: <http://www.invivo.fiocruz.br/>. Acesso em: 18 maio 2018.

Atualmente, nosso planeta se parece muito com um bebê doente, que precisa de ajuda para sobreviver. Muitos ambientes encontram-se seriamente alterados e muitas espécies de seres vivos estão ameaçadas de extinção.

Neste capítulo, você conhecerá alguns conceitos relacionados ao estudo das relações entre os seres vivos e destes com o meio ambiente em que vivem. Você verá que, afinal, não é tarefa tão difícil contribuir para a melhora das condições de vida do "bebê doente", quer dizer, do planeta Terra.

A biosfera da Terra

Pelo menos por enquanto, dos planetas descobertos, o único que possui vida, na forma como a conhecemos, é o nosso. Por isso, dizemos que a parte superficial do globo terrestre, até onde possa existir vida, constitui a **biosfera**.

Os seres vivos distribuem-se por vários locais da nossa biosfera, como, por exemplo, nos ambientes aquáticos (rios, lagos, oceanos) e terrestres (cidades, florestas, campos, montanhas, desertos).

A biosfera é uma reunião de ecossistemas

A biosfera pode ser artificialmente dividida em uma infinidade de ambientes onde há um **conjunto de seres vivos** relacionando-se entre si e com os **componentes não vivos** aí presentes, como a água, a luz, o calor, os gases, o tipo de solo etc. Cada um desses ambientes é conhecido como **ecossistema** (do grego, *oikos* = casa + *systema* = conjunto de elementos relacionados entre si), isto é, a "casa", o ambiente em que o conjunto de elementos vivos e o conjunto dos elementos não vivos interagem constantemente. O conjunto de seres vivos constitui a porção **biótica** (do grego, *bios* = vida), enquanto que os componentes não vivos constituem a parte **abiótica** (*a* = negação, indica "desprovido de") dos ecossistemas. Uma lagoa, um campo e uma floresta, como a Floresta Atlântica, também chamada de Mata Atlântica, são exemplos de ecossistemas.

> **Lembre-se!**
>
> No ecossistema, há uma interação entre os seres vivos e os componentes não vivos do ambiente.

O conjunto de seres vivos do ecossistema

Em um ecossistema, ao conjunto de todos os seres vivos dá-se o nome de **comunidade**, ou seja, a comunidade compreende a parte viva (biótica) do ambiente. Das comunidades em geral, fazem parte animais, vegetais e uma infinidade de outros seres, entre eles formas microscópicas, como as bactérias e muitos tipos de fungos.

A comunidade é constituída de várias espécies de seres vivos. Por **espécie** entende-se um grupo de seres vivos de aparência muito semelhante e que, ao se reproduzirem livremente na natureza, são capazes de gerar descendentes férteis. Por exemplo, todos os micos-leões-dourados constituem uma única espécie; machos e fêmeas adultos reproduzem-se naturalmente e os filhotes, quando se tornam

O manacá-da-serra (*Tibouchina mutabilis*) é uma árvore típica da Mata Atlântica. Chega a atingir 10 m de altura. Uma característica dessa árvore é o colorido de suas flores, que nascem brancas e com o passar do tempo adquirem colorido rosado e, depois, tornam-se roxas.

adultos, também são capazes de se reproduzir e, assim, a espécie se perpetua.

Cada elemento pertencente a uma espécie é um *indivíduo* ou *organismo*.

Um conjunto de indivíduos de uma espécie, vivendo em determinado ambiente em determinada época, constitui uma **população**. Por exemplo, a população de micos-leões-dourados da Mata Atlântica em 2015.

Assim, as populações de micos-leões-dourados, de mono-carvoeiros, de jacarés-de-papo-amarelo, de tucanos, das diversas espécies de minhocas, ou de orquídeas, de samambaias, juntamente com as populações de outras espécies vegetais, animais e de microrganismos, constituem a **comunidade** da Floresta Atlântica.

Lembre-se!

A comunidade é o componente **biótico** do ecossistema. Já os componentes não vivos representam a porção **abiótica**.

Jogo rápido

População e comunidade são dois conceitos relacionados a conjuntos de seres vivos. Qual é a diferença entre esses conceitos?

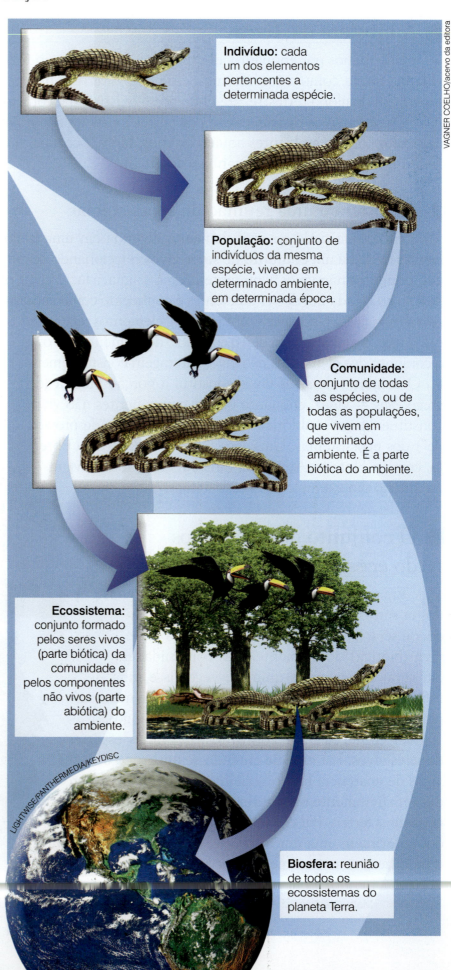

Indivíduo: cada um dos elementos pertencentes a determinada espécie.

População: conjunto de indivíduos da mesma espécie, vivendo em determinado ambiente, em determinada época.

Comunidade: conjunto de todas as espécies, ou de todas as populações, que vivem em determinado ambiente. É a parte biótica do ambiente.

Ecossistema: conjunto formado pelos seres vivos (parte biótica) da comunidade e pelos componentes não vivos (parte abiótica) do ambiente.

Biosfera: reunião de todos os ecossistemas do planeta Terra.

Do indivíduo à biosfera; graus crescentes da organização da natureza.

VAGNER COELHO/acervo da editora

LIGHTWISE/PANTHERMEDIA/KEYDISC

Um "endereço" e uma "profissão" para cada espécie

Se você quisesse ver os micos-leões-dourados na Mata Atlântica, teria que olhar para o topo das árvores mais altas. Esse é o "endereço" deles, é o local onde eles residem. Dizendo de outro modo, a copa das árvores é o *habitat* dos micos-leões-dourados.

Em muitos locais da Mata Atlântica, essas mesmas árvores também podem servir de residência para outros animais, como, por exemplo, os macacos muriquis-do-sul, também conhecidos como mono-carvoeiros. Quer dizer, os mono-carvoeiros podem ocupar o mesmo *habitat* dos micos-leões-dourados.

No entanto, há algumas diferenças no comportamento entre essas duas espécies de macacos, entre elas as relacionadas ao tipo de alimentos que consomem. Podemos dizer, então, que essas duas espécies possuem **nichos ecológicos** diferentes. Do mesmo modo que dissemos que o *habitat* pode ser considerado o "endereço" de uma espécie, o *nicho ecológico* representa a "profissão" ou, ainda, o modo de viver da espécie no seu ambiente.

Lembre-se!

✓ *Habitat* é o local de vida dos indivíduos de determinada espécie.

✓ *Nicho ecológico* é o papel ou "profissão" ou modo de viver dos organismos de uma espécie em seu ambiente.

Assim, em resumo, toda espécie possui um *habitat* ("endereço") e exerce determinado papel ("profissão") no ecossistema em que vive.

O mico-leão-dourado (acima) e o mono-carvoeiro (abaixo) ocupam frequentemente o mesmo *habitat* (a copa das árvores) no ecossistema em que vivem. Porém, suas fontes de alimento não são as mesmas, isto é, o modo como atuam (nicho ecológico) no ecossistema é diferente.

ERIC GEVAERT/SHUTTERSTOCK

LEONARDO MERCON/SHUTTERSTOCK

DE OLHO NO PLANETA

Meio Ambiente

Mata Atlântica, um ambiente exuberante

Distribuição da Mata Atlântica (por volta de 1500)

ESCALA
0   1.166   2.332
km

Distribuição da Mata Atlântica (atual)

ESCALA
0   1.166   2.332
km

FABIO COLOMBINI

Mapas: STELLA RIBAS/acervo da editora

Dê uma olhada nos mapas acima. Neles estão destacadas a distribuição da Mata Atlântica em nosso país, em dois períodos: na época do Descobrimento (em 1500) e nos dias de hoje. Observe que a Mata Atlântica está presente em vários estados brasileiros, desde o Rio Grande do Norte até o Rio Grande do Sul. Nela vivem micos-leões-dourados, muriquis (mono-carvoeiros), suçuaranas (também conhecidas como onças-pardas), tucanos, árvores de pau-brasil, quaresmeiras e jacarandás-da-baía, além de muitas, mas muitas outras espécies animais e vegetais. Costuma-se dizer que algumas espécies são **endêmicas** (do grego, *endemos* = originário de uma região, de um país) ou, dizendo de outro modo, que são exclusivas daquela região. É o caso do mico-leão-dourado, que é uma espécie endêmica da Mata Atlântica. A Floresta Atlântica é uma das mais ricas em biodiversidade do planeta.

No entanto, infelizmente, o que resta da Mata Atlântica hoje é apenas cerca de 7% do que existia originalmente. Para você ter uma ideia de quanto isso significa, faça a atividade proposta a seguir.

Biodiversidade: é a riqueza em espécies de seres vivos de uma região ou país.

ENTRANDO EM AÇÃO

Consiga 100 cartões coloridos, de formatos e cores diferentes. Espalhe todos os cartões sobre uma mesa. Em seguida, retire 93 deles, tomando o cuidado de não retirar todos de um só local. Retire-os do meio, da esquerda, da direita, e assim por diante, até restarem apenas 7 cartões.

Pois bem, essa é uma forma de você perceber o quanto a Mata Atlântica foi devastada: temos atualmente apenas 7% de sua cobertura original, os chamados remanescentes florestais, espalhados em vários estados brasileiros.

Claro que essa destruição significa uma grande perda de biodiversidade. Significa a redução do *habitat* do mico-leão-dourado e de outras espécies, que são hoje consideradas "criticamente ameaçadas de extinção".

Remanescente: aquilo que sobrou.

Criticamente ameaçada de extinção: espécie que se encontra sob risco extremamente alto de extinção.

EM CONJUNTO COM A TURMA!

1. Reúna seu grupo de estudos e pesquise alguns motivos que levaram nosso país a perder tamanha extensão de Floresta Atlântica.
2. Discuta com seu grupo sobre o que poderia ser feito para preservar o que resta da Mata Atlântica e sugiram uma medida possível de ser implantada.
3. Organize junto com seus colegas e com o auxílio dos seus professores uma exposição com cartazes e fotos de animais e vegetais típicos da Floresta Atlântica.

▶ O nome científico de cada espécie

Nos textos de livros, revistas e jornais, muitas vezes você encontrará os nomes populares dos seres vivos (animais, vegetais etc.) acompanhados de duas palavras escritas em latim, impressas com letra diferente (por exemplo, em itálico). Essas duas palavras compõem o chamado **nome científico** da espécie. *Homo sapiens*, por exemplo, é o nome científico da espécie humana.

Essa forma de nomear as espécies foi criada no século 18, por volta do ano de 1750, por um jovem botânico sueco de nome Karl von Linné ou, simplesmente, Lineu. A intenção era facilitar a comunicação entre os cientistas de qualquer parte do mundo, que passariam a utilizar o mesmo nome científico ao se referirem a cada uma das diferentes espécies de seres vivos conhecidas e classificadas até então, evitando, assim, possíveis confusões. Nesse momento, você poderia indagar: "Mas, por que usar o latim?". São dois os motivos: o primeiro é que, no tempo de Lineu, o latim era a língua de comunicação apenas entre os intelectuais (religiosos, professores, filósofos, médicos). O segundo é que, sendo o latim uma língua morta, não estava sujeita às modificações que todas as línguas vivas sofrem com o passar do tempo. Assim, as palavras usadas na nomenclatura científica nunca precisariam ser alteradas.

Língua morta: é aquela que não mais está em uso pelos povos, ou seja, não há nenhum país que utilize essa língua em seu dia a dia.

PHOTOCECHCZ/SHUTTERSTOCK

PHOTO_ JOURNEY/ SHUTTERSTOCK

HENNER DAMKE/SHUTTERSTOCK

HOLLY KUCHERA/SHUTTERSTOCK

Vamos analisar os seguintes exemplos:

Canis familiaris (cão doméstico)
Canis lupus (lobo)

Panthera onca (onça-pintada)
Panthera leo (leão)

Nesses dois grupos de animais, a primeira palavra, *Canis* ou *Panthera*, indica o **gênero**, isto é, um agrupamento de espécies semelhantes e sempre deve ser escrito com letra inicial maiúscula. Cães e lobos apresentam mais semelhanças ou características em comum se comparados a gatos e leões. Por isso, os primeiros foram reunidos em um mesmo gênero, *Canis*, enquanto os outros, no gênero *Panthera*. A segunda palavra – *familiaris, lupus, onca, leo* – indica a **espécie** a que queremos nos referir dentro de certo gênero.

Mas fique atento! Na nomenclatura científica, a segunda palavra, isoladamente, não tem significado algum. Para designar uma espécie de ser vivo, essa palavra sempre deverá ser escrita junto à primeira palavra, aquela que indica o gênero.

◼ Um conceito muito importante

Ao ler estas páginas, você percebeu que os seres vivos da biosfera terrestre não vivem isolados, pois eles interagem uns com os outros e com o ambiente em que vivem. Ao estudo dessas interações chamamos **Ecologia**. O termo ecologia (do grego, *oikos* = casa, ambiente + *logos* = estudo) foi proposto pelo naturalista alemão Ernest Haeckel, em 1869, e pode ser simplificadamente definido como "o estudo dos seres vivos em sua casa" ou "o estudo das relações entre os organismos e deles com o ambiente em que vivem" ou, ainda, "o estudo dos ecossistemas".

◗ Aquecimento global: a Terra está esquentando mesmo?

Na certa, você já ouviu falar que o *aquecimento global* é uma ameaça à vida na Terra. E que, como consequências dele, entre outras, a neve das montanhas e das calotas polares está derretendo mais rapidamente, as enchentes estão se tornando mais devastadoras, o nível de água dos oceanos tende a subir e boa parte da Floresta Amazônica pode se tornar um deserto. Será verdade? Afinal, o que é o tal de aquecimento global? Existe relação com o chamado **efeito estufa**?

Para muitos cientistas, existem evidências de que a temperatura da Terra está subindo. Sabe por quê? Quando a luz do Sol chega ao nosso planeta, ela atravessa a extensa camada de ar que nos envolve, uma espécie de "cobertor de gases" que forma nossa atmosfera. Ao atingir a superfície terrestre, a luz é absorvida sob a forma de calor. Ao retornar para o espaço, boa parte desse calor é aprisionado por esse "cobertor de gases" (entre eles o gás carbônico), fazendo a Terra aquecer, de modo semelhante ao que acontece com as estufas onde se cultivam plantas.

Foi precisamente esse fenômeno, o chamado *efeito estufa*, que permitiu o desenvolvimento da vida no nosso planeta. Caso contrário, se todo esse calor escapasse para o espaço, a Terra congelaria e a vida não seria possível. Acontece, porém, que o "cobertor de gases" terrestre está ficando mais espesso graças ao aumento da quantidade de gás carbônico liberado na atmosfera, em grande parte devido às atividades humanas. Com isso, mais calor é retido e a Terra, como uma estufa, está ficando cada vez mais quente.

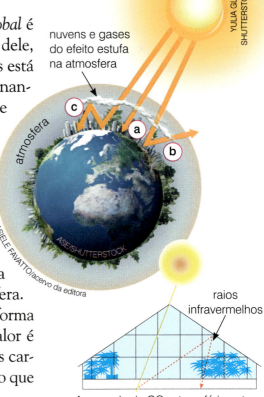

nuvens e gases do efeito estufa na atmosfera

YULIA GLAM/ SHUTTERSTOCK

atmosfera

c

a

b

GRASIELE FAVATTO/acervo da editora

ASE/SHUTTERSTOCK

raios infravermelhos

A camada de CO_2 atmosférico atua como o vidro das paredes de uma estufa.

Efeito estufa.
Da radiação solar que atinge a superfície de nosso planeta, parte é absorvida (a), parte é totalmente refletida (b). Uma boa porção refletida, porém, é bloqueada pelas nuvens e gases (c), aquecendo ainda mais o nosso planeta.

Com o aquecimento da Terra, há o risco de degelo de parte das calotas polares.

JAN MARTIN WIL/SHUTTERSTOCK

EM CONJUNTO COM A TURMA!

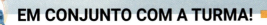

A *temperatura* na Terra tem aumentado nos últimos anos e isso pode trazer muitos prejuízos para a nossa biosfera. Uma das causas desse aquecimento é a grande quantidade de gás *carbônico* que vem sendo liberada na atmosfera, principalmente devido a várias atividades humanas. Pesquise, com seus colegas, que tipos de atividades humanas são responsáveis pela grande liberação de gás carbônico na atmosfera. Verifiquem se há outros gases relacionados ao efeito estufa e, em caso afirmativo, qual é o nome e a origem de, pelo menos, um desses gases.

Nosso desafio

Para preencher os quadrinhos de 1 a 13, você deve utilizar as seguintes palavras: abióticos, biosfera, bióticos, comunidade, ecossistemas, efeito estufa, esfera, espécie, gases, indivíduos, populações, Terra, vida.

À medida que você preencher os quadrinhos, risque a palavra que você escolheu para não usá-la novamente.

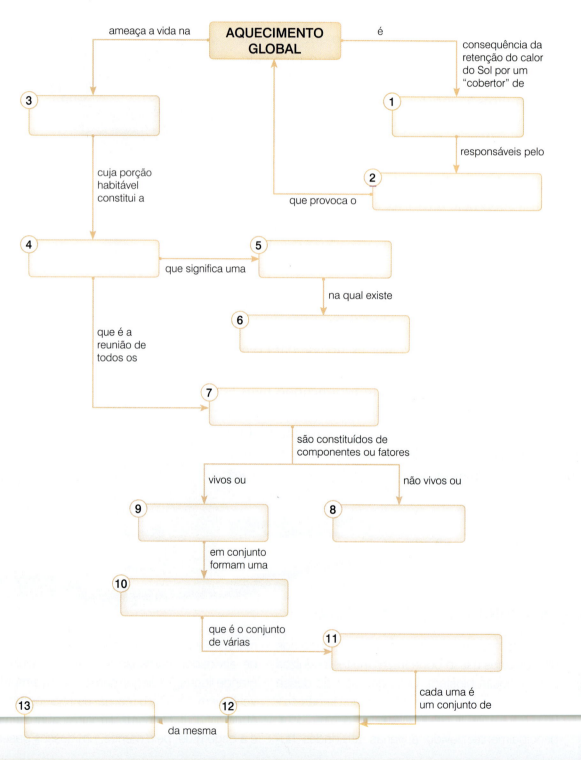

Atividades

1. **[1, 2, 6, 15]** Alguns cientistas admitem que pode haver vida em outros planetas, crença que não é generalizada. O que é aceito universalmente é que nosso planeta, a Terra, é repleto de vida, pelo menos na parte superficial do globo terrestre e, para isso, sugeriu-se uma denominação especial.

   a) Qual é a denominação utilizada e que se refere à existência de vida em nosso planeta esférico, denominação essa que, por ora, não é aplicada a outros planetas?

   b) Em que locais do nosso planeta estão distribuídos os seres vivos, considerando que a vida existe na chamada parte superficial do globo terrestre?

2. **[1, 2, 6]** Nosso planeta esférico pode ser artificialmente dividido em uma infinidade de ambientes nos quais há conjuntos de seres vivos relacionando-se entre si e com os componentes não vivos existentes nesses ambientes.

   a) Indique a denominação utilizada ao se referir a ambientes que correspondem à interação de conjuntos de seres vivos e componentes não vivos.

   b) É comum utilizar-se denominações diferentes para a parte viva do ambiente e para os componentes não vivos do ambiente. Indique essas denominações.

3. **[1, 2, 6, 15]** Considere os itens a seguir:

   I. Conjunto de todos os ecossistemas do planeta Terra.

   II. A interação entre a parte viva (ou parte biótica) e os componentes não vivos (parte abiótica) de determinado ambiente terrestre.

   a) Qual desses itens se refere à biosfera?

   b) Qual se refere especificamente a um ecossistema? Justifique a sua resposta.

4. **[1, 2, 3, 6, 12, 15]** Os seres vivos componentes de um ambiente, qualquer que seja ele, aquático ou terrestre, pertencem a diversas espécies que interagem e compõem a porção viva do ambiente.

   a) Indique a denominação ecológica atribuída ao conjunto de seres vivos de espécies diferentes que constituem a porção viva do ambiente.

   b) Todos os mico-leões-dourados que vivem em determinada região da Mata Atlântica brasileira pertencem à mesma espécie. Como caracterizar uma espécie?

5. **[1, 2, 3, 6, 12, 15]** Cada elemento pertencente a determinada espécie é um indivíduo ou organismo. De modo geral, organismos da mesma espécie não vivem isolados, porém, em conjuntos, mesmo que afastados uns dos outros por certa distância. Por exemplo, o conjunto de orquídeas da mesma espécie que vivem aderidas a troncos de árvores na Mata Atlântica, localizada próximo ao litoral do Rio Grande do Norte, em determinada época do ano.

   a) No caso das informações descritas no texto, indique a denominação utilizada para o conjunto de organismos da mesma espécie que vivem em determinado ambiente e época.

   b) O que significa dizer que as orquídeas do ambiente citado como exemplo no texto representam um conjunto de organismos vegetais que pertencem à mesma espécie?

6. **[1, 2, 3, 6, 12]** Nos oceanos, a realização de fotossíntese é a função primordial do fitoplâncton, comunidade formada principalmente por algas microscópicas que pertencem a diversas espécies. Essas microalgas servem de alimento a organismos do zooplâncton, animais de pequeno tamanho que também pertencem a várias espécies. Por sua vez, organismos do zooplâncton são consumidos por pequenos peixes, que constituem alimento de peixes maiores e outros animais de grande porte.

   a) Considerando todo o conjunto de seres vivos descrito no texto, em que nível ecológico – população ou comunidade – devem ser enquadrados? Justifique sua resposta.

   b) Levando-se em conta apenas as microalgas do fitoplâncton de determinada espécie presentes no meio oceânico, em que nível ecológico esse conjunto de microalgas deve ser enquadrado: população ou comunidade? Justifique sua resposta.

c) Considerando o conjunto de seres vivos citados no texto em interação com os componentes não vivos do meio, como poderia ser denominado o ambiente do qual esses seres vivos e os componentes não vivos fazem parte?

7. [1, 2, 3, 6, 12] Considere os itens a seguir:

I. Conjunto de todas as árvores de pau-brasil (*Caesalpinia echinata*) existentes na região da cidade de Ilhéus, sul do Estado da Bahia, no ano de 2018.

II. Um aquário contendo peixes, plantas e caramujos de várias espécies, em interação com os componentes não vivos, em perfeito equilíbrio, em local iluminado.

III. Conjunto dos bois, gafanhotos, carrapatos e plantas de capim vivendo em uma área de pastagem, no ano de 2018.

a) Qual dos itens se refere ao conceito de população? Justifique a sua resposta.

b) Qual dos itens de refere a uma comunidade? Justifique a sua resposta.

c) Qual dos itens se refere a um ecossistema? Justifique a sua resposta.

8. [1, 2, 3, 6, 12] "Um 'endereço' e uma 'profissão' para cada espécie" é o título de um dos itens deste capítulo. Trata-se de uma afirmação que procura facilitar a compreensão de dois importantes conceitos ecológicos.

a) Indique a que conceitos ecológicos cada uma das palavras – "endereço" e "profissão" – se refere.

b) Em termos de nomenclatura ecológica, estabeleça o significado preciso dos termos "endereço" e "profissão", ao serem relacionados a conceitos ecológicos.

9. [1, 2, 3, 6, 12] O pintadinho, ave brasileira da espécie *Drymophila squamata*, também conhecido como papa-formiga, encontrado tipicamente em matas costeiras do Brasil, desde o Estado de Alagoas até o Estado de Santa Catarina, é especialista em capturar insetos adultos e lagartas e vive nas chamadas regiões de sub-bosque, pousado em galhos de árvores.

a) A que conceito ecológico se refere o trecho do texto: "...vive nas chamadas regiões de sub-bosque, pousado em galhos de árvores"?

b) A referência ao tipo de alimentação da ave, "especialista em capturar insetos adultos e lagartas", faz menção a importante conceito ecológico, relativo ao papel e ao comportamento dessa ave. Identifique esse conceito.

c) Ao se dizer que o pintadinho é encontrado tipicamente em matas costeiras do Brasil, pretende-se afirmar que é uma espécie que se restringe ao território brasileiro. Sendo assim, o que pode ser afirmado a respeito dessa espécie de ave, considerando sua ocorrência praticamente exclusiva em nosso país?

10. [1, 2, 3, 6] Em um ramo de determinada planta, encontram-se alguns jovens gafanhotos, que se alimentam das folhas da planta, e uma aranha, que se alimenta de alguns desses gafanhotos.

Em relação aos conceitos de *habitat* e nicho ecológico, e considerando a afirmação acima, pode-se dizer que eles são os mesmos para os gafanhotos e para a aranha? Justifique sua resposta.

11. [1, 2, 3, 6, 15] As florestas Amazônica e Atlântica, presentes em nosso país, são internacionalmente reconhecidas pela grande diversidade de seres vivos que possuem, notadamente pela exuberância de árvores e de animais que frequentemente são citados pela imprensa internacional como exemplos de riqueza biológica de espécies. Na Floresta Amazônica, por exemplo, é encontrado o macaco uacari-branco – *Cacajao calvus* – que vive exclusivamente na região da Reserva de Desenvolvimento Sustentável Mamirauá.

a) Indique a denominação normalmente utilizada por cientistas ao se referirem à variedade biológica de espécies em determinada região ou país.

b) O que se pretende dizer ao se afirmar que o macaco uacari-branco vive exclusivamente na região citada no texto?

12. **[1, 2, 3, 6, 15]** O Brasil é um país dotado de grande diversidade de seres vivos, o que pode ser constatado, por exemplo, ao se verificar as inúmeras espécies que existem nas Florestas Amazônica e Atlântica. Então, o que é biodiversidade?

13. **[1, 2, 3, 6, 15, 16]** Um criador de determinada espécie de coelhos registrou em uma tabela (veja abaixo) o número de animais que havia em seu criadouro durante os anos de 2008 a 2018. Na primeira coluna da tabela estão apontados os anos em que as contagens foram feitas e, na segunda, estão registrados os números desses animais.

Analise a tabela ao lado e responda às perguntas:

Ano	Número de coelhos
2008	10
2009	25
2010	45
2011	80
2012	110
2013	135
2014	170
2015	37
2016	51
2017	80
2018	93

a) Qual foi o ano em que o número de coelhos foi maior no criadouro? Nesse ano, quantos animais viviam ali?

b) O conjunto de coelhos existente no criadouro constitui uma população ou uma comunidade? Justifique a sua resposta.

14. **[1, 2, 3, 6, 15, 16]** Frequentemente, entidades ambientalistas internacionais divulgam relatórios referentes aos riscos de extinção que muitas espécies correm. Uma dessas espécies é o mico-leão, encontrado em certas regiões da Mata Atlântica brasileira. Esforços de conscientização têm sido feitos no sentido de preservar essa e muitas outras espécies, notadamente em nosso país.

a) Existe um termo frequentemente utilizado para alertar a população brasileira a respeito do risco extremamente alto que correm a espécie do mico-leão e outras espécies que vivem em nosso país. Indique qual é esse termo.

b) Em termos ambientais, indique o principal benefício resultante da proteção conferida ao mico-leão e a outras espécies em risco.

15. **[1, 2, 3, 6, 15, 16]** O Aquário Municipal de Santos, Estado de São Paulo, recebe, todos os anos, vários pinguins-de-magalhães (da espécie *Spheniscus magellanicus*), que se deslocam até o Brasil, acompanhando a migração de uma das espécies de peixes de que se alimentam.

O gráfico (A) mostra o número de pinguins dessa espécie recebidos pelo Aquário de Santos entre 1998 e 2006 e o (B) mostra regiões do litoral paulista e quantos desses animais aí chegaram, no mesmo período.

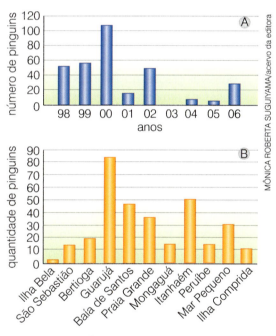

MÔNICA ROBERTA SUGUIYAMA/acervo da editora

Fonte: Ciência Hoje, Rio de Janeiro, n. 245, p. 54, jan./fev. 2008.

Analisando os gráficos, responda:

a) Em que ano o número de pinguins-de-magalhães recebidos pelo Aquário de Santos foi maior?

b) Em que região do litoral de São Paulo os pinguins-de-magalhães mais chegaram?

16. **[1, 2, 3, 6, 15]** Os seres vivos da biosfera terrestre não vivem isolados, ao contrário,

interagem uns com os outros e com o ambiente de vida.

a) Muitos cientistas são especializados no estudo dessas interações entre os componentes biótico e abiótico da biosfera terrestre. Esse estudo mereceu uma denominação que foi proposta pelo naturalista alemão Ernest Haeckel, em 1869. Qual é a denominação dada ao estudo das interações entre os seres vivos e o ambiente em que se encontram?

b) Dos conceitos ecológicos relacionados neste capítulo, indique aquele que se refere à interação, em determinado ambiente, dos componentes bióticos com os componentes abióticos.

17. **[1, 2, 3, 6, 15, 16, 18]** Há evidências de que o aquecimento do planeta, devido à retenção de calor gerado pela luz do Sol que atingia o meio terrestre, possibilitou o desenvolvimento de vida na Terra. A retenção de calor teria sido possível graças ao acúmulo progressivo de gases na atmosfera, que impediam a "perda" do calor para o espaço extraterrestre.

a) A que fenômeno o texto acima se refere?

b) Cite um possível gás cujo acúmulo na atmosfera poderia contribuir para a retenção de calor.

18. **[1, 2, 3, 6, 15, 16, 18]** O "cobertor de gases presentes na atmosfera está ficando mais espesso" é frase frequentemente divulgada nos meios de comunicação.

a) O aumento do calor retido contribui para as variações climáticas observadas e também para o aumento de que outro fenômeno?

b) Além do gás citado na resposta do item *b* da questão anterior, indique outro gás que também poderia estar envolvido na retenção de calor gerado no nosso planeta.

19. **[1, 2, 3, 6, 15, 16, 18]** Atribui-se à atividade humana o aumento da temperatura do planeta: por conta de várias delas, ocorre liberação de quantidades excessivas de gases que contribuem para o aumento da espessura da atmosfera terrestre.

a) Indique pelo menos duas atividades que poderiam contribuir para a emissão excessiva de gases que contribuem para o aumento da temperatura do planeta.

b) Levando em conta as atividades mencionadas no item *a*, que sugestões você poderia dar para diminuir o impacto dessas atividades no aumento da temperatura global?

20. **[1, 2, 3, 6, 15]** Muitos cientistas acreditam que, atualmente, a Terra está passando por um período de aquecimento semelhante ao que ocorre com uma estufa de plantas, com teto e paredes de vidro, durante um dia ensolarado. Para esses cientistas, a *estufa Terra* está se aquecendo em demasia, mais do que em períodos anteriores, que permitiram o desenvolvimento de vida em nosso planeta. Explique, em poucas palavras, como deve ocorrer o aquecimento da estufa de plantas durante dias ensolarados e, do mesmo modo, por que a preocupação dos cientistas pode ser justificada relativamente ao aumento do aquecimento global hoje existente na Terra.

Navegando na net

Visite os *sites* abaixo para saber mais sobre a Mata Atlântica, sua fauna, flora e sobre os projetos para a preservação desse bioma tão importante para a humanidade.

• SOS Mata Atlântica: <http://www.sosma.org.br/>. *Acesso em*: 22 maio 2018.

• Associação Mico-leão-dourado: <http://www.micoleao.org.br/>. *Acesso em*: 22 maio 2018.

ALIMENTO E ENERGIA NOS ECOSSISTEMAS

capítulo 2

A dieta do lobo-guará e os Cerrados

O Cerrado é um importante ecossistema brasileiro. Localiza-se em vários estados, entre os quais Goiás, Mato Grosso, Mato Grosso do Sul, Minas Gerais e Tocantins. Em várias áreas de Cerrado vive o lobo-guará, um dos animais-símbolo dessas regiões.

É um animal solitário na maior parte do ano, excetuando-se a época da reprodução, quando ocorre a formação de casais. De sua alimentação fazem parte diversos vegetais, entre eles os frutos de um arbusto conhecido como lobeira. Mas também se alimenta de gafanhotos, grilos, rãs, lagartos e peque-

nos roedores semelhantes a camundongos. O problema para o lobo-guará é que o Cerrado é um dos ecossistemas mais devastados do nosso país, o que coloca em risco a sobrevivência desse animal, que já está ameaçado de extinção.

Neste capítulo, veremos como as plantas aproveitam a energia do Sol para a produção de alimento. Ao mesmo tempo, conheceremos a trajetória da energia contida nos alimentos produzidos pelas plantas ao longo das cadeias alimentares, das quais participam animais como o nosso lobo-guará.

Produtores, consumidores e decompositores

Todos os animais precisam de alimento para se manterem vivos. Andar, correr, subir nas árvores, pular e voar são exemplos de atividades que exigem muita energia, que é obtida dos alimentos consumidos por esses animais. Por isso, dizemos que os animais são **consumidores** de alimentos, que lhes fornecem energia para realizar inúmeras atividades, incluindo a construção do seu próprio corpo.

E as plantas, como conseguem energia para se manterem vivas? Elas utilizam a energia da luz do Sol e produzem alimentos a partir do gás carbônico, que retiram do ar, e da água que, em geral, retiram do solo. Por isso, podemos dizer que as plantas são **produtoras** de seu próprio alimento orgânico.

Fique por dentro!

O **ar** é composto por vapor-d'água e uma mistura de gases: 78% de nitrogênio, 21% de oxigênio e 1% de outros gases, como o gás carbônico (também chamado de dióxido de carbono).

LUIS MOURA/acervo da editora

Nos ecossistemas, vegetais são *produtores* de seu próprio alimento a partir da energia da luz do Sol, gás carbônico e água. Animais como a paca, que se alimenta de vegetais, e o gavião, que se alimenta de outros animais, são *consumidores*.

Quem aproveita os restos de plantas e animais?

Folhas, galhos que caem das árvores, frutas e sementes que não são aproveitadas, bem como fezes e outros restos liberados pelos animais, ainda contêm grande quantidade de nutrientes.

Os restos de animais e de plantas servem de alimento para inúmeras bactérias e fungos microscópicos. Essas bactérias e os fungos microscópicos são os grandes "desmanchadores" das sobras orgânicas produzidas por todos os seres vivos. Bactérias e fungos são, por isso, chamados **decompositores**. Além de aproveitarem os nutrientes existentes nesses restos e extrair deles a energia que contêm, ao executarem sua atividade, as bactérias e os fungos devolvem para o ambiente várias substâncias minerais (por exemplo, as que contêm fósforo, nitrogênio, sódio, potássio e cálcio), que poderão ser reaproveitadas pelas plantas. Fecha-se, assim, um ciclo que envolve *produção*, *consumo* e *decomposição*, com a reutilização contínua de várias substâncias existentes no ambiente.

É SEMPRE BOM SABER MAIS! ■

Bactérias e fungos: o retorno de substâncias minerais para o meio

Bactérias são seres microscópicos que vivem em praticamente qualquer ambiente da Terra. Embora muitas causem doenças no homem (por exemplo, a tuberculose), a grande maioria, ao efetuar a decomposição da matéria orgânica, possui extraordinária importância no retorno, para o meio, das substâncias inorgânicas (ou minerais), como o nitrogênio, o fósforo e o cálcio que fazem parte do corpo dos seres vivos.

Os **fungos** são seres microscópicos ou macroscópicos que, a exemplo das bactérias, são importantes agentes que efetuam a decomposição da matéria orgânica que existe nos restos de seres vivos, atividade que contribui igualmente para o retorno ao meio das substâncias inorgânicas. São exemplos de fungos os cogumelos, as orelhas-de-pau e diversos tipos de bolores. Algumas espécies de fungos causam doenças conhecidas por micoses.

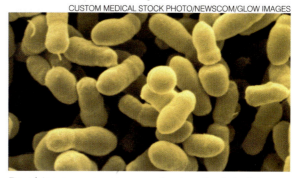

CUSTOM MEDICAL STOCK PHOTO/NEWSCOM/GLOW IMAGES

Bactérias que causam o apodrecimento de batatas, cenouras e outros vegetais (espécie *Erwinia carotovora*). (Imagem ampliada 30.300 vezes, vista ao microscópio eletrônico. Colorida artificialmente.)

Cogumelos e bolores são fungos que vivem às custas da decomposição da matéria orgânica sobre a qual se instalam.

■ As plantas fazem fotossíntese

As plantas presentes na biosfera produzem seu próprio alimento por meio de um processo químico chamado **fotossíntese** (síntese a partir da luz).

A luz do Sol é uma forma de energia que, ao atingir as folhas dos vegetais, é absorvida por uma substância de coloração verde chamada **clorofila**. Em presença do gás carbônico e da água, as plantas utilizam essa energia na produção de um tipo de açúcar simples, a **glicose**, além de gás oxigênio. A glicose, então, é a substância que armazena a energia fornecida pela luz do Sol. Boa parte da glicose é usada como nutriente para as próprias plantas; o restante irá, por exemplo, para um beija--flor ao alimentar-se do néctar das flores, para um lobo-guará

Fique por dentro!

Por produzirem o próprio alimento que consomem, as plantas são seres vivos chamados de **autótrofos** (do grego, *autos* = = próprio + *trophe* = alimento). Os animais, que são consumidores de alimentos produzidos pelas plantas ou fornecidos por outros animais, são conhecidos como **heterótrofos** (do grego, *hetero* = outro, diferente + + *trophe* = alimento; isto é, "que se alimenta de outro").

Descubra você mesmo!

As plantas mergulhadas em um aquário costumam soltar pequenas bolhas. Qual é a origem dessas bolhas? A partir do que aprendemos neste capítulo, o que aconteceria se cobríssemos o aquário com um cobertor que impedisse a passagem de luz para as plantas?

ao ingerir os frutos da lobeira, ou para um gafanhoto que se alimenta das folhas das plantas.

O processo da fotossíntese costuma ser representado por meio de uma reação química simplificada:

Reação simplificada do processo de fotossíntese. O gás carbônico combina-se com a água, em presença de luz e clorofila, para formar glicose e oxigênio.

ESTABELECENDO CONEXÕES

Cotidiano

É verdade que faz mal dormir com plantas no quarto?

Você já ouviu falar sobre este mito? Algumas pessoas acreditam que dormir com plantas no quarto pode fazer mal à saúde e causar falta de ar, pois as plantas, assim como todos os outros seres vivos, respiram e consomem o oxigênio do ar. A verdade é que não há prejuízo algum em se manter plantas em um quarto durante a noite, principalmente se as plantas forem apenas dotadas de folhas, sem a presença de flores. Isso porque o consumo de oxigênio para a respiração das plantas é pequeno, uma vez que elas são menos ativas que os animais. Se pudermos comparar, uma pessoa, no mesmo quarto, à noite, consome muito mais oxigênio e libera mais gás carbônico do que uma planta.

Porém, apesar de não fazer mal, algumas plantas devem ser evitadas para enfeitar nossos quartos. É o caso de **plantas com flores**, em especial as que liberam um odor (cheiro) forte e podem causar certo desconforto. Neste caso, é só removê-las para o ambiente externo e dormir sossegado.

◗ Alimento, combustível e respiração

Gasolina e álcool são substâncias orgânicas usadas como combustíveis nos veículos automotores. Ao serem "queimados" nos motores, em presença do gás oxigênio, liberam a energia que faz os veículos se movimentarem. Claro que, ao mesmo tempo, uma boa parte da energia que o combustível libera é transformada em calor.

A reação a seguir representa, resumidamente, o que ocorre na queima de um combustível no motor de um veículo:

(álcool, gasolina)

Os seres vivos também precisam de um "combustível", para se manterem vivos. O "combustível" é obtido dos alimentos que consomem e é "queimado", liberando a energia necessária para a vida.

Assim como a queima dos combustíveis nos automóveis depende da existência do gás oxigênio, também para a maioria dos seres vivos esse gás é necessário.

O processo realizado pela maioria dos seres vivos na "queima" dos combustíveis é a **respiração**. Nesse processo, eles consomem oxigênio e glicose e liberam gás carbônico, reutilizado pelas plantas na fotossíntese, fechando-se o ciclo, como mostra o esquema a seguir.

Lembre-se!

A glicose que consumimos é "queimada" nas células do nosso corpo, como, por exemplo, nas células musculares, fornecendo a energia que faz com que nossos músculos se contraiam e movimentem o corpo.

glicose + oxigênio → gás carbônico + água + energia

Reação simplificada do processo de respiração: a glicose reage com o oxigênio e decompõe-se em gás carbônico e água, liberando grande quantidade de energia.

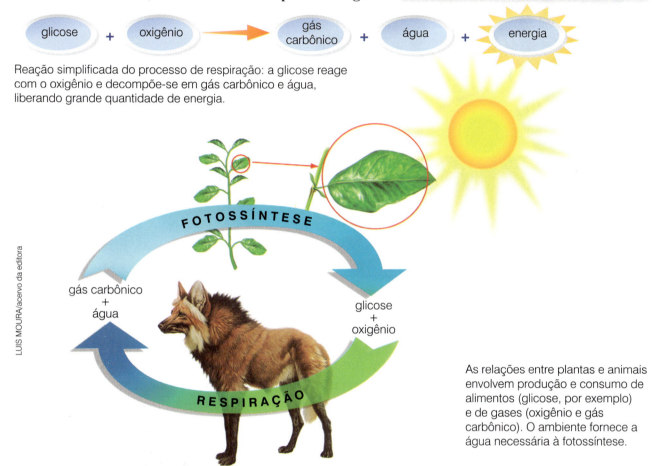

FOTOSSÍNTESE

gás carbônico
+
água

glicose
+
oxigênio

RESPIRAÇÃO

LUIS MOURA/acervo da editora

As relações entre plantas e animais envolvem produção e consumo de alimentos (glicose, por exemplo) e de gases (oxigênio e gás carbônico). O ambiente fornece a água necessária à fotossíntese.

◗ As cadeias alimentares e os caminhos da energia

Agora que você conhece o significado de seres **produtores**, **consumidores** e **decompositores**, fica fácil entender o que é uma **cadeia alimentar**.

Em qualquer ecossistema, a energia solar absorvida pelos seres autótrofos clorofilados, isto é, os produtores, é armazenada nos alimentos que eles produzem. Parte dessa energia é utilizada por eles mesmos, para sua sobrevivência, e outra parte é passada para os consumidores e decompositores. Ao se alimentar das folhas de uma planta, um gafanhoto é um **consumidor primário** ou **consumidor de primeira ordem**, pois se alimenta diretamente de um ser autótrofo.

Se um gafanhoto servir de alimento para um sapo, então o sapo é um **consumidor secundário** ou de **segunda ordem**, já que se alimenta de um consumidor primário. Na natureza existem consumidores de ordens mais elevadas (terciários, quaternários).

Os restos provenientes das plantas, dos gafanhotos e dos sapos são aproveitados pelos decompositores. Utilizando essas quatro categorias de seres vivos (produtor, consumidor primário, consumidor secundário e decompositor), podemos montar uma **cadeia alimentar**. Cada tipo de ser vivo constitui um elo da cadeia, como representado abaixo.

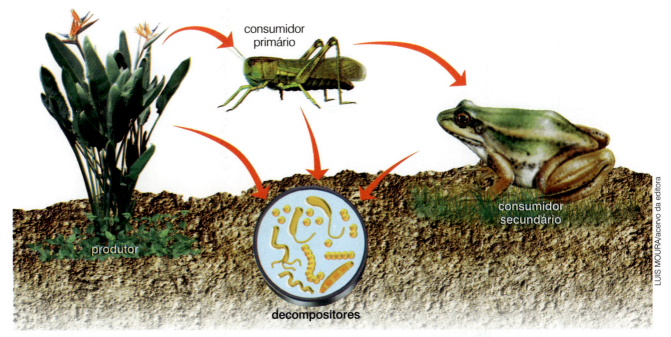

consumidor primário

produtor

decompositores

consumidor secundário

LUIS MOURA/acervo da editora

Nas cadeias tróficas ou alimentares, as flechas significam: "é comido por" ou "serve de alimento para".

Nesse tipo de cadeia, perceba que cada seta se origina no ser vivo que serve de alimento e termina no ser vivo que dele se utiliza ou aproveita os restos. Note, também, que as setas que se dirigem aos decompositores se originam tanto do produtor como dos consumidores. Isso significa que decompositores são, portanto, consumidores de qualquer nível trófico.

◗ Níveis tróficos, herbívoros e carnívoros

Na cadeia alimentar esquematizada anteriormente, dizemos que o produtor ocupa o primeiro **nível trófico** (alimentar). O gafanhoto, que é um consumidor primário, ocupa o segundo nível trófico. E o sapo, que é um consumidor secundário, pertence ao terceiro nível trófico.

É comum também chamarmos os animais de **herbívoros** ou **carnívoros**, dependendo do tipo de alimento que consomem. Assim, o gafanhoto é um herbívoro, isto é, um animal que se alimenta exclusivamente de plantas, enquanto o sapo é um carnívoro, um animal que se alimenta de outros animais. Portanto, todo herbívoro é um consumidor primário. Os carnívoros são consumidores de segunda ordem ou de ordens superiores.

Teia alimentar

Nos ecossistemas em geral, existem várias cadeias alimentares e os seres vivos podem participar de várias delas ao mesmo tempo. Dessa forma, dizemos que existe uma **teia alimentar**, que corresponde ao *conjunto de cadeias alimentares do ecossistema*, como mostra o esquema abaixo. Repare que, nessa teia, algumas espécies ocupam mais de um nível trófico. É o caso, por exemplo, do gavião, que se comporta como consumidor secundário, terciário e quaternário.

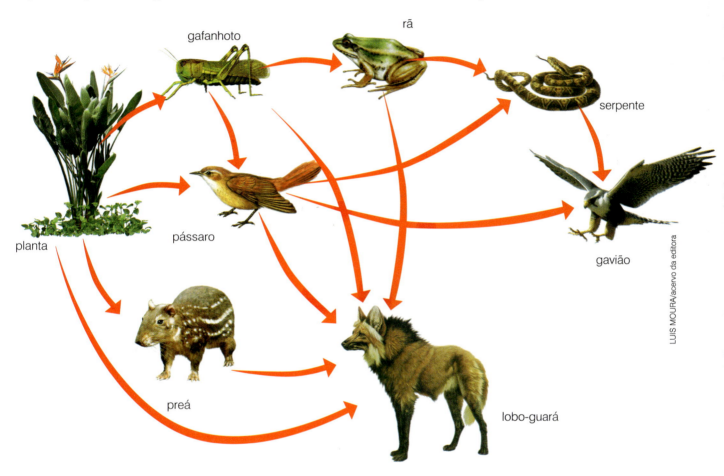

rã

gafanhoto

serpente

pássaro

gavião

planta

LUIS MOURA/acervo da editora

preá

lobo-guará

Teia alimentar é o conjunto das cadeias alimentares de um ecossistema.

EM CONJUNTO COM A TURMA!

1. Formem grupos de cinco alunos por sala de aula. Cada grupo deverá observar e anotar que tipos de seres vivos podem ser encontrados no ambiente da escola que frequentam. Por meio de figuras (fotos, recortes, desenhos) que os representem, montem cartazes com uma ou mais teias alimentares. Identifiquem os diversos níveis tróficos. Comparem e discutam os resultados com os outros grupos, ressaltando as diferenças. Embora não seja possível observar os decompositores (no solo, na terra dos vasos etc.) a olho nu, é importante incluí-los nas teias construídas.

2. Discuta a seguinte frase com a turma e elabore, por escrito, uma explicação: "Os decompositores participam de todas as etapas de uma teia alimentar".

Nosso desafio

Para preencher os quadrinhos de 1 a 9, você deve utilizar as seguintes palavras: autótrofos, cadeias alimentares, consumidores, decompositores, fotossíntese, heterótrofos, oxigênio, produtores, teias alimentares.

À medida que você preencher os quadrinhos, risque a palavra que você escolheu para não usá-la novamente.

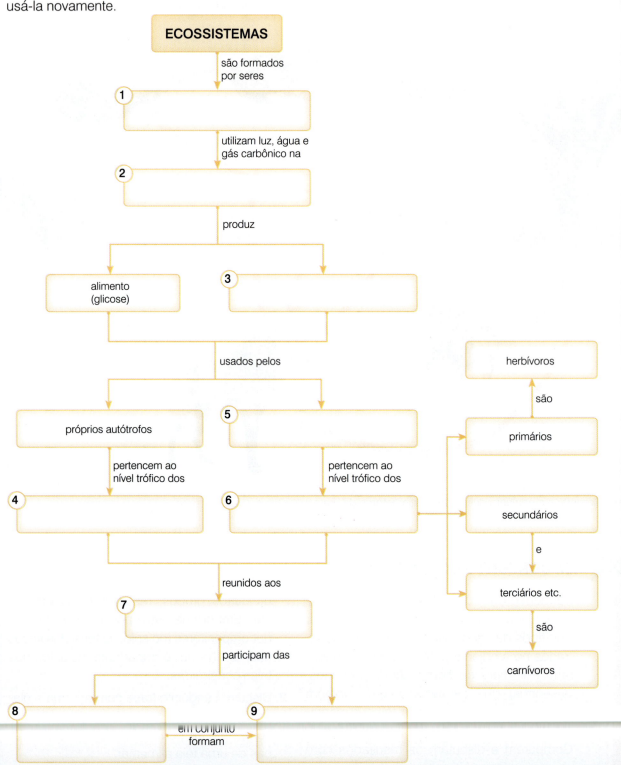

Atividades

1. [1, 2, 3, 6, 12] Uma importante diferença entre animais e plantas está relacionada à fonte de alimento gerador da energia necessária à sobrevivência. Todos os animais alimentam-se de outros seres vivos, enquanto a quase totalidade dos vegetais elabora o seu próprio alimento a partir de determinados recursos do meio.

a) Segundo o modo de obtenção de energia, como são denominados animais e vegetais?

b) Indique qual é o processo utilizado pelos vegetais para a elaboração de seu alimento e os recursos de que utiliza nesse processo.

2. [1, 2, 3, 6, 12] O corpo dos seres vivos é constituído de inúmeras substâncias orgânicas e inorgânicas. Claro que ao longo do desenvolvimento de cada ser vivo, substâncias inorgânicas são obtidas do meio de vida, enquanto as substâncias orgânicas são produzidas nos vários processos característicos do metabolismo. Um dia, porém, haverá o retorno dessas substâncias para o meio e, para isso, entram em ação importantes seres vivos.

Quanto ao retorno para o meio das substâncias presentes nos restos de plantas e animais, indique a que seres vivos o texto se refere e como eles são denominados nas cadeias e teias alimentares.

3. [1, 2, 3, 6, 12] A água do planeta Terra ocupa o volume de 1.400.000.000 km^3. Desse total, 96,607% é água salgada, 1,7% está em geleiras, 1,68% são águas subterrâneas e 0,013% são lagos e rios.

Fonte: Folha de S.Paulo,
São Paulo, 18 mar. 2018. Cotidiano, p. B5.

Considerando apenas a água de regiões marinhas, bem como lagos e rios, muitos seres desses ambientes, principalmente microscópicas algas e a vegetação ribeirinha, a utilizam – com o gás carbônico presente no ar e a radiação do Sol – em importante processo que fornece a energia necessária à sua realização.

a) Indique o processo realizado pelas algas microscópicas e a vegetação ribeirinha de acordo com as informações do texto.

b) Em termos ecológicos e de níveis tróficos, como são denominadas as algas microscópicas e a vegetação ribeirinha que executam o referido processo?

4. [1, 2, 3, 6, 12, 16, 18] A radiação solar, água e gás carbônico são os importantes participantes da fotossíntese. Considerando essa informação:

a) Indique o papel desempenhado pela radiação solar no referido processo e a principal substância orgânica produzida nesse processo.

b) A absorção de energia solar é função de uma substância ou pigmento, de coloração verde, existente nas células dos seres vivos que executam o processo de produção de substâncias orgânicas. Indique qual é esse importante pigmento.

5. [1, 2, 3, 6, 12] Por serem capazes de produzir seu próprio alimento, algas microscópicas que vivem no meio marinho e a vegetação terrestre recebem uma denominação especial. Do mesmo modo, seres que, como nós, humanos, não conseguem produzir seu próprio alimento, devendo obtê-lo de vegetais ou outros seres vivos, recebem outra denominação.

a) Indique as denominações a que se refere o texto, relativas a algas, vegetais e animais.

b) Em qual dessas denominações se enquadram os seres vivos que efetuam o desmanche de restos orgânicos nos ecossistemas?

6. [1, 2, 3, 6, 12, 16, 18] Assim como nos motores de automóveis ocorre a queima de combustíveis para gerar a energia necessária ao movimento do veículo, nas células dos seres vivos ocorre a utilização de "combustíveis biológicos" para gerar a energia necessária para o metabolismo. Frequentemente, a liberação da energia contida nesses "combustíveis biológicos" ocorre com participação de gás oxigênio, com produção de água, gás carbônico e liberação de energia que será utilizada nos vários processos metabólicos.

a) Indique a substância orgânica cuja "desmontagem" libera energia nos seres vivos e a denominação desse processo de liberação de energia em que há a participação do oxigênio.

b) O processo em questão é praticamente o inverso daquele que conduz à produção do "combustível biológico" utilizado nas células como fonte de energia. Indique qual é o processo produtor de "combustível biológico" nas células de vegetais.

c) Estabeleça uma comparação entre esses dois processos, relativamente às substâncias que deles participam, não esquecendo que em um deles ocorre a utilização da luz solar.

7. **[1, 2, 3, 6, 12, 16, 18]** A circulação de veículos em uma cidade segue uma rota preestabelecida ao longo das vias, desde o começo até o final do trajeto. Há também rotas alternativas que também conduzem ao ponto final, à chegada. Do mesmo modo, o fluxo de alimentos e de energia nos seres vivos é representado por rotas, o que inclui o ponto de partida da produção de alimentos e, na sequência, comparecem os consumidores e os decompositores. Além de haver uma rota linear desse fluxo, há rotas alternativas que, no final, conduzem os restos alimentares a seres vivos responsáveis pela reciclagem de substâncias inorgânicas.

a) Na comparação que foi feita no texto, qual é a denominação da rota linear do fluxo de alimentos?

b) Se a circulação de alimentos seguir diferentes trajetórias, que se cruzam em algum momento ou que podem ter o mesmo ponto final, qual seria a denominação para esse "conjunto de rotas alimentares"?

8. **[1, 2, 3, 6, 12, 16, 18]** Do mesmo modo que nas cidades há uma diversidade de veículos, tais como ônibus, automóveis e caminhões, cada qual com sua finalidade de transporte, assim também nos ecossistemas no que diz respeito ao fluxo de energia e de alimentos entre os seres vivos.

a) Indique as três principais categorias de seres vivos componentes do fluxo linear de energia e de alimentos em um ecossistema.

b) Do mesmo modo que em uma linha de ônibus sempre há um ponto de partida e um ponto final, de chegada, indique a categoria de seres vivos que corresponde ao ponto de partida em uma cadeia alimentar e a categoria que representa o ponto final, aquele em que ocorre a reciclagem de nutrientes no ecossistema.

9. **[1, 2, 3, 6, 12]** Cada participante de uma cadeia alimentar possui um papel específico. Assim, por exemplo, vegetais são componentes do primeiro nível trófico, enquanto os animais ocupam os níveis seguintes.

a) Considerando apenas a participação dos animais na cadeia alimentar, indique a denominação atribuída aos que se alimentam exclusivamente de vegetais (componentes do primeiro nível trófico) e aos que se alimentam de outros animais.

b) Existem animais, o ser humano é um bom exemplo, que, nas teias alimentares, recorrem tanto a alimentos de origem vegetal quanto aos de origem animal. Indique a denominação utilizada na caracterização dos indivíduos que apresentam esse comportamento alimentar.

10. **[1, 2, 3, 6, 12]** Sabiás são pássaros que, a exemplo dos morcegos, costumam recorrer a alimentos de origem vegetal, tais como frutos e sementes, assim como a animais que circulam pelo seu meio de vida, no caso alguns insetos, durante sua atividade diurna. O mesmo ocorre com morcegos que, durante a sua atividade noturna, recorrem a derivados vegetais, por exemplo, frutos, e também se alimentam de insetos.

a) Indique a denominação utilizada para animais que se alimentam, respectivamente, de insetos e frutos.

b) Indique o nível trófico de consumo ocupado por morcegos que se alimentam de frutos e de insetos, respectivamente.

11. **[1, 2, 3, 6, 12]** Considere os itens seguintes:

I. Plantas do Cerrado fazem fotossíntese e geram o alimento necessário para a sua sobrevivência e para a de todos os demais seres vivos desse ecossistema.

II. Gafanhotos se alimentam das folhas de algumas espécies de plantas do Cerrado.

III. Sapos se alimentam de gafanhotos.

IV. Bactérias e fungos aproveitam os restos alimentares liberados por todos os seres vivos do Cerrado e devolvem para o solo várias substâncias minerais que existem nesses restos.

a) Que seres relacionados nos itens acima são considerados produtores, consumidores e decompositores?

b) Cite as duas substâncias essenciais (um gás e um líquido) e a fonte de energia utilizada pelas plantas para realizar a fotossíntese.

12. **[1, 2, 3, 6, 12]** Observe a cadeia alimentar a seguir esquematizada:

plantas ⟶ gafanhotos ⟶ sapos

bactérias e fungos

a) Qual é o nível trófico ocupado pelos gafanhotos dessa cadeia alimentar?

b) Qual é o nível trófico ocupado pelos sapos nessa cadeia alimentar?

c) Imaginando que serpentes se alimentem de sapos, qual será o nível trófico por elas ocupado nessa cadeia alimentar?

d) Escreva, em poucas palavras, o significado de cadeia alimentar.

13. **[1, 2, 3, 6, 12]** Com relação aos participantes da cadeia alimentar esquematizada na questão anterior:

a) Que seres são considerados autótrofos? Explique por que, em poucas palavras.

b) Que seres são considerados heterótrofos? Explique por que, em poucas palavras.

14. **[1, 2, 3, 6, 12, 15]** Nos lagos da região amazônica vivem peixes como o tambaqui, o tucunaré e o pirarucu (conhecido como "bacalhau amazônico"). Nas margens dos lagos vive a palmeira jauari, cujos frutos que caem na água são comidos pelos tambaquis. Filhotes de tambaqui servem de alimento para os tucunarés, que, por sua vez, são atacados e comidos pelos pirarucus.

a) Esquematize a cadeia alimentar formada por frutos da palmeira jauari, tucunarés, pirarucus e tambaquis.

b) A qual nível trófico pertence a palmeira jauari?

c) Quais são os níveis tróficos ocupados pelos peixes tambaqui, pirarucu e tucunaré?

d) Qual dos peixes citados é herbívoro? Qual é carnívoro?

e) Imaginando que sobrem restos de frutas de jauari e dos peixes, que nível trófico aproveita o alimento existente nesses restos?

15. **[1, 2, 3, 6, 12]** Considere os esquemas abaixo:

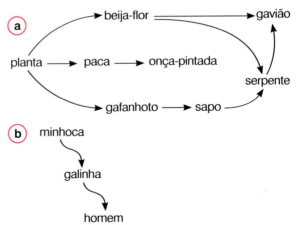

a) Qual dos esquemas representa uma cadeia alimentar?

b) Qual dos esquemas representa uma teia alimentar?

c) Escreva o que significa teia alimentar.

Povos indígenas mantêm relação afetuosa com a natureza

As etnias indígenas sempre viveram em perfeito equilíbrio com o ecossistema, o que foi quebrado a partir das influências do elemento desestabilizador, "o homem branco". Fruto da colonização e de frentes de expansão capitalista, a exploração desordenada depauperou indiscriminadamente muitas regiões brasileiras. Esvaíram-se as riquezas do solo, subsolo, florestas, rios e o índio acabou sendo levado a um processo de desaparecimento.

As concepções indígenas de "natureza" variam bastante, pois cada povo tem um modo particular de conceber o meio ambiente e de compreender as relações que estabelece com ela. Porém, a ideia de que o "mundo natural" é antes de tudo uma ampla rede de inter-relações entre agentes, sejam eles humanos ou não, é comum a todos eles. Isto significa dizer que os homens estão sempre interagindo com a "natureza" e que esta não é jamais intocada.

Nas celebrações indígenas, a fauna e a flora são a essência dos rituais, o que se reflete na arte indígena de modo geral. Os povos indígenas têm, ao longo dos anos, estabelecido uma relação afetuosa com a natureza como se a Terra fosse a grande mãe, uma dádiva, uma parte integrante da vida em sociedade. Esse respeito pelo planeta tem sido pautado nas trocas de reciprocidade, ou seja, retiram o sustento, os alimentos necessários para a sobrevivência, mas ao mesmo tempo mantêm com o meio ambiente uma relação harmoniosa e de equilíbrio, que faz com que sua ação não seja apenas de exploração. Bem diferente da relação dos não indígenas, quase sempre marcada pela dominação do meio ambiente.

SALLES, J. *Disponível em:* <http://www.gazetadigital.com.br/conteudo/show/secao/61/materia/271977/t/povos-indigenas-mantem-relacao-afetuosa-com-a-natureza->. Acesso em: 18 abr. 2018.

Neste capítulo, você conhecerá as principais relações entre os seres vivos dos ecossistemas, tanto aquelas que ocorrem entre organismos da mesma espécie ou entre organismos de espécies diferentes.

A união faz a força

Toda vez que uma escola promove uma feira cultural ou científica, os estudantes participam do evento e se envolvem na sua organização. Cada um faz a sua parte, mas uns ajudam os outros, interagindo intensamente no sentido de que tudo dê certo. Mesmo que ocorra uma competição entre as equipes, ela é saudável e, por fim, a satisfação é de todos. Afinal, os visitantes, seus pais, amigos e professores poderão perceber que o bom *relacionamento social* é uma das chaves do sucesso de qualquer atividade coletiva. É nessa hora que se estabelecem as amizades sólidas, que nunca mais serão esquecidas, não é mesmo?

Na natureza, é comum a união de indivíduos na execução de tarefas que beneficiem o conjunto. É o que se verifica, por exemplo, nas *sociedades* de abelhas formadoras de colmeia, de formigas e de cupins.

Veja, a seguir, o esquema geral das relações que ocorrem entre seres vivos nos ecossistemas:

DIYANA DIMITROVA/SHUTTERSTOCK

Fique por dentro!

Nas abelhas formadoras de colmeia há divisão de trabalho. O rendimento é maior do que se cada indivíduo realizasse sozinho todas as funções que lhe garantem a vida, como você verá mais adiante.

RELAÇÕES ENTRE SERES VIVOS

- Mesma espécie
  - Com benefício
    - Colônia
    - Sociedade
  - Com prejuízo
    - Competição
- Espécies diferentes
  - Sem prejuízo
    - Comensalismo
    - Mutualismo
  - Com prejuízo
    - Predação
    - Parasitismo
    - Competição

WILLY BRÜCHLE/PANTHERMEDIA/KEYDISC

Na caravela-portuguesa, o indivíduo flutuador, bastante modificado, cheio de gás, permite que a colônia seja impelida pelo vento nos mares tropicais.

Relações entre seres vivos da mesma espécie

Colônias, **sociedades** e **competição** são modalidades de interação entre indivíduos da mesma espécie.

Colônias

Em uma colônia, os indivíduos formam um conjunto coeso, permanecendo *unidos uns aos outros ou muito próximos fisicamente*. É o caso, por exemplo, dos corais formadores de recifes. Nesse caso, pequenos animais chamados **pólipos** constroem a grande formação rochosa na qual habitam. Os recifes de coral são importantes ecossistemas que representam verdadeiros santuários ecológicos, ricos em biodiversidade.

Em muitas colônias, os indivíduos são iguais anatomicamente, sem divisão de funções, como nos corais. Em outras, os indivíduos têm formas diferentes e desempenham funções diferentes na colônia, isto é, há divisão de trabalho. É o que ocorre, por exemplo, na caravela-portuguesa (*Physalia*), colônia flutuante que pode causar queimaduras graves nos banhistas.

Coeso: unido, ligado um ao outro fisicamente.

Recife: formação aquática marinha, rochosa, superficial ou submersa, geralmente próxima à costa em áreas de pouca profundidade.

Santuário ecológico: área em que a interferência humana, como a caça ou a pesca, encontra-se proibida, com a finalidade de preservação das espécies ali existentes.

Os pequenos pólipos, formadores dos recifes de coral, secretam bases calcárias sobre as quais se mantêm fixos e muito unidos.

HOTFLASH/SHUTTERSTOCK

Sociedades

Agora, pense em um formigueiro de lava-pés, aquelas formigas que fazem um montinho de terra no meio de um jardim, de modo geral, depois de uma chuva. Quem já pisou em um desses formigueiros nunca mais se esquece das ferroadas doloridas!

As formigas são **insetos sociais**. Reúnem-se em grandes grupos, nos quais existe elevado grau de divisão de trabalho.

Formigas lava-pés.

A diferença em relação à maioria das colônias é que, nesse caso, *os indivíduos não ficam fisicamente unidos* ("grudados") *uns aos outros*. O que vale é o *comportamento* coletivo de defesa, obtenção de alimento, manutenção do *habitat* e sobrevivência do grupo.

Coletivo: que compreende ou abrange muitos indivíduos ou coisas.

Nesses insetos sociais, os indivíduos formam "castas" ou "categorias sociais", cada qual desempenhando uma tarefa que garante o sucesso do conjunto. Vamos ver alguns exemplos? As *rainhas* têm função reprodutora e dos seus ovos são geradas inúmeras *operárias* estéreis (isto é, que não conseguem se reproduzir), trabalhadoras que se encarregam da obtenção do alimento, e as *soldados*, que se encarregam da defesa do formigueiro. Periodicamente, surgem os machos, que fertilizarão novas rainhas e gerarão novos formigueiros. E, assim, a sociedade das formigas prolifera, o grupo é bem-sucedido e a vida continua.

Fertilizar: tornar fértil, fecundo, produtivo. No texto, o termo fertilizar foi utilizado para simbolizar a fecundação, ou seja, o encontro de gametas no organismo da fêmea.

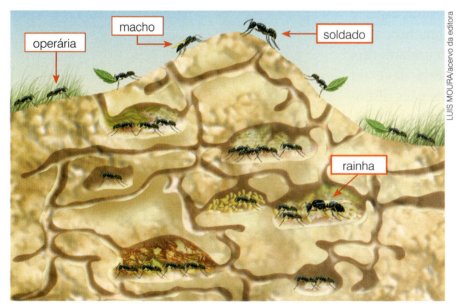

Indivíduos que formam as diferentes castas em uma sociedade de formigas.

EM CONJUNTO COM A TURMA!

Com seu grupo, procurem no dicionário o significado da palavra casta. Pesquisem em livros de História acerca da existência de castas em sociedades humanas atuais ou do passado.

ANDREY DAVIDENKO/
PANTHERMEDIA/KEYDISC

É SEMPRE BOM SABER MAIS!

Abelhas e cupins também vivem em sociedade

Cupinzeiro.

O mesmo tipo de organização social das formigas existe em algumas espécies de abelhas que formam colmeias e nos cupins. Em uma sociedade de abelhas há geralmente uma única fêmea reprodutora (fértil), a *abelha rainha*, os machos ou *zangões*, cuja função é fecundar a rainha durante o voo nupcial, e as *operárias*, fêmeas estéreis, isto é, incapazes de se reproduzir, responsáveis por várias funções necessárias à manutenção da colmeia: limpeza, alimentação das larvas e da rainha, secreção da "geleia real", produção de cera, defesa, coleta de alimento (pólen e néctar).

Os cupins, muitos dos quais constroem imensas "moradias" coletivas conhecidas como "murundus" (que se destacam nos cerrados brasileiros como se fossem pequenos morros acima do solo), também são insetos que organizam sociedades. Do mesmo modo que acontece com as formigas e as abelhas de colmeias, ocorrem castas. Resumindo, formigas, abelhas de colmeias e cupins, por se organizarem em sociedades, são também conhecidos como **insetos sociais**.

PRILL/SHUTERSTOCK

Competição

Entre indivíduos da mesma espécie pode haver competição pelo alimento, abrigo, luz, pelos parceiros no acasalamento, pela liderança no grupo. Você já deve ter notado, por exemplo, filhotes de cães disputando alimento durante a amamentação.

Descubra você mesmo!

Relacione seus conhecimentos e tente explicar por que os agricultores toda vez que plantam mudas de laranjeira deixam um espaço de pelo menos dois metros entre uma e outra.

JCB PROD/PANTHERMEDIA/KEYDISC

Relações entre indivíduos de espécies diferentes

Nas relações entre indivíduos de espécies diferentes, duas situações podem ocorrer:

- ninguém é prejudicado e há *benefício* para uma ou para as duas espécies envolvidas na relação. É o caso do *comensalismo* e do *mutualismo*;
- pelo menos um dos indivíduos é prejudicado. É o caso da *predação*, do *parasitismo* e da *competição entre indivíduos de espécies diferentes*.

Relações em que ninguém é prejudicado

Comensalismo

Orquídeas e bromélias são conhecidas como plantas *epífitas* (do grego *epi* = sobre + *phyton* = planta), que crescem apoiadas em galhos elevados de árvores, obtendo, assim, melhor localização quanto à luz. As árvores não são prejudicadas, nem beneficiadas. O benefício é apenas para as *epífitas*. Esse tipo de relação, em que uma das espécies é beneficiada e a outra não é nem beneficiada, nem prejudicada, é um **comensalismo**, muitas vezes, nesse caso, também denominado de **epifitismo**.

Outro exemplo típico de comensalismo é o que ocorre entre tubarões e outros peixes conhecidos como *rêmoras*. As rêmoras prendem-se aos tubarões por meio de um disco adesivo localizado na cabeça e aproveitam os restos alimentares dos tubarões. Note que, por serem restos alimentares, os tubarões não são prejudicados, nem beneficiados.

Certas espécies de bactérias vivem no interior do intestino humano, aproveitando os restos alimentares disponíveis nesse ambiente. Essa é uma modalidade de comensalismo, conhecida como **inquilinismo**, em que os comensais (as bactérias) não prejudicam nem beneficiam o seu hospedeiro (no caso, o ser humano).

Bromélias são plantas epífitas que podem viver como comensais sobre árvores.

É SEMPRE BOM SABER MAIS!

A história das garças-boiadeiras

Na próxima vez que você fizer uma viagem a alguma região de campos, preste atenção à garça-boiadeira, da espécie *Bubulcus ibis*, de plumagem branca, que vive nos pastos brasileiros.

Toda vez que cavalos, bois ou búfalos andam pelo pasto, alimentando-se de capim, eles provocam o deslocamento de gafanhotos, grilos, aranhas e pequenos roedores, que estavam escondidos na vegetação. Quando isso acontece, as garças-boiadeiras se aproveitam dessa algazarra e se alimentam desses pequenos animais. A relação entre os animais pastadores e as garças-boiadeiras é de comensalismo. Para elas, há benefício. Para o gado, não há nem benefício, nem prejuízo.

Nos liquens, fungos e algas vivem em mutualismo.

Mutualismo

Liquens são seres vivos formados pela união de uma espécie de alga com uma espécie de fungo. Os liquens vivem sobre cascas de árvores ou rochas. O fungo fornece sais minerais e água para a alga que, em troca, lhe fornece oxigênio e alimento que ela produz por meio da fotossíntese. Esse tipo de relação é denominado **mutualismo**. As duas espécies que participam dessa relação são beneficiadas. Considera-se que esse tipo de relação é *obrigatória* para as espécies participantes, uma vez que a separação delas impossibilita a sua sobrevivência.

Outro exemplo de mutualismo é o que ocorre entre ruminantes (bois, cabras, veados) e certas espécies de bactérias que vivem no interior do estômago desses animais. O capim ingerido por eles é rico em fibras de uma substância conhecida como celulose, formada pela união de inúmeras moléculas do açúcar glicose. As bactérias digerem a celulose para os animais e liberam glicose. Em troca, as bactérias possuem um local para viver, ao mesmo tempo em que recebem outras substâncias essenciais para a sua sobrevivência. Essa interação é obrigatória para os participantes, pois não sobrevivem independentemente.

Fique por dentro!

As relações entre indivíduos de espécies diferentes eram chamadas, até recentemente, de **harmônicas**, quando nenhum dos envolvidos era prejudicado, e **desarmônicas**, quando pelo menos um deles era prejudicado.

Relações em que pelo menos uma das espécies é prejudicada

Predação

O lobo-guará caça pequenos roedores graças à sua grande capacidade de audição: ele percebe os ruídos que os pequenos animais fazem na vegetação. Com saltos certeiros, ele pula sobre os roedores, abocanhando-os com precisão. O lobo-guará é o predador. Os roedores são as suas presas. A **predação** (também conhecida como **predatismo**) é o tipo mais comum de relação biológica nas cadeias e teias alimentares. A ação de um predador resulta na morte da presa. Gaviões, corujas, serpentes e inúmeros outros animais são predadores nos ecossistemas em que vivem.

Serpentes e gaviões são exemplos de organismos predadores.

▶ Parasitismo

Lombrigas e solitárias (tênias) são vermes que vivem no intestino de uma pessoa e consomem parte do alimento ali existente. Evidentemente, para a pessoa existe prejuízo e para esses vermes há benefício. O mesmo ocorre quando uma pulga suga o sangue de uma pessoa, ou seja, há benefício para a pulga e prejuízo para a pessoa. Esses são dois exemplos de **parasitismo**. Parasitas que vivem no interior do corpo dos seus hospedeiros são **endoparasitas** (*endo* = interno). Os que, como pulgas, percevejos, mosquitos, carrapatos e piolhos, atuam externamente são **ectoparasitas** (*ecto* = externo).

Diferentemente do que ocorre na predação, em que o predador mata a sua presa para alimentar-se dela, o parasita deve manter o hospedeiro vivo para sobreviver. No entanto, lesões causadas pelos parasitas podem levar o hospedeiro à morte, provocando, ou não, a morte do parasita. Essa situação é comum nas doenças cujos parasitas são microrganismos, dentre as quais a dengue (causada por vírus) e a malária (causada por protozoários), que podem ser fatais.

Lombriga (*Ascaris lumbricoides*): um verme de corpo cilíndrico que vive no intestino humano.

Pulga: um exemplo de inseto parasita do ser humano.

▶ Competição

A competição entre indivíduos de espécies diferentes quase sempre se refere à disputa por água, luz, alimento, espaço etc. Esse tipo de interação ocorre entre herbívoros (consumidores primários), que competem pela mesma pastagem, ou entre carnívoros predadores (consumidores secundários ou terciários), que disputam as mesmas presas.

DE OLHO NO PLANETA
Meio Ambiente

Controle biológico de baratas

Quem já não teve uma reação de medo ou de repulsa diante de uma barata? Antes de responder a essa pergunta, é interessante pensarmos na razão desses pequenos animais existirem em grande quantidade nas cidades e nas casas, transformando-se em verdadeiras pragas urbanas. Provavelmente, um dos motivos é a grande quantidade de lixo produzido pela sociedade moderna, que atrai não só esses, mas outros animais. Outra explicação é o desaparecimento dos predadores e parasitas que ajudavam a manter o tamanho das populações de baratas em níveis aceitáveis.

Qual é a solução que a maioria das pessoas adota no sentido de evitar o aparecimento desses animais em suas casas? Se você respondeu que é o uso de inseticidas, acertou. No entanto, a maioria dos inseticidas que utilizamos é prejudicial ao meio ambiente, pois eles são tóxicos e muitas vezes podem provocar alergia, tosse e crises asmáticas, além de provocarem a morte de animais úteis. Evitar o acúmulo de lixos nas proximidades das habitações e manter a higiene dessas moradias são medidas que muito contribuem para afastar pragas urbanas.

Uma saída aceitável e eficaz é o **controle biológico**. O que é isso? É a utilização de um inimigo natural das baratas, que ajude a controlar o tamanho da população desses insetos.

Na natureza, uma espécie de vespa tem sido utilizada nesse controle, com bons resultados: a vespa-joia (*Ampulex compressa*). Ela é predadora das baratas, contribuindo para diminuir o tamanho das populações desses insetos, mantendo-as em níveis aceitáveis.

Adaptado de: FOX, E. G. P.; BRESSAN--NASCIMENTO, S. Vespas contra baratas. *Disponível em*:<http://cienciahoje.org.br/artigo/vespas-contra-baratas/>. Acesso em: 18 abr. 2018.

FLPA/AGB PHOTO
Vespa que atua no controle biológico de baratas.

Espécies invasoras, competição e ausência de predadores ou de parasitas

Iguaria: comida delicada e/ou apetitosa.

O caramujo africano da espécie *Achatina fulica* foi introduzido no Brasil, na década de 1980, como alternativa ao consumo de *escargot*, iguaria muito apreciada pela culinária francesa.

Competiu com sucesso por espaço e alimento com outras espécies nativas e, como aqui não há predadores naturais para esse tipo de molusco, o seu número aumentou assustadoramente por todo o país.

Essa espécie é considerada uma praga agrícola por destruir grandes áreas de vegetação nativa e vegetais consumidos por seres humanos.

Este exemplo mostra que, nos ecossistemas, é necessário haver equilíbrio entre as populações de presas, predadores, parasitas, hospedeiros e competidores. Embora individualmente exista prejuízo para uma presa, a existência de predadores é fundamental na manutenção do equilíbrio populacional dos ecossistemas. O mesmo pode ser dito com relação aos parasitas e às populações de seres vivos que lhes servem de hospedeiros.

ERIC ISSELEE/ SHUTTERSTOCK

Achatina fulica, caramujo africano trazido ao Brasil e responsável por um impacto ambiental de difícil controle. A explosão populacional dessa espécie deveu-se, em parte, à inexistência de predadores naturais.

Nosso desafio

Para preencher os quadrinhos de 1 a 14, você deve utilizar as seguintes palavras: benefício, colônia, comensalismo, competição, desarmônicas, diferentes, ecossistemas, espécie, harmônicas, mutualismo, parasitismo, predação, prejuízo, sociedade.

À medida que você preencher os quadrinhos, risque a palavra que você escolheu para não usá-la novamente.

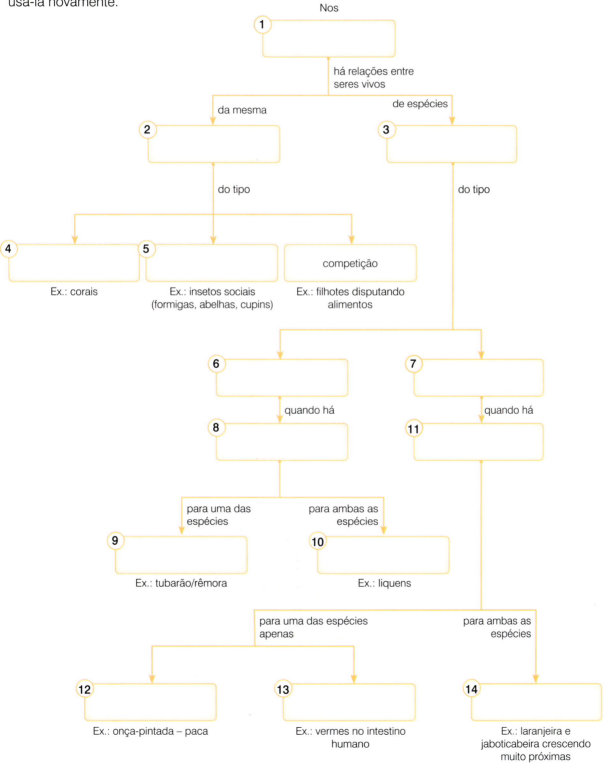

Atividades

1. [1, 2, 3, 6, 12, 15] Nas relações entre seres vivos da mesma espécie, há duas possibilidades: em uma delas os indivíduos que interagem são beneficiados e na outra há prejuízo para os indivíduos que interagem. Colônias e sociedades são as interações em que há benefícios, enquanto na competição pode haver prejuízo.

a) Uma colmeia de abelhas caracteriza uma interação do tipo sociedade, colônia ou competição entre indivíduos da mesma espécie? Justifique sua resposta e indique outro exemplo que caracterize o tipo de interação escolhido.

b) O animal popularmente conhecido como caravela-portuguesa possui um formato que lhe possibilita flutuar nas águas oceânicas, além de possuir inúmeros filamentos que podem causar acidentes a banhistas, se com eles entrarem em contato. A caravela-portuguesa é exemplo de colônia, sociedade ou competição? Justifique sua resposta e indique outro conhecido exemplo oceânico que caracterize o tipo de interação escolhido.

2. [1, 2, 3, 6, 12, 15] No meio agrícola, é comum o plantio de mudas de laranjeira, todas da mesma espécie, com certa distância entre uma e outra. Tal procedimento resulta em plantas vigorosas, ramificadas e produtoras de muitas frutas de boa qualidade.

a) Indique o tipo de interação que é evitado ao se promover o plantio dessas mudas com certa distância.

b) Que consequências poderiam ocorrer no caso de essas mudas serem plantadas bem próximas umas das outras?

3. [1, 2, 3, 6, 12] Considere os itens a seguir, relacionados às interações de organismos da mesma espécie:

I. Em um recife de coral, minúsculos animais, os pólipos, organizam uma formação rochosa na qual habitam. Esses pólipos ficam unidos, grudados uns aos outros, constituindo uma formação coesa.

II. Formigas lava-pés reúnem-se em formigueiros por elas construídos. Não vivem unidas umas às outras. Nesses agrupamentos de insetos, existem categorias ou "castas" com funções específicas: defesa, obtenção de alimento, reprodução.

a) Qual dos itens relaciona-se a uma colônia e qual a uma sociedade?

b) Uma característica citada em cada item é a justificativa para a resposta correta à pergunta do item a. Qual é essa característica em cada caso?

4. [1, 2, 3, 6, 12, 15] Na natureza ninguém vive solitário. É comum indivíduos de espécies diferentes viverem conjuntamente e, em muitos casos, ocorrem benefícios para uma das espécies participantes ou mesmo para ambas.

a) Indique as duas modalidades de interação entre espécies diferentes nas quais ocorre benefício, ou seja, em que ninguém é prejudicado.

b) Em qual das duas modalidades de interação ambas as espécies são beneficiadas e em qual delas apenas uma das espécies é beneficiada, sem haver benefício ou prejuízo para a outra?

5. [1, 2, 3, 6, 12] Na interação entre duas espécies diferentes, em que há benefício para apenas uma das espécies e para a outra não há benefício nem prejuízo, é comum considerar-se a ocorrência de duas possibilidades. Indique como são denominados esses dois tipos de interação e como se diferenciam.

6. [1, 2, 3, 6, 12] Certas espécies de algas e de fungos, bem como certas espécies de bactérias que vivem no estômago de bois e vacas, ilustram um tipo de interação muito comum entre seres vivos de espécies diferentes em que ambos os participantes são beneficiados.

Indique a que tipo de interação esses dois exemplos se referem e as vantagens obtidas pelos participantes dessas interações.

7. **[1, 2, 3, 6, 12, 15]** Muitas espécies de orquídeas não crescem no solo, mas vivem apoiadas em galhos elevados de árvores. A relação biológica existente entre as orquídeas e as árvores é do tipo comensalismo. Considerando o que você aprendeu ao ler este capítulo, responda:

a) A relação entre orquídeas e árvores é benéfica ou prejudicial? Justifique a sua resposta.

b) Por que a relação biológica existente entre as orquídeas e as árvores é do tipo comensalismo?

c) Cite o outro nome utilizado para a relação biológica existente entre orquídeas e árvores nas quais se apoiam.

d) Nos casos de comensalismo em que o comensal vive dentro do seu hospedeiro, costuma-se utilizar outra denominação. Qual é essa denominação?

8. **[1, 2, 3, 6, 12, 15, 17]** Interações entre seres vivos de espécies diferentes podem envolver também prejuízos para uma das espécies apenas ou para ambas, dependendo do tipo de interação. É o que ocorre, por exemplo, quando uma serpente ataca um camundongo e o ingere. Ou, ainda, quando uma lombriga vive no interior do intestino humano e obtém nutrientes que são essenciais para o nosso desenvolvimento. Em muitos casos, a interação pode também acarretar prejuízo para ambas as espécies, ocorrência comum em plantações em que dois vegetais se encontram muito próximos um do outro, caso de uma laranjeira e de uma planta de mexerica ponkan. No caso, ambas competirão, por exemplo, pela luz necessária à realização de fotossíntese e pela água e nutrientes existentes no solo.

a) A que tipo de interação de seres vivos se referem os dois primeiros exemplos? Nesses casos, quais espécies são beneficiadas e quais prejudicadas?

b) Indique como se denomina a interação que envolve prejuízo para ambas as espécies. No exemplo citado, que procedimento deveria ser adotado no sentido de evitar essa ocorrência?

9. **[1, 2, 3, 6, 12]** Certas espécies de abelhas visitam flores de determinadas espécies de plantas, delas obtendo alimento. Por outro lado, as visitas das abelhas contribuem para a reprodução das plantas cujas flores recebem essas visitas. Esse tipo de relação biológica beneficia ambas as espécies e é obrigatória.

a) O texto acima ilustra uma relação em que há benefício ou prejuízo entre abelhas e plantas cujas flores são visitadas pelos insetos? Justifique sua resposta.

b) Considere os seguintes tipos de relação biológica: parasitismo, comensalismo, mutualismo e predação. Qual desses tipos de relação biológica existe entre as abelhas e as plantas cujas flores elas visitam? Justifique a sua resposta com base em uma informação fornecida pelo texto da questão.

10. **[1, 2, 3, 6, 12]** Considere os itens a seguir:

I. Na Mata Atlântica, uma onça-pintada caça uma paca (um roedor), matando-a e dela alimentando-se.

II. No Pantanal do Mato Grosso do Sul, carrapatos sugam o sangue de capivaras, sem provocar a morte desses roedores.

III. Em um pasto, gafanhotos e bois disputam o alimento representado pelo capim que cresce no solo.

a) Os itens ilustram casos de relações em que há benefícios ou prejuízos? Justifique a sua resposta.

b) Que tipo de relação biológica existe entre a onça-pintada e a paca, entre os carrapatos e as capivaras, e entre gafanhotos e bois? Em cada caso, justifique a sua resposta.

11. [1, 2, 3, 6, 12] O "pássaro-palito" é uma ave que se aproveita dos restos de alimentos que ficam entre os dentes de crocodilos africanos.

Os restos de alimentos não são utilizados pelo crocodilo. Apenas o "pássaro-palito" se aproveita e se beneficia deles. O crocodilo não é beneficiado, nem prejudicado nessa relação. Então, que tipo de relação biológica existe entre a ave e o crocodilo: mutualismo ou comensalismo? Justifique a sua resposta.

12. [1, 2, 3, 6, 12] Nos rios da Amazônia vive o boto vermelho (*Inia geoffrensis*), também conhecido popularmente como boto cor-de-rosa. Pesquisas efetuadas sobre o conteúdo do estômago desses animais revelaram que eles se alimentam de cerca de 51 espécies de peixes. Com relação a essa informação, responda:

a) Que tipo de relação biológica existe entre os botos e os peixes que eles consomem?

b) Supondo que os peixes dos quais os botos se alimentam sejam todos herbívoros, qual é o nível trófico ocupado pelos botos nessa cadeia alimentar?

13. [1, 2, 3, 6, 12, 15, 16] Caminhando pelo Pantanal do Mato Grosso, na região de Poconé, encontrei uma árvore chamada novateiro ou pau-de-novato. Batendo no tronco da árvore, logo elas apareceram, surgidas de inúmeras cavidades. Formigas e mais formigas. O guia me disse que toda vez que alguém, sem querer, encosta no tronco, elas saem e atacam. É um montão de ferroadas. A árvore recebe esses nomes porque as pessoas novatas na região não conhecem os hábitos das formigas e são surpreendidas.

Armênio Uzunian

No texto anterior, relata-se a relação biológica existente entre uma árvore e formigas. As formigas encontram abrigo nas cavidades da árvore e, em troca, "protegem" a árvore de intrusos. Ambos são beneficiados. Que tipo de relação biológica essa historinha ilustra, considerando que essa relação é obrigatória?

14. [1, 2, 3, 6, 12, 15] O cipó-imbé é uma planta de folhas largas, típica da região amazônica. Do mesmo modo que ocorre com bromélias e orquídeas, ela possui o hábito de se fixar em regiões elevadas do tronco de árvores altas, de onde pode obter luz suficiente para a realização de fotossíntese. As árvores não são prejudicadas nem beneficiadas.

Que tipo de relação biológica é ilustrada no texto: comensalismo (epifitismo) ou parasitismo? Justifique a sua resposta.

15. [1, 2, 3, 6, 12, 15, 16] O cipó-chumbo é uma planta amarelada que não possui clorofila; é heterótrofa e se apoia nos galhos de outra planta, autótrofa. Lentamente, as raízes do cipó-chumbo penetram na planta hospedeira e atingem os vasos condutores, deles retirando nutrientes orgânicos e inorgânicos. Claro que, nesse caso, há prejuízo para a planta hospedeira. No fundo, é o mesmo que ocorre quando um pernilongo do sexo feminino pica uma pessoa e atinge vasos sanguíneos, deles retirando o alimento necessário à sua sobrevivência e reprodução. Outro caso curioso é o da planta erva-de-passarinho. Neste caso, a erva-de-passarinho, que é verde, possui clorofila e é autótrofa; mesmo assim introduz suas raízes em uma planta hospedeira, dela retirando apenas água e nutrientes minerais, ocorrendo também prejuízo à planta hospedeira.

JULIA PIVOVAROVA/SHUTTERSTOCK

Cipó-chumbo (acima) e erva-de-passarinho (à direita), apoiados em plantas hospedeiras.

AWE INSPIRING IMAGES/SHUTTERSTOCK

Considerando as afirmações do texto, responda:

a) Que tipo de relação biológica existe entre o cipó-chumbo e a erva-de-passarinho com suas plantas hospedeiras? Justifique sua resposta.

b) Que tipo de relação biológica existe entre pernilongos e as pessoas que são por eles picadas? Justifique sua resposta.

16. [1, 2, 3, 6, 12, 15, 16, 17, 18] Plantas de cana-de-açúcar são frequentemente atacadas por lagartas da espécie *Diatrea sacchralis*, que se alimentam de suas folhas e colmos (o caule), destruindo-os. Conhecida como broca-da-cana, a lagarta é a fase jovem de uma mariposa que possui asas amarelo-palha e causa prejuízos severos às plantas. Uma alternativa utilizada no meio agrícola é o emprego de procedimentos que visam à eliminação dos parasitas. Em um deles, podem ser empregados insetos da espécie *Trichogramma galloi* que, ao se alimentarem dos ovos da mariposa, evitam o ataque das brocas nos colmos. Outra alternativa é o combate às lagartas da broca com a utilização dos insetos *Cotesia flavipes*, que atacam as lagartas e, assim, beneficiam as plantas de cana-de-açúcar.

Adaptado de: ROSSETTO, R.; SANTIAGO, A. D. Broca da cana-de-açúcar (*Diatrea sacchralis*). *Disponível em*: <http://www.agencia.cnptia.embrapa.br/gestor/cana-de-acucar/arvore/CONTAG01_131_272200817517.html>. *Acesso em:* 15 abr. 2018.

a) Em termos de interação entre espécies, indique aquela relacionada ao emprego de inimigos naturais de pragas agrícolas, como o detalhado nas informações do texto. Justifique sua resposta, explicando a vantagem do emprego de tal procedimento para o ambiente.

b) Que alternativa tradicional é normalmente empregada no controle de pragas agrícolas?

17. [1, 2, 3, 6, 12, 15, 16, 17, 18] A introdução do caramujo africano *Achatina fulica* em nosso país como alternativa ao consumo de escargot trouxe mais problemas do que benefícios. Liberado de seus criadouros, esse caramujo invadiu ambientes naturais e, com sucesso, reproduziu-se livremente e produziu milhares de descendentes, transformando-se em uma praga incontrolável por destruir grandes áreas de vegetação nativa e plantas cultivadas.

a) A história do caramujo africano ilustra o caso de espécies introduzidas em ambientes em que normalmente não estavam presentes. Como se denominam essas espécies?

b) Indique um motivo que poderia levar espécies como a do caramujo africano a se tornarem pragas agrícolas.

18. [1, 2, 3, 6, 12, 15, 16, 17, 18] O canto das aves, o coaxar de sapos e a deposição de urina e fezes por alguns animais indicam que aquela região é de seu uso exclusivo.

a) Indique a qual característica ecológica e comportamental o texto acima se refere.

b) O que ocorreria caso essas atitudes adaptativas não existissem entre organismos da mesma espécie ou de espécies diferentes?

19. [1, 2, 3, 6, 12, 15, 16, 17, 18] É conhecida a história do mosquito *Aedes aegypti*, de origem africana, que se adaptou muito bem em cidades brasileiras e em nosso território transmite os vírus causadores de dengue, chikungunya, zika e febre amarela. Adaptações desse tipo também ocorreram com espécies vegetais que foram trazidas do continente europeu durante a ocupação da América do Sul e se adaptaram perfeitamente bem aos vários ambientes sul-americanos.

a) Como são consideradas as espécies que, sendo típicas de certos ambientes, são trazidas ou invadem outros ambientes como os relatados no texto?

b) Indique como poderia ser explicado o sucesso adaptativo dessas espécies aos novos ambientes de vida.

capítulo 4

OS AMBIENTES DA BIOSFERA E OS BIOMAS BRASILEIROS

Caatinga: um bioma de características exclusivas

A foto mostra um ramo de um cajueiro na Caatinga nordestina. A planta cresceu, frutificou, e os deliciosos cajus, bem visíveis na foto, fazem a festa de inúmeras espécies de animais, inclusive o homem. No período de seca prolongada, as árvores da Caatinga perdem suas folhas, aparentando um aspecto triste. Nos curtos períodos de chuva, as folhas retornam e a aparência é de um belo jardim florido. Mandacarus e coroas-de-frade, cactos conhecidos na região, também florescem e encantam os visitantes. A Caatinga é considerada, por muitos cientistas, um bioma tipicamente brasileiro.

Neste capítulo, conheceremos algumas das características dos biomas terrestres, inclusive a Caatinga, que em termos de biodiversidade só perde mesmo para as Matas Amazônica e Atlântica, que também serão descritas neste capítulo.

Os biomas terrestres

Bioma é uma formação ecológica, de modo geral terrestre, caracterizada pelo tipo de vegetação, temperatura e regime de chuvas. Embora possamos falar em biomas de ambientes aquáticos marinhos e de água doce, é principalmente no meio terrestre que eles são mais característicos.

O mapa ao lado destaca regiões em que se encontram florestas: uma delas, por exemplo, está localizada em nosso país, na região amazônica; outra, na República Democrática do Congo, na África. Além de se situarem na região equatorial, essas florestas apresentam tipos semelhantes de vegetação, temperatura e quantidade de chuvas parecidas ao longo do ano. Por esse motivo, essas florestas são grandes ecossistemas que se enquadram no mesmo tipo de *bioma*, o de floresta pluvial tropical.

Os ecossistemas que pertencem a cada tipo de bioma estão distribuídos por alguns locais da Terra. É o caso das florestas mostradas no mapa acima.

Além do bioma floresta pluvial tropical, são também exemplos de biomas terrestres a **tundra**, a **floresta de coníferas**, a **floresta temperada**, a **savana**, o **campo** e o **deserto**.

O mapa ao lado mostra a localização dos principais biomas terrestres. A seguir, faremos uma breve descrição de alguns deles.

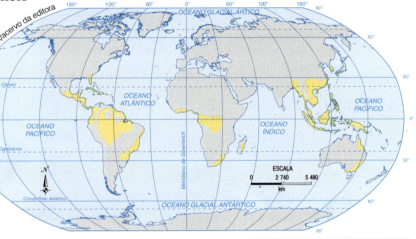

Floresta pluvial tropical e subtropical

Fonte: ATLAS geográfico escolar/IBGE. 7 ed. Rio de Janeiro: IBGE, 2016. p. 61. Adaptação.

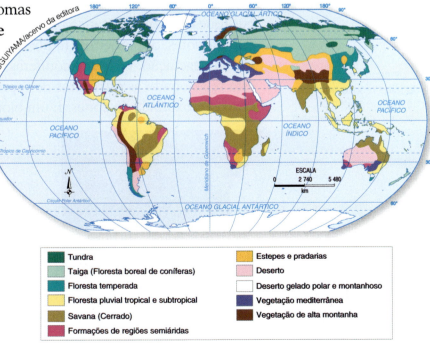

- Tundra
- Taiga (Floresta boreal de coníferas)
- Floresta temperada
- Floresta pluvial tropical e subtropical
- Savana (Cerrado)
- Formações de regiões semiáridas
- Estepes e pradarias
- Deserto
- Deserto gelado polar e montanhoso
- Vegetação mediterrânea
- Vegetação de alta montanha

Fonte: ATLAS geográfico escolar/IBGE. 7 ed. Rio de Janeiro: IBGE, 2016. p. 61. Adaptação.

Jogo rápido

Antes de iniciar o estudo dos biomas terrestres mundiais, procure, em um dicionário, o significado das palavras **fauna** e **flora**.

Tundra

Ursos polares, caribus e renas são os animais típicos desse bioma. Não há árvores. A vegetação é rasteira, formada por plantas de pequeno tamanho que, nas épocas favoráveis, se reproduzem rapidamente. É o bioma das altas latitudes, localizado no hemisfério Norte, próximo ao Círculo Polar Ártico. Temperaturas baixas (até −20 °C no inverno). Verão curto, com temperaturas que atingem 5 °C. Um clima tão frio não permite o crescimento de árvores. Durante esse verão breve surge uma multidão de insetos que atraem muitas espécies de aves migratórias.

A rena (*Rangifer tarandus*) é um animal típico da tundra. Alimenta-se de musgos (plantas extremamente pequenas) e liquens (seres vivos resultantes da associação do tipo mutualismo entre fungos e algas).

Floresta de coníferas (também chamada de taiga)

Linces, lebres, raposas, pequenos roedores, algumas aves e os caribus (que também habitam a tundra) são os animais típicos desse bioma. Altas árvores, os pinheiros (também chamados de *coníferas*), destacam-se na vegetação. O nome coníferas, que significa *portadoras de cones*, está relacionado às estruturas de reprodução dos pinheiros, que têm a forma aproximada de cones. É um bioma típico do hemisfério Norte.

A folhagem sempre verde da taiga resiste ao rigor do inverno, mesmo estando coberta de neve.

Os cones femininos, também chamados de "pinhas", contêm as sementes das coníferas. As pinhas são muito usadas nas decorações de Natal.

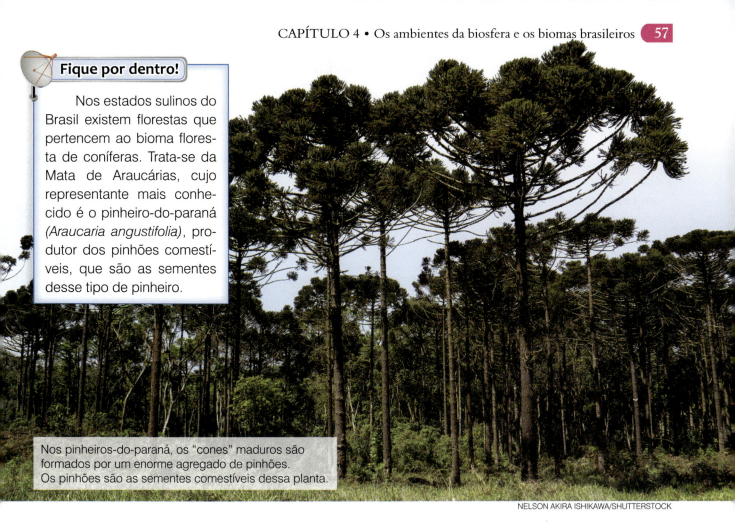

Fique por dentro!

Nos estados sulinos do Brasil existem florestas que pertencem ao bioma floresta de coníferas. Trata-se da Mata de Araucárias, cujo representante mais conhecido é o pinheiro-do-paraná (*Araucaria angustifolia*), produtor dos pinhões comestíveis, que são as sementes desse tipo de pinheiro.

Nos pinheiros-do-paraná, os "cones" maduros são formados por um enorme agregado de pinhões.
Os pinhões são as sementes comestíveis dessa planta.

Floresta temperada

Esquilos, alces, ratos, insetos, sapos e serpentes são alguns dos animais desse bioma. A vegetação é distribuída em estratos, com árvores altas, seguidas de árvores mais baixas, de tamanho progressivamente menor e, por fim, de plantas rasteiras. Assim como os dois anteriores, esse bioma também se localiza no hemisfério Norte, ao sul da floresta de coníferas. É admirável a variedade de cores da folhagem das árvores no outono. As folhas caem antes do inverno e brotam na primavera seguinte.

Estratos: camadas, como se fossem "andares".

COREL CORP.

TOM REICHNER/SHUTTERSTOCK

Alce.

Floresta temperada.

Floresta pluvial tropical

Macacos, quatis, gambás, ratos, sapos, serpentes e uma grande quantidade de aves e de insetos são os animais predominantes nesse bioma. A vegetação contém árvores de vários tamanhos (há vários estratos), além de bromélias, orquídeas e samambaias. Clima úmido, com muita chuva, associado a altas temperaturas, são fatores que favorecem a formação de matas exuberantes em regiões tropicais da América do Sul, África, sudeste da Ásia e alguns locais da América Central.

Lembre-se!

O bioma floresta pluvial tropical é riquíssimo em biodiversidade, ou seja, apresenta muitas espécies animais e vegetais. A nossa Floresta Amazônica é uma legítima representante desse bioma.

FILIPE FRAZAO/SHUTTERSTOCK

PACHANON/SHUTTERSTOCK

As bromélias são comuns em florestas de alta pluviosidade.

Floresta pluvial tropical.

Savana

Elefantes, zebras, girafas, leões e avestruzes são animais típicos desse bioma, bem representado na África. A vegetação não é exuberante, com dois estratos: árvores (bem espalhadas) e plantas rasteiras. No Brasil, os cerrados são incluídos nesse tipo de bioma.

Girafa em savana africana.

KIT KORZUN/SHUTTERSTOCK

Estepes e pradarias

Biomas de vegetação rasteira localizados na América do Norte, Europa central e Ásia. No Brasil, os *pampas gaúchos* correspondem aos representantes sul-americanos desse bioma.

Os pampas gaúchos são também chamados de estepes.

HELISSA GRUNDEMANN/SHUTTERSTOCK

Deserto

Camelos, dromedários, raposas e serpentes são alguns dos raros animais desse bioma. A vegetação é pouco abundante, representada basicamente por plantas do grupo dos cactos e pequenos arbustos adaptados à falta de água. A distribuição dos desertos ocorre em alguns locais da Terra, onde a quantidade de chuva é pequeníssima, as temperaturas são elevadas durante o dia e baixas à noite.

Observe a vegetação escassa, adaptada à falta de água do deserto.

BERIT FESSLER/PANTHERMEDIA/KEYDISC

ESTABELECENDO CONEXÕES

Geografia

O deserto de Atacama

O deserto de Atacama fica na região costeira do Chile. As chuvas são raríssimas. Mas existem cactos, algumas plantas rasteiras, liquens e animais camelídeos, os guanacos. Como explicar a existência de vida nesse ambiente extremamente seco? Periodicamente, uma neblina altamente úmida, proveniente do oceano Pacífico, banha os cactos forrados de liquens, que, então, ficam umedecidos. A água da neblina se condensa e forma gotas que caem dos liquens e atingem o solo, beneficiando os cactos, que aproveitam essa água para sobreviver. E os guanacos, do que se alimentam? Dos liquens que se desenvolvem nos cactos.

O deserto de Atacama é um bom exemplo de que a vida, mesmo em ambientes secos, pode se manifestar.

Guanacos no deserto de Atacama.

EKATERINA POKROVSKY/SHUTTERSTOCK

Planeta água?

Cerca de 75% da superfície terrestre é coberta pela água. Na verdade, o planeta Terra deveria ser chamado, mais apropriadamente, de "planeta Água". De toda a água que se encontra na Terra, cerca de 97,5% é salgada e se encontra nos mares e oceanos. Os 2,5% restantes correspondem à água doce. Uma grande porção da água doce fica imobilizada nas neves eternas no alto de algumas montanhas e nas geleiras. Apenas uma pequena parcela fica disponível para o consumo dos seres vivos.

EM CONJUNTO COM A TURMA!

A água salgada (oceanos e mares) é imprópria para consumo humano porque o teor de sais é tão alto que, se ingerida em quantidade, pode levar à morte por desidratação.

Pesquise com seus colegas o que acontece em nosso organismo quando ingerimos muita água salgada e, também, como a água do mar é utilizada para consumo em alguns países.

DE OLHO NO PLANETA
Sustentabilidade

Água – sem ela a vida na Terra não existiria

A água é uma substância maravilhosa. Ela corre, contorna obstáculos que encontra em seu caminho, infiltra-se no solo, goteja de folhas das plantas nas matas, está em constante movimento nos mares e rios. É clara e cristalina nas cachoeiras e escura em muitos rios, pântanos e lagos.

Como cerca de um terço da população humana mundial não dispõe de água potável para consumo, alguns cientistas acreditam que ela possa se tornar uma grande causa de conflitos: estudos indicam que nos próximos 25 anos, aproximadamente, dois terços da população ficará sem água potável.

É preciso aprender a usar esse recurso com responsabilidade para que haja água para todos.

O que você pode fazer para reduzir o desperdício de água?

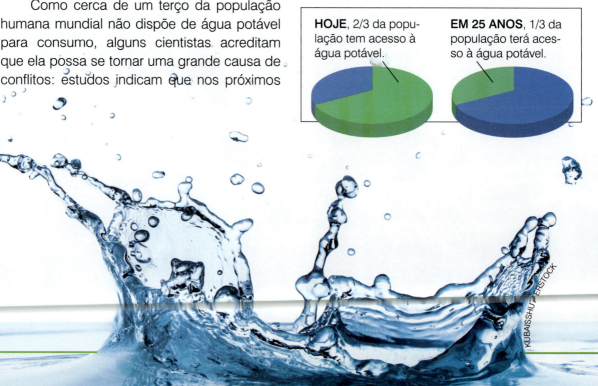

HOJE, 2/3 da população tem acesso à água potável.

EM 25 ANOS, 1/3 da população terá acesso à água potável.

Os habitantes do meio aquático

Viver nos oceanos e mares é um privilégio para muitos seres vivos. Comparando com o ambiente terrestre, é um meio mais estável, com pequenas oscilações na temperatura. Várias adaptações, principalmente as relacionadas ao controle de sais, permitem aos seres vivos a sobrevivência em meio aquático que contenha *elevados teores de sais minerais*. Algas marinhas, que constituem a base das teias alimentares desses ambientes, utilizam a luz que penetra na água para a realização de fotossíntese. Diferentes tipos de consumidores dependem da atividade fotossintética das algas para sobreviver. O mesmo ocorre com a espécie humana que, anualmente, consegue toneladas de pescado (peixes, camarões) para o seu consumo.

Sais minerais: são derivados de alguns elementos químicos bem específicos (sódio, cálcio, fósforo etc.). Os seres humanos precisam ingerir essas substâncias, porque não as fabricamos.

Em termos de profundidade, o ambiente marinho pode ser dividido em duas zonas: a **fótica** e a **afótica**. A zona fótica compreende os primeiros 200 m de profundidade e é aquela em que há maior penetração da luz solar, importante para a realização da fotossíntese pelas algas. Na zona afótica, permanentemente escura, vivem inúmeros seres que dependem do alimento originado das águas mais superficiais.

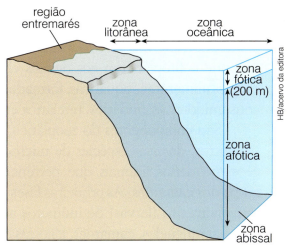

Esquemas das zonas marinhas de acordo com a profundidade e penetração de luz.

Em comparação com a água do mar, na água doce o *teor de sais minerais é muito pequeno*, ao redor de 1%. A instabilidade dos meios aquáticos doces é outra diferença, em relação ao meio marinho. O congelamento de lagos e lagoas de algumas regiões, no período de inverno, dificulta a sobrevivência de muitos seres vivos. Em outras regiões, é o período de seca, normalmente associado a verões rigorosos, que impossibilita a vida de animais e vegetais. Muitos rios, lagoas e poças d'água desaparecem em épocas de carência de água.

Os ambientes de água doce podem ser divididos em duas grandes categorias: **águas correntes** e **águas paradas**. Rios, riachos e córregos são exemplos de ambientes de água corrente. Lagos, lagoas, pântanos, açudes e represas pertencem à segunda categoria.

Descubra você mesmo!

Pesquise na internet ou em livros da biblioteca de sua escola qual é a diferença entre um lago e uma lagoa.

No meio aquático, tanto nos oceanos como nos ambientes de água doce, os seres vivos são componentes de três tipos básicos de comunidades: **plâncton**, **nécton** e **bentos**.

Plâncton

O **plâncton** é constituído principalmente de organismos microscópicos, flutuantes e que vivem na superfície da água. Sua locomoção a longas distâncias deve-se ao próprio movimento da água. A palavra *plâncton*, de origem grega, significa *errante*, isto é, *que vaga por aí*.

O plâncton é formado por dois grandes componentes:

- **fitoplâncton** – comunidade formada principalmente por algas microscópicas. Por meio do processo de fotossíntese, essas algas são **produtoras** de matéria orgânica e liberam oxigênio para o meio aquático. São, portanto, os produtores de alimento das teias alimentares aquáticas;

- **zooplâncton** – constituído de organismos pertencentes a diferentes grupos de animais, muitos deles microscópicos. Os organismos do zooplâncton são **consumidores primários**, pois se alimentam dos elementos do fitoplâncton. Desse modo, o zooplâncton é o elo que une o fitoplâncton aos demais elos das cadeias alimentares aquáticas, formados pelos consumidores secundários, terciários etc.

São componentes do zooplâncton, entre outros, diversas espécies de microcrustáceos, pequenos animais que pertencem ao grupo dos camarões. As primeiras fases do desenvolvimento (larvas) de inúmeros animais como caranguejos, camarões, lagostas e siris.

▶ Nécton

O **nécton** é a comunidade formada por organismos nadadores ativos. É o caso de peixes, tartarugas, baleias, focas, polvos, lulas, camarões etc. A palavra *nécton*, de origem grega, significa *nadador*.

PHOTOS.COM

▶ Bentos

O **bentos** é a comunidade constituída por organismos fixos ou móveis, que habitam a base sólida do meio aquático, isto é, o fundo do oceano ou de um rio ou de uma lagoa.

Como exemplos de organismos fixos temos, nos oceanos, as esponjas, as anêmonas, os pólipos formadores dos corais, alguns tipos de vermes, ostras, mariscos, cracas e algas macroscópicas. Caramujos, caranguejos, ouriços-do-mar e estrelas-do-mar são exemplos de organismos do bentos que se movem lentamente sobre o fundo. A palavra *bentos*, de origem grega, significa *profundidade*.

As anêmonas da foto são animais componentes do bentos marinho.

DAVID LITMAN/SHUTTERSTOCK

Corais e esponjas são animais componentes do bentos marinho.

JOLANTA WOJCICKA/SHUTTERSTOCK

ENTRANDO EM AÇÃO ▪

O mar é uma importante fonte de alimento para os seres humanos. Em nossas casas e em muitos restaurantes, costumamos nos alimentar de pescados ou até mesmo dos chamados frutos do mar.

Faça um levantamento com seus colegas de grupo acerca dos tipos de alimentos vendidos em mercados, feiras ou supermercados, que tenham origem no mar. Organizem uma tabela com duas colunas, colocando, na primeira, o nome dos peixes mais consumidos e, na segunda, o nome de outros animais marinhos mais consumidos. Perguntem aos vendedores qual dos tipos é mais procurado para consumo humano.

Vocês também podem aproveitar a oportunidade e fazer uma pesquisa na internet ou em restaurantes acerca de outros alimentos provenientes do mar e que não sejam derivados de animais. Anotem e troquem informações com outros grupos.

EM CONJUNTO COM A TURMA!

Com seu grupo de trabalho, preencham os quadrinhos de 1 a 15. Vocês devem utilizar as seguintes palavras: aquáticos, bentos, biomas, coníferas, desertos, fitoplâncton, florestas, lagos, marinhos, nécton, plâncton, rios, terrestres, tundra, zooplâncton.

À medida que preencherem os quadrinhos, risquem a palavra que escolheram para não usá-la novamente.

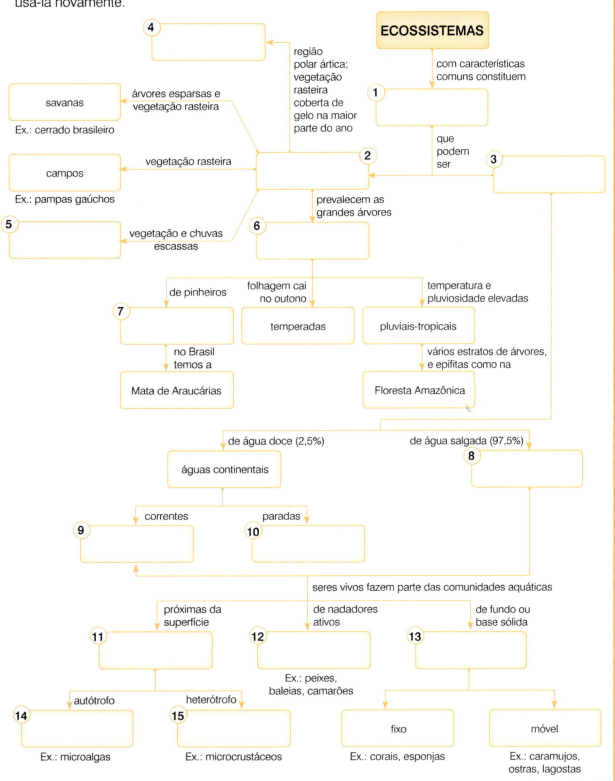

DISTRIBUIÇÃO ATUAL DA COBERTURA VEGETAL BRASILEIRA

1. Amazônia
2. Caatinga
3. Campos Sulinos
4. Cerrado
5. Mata Atlântica
6. Pantanal
7. Zona Costeira
8. Transição Amazônia-Caatinga
9. Transição Amazônia-Cerrado
10. Transição Cerrado-Caatinga

ESCALA
0   490   980
km

Fonte: <http://www.wwf.org.br> Acesso em: 25 abr. 2015. Adaptação.

MÔNICA ROBERTA SUGUIYAMA/acervo da editora

Os biomas brasileiros

O Brasil apresenta uma grande diversidade de biomas, caracterizados por diferenças no tipo de cobertura vegetal (flora) e na fauna.

O mapa (ao lado) mostra a distribuição atual dos biomas brasileiros. Todos já foram bastante alterados pela ação do homem a partir do final do século XV, quando o Brasil foi descoberto.

Para cada um desses biomas, você aprenderá informações relacionadas à localização, à fauna e à flora.

DE OLHO NO PLANETA

Meio Ambiente

Grandes áreas dos principais biomas brasileiros foram devastadas desde o descobrimento do Brasil. A necessidade de terras para o cultivo de vegetais e criação de animais e a necessidade de urbanização para acomodar uma população em crescimento são as principais causas sugeridas para a ocorrência dessa devastação.

A crescente preocupação das autoridades e do povo brasileiro em geral com a preservação da Floresta Amazônica revela que é hora de pensar nas consequências desastrosas que resultarão da perda desse importante bioma nacional. A mesma preocupação existe em relação à devastação da Floresta Atlântica até os dias atuais.

É SEMPRE BOM SABER MAIS!

Mata de Cocais

No passado, considerava-se a Mata de Cocais como sendo um bioma. Essa região, que abrange parte dos estados do Maranhão e do Piauí, hoje é considerada como região de transição entre a Floresta Amazônica e a Caatinga.

As temperaturas são elevadas e há muita chuva, por causa da proximidade com a Amazônia.

Dentre os vegetais típicos, podemos destacar as palmeiras babaçu e carnaúba. Das sementes da primeira extrai-se o óleo de babaçu, utilizado na fabricação de margarinas, enquanto das folhas da carnaubeira obtém-se a cera de carnaúba, empregada, por exemplo, no polimento de automóveis. Os animais são os mesmos que habitam a Floresta Amazônica e a Caatinga.

Palmeira babaçu: fonte de óleo comestível, derivado de suas sementes.

PALÊ ZUPPANI/PULSARIMAGENS

Floresta Amazônica

Esse bioma ocupa aproximadamente 40% do território brasileiro, abrangendo os estados do Acre, Amazonas, Pará, Rondônia, Amapá e Roraima, sendo caracterizado por apresentar temperaturas elevadas e alta incidência de chuvas. Em relação à vegetação, ela é densa e distribuída por vários estratos (camadas).

Nesse bioma, são encontradas muitas plantas adaptadas a condições de elevada umidade, que apresentam folhas amplas e brilhantes, além de muitas epífitas, como bromélias, orquídeas e cipós-imbés.

Epífitas: plantas que vivem sobre outras plantas, sem prejudicá-las.

FOTOTECA

Vista aérea de parte da Floresta Amazônica e rios que a percorrem.

Outra característica desse bioma é a elevada biodiversidade em espécies vegetais, a presença de solos rasos (pouco profundos), porém bem drenados e com grande presença de matéria orgânica, vinda da decomposição de folhas e animais, gerando nutrientes minerais que são rapidamente absorvidos pela vegetação.

Os vegetais típicos da região amazônica são castanha-do-pará, cupuaçu, jatobá, maçaranduba, seringueira, mogno e sumaúma, entre outros.

Dentre os muitos animais que habitam essa região, os principais são as diversas espécies de macacos (uacari-branco, guariba, macaco-prego), bichos-preguiça, inúmeras espécies de aves (garças, biguás) e várias espécies de insetos. No meio aquático, destacam-se peixes (tucunarés, pirarucu e tambaqui), jacarés-açus e botos.

Caatinga

Ocupa cerca de 10% do território nacional, principalmente na região do sertão nordestino. Abrange os estados do Maranhão, Piauí, Ceará, Rio Grande do Norte, Paraíba, Pernambuco, Sergipe, Alagoas, Bahia e Norte de Minas Gerais. A palavra caatinga é de origem tupi e

EVELYN SAMPAIO/SHUTTERSTOCK

Paisagem típica da Caatinga. Na foto, Serra do Umbuzeiro, Paulo Afonso – BA.

significa *mata branca*. É um termo que se refere ao aspecto da vegetação típica da região nordestina, durante a estação seca; a maioria das árvores perde as folhas e os troncos esbranquiçados e secos dominam a paisagem. O solo da Caatinga é rico em nutrientes minerais, porém falta água.

É um bioma caracterizado por apresentar temperaturas elevadas, ventos intensos e chuvas escassas, sendo que os rios que passam pela região se tornam secos no verão. Os vegetais típicos da Caatinga são cactáceas (mandacaru, coroa-de-frade e facheiro), umbuzeiro, juazeiro, faveleira, aroeira e barriguda (paineira-branca). Dentre os animais destacam-se jaguatirica, gato-maracajá, tatu-bola e mocó (roedor semelhante ao preá), gavião carcará, serpentes e lagartos.

Cerrado

Originalmente, esse bioma ocupava cerca de 25% do território nacional. Abrange os estados de Minas Gerais, Goiás, Mato Grosso, Mato Grosso do Sul, Tocantins e algumas áreas do estado de São Paulo. O Cerrado apresenta um longo período de seca (cerca de seis meses, com temperaturas elevadas), seguido de um período chuvoso igualmente duradouro. Em seu solo pobre em nutrientes crescem árvores esparsas, de pequeno porte, troncos retorcidos e casca espessa, além de vegetação rasteira.

Os vegetais típicos são ipê-amarelo, angico, barbatimão, pequizeiro, mangabeira, gabirobeira, murici e palmeira-bacuri. Dentre os animais típicos, podemos destacar cupins (os cupinzeiros aparecem como elevações no terreno, conhecidas como murundus), formigas, lobos-guará, tamanduás-bandeiras, tatus, corujas, gaviões e seriemas.

Descubra você mesmo!

Pesquise na internet ou em livros da biblioteca de sua escola qual é a diferença básica entre Cerrado e Caatinga quanto ao solo e disponibilidade de água.

Cerrado: árvores de pequeno porte, esparsas, com troncos tortuosos e casca grossa. Observe também a camada de vegetação rasteira cobrindo o solo.

Tamanduá-bandeira: animal do Cerrado, que se alimenta de formigas.

PANTHERMEDIA/KEYDISC

FABIO COLOMBINI

ESTABELECENDO CONEXÕES
Agricultura

Os primeiros estudiosos do Cerrado acreditavam que as características apresentadas pela vegetação dessa importante formação ecológica brasileira eram devidas à escassez de água. Puro engano.

A água não é um fator que limita a distribuição da vegetação no Cerrado. Embora as camadas superficiais do solo disponham de pouca água, principalmente na estação seca, percebe-se que, à medida que se aprofunda no solo, existe boa disponibilidade de água, até se atingir o lençol freático, que é profundo. Para as plantas que possuem raízes profundas o solo nunca é seco, enquanto as que têm raízes superficiais crescem principalmente na época das chuvas, quando o sistema radicular recebe água com certa regularidade.

O solo é poroso, ácido e pobre em nutrientes minerais, necessitando de correção da acidez para fins agrícolas. Foi essa prática, afinal, que permitiu que o Cerrado do Centro-Oeste brasileiro se transformasse na maior região produtora de soja em nosso país.

Lençol freático: depósito de água subterrâneo, de grande extensão, resultado da infiltração da água da chuva.

Mata Atlântica (Floresta Atlântica)

A Mata Atlântica originalmente recobria cerca de 15% do território nacional. Hoje, restam apenas aproximadamente 7% da formação original, constituída de fragmentos florestais distribuídos ao longo da costa. Está presente em 16 estados brasileiros, desde o Rio Grande do Norte até o Rio Grande do Sul. A grande umidade trazida pelos ventos que sopram do mar produz muita chuva. As temperaturas médias são elevadas.

A vegetação é exuberante, com árvores de grande porte formando uma cobertura contínua. São típicos o pau-brasil, jacarandá-da-baía, manacá-da-serra e ipê-roxo. Os animais mais conhecidos desse bioma são mico-leão-dourado, onça-pintada, paca, tucano e sabiá.

Mata Atlântica. Serra de Paranapiacaba, SP.

FABIO COLOMBINI

RODRIGO S COELHO/SHUTTERSTOCK

Saíra-sete-cores (*Tangara seledon*), uma das aves típicas da Mata Atlântica. Medem cerca de 13 cm de comprimento e o macho tem as cores mais vivas do que as fêmeas.

DE OLHO NO PLANETA
Ética & Cidadania

O palmito e a preservação da biodiversidade na Mata Atlântica

Empada de palmito, pastel de palmito, salada de palmito... Só de pensar nessas delícias já dá água na boca. O palmito, um dos ingredientes mais nobres utilizados na culinária brasileira, é extraído da palmeira-juçara *Euterpe edulis*. O palmito corresponde à região de crescimento do tronco e, uma vez extraído, não é mais produzido pela mesma palmeira, pois ao se retirar essa região importante do tronco, a palmeira para de crescer, não renova suas folhas e acaba morrendo.

Nativa da Mata Atlântica, a palmeira que produz o palmito atualmente se encontra sob risco de extinção nas regiões de ocorrência natural, devido ao extrativismo descontrolado. A cada retirada de um palmito deveria corresponder o plantio de outra palmeira-juçara, sob condições controladas, no sentido de repor a que é perdida. Infelizmente, não é assim que tem acontecido. Essa palmeira exerce um papel central na manutenção da biodiversidade de animal da Mata Atlântica, uma vez que suas sementes e frutos servem de alimento a inúmeros animais como, por exemplo, tucanos, sabiás, periquitos, maritacas e porcos-do--mato. Além disso, a palmeira é fonte de açúcar, óleo, cera, fibras, material para construções rústicas, e de matéria-prima para a produção de celulose.

A exploração predatória do palmito, quando feita de forma ilegal, não traz riscos somente à biodiversidade da Mata Atlântica. Quando isso acontece, o palmito é cortado às pressas, cozido e embalado na própria floresta, sem os devidos cuidados de higiene, colocando em risco também a saúde dos que o consomem, uma vez que é grande, nessas condições, a possibilidade de contaminação.

➤ Em algumas fazendas da costa brasileira, é comum destinar áreas exclusivamente para o plantio da palmeira-juçara. Essa medida pode contribuir para a preservação da palmeira-juçara nativa?

É SEMPRE BOM SABER MAIS!

Mata de Araucárias

Esse bioma foi altamente devastado e, hoje, a porcentagem de matas preservadas não chega a 2% do que existia originalmente. De tão pouco que sobrou, esse bioma hoje é considerado como parte da Mata Atlântica. Abrange os estados do Rio Grande do Sul, Paraná e Santa Catarina, com alguma penetração nos estados de São Paulo e Minas Gerais. As temperaturas são baixas no inverno e as chuvas são abundantes.

Dentre os vegetais típicos, destaca-se o pinheiro-do--paraná (também chamado de araucária, cujas sementes são os conhecidos pinhões). A gralha-azul, esquilos, pacas e capivaras são animais desse bioma.

Mata de Araucárias: bioma brasileiro devastado.

FABIO COLOMBINI

Pantanal

Região de relevo plano, nos estados do Mato Grosso e Mato Grosso do Sul. Alterna épocas de cheia e de vazante (também chamada de seca). Por causa da proximidade do Cerrado e da Mata Amazônica, o Pantanal é fortemente influenciado por esses dois biomas. O Pantanal é considerado a maior planície alagada do mundo.

Os vegetais típicos desse bioma são jenipapo, pau-de-novato, palmeira-carandá e ingá. Dentre os animais característicos estão macaco bugio, garça, biguá, anta, capivara, jacaré-de-papo-amarelo, serpente jiboia e o tuiuiú (também chamado de jaburu), considerado a ave-símbolo do Pantanal.

Pantanal-matogrossense: maior planície alagada do mundo.

Gralha-azul, ave dispersora dos pinhões (sementes de araucária).

FABIO COLOMBINI

Zona litorânea

A zona litorânea é popularmente chamada de "costa" ou litoral. É uma região de transição entre o oceano e a terra firme. Nessa região, podemos encontrar três tipos principais de formação: **manguezais**, **dunas** e **restingas**.

Manguezais

Manguezais (ou mangues) são regiões de transição entre os ambientes terrestre, marinho e de água doce. Formam-se nas regiões em que os rios desaguam no mar, estando, portanto, sujeitos ao regime de marés. Os solos são escuros, lamacentos e pobres em oxigênio. A água é salobra, rica em sais provenientes do mar. Os manguezais constituem "berçários" de muitas espécies animais. Inúmeros deles se alimentam, se refugiam e se reproduzem nessa formação ecológica.

Salobra: água rica em sais, de sabor desagradável.

Dentre os mais significativos, destacam-se caranguejos do mangue, camarões e ostras.

Distribuem-se por muitas regiões costeiras do Brasil. Abrangem desde o estado do Amapá até o de Santa Catarina.

A vegetação típica inclui três espécies de árvores de pequeno tamanho, que também são chamadas de mangue, nas quais se apoiam algas e plantas de menor porte.

UWE BERGWITZ/SHUTTERSTOCK

Caranguejo no manguezal.

Rhizophora mangle (mangue-vermelho ou mangue-bravo), árvore típica do manguezal, em que se veem ramos dos caules que a apoiam no solo lamacento.

ARTO HAKOLA/SHUTTERSTOCK

Dunas

São regiões em que a areia das praias é deslocada pelos ventos e se deposita formando elevações típicas de muitas praias do Nordeste brasileiro. A vegetação é rasteira e uma das plantas mais conhecidas é a ipomeia pé-de-cabra (*Ipomoea pes-caprae*). Vários animais habitam as dunas, entre eles o caranguejo branco, conhecido pelo nome de siri-fantasma ou maria-farinha, que cava buracos na areia.

Maria-farinha, caranguejo comum nas dunas e na areia das praias.

PANTHERMEDIA/KEYDISC

Dunas: areia em constante movimento.

Ipomeia pé-de-cabra (*Ipomoea pes-caprae*), planta rasteira comum em dunas.

Restingas

Regiões de transição entre as dunas e a vegetação rasteira e de matas do litoral brasileiro. Formam largas faixas cobertas por uma vegetação mista, que os indígenas chamavam de *jundu* ou *nhundu* (termo derivado do tupi-guarani, *nhu* = = campo + *tu* = sujo), com o significado de mata ruim, misturada, rasteira, de pouca utilidade. Os vegetais típicos são o araçá-da-praia, a mangaba e a pitangueira. Uma vez que representam regiões de transição, as restingas são frequentadas por animais das dunas e das matas vizinhas.

Restinga: transição entre as dunas e as matas litorâneas. Na foto, restinga em Santinho, SC.

Campos sulinos

Também conhecidos pelo nome de *pampas* (palavra de origem indígena, que significa regiões planas). Características do estado do Rio Grande do Sul, abrangem cerca de 170 mil quilômetros quadrados.

A vegetação é predominantemente rasteira, constituída, em sua maioria, de variedades de capins (gramíneas), responsáveis pelas extensas pastagens da região. Em alguns pontos, avistam-se pequenas matas, denominadas de capões.

A distribuição de chuvas é regular. O clima é úmido, porém as secas no verão são comuns, assim como a presença de estações do ano bem demarcadas.

Os animais típicos são tatu, cachorro-do-mato, gato-do-pampa, cisne-de-pescoço-preto e coruja-buraqueira (assim chamada por fazer buracos no solo).

Coruja-buraqueira: ave dos pampas gaúchos.

Pampas sulinos: região cuja vegetação rasteira (pastagens) favorece a atividade pecuária (criação de gado bovino).

Nosso desafio

Para preencher os quadrinhos de 1 a 8 você deve utilizar as seguintes palavras: Caatinga, Campos, Cerrado, Floresta Amazônica, Mata de Araucárias, Mata de Cocais, Pantanal.

À medida que você preencher os quadrinhos, risque a palavra que você escolheu para não usá-la novamente.

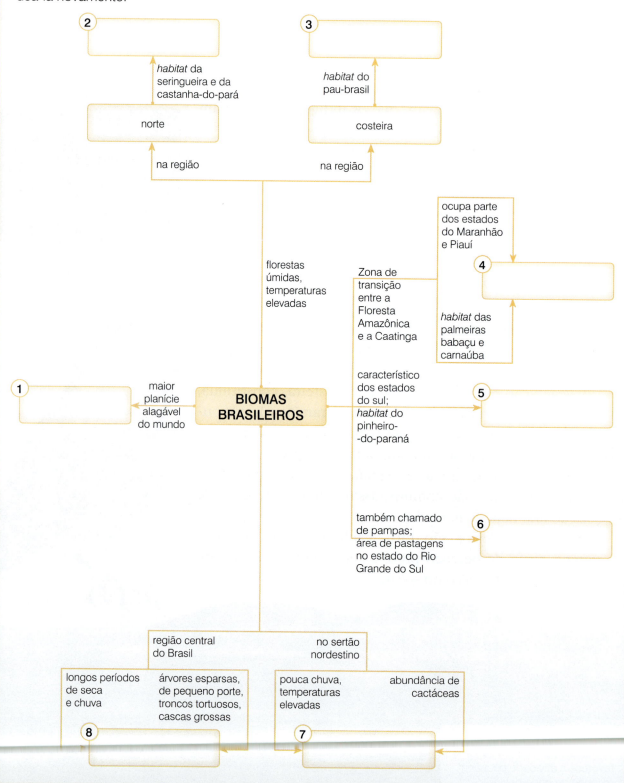

Atividades

1. [1, 2, 3, 6, 7, 12] Algumas regiões da Terra apresentam o mesmo tipo de clima, com temperaturas parecidas e um regime de chuvas semelhante todos os anos.

Com base nesta afirmação, responda:

a) A que conceito ecológico a afirmação é relacionada?

b) A que tipo de ambiente – terrestre ou aquático – esse conceito está mais relacionado?

2. [1, 2, 6, 7, 12, 15] O mapa e o texto do início da seção *Os biomas terrestres* destacam exuberantes florestas (grandes ecossistemas) que pertencem ao mesmo tipo de bioma.

A respeito desse assunto, responda:

a) A que tipo de bioma essas florestas pertencem?

b) Nesse tipo de bioma, como é o regime de chuvas (pouca chuva/muita chuva) e como é a temperatura ambiente (alta temperatura/baixa temperatura) ao longo do ano?

3. [1, 2, 3, 6, 7, 15] Os biomas da Terra estão distribuídos por diversas latitudes, como vimos em um dos mapas deste capítulo. A esse respeito:

a) Cite os biomas que se localizam na região temperada do hemisfério Norte.

b) Dos biomas que você citou, qual é o que não possui formação florestal?

4. [1, 2, 3, 6] Considere os itens a seguir:

I. Bioma de altas latitudes, constituído de vegetação rasteira, com temperaturas baixíssimas e verão curto.

II. Bioma localizado no hemisfério Norte, cuja vegetação é distribuída em estratos (camadas), com árvores altas, seguidas de árvores mais baixas e vegetação rasteira.

III. Bioma localizado no hemisfério Norte, dotado de altas árvores do grupo dos pinheiros. Também conhecido como taiga.

A respeito desses itens, responda:

a) A que biomas eles se referem, na ordem em que são descritos?

b) Cite o nome de um animal característico de cada um desses biomas.

5. [1, 2, 3, 6, 7, 12, 15] Biomas que contêm pouca vegetação, representada principalmente por plantas do grupo dos cactos e pequenos arbustos adaptados à falta de água. Chuvas escassas e temperaturas elevadas durante o dia e baixas à noite.

Considerando o texto acima, responda:

a) A que bioma as informações nele contidas se referem?

b) Considerando que esse bioma é bem representado no continente africano, com base em seus conhecimentos cite o nome do animal que, habitualmente, é utilizado pelos habitantes como animal de carga.

c) No continente sul-americano existe um ecossistema que se enquadra no tipo de bioma descrito. Qual é esse ecossistema? Procure em um atlas em que país ele se localiza.

6. [1, 2, 3, 6, 7, 12, 15] Quando nos referimos a determinado bioma localizado no continente africano, logo lembramos de alguns animais típicos, de grande tamanho, frequentemente presentes em filmes e desenhos animados.

Considerando as informações acima:

a) A que bioma nos referimos?

b) Como é constituída a vegetação desse bioma?

c) Cite dois animais de grande porte nele encontrados.

d) Qual é a formação ecológica brasileira que se enquadra nesse tipo de bioma?

7. [1, 2, 3, 6] *Planeta água?* é o título de um dos itens deste capítulo. A respeito do conteúdo desse item, responda:

a) De toda a água que se encontra na Terra, em que ambiente ela é mais abundante?

b) Cite a porcentagem aproximada de água encontrada nesse ambiente.

c) Como é distribuída a água restante no planeta Terra?

8. **[1, 2, 3, 6, 7, 12, 15]** Considere os seguintes termos: fitoplâncton, zooplâncton, bentos e nécton. A respeito deles, responda:

a) Qual desses termos se refere à comunidade constituída, de modo geral, de microscópicos seres fotossintetizantes, de cuja atividade de produção de matéria orgânica dependem todos os demais seres aquáticos e de cuja liberação de oxigênio dependem todos os seres vivos?

b) Qual dos termos se refere à comunidade formada por seres nadadores ativos? Cite dois exemplos de seres componentes dessa comunidade.

c) Qual dos termos se refere à comunidade constituída por organismos fixos ou móveis, que habitam a base sólida do meio aquático? Cite dois exemplos de seres pertencentes a essa comunidade.

d) Que seres vivos são componentes do zooplâncton? Eles são autótrofos ou heterótrofos?

9. **[1, 2, 3, 6, 7, 15]** *Krill* é o nome norueguês atribuído a uma espécie de microcrustáceo consumido por baleias. Esses microcrustáceos são consumidores de fitoplâncton. A respeito dessa informação, responda:

a) Qual(is) é(são) o(s) nível(is) trófico(s) ocupado(s) por baleias, *krill* e fitoplâncton na cadeia alimentar de que são participantes?

b) Pinguins também são ávidos consumidores de *krill*. A que nível trófico, nesse caso, pertencem os pinguins nessa cadeia alimentar? Em que região da Terra essa cadeia alimentar existe?

10. **[1, 2, 3, 6, 7, 12, 15]** Em termos de profundidade, o ambiente marinho pode ser dividido em duas zonas: fótica e afótica. A zona fótica compreende os primeiros 200 m de profundidade e é aquela em que há maior penetração de luz solar. Na zona afótica, permanentemente escura, vivem inúmeros seres que dependem do alimento originado das águas mais superficiais.

Considerando as informações acima, responda:

a) Que organismos são os mais diretamente beneficiados pela existência de luz solar na zona fótica, sendo capazes de produzir alimento orgânico por fotossíntese?

b) Por qual razão a zona afótica não é constituída de seres capazes de realizar fotossíntese, como ocorre na zona fótica?

11. **[1, 2, 3, 6, 7, 12]** Com relação às áreas destacadas no mapa:

MÔNICA ROBERTA SUGUIYAMA/acervo da editora

a) Identifique os biomas indicados pelos números 1, 5 e 6.

b) O bioma indicado em 7 tem como principal representante vegetal a árvore araucária, também conhecida como pinheiro-do-paraná. Qual é esse bioma?

c) Cite os nomes das duas palmeiras típicas do bioma indicado em 6.

12. **[1, 2, 3, 6, 12]** Em 8 está representada a vasta região costeira brasileira. Grande parte dessa região, que abrange vários estados, ainda é coberta por áreas de floresta pertencentes a um importante bioma nacional.

a) Qual é esse bioma?

b) Uma espécie de árvore ainda existente nesse bioma foi muito explorada após o descobrimento do Brasil. O cerne dessa árvore é avermelhado, cor de brasa, fato que contribuiu para o nome dado ao nosso país. Qual é essa árvore?

13. **[1, 2, 3, 6, 12]** O bioma indicado em 3 originalmente ocupava cerca de 25% do território nacional e grande parte de sua área, notadamente na região central do Brasil, é hoje destinada ao plantio de soja e outros vegetais.

a) Qual é o bioma indicado em 3?

b) Cite dois animais e dois vegetais encontrados nesse bioma.

14. **[1, 2, 3, 6, 7, 12, 15]** Este bioma ocupa cerca de 10% do território nacional, notadamente na região do sertão nordestino. Durante a estação seca, a maioria das árvores perde as folhas e os troncos esbranquiçados e secos dominam a paisagem.

Com relação ao texto acima:

a) A que bioma as informações se referem? Cite o número no mapa, que indica esse bioma.

b) Nesse bioma, é também comum a ocorrência de plantas adaptadas às condições de longos períodos de seca e cujas folhas são modificadas em espinhos. Qual é o nome comum dessas plantas? Cite um exemplo.

c) O mocó é um pequeno roedor (alimenta-se de plantas) encontrado nesse bioma. Jaguatiricas atuam como predadores de mocós. Na cadeia alimentar por eles formada, quais são os níveis tróficos ocupados por esses dois animais?

15. **[1, 2, 3, 6, 7, 12]** O número 4 indica a região considerada a maior planície alagada do mundo. Com relação a essa informação:

a) Qual é o bioma representado por esse número?

b) Cite os dois estados brasileiros em que esse bioma ocorre.

c) Uma ave de grande tamanho é considerada o animal-símbolo desse bioma. Qual é essa ave?

16. **[1, 2, 3, 6, 7, 12, 15]** Relativamente à grande faixa costeira indicada pelo número 8, encontram-se três outros biomas, um dos quais é região de transição entre ambientes terrestre, marinho e de água doce, e possui solo escuro e lamacento.

a) Qual é esse bioma?

b) Quais são os dois outros biomas presentes nas regiões costeiras citadas no texto dessa questão?

17. **[1, 2, 3, 6, 7, 12, 15]** Durante horas de voo até onde a vista alcança, vê-se uma vasta área de mata virgem. Na região do rio Negro, as florestas estão longe de constituir um tapete verde, homogêneo, que muitas pessoas imaginam. A mata é diversificada e surpreendente. Num momento, as copas das árvores se acotovelam, sem deixar espaços. Noutro, surgem espaços com árvores majestosas, galhos secos de formas estranhas e árvores tucaneiras carregadas de flores amarelas.

Adaptado de: VARELLA, D. Paisagens da Cabeça do Cachorro. *Folha de S.Paulo*, São Paulo, 21 jun. 2008. p. E12.

a) Procure em um mapa do Brasil a localização do rio Negro. A partir da informação obtida, cite a que bioma o texto se refere.

b) Cite dois vegetais típicos desse bioma e dois animais nele encontrados.

c) Cite os estados brasileiros em que esse bioma está presente.

18. **[1, 2, 3, 7]** Na cidade de Petrolina, estado de Pernambuco, existem áreas de Caatinga irrigadas com a água do rio São Francisco, possibilitando o cultivo de plantas de manga, acerola, melão e uva, produtos de consumo interno e de exportação brasileira.

Cite pelo menos dois estados brasileiros (exceto o já mencionado) em que o bioma Caatinga está presente.

19. **[1, 2, 3, 6, 7, 12]** Cerca de oito dias antes do início da expedição guerreira, um navio francês chegou a um porto a cerca de oito milhas de Ubatuba, que os portugueses chamam de Rio de Janeiro e os selvagens chamam de Niteroi. Lá, os franceses costumam carregar pau-brasil. Num barco, chegaram também em nossas aldeias e, com os selvagens, negociaram pimenta, macacos e papagaios.

Extraído de: STADEN, H., *Duas viagens ao Brasil*.
Porto Alegre: L&PM, 2008. p. 101.

a) A que bioma brasileiro o texto acima se refere?

b) Cite o nome de outra espécie de árvore presente nesse bioma.

20. **[1, 2, 3, 6, 7, 12, 15]** No Parque Nacional das Emas, uma reserva de Cerrado localizada no estado de Goiás, a observação da fauna é favorecida, pois a região é bem plana. À noite, essa região do Cerrado fica bem iluminada. É que os cupinzeiros – também chamados de murundus – lembram árvores de Natal, porque nelas alojam-se pequenas larvas (formas jovens) de vagalumes atraindo aleluias (reis e rainhas de cupins), mariposas e outros insetos para a sua alimentação.

a) Cite pelo menos outros dois estados brasileiros em que o bioma Cerrado está presente.

b) Sabendo-se que mariposas se alimentam de substâncias produzidas por flores que se abrem durante o período noturno, qual é o nível trófico ocupado pelas formas jovens (larvas) de vagalumes que se alimentam das mariposas?

Larvas de vagalume iluminam a noite no Cerrado brasileiro, o que atrai insetos, como os cupins.

21. **[1, 2, 3, 6, 7, 15]** Graças aos ventos originados do mar, formam-se essas coleções de areias finíssimas, móveis, que, em muitos locais, permitem o desenvolvimento da ipomeia pé-de-cabra. Afastando-se mais ainda da água do mar, a vegetação é mais abundante, antes, porém, de atingir a mata fechada.

a) A que regiões brasileiras o texto acima se refere?

c) Em que locais do Brasil podem ocorrer essas formações?

Navegando na net

O Ministério do Meio Ambiente, em seu endereço eletrônico

<http://www.mma.gov.br/biomas> (*acesso em:* 22 maio 2018)

coloca à disposição do internauta mais detalhes sobre os biomas brasileiros. Vale a pena conferir!

BIODIVERSIDADE E A CLASSIFICAÇÃO DOS SERES VIVOS

capítulo 5

Como você faria?

Imagine que sua mãe foi ao supermercado e voltou carregada de compras. Ao chegar em casa, ela lhe pede ajuda para guardar os produtos. Como acomodar as compras na cozinha de sua casa?

Olhando os produtos que sua mãe trouxe, você percebe que pode separá-los em diversas categorias, segundo as características de cada um, como, por exemplo, produtos de limpeza, congelados, alimentos frescos etc. Pensando assim, é pouco provável que você guarde o sabão em pó junto ao frango e com o arroz. Você, certamente, utilizaria *critérios* para armazenar ordenadamente as compras.

É quase certo que você escolheria guardar o frango e outros produtos perecíveis na geladeira, já que eles se estragariam sem refrigeração. Da mesma forma, você separaria todos os produtos de limpeza, incluindo sabão, detergente, amaciante de roupas e água sanitária, acondicionando-os em separado dos alimentos e em local seguro e ventilado.

Em Biologia, fazemos algo semelhante com os seres vivos. Com base em suas características individuais, nós os classificamos em grandes grupos, cada um com suas subdivisões. É como se arrumássemos o grande armário da mãe natureza...

A incrível diversidade dos seres vivos

Você já parou para pensar na infinidade de seres vivos existente no planeta? A diversidade biológica é enorme. Pense, por exemplo, na grande biodiversidade da Floresta Amazônica e no desafio de reconhecer cada ser vivo lá existente, muitos deles ainda desconhecidos pelos biólogos. Certamente, encontraremos várias características em comum em muitos deles, algumas mostrando um "parentesco" próximo, e outras apenas que têm algo em comum.

Para facilitar o estudo dos seres vivos, é importante agrupá-los em conjuntos facilmente identificáveis e que possam ser utilizados por qualquer pessoa que se dedique ao seu estudo. Cada vez que um novo ser vivo é descoberto, é preciso incluí-lo em algum dos grupos de classificação conhecidos. É por esse motivo que os biólogos adotam *sistemas de classificação*, como veremos neste capítulo, que procuram ordenar os seres vivos em categorias, de acordo com critérios de fácil compreensão e utilização. Assim, se um pesquisador se refere a um organismo conhecido e já catalogado no sistema universal de classificação biológica, cientistas do mundo inteiro poderão reconhecê-lo e, mais do que isso, saber quais são suas características gerais.

A classificação dos seres vivos

Classificar os organismos segundo normas que façam sentido nos auxilia a compreendê-los melhor, além de colocar alguma ordem no estudo da imensa biodiversidade. Atualmente, os seres vivos são classificados pelo que têm em comum, pelo seu "parentesco" durante a evolução (modificação das espécies), por sua anatomia e até mesmo pelas reações químicas do organismo.

Desde a Antiguidade, já se buscava agrupar os seres vivos conhecidos segundo critérios, que, como você lerá nas próximas páginas, variaram conforme o grau de conhecimento da época. O primeiro sistema de classificação de que se tem notícia foi proposto pelo filósofo grego Aristóteles (384-322 a.C.), que classificou os animais pelo modo como se reproduziam e se possuíam ou não sangue vermelho.

Como você poderá concluir da leitura das próximas páginas, a classificação dos seres vivos é uma "obra em construção", que pode ser ajustada à medida que novas descobertas são realizadas e novos critérios são estabelecidos.

Classificar: reunir, agrupar.

Os primeiros "grandes grupos" – os primeiros reinos

Durante muito tempo, a classificação biológica dos seres vivos considerou a existência de apenas dois grandes grupos: o reino **Animal** e o reino **Vegetal**.

Na maioria dos casos, essa separação não apresentava problemas, pois ninguém teria dúvida em considerar, por exemplo, um jacaré como animal e uma orquídea como vegetal. O que importava eram os critérios utilizados naquela época para essa caracterização: *possibilidade de se locomover* e *modo de se nutrir*. Segundo esses dois critérios, animais seriam os organismos capazes de se locomover e heterótrofos, isto é, incapazes de produzir o seu próprio alimento, devendo obtê-lo pronto de outras fontes. Seriam classificados como vegetais os organismos sem a capacidade de locomoção (fixos) e autótrofos, ou seja, capazes de produzir o seu alimento orgânico a partir de substâncias simples obtidas do meio, da clorofila e da luz do Sol, em um processo conhecido como fotossíntese.

Classificação dos seres vivos, segundo os primeiros reinos.

Reino Animal	Reino Vegetal
Organismos	Organismos
• capazes de se locomover	• fixos
• heterótrofos	• autótrofos

Nem animais, nem vegetais: o que fazer?

A partir da construção dos primeiros microscópios, foi possível constatar a existência de seres até então desconhecidos. Um deles foi um microrganismo conhecido como *Euglena*, que em presença de luz atua como autótrofo, sendo capaz de realizar fotossíntese; entretanto, quando colocada no escuro, é capaz de se alimentar como qualquer heterótrofo. Além disso, a euglena é móvel, graças a uma estrutura denominada flagelo, que lhe permite deslocar-se no meio aquático como se fosse um animal.

Outro caso é o dos cogumelos (fungos), que são fixos (como os vegetais), mas não fazem fotossíntese; além disso, alimentam-se de restos orgânicos, ou seja, são heterótrofos.

Assim como as euglenas e os fungos, havia outros casos de seres vivos que não se enquadravam nem no reino Animal, nem no Vegetal. Então, apenas os critérios *possibilidade de se locomover* e *modo de nutrição* já não eram mais suficientes para classificar os seres vivos nos dois reinos propostos. Como os cientistas resolveram o impasse gerado por essas descobertas?

Tendo em vista a existência desses problemas, alguns cientistas decidiram criar, no século 19, um terceiro reino: **Protista** (que muitos autores preferem chamar de **Protoctista**). Nele foram incluídos todos aqueles seres vivos que não podiam ser considerados nem vegetais nem animais, como é o caso das euglenas, dos fungos, das bactérias e de uma infinidade de outros seres vivos.

POWER AND SYRED/SCIENCE PHOTO LIBRARY/LATINSTOCK

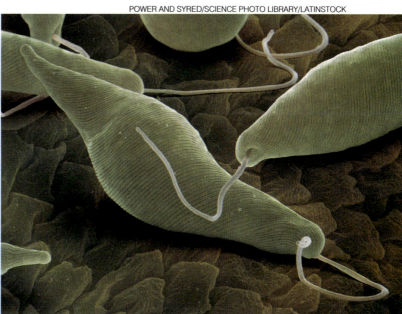

Euglena gracilis, do reino Protista. Observe, na foto, que esses protistas possuem um longo filamento, chamado flagelo, que os auxilia a se locomoverem. (Imagem obtida a partir de um microscópio eletrônico especial, chamado de "varredura", que mostra a superfície do que está sendo analisado. Colorida artificialmente. Imagem ampliada 1.290 vezes.)

Novas descobertas, novo reino: Monera

Com o progresso da Ciência e a invenção de um novo tipo de microscópio, o eletrônico, pôde-se visualizar melhor a célula. Verificou-se, assim, que nas bactérias, que até então eram consideradas protistas, as células eram desprovidas de núcleo, ficando o material genético disperso no citoplasma. Criou-se o termo **célula procariótica** (do grego, *pró* = antes, primitivo + *kárion* = = núcleo) para designar essa organização celular primitiva. Todos os seres que possuíam célula procariótica, como as bactérias, foram, então, incluídos em um novo reino: o **Monera**. Nas células dos demais seres vivos, como você já sabe, há um núcleo organizado, isto é, com o material genético perfeitamente circundado por um envoltório nuclear membranoso ou membrana nuclear. Esse tipo de célula passou a ser chamado de **célula eucariótica** (do grego, *eu* = verdadeiro + *kárion* = núcleo).

A partir da descoberta dos organismos procariontes, houve uma nova redistribuição dos seres vivos, que passaram a pertencer a quatro reinos: Monera, Protista, Animal e Vegetal.

A mais recente mudança: reino Fungi

Novas descobertas, novos critérios e a classificação passou por ajustes. É o que ocorreu com os fungos (cogumelos e leveduras), anteriormente considerados componentes do reino Protista.

Por terem características próprias, entre elas a existência, na maioria de seus componentes, de filamentos conhecidos como hifas, a capacidade de decompor materiais orgânicos e absorver os nutrientes obtidos pela decomposição, decidiu-se separar os fungos dos demais seres vivos, criando-se um novo reino: o reino **Fungi** (reino dos *fungos*).

> **Lembre-se!**
>
> A *organização celular*, procariótica ou eucariótica, passou a ser utilizada como um critério adicional de classificação. Seres vivos como as bactérias, que não possuem núcleo diferenciado em suas células, são denominados *procariontes*. Todos os demais seres celulares que possuem núcleo diferenciado são *eucariontes*.

> **Jogo rápido**
>
> Pelo menos uma característica, exclusiva das bactérias, permite incluí-las no reino **Monera**. Qual é essa característica? Outra característica, presente em organismos pluricelulares como cogumelos e bolores, relacionada à organização filamentosa do corpo, permite incluí-los no reino **Fungi**. Qual é essa característica?

Os cinco reinos atuais

A partir de 1969, os biólogos passaram a considerar a existência de cinco reinos de seres vivos, que serão estudados nos próximos capítulos deste livro.

Os cinco reinos dos seres vivos.

REINO MONERA

Seres com células procarióticas; bactérias e cianobactérias (antes chamadas algas azuis).

EYE OF SCIENCE/
SCIENCE PHOTO LIBRARY/LATINSTOCK

Bactéria *Staphylococcus aureus*, em geral presente em seres humanos sem causar maiores danos. (Fotografia obtida a partir de um microscópio eletrônico de varredura, colorida artificialmente. Imagem ampliada 22.600 vezes.)

REINO PROTISTA (PROTOCTISTA)

Seres com células eucarióticas, podendo ser unicelulares (muitas algas e todos os protozoários) ou pluricelulares (as demais algas).

LEBENDKULTUREN.DE/SHUTTERSTOCK

Amoeba proteus, vista ao microscópio óptico. Organismo unicelular que se alimenta de protozoários menores e de bactérias. (Imagem ampliada 35 vezes.)

REINO FUNGI

A ele pertencem os seres popularmente conhecidos como fungos, todos dotados de células eucarióticas. São heterótrofos e sua nutrição é baseada na *absorção* de restos orgânicos decorrentes da atividade de decomposição da matéria orgânica. As leveduras são fungos unicelulares e os cogumelos são fungos pluricelulares.

KRISZTIAN FARKAS/SHUTTERSTOCK

JR.JFIN/SHUTTERSTOCK

Mais conhecidos representantes dos fungos são os chamados cogumelos (a), alguns deles venenosos. Mas fazem parte desse reino também os bolores (b) e as leveduras, utilizadas para fermentar (fazer crescer) pães e massas.

REINO ANIMALIA (ANIMAL)

Seres pluricelulares, dotados de células eucarióticas, popularmente conhecidos como animais. São heterótrofos e sua nutrição é baseada na ingestão de alimento.

CCARBILL/SHUTTERSTOCK

ANDAMAN/SHUTTERSTOCK

Dentre as várias características que envolvem os representantes do reino Animalia, a presença ou não de coluna vertebral permite classificar os organismos desse reino em dois grandes grupos: os vertebrados e os invertebrados. Em (a), cobra naja, um vertebrado, em posição de defesa, e em (b), um molusco nudibrânquio, um invertebrado. (As najas adultam podem atingir até 5 m de comprimento e os nudibrânquios, de 2 a 8 cm.)

REINO PLANTAE (VEGETAL)

Seres pluricelulares dotados de células eucarióticas, fotossintetizadores, popularmente conhecidos como plantas ou vegetais. São autótrofos e sua nutrição é baseada na produção de matéria orgânica por fotossíntese. Musgos, samambaias, arbustos, árvores, pertencem a esse reino.

As plantas, como (a) a bananeira e (b) as margaridas, são seres autótrofos, isto é, capazes de produzir seu próprio alimento. (Bananeiras adultas atingem, em média, 6 m de altura e as margaridas, 30 cm.)

SATIT_SRIHIN/SHUTTERSTOCK

PREDRAG LUKIC/SHUTTERSTOCK

É SEMPRE BOM SABER MAIS!

Em que reino estão os vírus?

Os vírus, muitos deles causadores de doenças nos seres humanos, não se enquadram em nenhum dos reinos que relacionamos anteriormente. A razão é simples: nenhum vírus possui organização celular, todos são acelulares (a = sem, desprovido de). Como a classificação em cinco reinos abrange apenas seres vivos dotados de células (uma ou várias), então, os vírus ficam fora dos reinos conhecidos. Dizemos que eles constituem um grupo à parte.

Representação artística dos vírus (a) ebola e (b) influenza, respectivamente causadores da febre ebola e da gripe. A febre ebola é uma doença muito séria, com alta taxa de mortalidade e entre seus sintomas incluem-se cansaço, febre, dor muscular, vômitos, diarreia e hemorragia interna. O vírus ebola é transmitido de humano para humano (também está presente em alguns outros animais como, por exemplo, morcegos) e se dá pelo contato direto com sangue, secreções ou fluidos do corpo de uma pessoa contaminada (e somente quando o paciente já demonstra os sintomas da doença). O vírus influenza causa febre e infecções do trato respiratório que se não forem adequadamente tratadas podem evoluir para um quadro mais sério. O vírus influenza é transmitido de pessoa para pessoa por meio das gotículas contaminadas expelidas quando o doente tosse ou espirra.

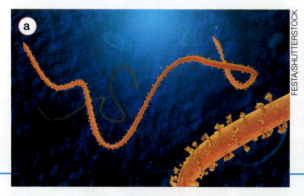

FESTA/SHUTTERSTOCK

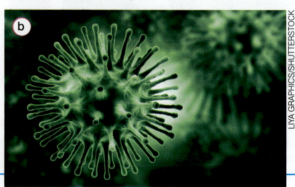

LIYA GRAPHICS/SHUTTERSTOCK

Categorias de classificação e grau de semelhança

Taxonomia: ciência que lida com a descrição, identificação e classificação dos organismos, individualmente ou em grupos.

Os biólogos que se preocupam em ordenar a coleção de seres vivos trabalham em um ramo da Biologia conhecido como **Taxonomia** (do grego, *taxis* = ordem + *nomos* = lei). Esse trabalho consiste em reconhecer **espécies** semelhantes e agrupá-las em um **gênero**. Os gêneros que tiverem mais características comuns são reunidos em uma **família**. Famílias semelhantes, por sua vez, são agrupadas em uma **ordem**. Ordens semelhantes são reunidas em uma **classe**. Classes semelhantes são reunidas em um **filo**. E os filos com maior grau de semelhança são, finalmente, componentes de um **reino**, entre os cinco que descrevemos anteriormente.

Esquema de classificação do cão doméstico

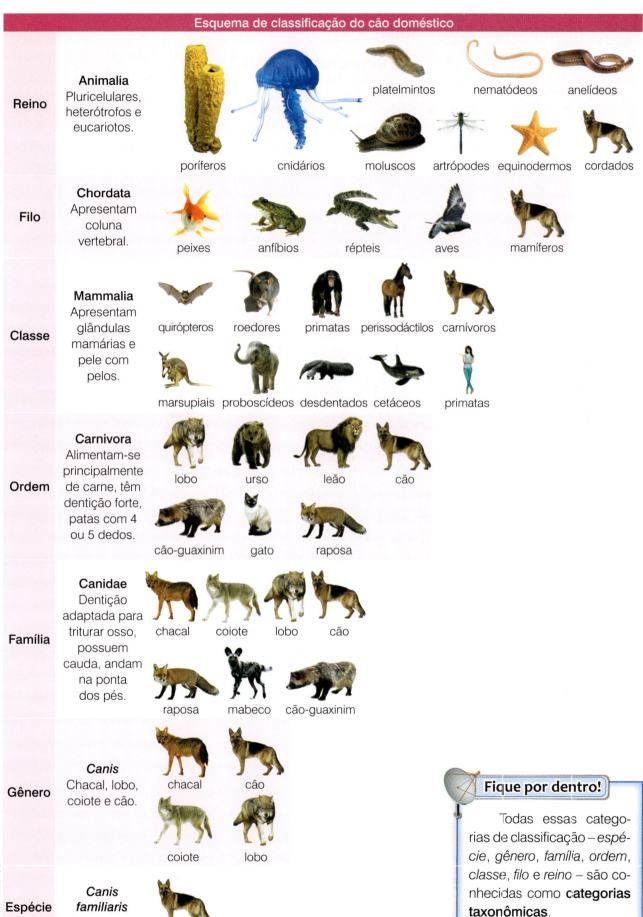

Reino
Animalia
Pluricelulares, heterótrofos e eucariotos.

poríferos cnidários moluscos artrópodes equinodermos cordados

platelmintos nematódeos anelídeos

Filo
Chordata
Apresentam coluna vertebral.

peixes anfíbios répteis aves mamíferos

Classe
Mammalia
Apresentam glândulas mamárias e pele com pelos.

quirópteros roedores primatas perissodáctilos carnívoros

marsupiais proboscídeos desdentados cetáceos primatas

Ordem
Carnivora
Alimentam-se principalmente de carne, têm dentição forte, patas com 4 ou 5 dedos.

lobo urso leão cão

cão-guaxinim gato raposa

Família
Canidae
Dentição adaptada para triturar osso, possuem cauda, andam na ponta dos pés.

chacal coiote lobo cão

raposa mabeco cão-guaxinim

Gênero
Canis
Chacal, lobo, coiote e cão.

chacal cão

coiote lobo

Espécie
Canis familiaris
Cão doméstico.

cão

Fique por dentro!

Todas essas categorias de classificação – *espécie*, *gênero*, *família*, *ordem*, *classe*, *filo* e *reino* – são conhecidas como **categorias taxonômicas**.

É SEMPRE BOM SABER MAIS! ■━━━━━━

Diagramas especiais

Com o avanço da Ciência, ao dispor de um grande número de características comparativas mais confiáveis – anatômicas, embriológicas, funcionais, genéticas, comportamentais etc. – os biólogos passaram a representar a evolução dos seres vivos por meio de diagramas especiais (chamados *cladogramas*). Esses diagramas procuram estabelecer as relações entre diversos grupos de seres vivos, evidenciando as modificações que ocorreram ao longo do tempo na cadeia evolutiva.

Diagrama mostrando a relação evolutiva existente entre os quatro grupos de plantas atualmente conhecidos. Note que a construção do diagrama mostra no início um suposto grupo ancestral. Os retângulos mostram as características que estão presentes a partir daquele ponto. Assim, "presença de clorofila" é característica dos quatro grupos, porém "tecido condutor" não ocorre nas briófitas, mas sim das pteridófitas em diante. "Sementes" só estão presentes a partir das gimnospermas e "fruto" só nas angiospermas.

briófitas pteridófitas gimnospermas angiospermas
fruto
semente
tecido condutor
presença de clorofila
grupo ancestral

Nosso desafio

Para preencher os quadrinhos de 1 a 7, você deve utilizar as seguintes palavras: Animalia, eucariontes, Fungi, Monera, Plantae, procariontes, Protista.

À medida que preencher os quadrinhos, risque a palavra escolhida para não usá-la novamente.

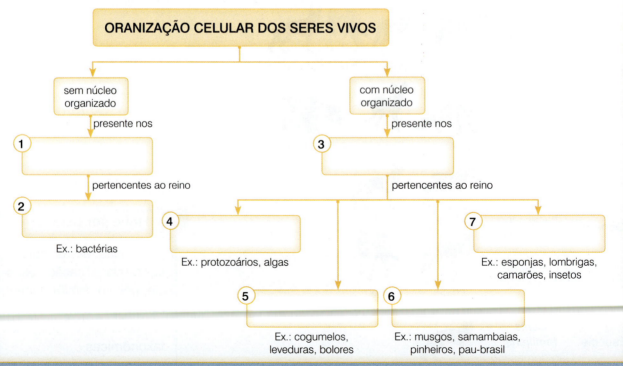

ORANIZAÇÃO CELULAR DOS SERES VIVOS

sem núcleo organizado — presente nos
1
pertencentes ao reino
2
Ex.: bactérias

com núcleo organizado — presente nos
3
pertencentes ao reino
4 Ex.: protozoários, algas
7 Ex.: esponjas, lombrigas, camarões, insetos
5 Ex.: cogumelos, leveduras, bolores
6 Ex.: musgos, samambaias, pinheiros, pau-brasil

Atividades

1. **[1, 2, 3, 7, 12, 15]** Cite alguns tipos de coleção pessoal e os critérios utilizados em sua organização. Qual é a vantagem dessas ordenações?

2. **[1, 2, 3, 7, 12, 14, 15]** Frequentemente, cientistas brasileiros descobrem novas espécies de animais. É o caso de algumas espécies de aranhas encontradas na Caatinga, bioma exclusivo do Brasil. Nesse ambiente só se reconhecia a existência da espécie *Sicarius tropicus*, mas levantamentos cuidadosos revelaram a presença de outros exemplares, que receberam nomes diferentes, embora todos tenham sido incluídos no grupo das aranhas, como a primeira espécie citada.

Adaptado de: Revista Pesquisa FAPESP,
São Paulo, n. 264, fev. 2018. p. 55.

a) Uma atividade comum aos cientistas, como a citada no texto acima, é agrupar seres vivos em conjuntos facilmente identificáveis. Indique uma possível justificativa para tal procedimento.

b) No caso específico do trabalho dos cientistas na Caatinga brasileira, indique um possível critério que permitiu a inclusão de outros exemplares no grupo das aranhas.

3. **[1, 2, 3, 7, 12, 14, 15]** Na antiguidade, desde os tempos do filósofo grego Aristóteles, já havia a preocupação de classificar seres vivos. No entanto, os métodos de classificação sofreram muitas modificações no que diz respeito aos critérios utilizados. Ainda hoje é costume dizer-se que a classificação dos seres vivos é "uma obra em eterna construção".

a) Indique um possível significado para justificar o conceito de que a classificação dos seres vivos é "uma obra em eterna construção".

b) Inicialmente, apenas dois grandes grupos ou reinos de seres vivos foram considerados: animal e vegetal. Atualmente, essa classificação ainda é válida e persistente? Justifique sua resposta.

4. **[1, 2, 3, 7, 9, 10, 12, 15]** Nem animais, nem vegetais. Essa frase foi utilizada na designação de dois importantes grupos de seres vivos, o das algas, representado pelo organismo conhecido pelo nome de *Euglena*, e o dos fungos, a exemplo dos cogumelos. Atualmente, esses dois grupos de seres vivos são pertencentes a reinos diferentes.

a) Indique a característica básica, com base no metabolismo, que diferencia fungos e algas.

b) Durante muito tempo, fungos e bactérias faziam parte do mesmo reino. Atualmente, pertencem a reinos diferentes. Indique a característica básica que justifica essa separação.

5. **[1, 2, 3, 7, 9, 10, 12, 15]** Cite a principal característica que justificou a separação das bactérias dos demais seres vivos e a sua inclusão em um reino próprio. Que reino é esse?

6. **[1, 2, 3, 7, 9, 10, 12, 15]** A classificação dos seres vivos hoje adotada, e que admite a existência de cinco reinos, separa inúmeros seres vivos que em séculos anteriores eram agrupados em apenas dois reinos. Sem dúvida, uma importante conquista tecnológica foi a descoberta e a utilização de potentes microscópios, que permitiram elucidar a estrutura interna e os componentes celulares de muitos seres vivos.

a) Indique a denominação atualmente utilizada para a estrutura interna das células de bactérias e a dos demais seres vivos, graças às descobertas obtidas pela utilização de potentes microscópios, como o eletrônico.

b) Com a descoberta da estrutura interna das células graças à utilização de potentes microscópios, as bactérias foram separadas dos outros seres vivos e passaram a constituir um reino próprio, dotado de características exclusivas. Indique os quatro reinos que então foram propostos, incluindo-se em um deles o grupo dos fungos, que posteriormente também seriam separados.

7. **[1, 2, 3, 7, 9, 10, 12, 15]** E, então, os fungos também foram separados e passaram a constituir um reino próprio, com características exclusivas. Até então, eram adicionados a um dos quatro reinos citados na resposta ao item *b* da questão anterior.

a) Indique a que reino os fungos pertenciam, antes de serem separados e constituir um reino próprio. Que outros seres eram componentes desse reino?

b) Indique a característica própria, exclusiva dos fungos, que possibilitou a criação de um reino só deles. Indique o nome do reino.

8. **[1, 2, 3, 7, 9, 10, 12, 15]**

a) Sabendo que os organismos que pertencem aos reinos Animalia e Plantae são pluricelulares, cite a característica que os diferencia, usando o critério *tipo de nutrição*.

b) Os componentes dos reinos Animalia, Plantae e Fungi são todos eucariontes. Considere as seguintes modalidades de nutrição: (1) ingestão; (2) decomposição e absorção e (3) produção de matéria-prima. Associe essas modalidades de nutrição aos componentes dos três reinos.

9. **[1, 2, 3, 7, 9, 12, 15]** As fotos abaixo ilustram componentes dos cinco reinos de seres vivos que foram relacionados nesse capítulo.

a) Cite os reinos a que pertencem os seres vivos, na ordem em que estão representados.

b) Cite o critério utilizado para separar os componentes do reino a que pertencem os organismos representados em e dos componentes dos demais reinos. Justifique a sua resposta.

10. **[1, 2, 3, 7, 9, 10, 12, 15]** Dependendo do critério utilizado, vírus podem ser considerados seres vivos ou não. Se o critério for a existência de célula, vírus não são considerados seres vivos. Se o critério, porém, for a presença de material genético em sua constituição, então os vírus podem ser considerados seres vivos.

a) Considerando as informações do enunciado, os vírus poderiam ser incluídos em algum dos cinco reinos atualmente conhecidos?

b) No caso de não poderem ser incluídos em um dos cinco reinos hoje aceitos, indique o procedimento a ser adotado.

11. [1, 2, 3, 7, 9, 10, 12, 15] Do mesmo modo que ocorre em nossas residências, nas quais objetos e utensílios domésticos são separados em categorias, por exemplo, talheres, copos, pratos, xícaras, móveis etc., também entre os seres vivos existem as chamadas categorias de classificação.

a) Indique as categorias de classificação dos seres vivos, na sequência correta a partir de reino para baixo. Como são denominadas, em seu conjunto, essas categorias particulares de classificação?

b) Quais das categorias de classificação costumam ser escritas juntas, na denominação de uma espécie como, por exemplo, para a espécie a que pertencem os seres humanos?

12. [1, 2, 3, 7, 9, 10, 12, 15] *Canis familiaris*, cão doméstico, e *Canis lupus*, lobo. Assim são denominados cientificamente dois conhecidos animais.

a) Relativamente a esses animais, o que denominam os dois termos a eles associados?

b) Considere que lobo e cão doméstico compartilham todas as demais categorias de classificação até o nível reino. Pode-se dizer, então, que pertencem à mesma família, ordem, classe e filo? Indique as denominações respectivas dessas categorias (consulte a página 79).

13. [1, 2, 3, 7, 9, 10, 12, 15] O avanço do conhecimento científico resulta na informação sobre novas características comparativas entre seres vivos de um reino. As comparações servem à elaboração de esquemas, como o cladograma da página 80 deste capítulo.

a) Indique a importância da elaboração desses esquemas no entendimento da relação de parentesco existente entre grupos de seres vivos que pertencem a um mesmo reino.

b) No exemplo do cladograma existente neste capítulo, faz-se uma abordagem das características que existem em determinado grupo, mas ausentes em outros. No entanto, todos pertencem ao mesmo reino. No caso dos vegetais comparados no cladograma, embora nem todos possuam todas as características, ainda assim todos pertencem ao reino Vegetal. Indique a característica básica que permite concluir que todos pertencem a esse reino.

14. [1, 2, 3, 6, 7, 12, 15] Observe o quadro abaixo e indique, justificando, qual é o organismo mais relacionado à cigarra e ao lobo.

Categoria \ Nome popular	Abelha	Lobo	Cigarra	Coiote
Reino	Animalia	Animalia	Animalia	Animalia
Filo	Arthropoda	Chordata	Arthropoda	Chordata
Classe	Insecta	Mammalia	Insecta	Mammalia
Ordem	Hymenoptera	Carnivora	Orthoptera	Carnivora
Família	Apidae	Canidae	Tettigonidae	Canidae
Gênero	*Apis*	*Canis*	*Scuddeia*	*Canis*
Espécie	*Apis mellifera*	*Canis lupus*	*Scuddeia furcata*	*Canis latrans*

15. **[1, 2, 3, 6, 7, 12, 15]** O homem e o chimpanzé pertencem ao filo Chordata. Na tabela abaixo constam as categorias taxonômicas do homem e do chimpanzé.

	Homem	Chimpanzé
Reino	Animalia	Animalia
Filo	Chordata	Chordata
Classe	Mammalia	Mammalia
Ordem	Primates	Primates
Família	Hominidae	Pongidae
Gênero	*Homo*	*Pan*
Espécie	*Homo sapiens*	*Pan troglodytes*

Utilize os dados da tabela, além de outras informações que julgar necessárias, para responder aos itens abaixo.

a) Quais são as categorias taxonômicas comuns a essas duas espécies?

b) Que estrutura desses organismos justifica a sua inclusão na mesma classe?

16. **[1, 2, 3, 6, 7, 12, 15]** Os nomes científicos *Zea mays*, *Canis familiaris*, *Homo sapiens*, *Felis catus* e *Aedes aegypti* referem-se a espécies conhecidas popularmente, uma delas inclusive como alimento apreciado por muitas pessoas.

a) Indique que informação fundamental, em termos de classificação de seres vivos, pode ser extraída da análise do nome dessas espécies.

b) Indique como é a regra para designar o nome de cada espécie citada, em termos de classificação dos seres vivos.

c) Na designação correta de uma espécie, que termos devem estar presentes?

17. **[1, 2, 3, 7, 8, 9]** Os nomes científicos abaixo referem-se a espécies de orquídeas:

a) Cattleya intermedia

b) *Laelia crispata*

c) *Oncidium gracile*

d) *Cattleya aurantiaca*

e) Laelia gouldiana

f) *Oncidium hastatum*

Utilizando os seus conhecimentos sobre o assunto, responda:

a) Sem precisar repetir os nomes científicos (cite apenas a letra), quais deles **não** estão redigidos conforme as regras de nomenclatura binomial que você aprendeu? Justifique a sua resposta.

b) Após a necessária correção na grafia, quantos gêneros e quantas espécies de orquídea você reconhece na lista?

18. **[1, 2, 3, 7, 8, 9]** Cão ou cachorro, *chien*, *perro*, *dog*, são nomes populares do cão doméstico em alguns países.

a) Que nome científico é utilizado pelos cientistas do mundo inteiro ao se referirem aos cães domésticos, que permite reconhecê-los como uma espécie, separando-os de outra espécie qualquer?

b) Qual é a vantagem de se utilizar um nome científico ao nos referirmos aos seres vivos de uma espécie?

c) Considere o nome científico do lobo, que é *Canis lupus*. É correto dizer que o nome do gênero é *Canis* e o da espécie é *lupus*? Justifique a sua resposta.

19. **[1, 2, 3, 7, 8, 9]** O cavalo pertence à espécie *Equus caballus* e o jumento, à espécie *Equus asinus*. Do cruzamento entre essas espécies nascem burros e mulas, que são estéreis. Por que cavalos e jumentos não são classificados como seres da mesma espécie?

20. **[1, 2, 3, 6, 7, 12, 15]** A grande aquisição científica decorrente da classificação dos seres vivos foi organizar de modo coerente o grande conjunto relacionado à vida em nosso planeta. Sem essa organização seria difícil organizar conhecimentos e uniformizar seus dados.

a) Em resumo, indique as características que foram utilizadas pelos cientistas na elaboração, ao longo do tempo até os dias atuais, dos sistemas de classificação dos seres vivos.

b) Afinal, todos os seres considerados vivos no planeta atual se enquadram nas regras de classificação e nas categorias taxonômicas descritas neste capítulo? Justifique sua resposta.

VÍRUS E BACTÉRIAS

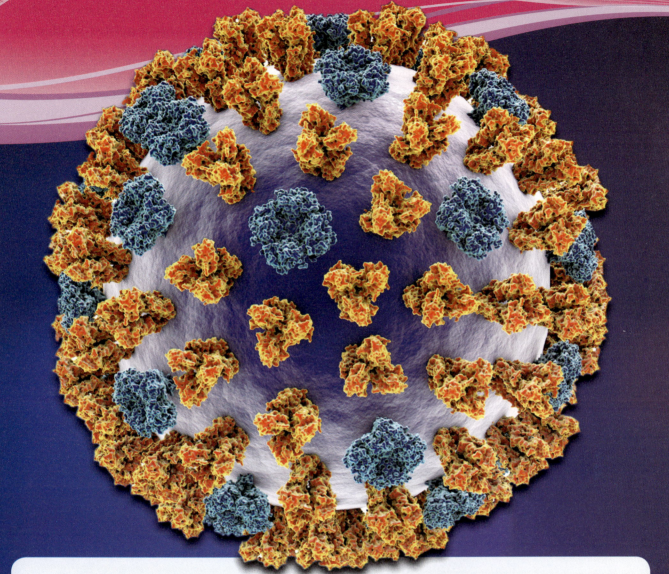

capítulo 6

Diferentes de todos os outros organismos

Você está gripado de novo! Mas, não acabou de tomar a vacina contra a gripe? Pois é, a gripe é uma doença causada por vírus. E os vírus são seres extremamente simples, comparados aos outros seres vivos. Para começar, são acelulares, o que quer dizer que sua organização não tem como base uma célula. Para se reproduzirem, precisam entrar em uma célula e utilizar todo o equipamento que ela possui. É claro que isso acaba provocando a morte da célula hospedeira. Para piorar, o material genético do vírus é altamente sujeito a mutações. Isso quer dizer que, a qualquer momento, são gerados novos vírus, do-

tados de novas mensagens genéticas. E, por isso, novas vacinas contra os vírus da gripe têm de ser produzidas, no sentido de prevenir a ocorrência da doença nas pessoas. Vai ver, uma possibilidade é que sua gripe tenha sido causada por um vírus mutante, contra o qual a vacina que você tomou não funcionou. Pode ser. Além disso, alguns vírus ainda possuem a capacidade de infectar bactérias, um dos grupos do reino Monera.

Ao ler as páginas deste capítulo você terá várias informações sobre vírus e bactérias, suas características e as doenças que causam. E, o mais importante, saberá como atuar para preveni-las.

◾ Vírus: seres vivos ou não?

O que é preciso saber para responder a essa pergunta? Primeiro, comparar os vírus com os seres vivos celulares. Nestes, lembre-se que a célula possui alguns componentes fundamentais e obrigatórios: membrana plasmática, citoplasma e material genético de comando. Desses três componentes, os vírus possuem apenas um: moléculas de material genético, representado por um dos tipos de ácidos nucleicos (DNA ou RNA), protegido por um envoltório de proteína. Quer dizer, os vírus são conjuntos organizados de moléculas, sem, no entanto, apresentar organização celular. Dizendo de outro modo, são **acelulares**.

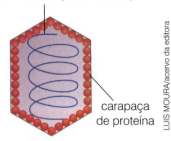

ácido nucleico (DNA ou RNA)

carapaça de proteína

LUIS MOURA/acervo da editora

Estrutura de um vírus.

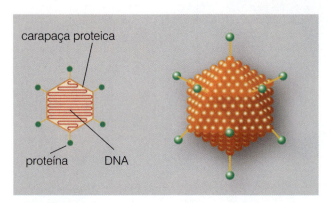

carapaça proteica

proteína DNA

adenovírus

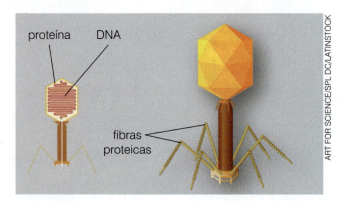

proteína DNA

fibras proteicas

ART FOR SCIENCE/SPL DC/LATINSTOCK

bacteriófago T4

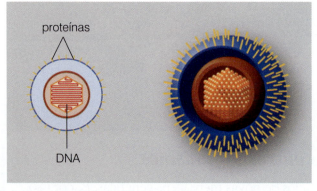

proteínas

DNA

vírus da herpes (à direita, em corte)

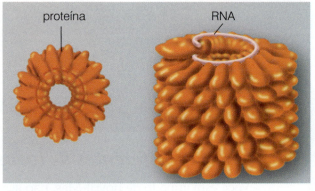

proteína RNA

vírus do mosaico do tabaco

Ilustração mostrando alguns tipos de vírus, sendo vistas sua estrutura interna e sua forma exterior. Vírus não afetam apenas seres humanos – podem afetar plantas, como o caso do vírus do mosaico do tabaco; bactérias, como o bacteriófago T4, e animais, como o adenovírus (que causa, principalmente, doenças no trato respiratório) e o vírus da herpes.

Lembre-se!

Nos seres vivos celulares, o DNA é o material genético de comando. Nos vírus, o material genético pode ser o DNA ou o RNA.

Autônoma: por si só.

O segundo conhecimento necessário refere-se à existência ou não de metabolismo próprio e à capacidade de reprodução. Os vírus não possuem metabolismo próprio e nem conseguem se reproduzir de forma autônoma, características que são próprias dos seres vivos celulares. O metabolismo e a reprodução dos vírus ocorrem somente quando estão no interior de uma célula.

Neste caso, tomam-na "de assalto", utilizam o seu equipamento para se multiplicar e a destroem ao final do processo, em um quadro arrasador. Por isso, dizemos que os vírus são **parasitas intracelulares obrigatórios**.

É SEMPRE BOM SABER MAIS!

Ácidos nucleicos

O DNA ou ADN (ácido desoxirribonucleico) e o RNA ou ARN (ácido ribonucleico) são as moléculas que constituem o material genético, isto é, o conjunto de genes que armazenam as informações hereditárias.

Fique por dentro!

Antigamente, quando não se conhecia a origem de várias doenças humanas, acreditava-se que eram transmitidas por venenos existentes no ar e na água. A palavra *vírus*, utilizada por médicos do passado para explicar a possível causa de enfermidades humanas, deriva do latim e significa *veneno*.

Reprodução dos vírus

Os vírus são incapazes de produzir suas próprias proteínas porque não têm ribossomos. Para esse fim utilizam os ribossomos das células que parasitam. Esses "operários" celulares passam a obedecer as ordens de comando do material genético do vírus invasor, de modo que, a partir daí, as proteínas produzidas destinam-se à construção de novas cápsulas virais.

O esquema abaixo explica como os vírus se reproduzem. O modelo é um vírus bacteriófago que, ao invadir e utilizar as substâncias da célula bacteriana, completa seu ciclo reprodutivo em curtíssimo espaço de tempo.

Bacteriófago: vírus que parasita exclusivamente células de bactérias.

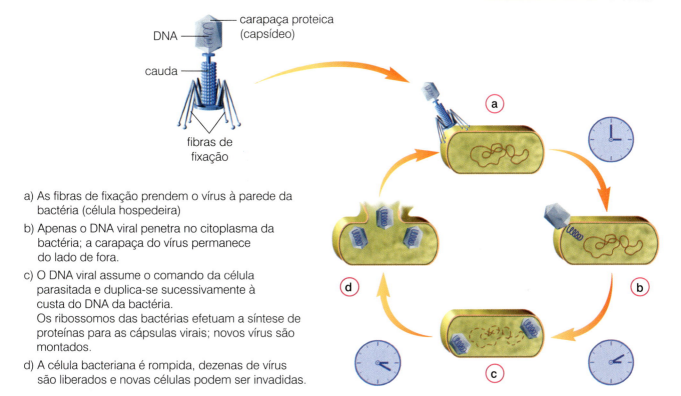

a) As fibras de fixação prendem o vírus à parede da bactéria (célula hospedeira)

b) Apenas o DNA viral penetra no citoplasma da bactéria; a carapaça do vírus permanece do lado de fora.

c) O DNA viral assume o comando da célula parasitada e duplica-se sucessivamente à custa do DNA da bactéria.
Os ribossomos das bactérias efetuam a síntese de proteínas para as cápsulas virais; novos vírus são montados.

d) A célula bacteriana é rompida, dezenas de vírus são liberados e novas células podem ser invadidas.

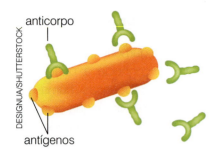

anticorpo

antígenos

DESIGNUA/SHUTTERSTOCK

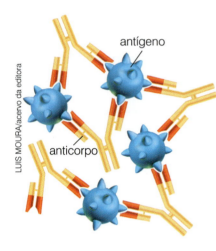

antígeno

anticorpo

LUIS MOURA/acervo da editora

Como nosso organismo combate os vírus

Quando um computador é atacado por um vírus, prontamente acionamos um programa antivírus que, de modo geral, o reconhece e o elimina. Do mesmo modo, nosso corpo tem mecanismos de defesa para detectar e combater os vírus que o contaminam.

No envoltório dos vírus existem substâncias (em geral, moléculas de proteínas) que são prontamente reconhecidas como *estranhas* ao nosso organismo. Essas substâncias são **antígenos** (do grego, *anti* = contra + *genos* = gerar, produzir), assim chamados por estimularem o organismo infectado a produzir uma reação de defesa contrária a eles. A reação contrária é feita por meio da produção de substâncias específicas de combate, denominadas **anticorpos**. Anticorpos são moléculas de proteínas produzidas por células de defesa (glóbulos brancos) que fazem parte do sistema de defesa do nosso organismo.

Os antígenos presentes nas superfícies dos vírus são reconhecidos como substâncias estranhas ao organismo e são combatidos pelos anticorpos. Observe nas figuras como há um perfeito "encaixe" entre anticorpos e antígenos, pois os anticorpos são específicos para cada tipo de antígeno. (Cores-fantasia. Ilustrações fora de escala.)

ESTABELECENDO CONEXÕES
Cotidiano

Aleitamento materno

Com certeza você já ouviu falar da importância do aleitamento materno durante os primeiros meses de vida do bebê. Mas por que o leite materno é tão importante nessa fase da vida?

No leite materno existem inúmeros anticorpos que são passados para o bebê e, com isso, lhe dão uma maior proteção contra possíveis doenças. Desta forma, a amamentação é um tipo de imunização natural.

NIDERLANDER/SHUTTERSTOCK

Vacinação: um modo de imunização artificial

Os computadores possuem programas antivírus em permanente funcionamento. É uma tática utilizada pelos programadores para a prevenção de ataques de programas estranhos que poderiam comprometer o funcionamento das máquinas. Do mesmo modo, os cientistas desenvolveram a estratégia da vacinação, que protege as pessoas do ataque de vírus e de outros microrganismos. Nesse procedimento, a meta é "ensinar" nossas células de defesa a prontamente reconhecerem as substâncias estranhas (antígenos) componentes dos invasores.

A técnica de produção de vacinas consiste, inicialmente, em criar os vírus em células apropriadas, encontradas em embriões que se desenvolvem, por exemplo, em ovos de galinha. Obtidos os vírus, pode-se "enfraquecê-los", para que não sejam capazes de causar doença ou, então, extrair as substâncias correspondentes aos antígenos virais. Adicionados em líquidos apropriados, esses vírus "enfraquecidos" são administrados às pessoas sob a forma de vacinas. Ao entrarem em contato com esses antígenos, nossas células de defesa "aprendem" a reconhecê-los e desencadeiam a produção de anticorpos protetores. Após essa reação inicial, permanecem em nosso sangue as chamadas "células de memória", que persistem em nossa circulação por longo tempo. Toda vez que o agente causador da doença penetra no organismo vacinado, as células de memória são acionadas e, rapidamente, desencadeiam a reação de defesa, com a produção de anticorpos que combaterão os invasores. Para certos vírus, é necessário efetuar periodicamente novas administrações da vacina (dose de reforço), no sentido de ativar novas células de memória, tornando, assim, a proteção mais efetiva.

É SEMPRE BOM SABER MAIS!

O soro possui finalidade curativa. A vacina é preventiva

Para a produção de anticorpos contra a toxina do tétano, por exemplo, utilizam-se animais.

Inoculam-se doses pequenas da toxina tetânica no cavalo que, em resposta, produz os anticorpos. Esses anticorpos do sangue do cavalo são extraídos e com eles prepara-se o **soro** que poderá ser injetado nas pessoas, quando necessário (veja a figura abaixo). Note que os anticorpos não foram produzidos pela pessoa ferida.

A duração dos anticorpos (presentes no soro) no organismo da pessoa que os recebe é pequena, limitando-se ao tempo necessário para inativar as toxinas produzidas pelas bactérias.

O soro, portanto, possui finalidade curativa e não preventiva.

Esse mecanismo também é usado contra venenos de cobras, escorpiões e aranhas.

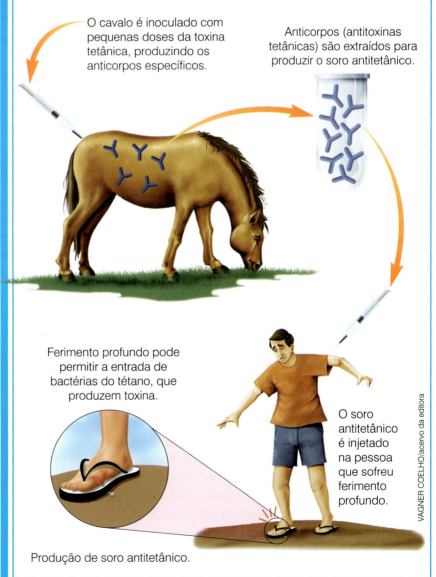

O cavalo é inoculado com pequenas doses da toxina tetânica, produzindo os anticorpos específicos.

Anticorpos (antitoxinas tetânicas) são extraídos para produzir o soro antitetânico.

Ferimento profundo pode permitir a entrada de bactérias do tétano, que produzem toxina.

O soro antitetânico é injetado na pessoa que sofreu ferimento profundo.

VAGNER COELHO/acervo da editora

Produção de soro antitetânico.

Doenças causadas por vírus

Inúmeros vírus atacam células humanas, de animais e de plantas, destruindo-as e, muitas vezes, causando a morte de seus hospedeiros. Até mesmo bactérias podem ser atacadas por vírus.

Conhecidas popularmente como *viroses*, são muitas as doenças causadas nos seres humanos por vírus, entre elas a gripe, o sarampo, a dengue e a AIDS, por exemplo.

Gripe e resfriado comum

Também chamada de *influenza*, os principais sintomas da gripe são fraqueza, dor de cabeça, espirros, febre e coriza. A transmissão é direta, ou seja, de pessoa a pessoa, por meio da tosse, espirro ou saliva. O vírus é de RNA e contra ele existe vacina.

Coriza: corrimento nasal.

A gripe também é importante por abrir caminho para as doenças oportunistas bacterianas, como, por exemplo, a pneumonia. Nesses casos, os antibióticos são usados no combate às bactérias, pois, como se sabe, antibióticos não se aplicam a vírus.

O vírus do resfriado comum afeta as partes altas do aparelho respiratório, sendo comum a presença de coriza, mas raramente de febre. É vírus de DNA e sua transmissão também é direta, assim como na gripe. Para o resfriado não há vacina.

Jogo rápido

Pelo menos uma importante medida preventiva, relativa a hábitos higiênicos pessoais, pode servir para evitar que as pessoas se contaminem com os vírus da gripe e os do resfriado comum. Qual seria essa medida preventiva higiênica?

ESTABELECENDO CONEXÕES

Saúde

O material genético dos vírus sofre mutação

Todos os anos o Ministério da Saúde promove campanhas de vacinação contra várias viroses. Entre elas, destaca-se a da prevenção da gripe em pessoas idosas. As defesas do organismo naturalmente enfraquecidas, sobretudo em pessoas dessa faixa etária, ficam sobrecarregadas ao combaterem os vírus da gripe e, por isso, prevenir-se contra ela é fundamental, evitando, assim, a invasão por microrganismos oportunistas, notadamente bactérias que causam pneumonias.

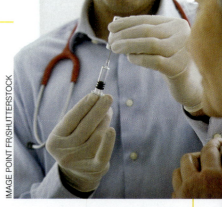

IMAGE POINT FR/SHUTTERSTOCK

A pergunta que você deve estar pensando em fazer é: "— Por que é preciso ser imunizado anualmente contra os vírus que provocam gripe?". A resposta é simples. Como o material genético dos vírus se multiplica rapidamente e produz muitas cópias para a produção de novos vírus, ocorrem muitas alterações ("erros" de cópias), que são chamadas de *mutações*. É como se digitássemos rapidamente um texto no computador e cometêssemos erros. Claro que percebemos a maioria desses erros e os corrigimos. Mas alguns acabam passando. Com os vírus ocorre o mesmo. Muitas mutações permanecem e passam a fazer parte dos novos vírus mutantes. Algumas delas correspondem a novas informações e, portanto, a novos antígenos. Por isso, cada vez que você fica gripado, provavelmente os vírus que ingressaram em você eram diferentes dos anteriores. Isso implica nova produção de anticorpos, que culmina em nova imunização. Daí porque há necessidade de vacina contra a gripe a cada ano.

➢ Como seu organismo reage ao vírus da gripe?

Sarampo e catapora

Tanto no sarampo como na catapora surgem manchas ou vesículas avermelhadas na pele, além de febre e dor de cabeça.

No sarampo, além desses sintomas ainda ocorre uma secreção ocular com pus. Sua transmissão é direta, de pessoa a pessoa, por meio de gotículas de saliva e espirros que eliminam secreções das vias respiratórias. Segundo dados do Ministério da Saúde, em 2016 o Brasil recebeu da Organização Pan-Americana da Saúde (OPAS) o certificado de eliminação da circulação do vírus do sarampo. No entanto, em 2018 o país enfrentou surtos de sarampo em Roraima e no Amazonas. Além disso, alguns casos foram identificados em São Paulo, Rio Grande do Sul, Rondônia e Rio de Janeiro. A vacina contra o sarampo é a única forma de se prevenir contra a doença.

A catapora, também chamada de varicela, causa também vômitos e muita coceira. Sua transmissão ocorre por meio de gotículas de saliva e utensílios contaminados. Assim como o sarampo, é altamente contagiosa.

Existem vacinas tanto para o sarampo como para a catapora e elas fazem parte do Calendário Nacional de Vacinação.

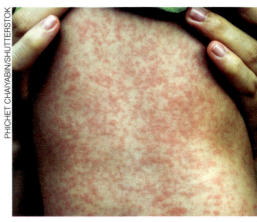

A transmissão do sarampo ultrapassa o período de incubação, que é de 6 a 10 dias, e só cessa até, aproximadamente, 4 dias depois de surgirem as manchas avermelhadas na pele. Estas se distribuem pelo corpo todo e desaparecem depois de uma semana.

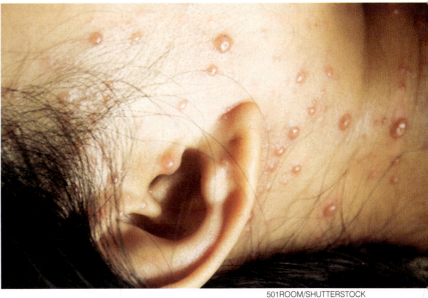

O período de incubação da catapora é de 10 a 20 dias. As vesículas que se formam na pele não devem ser estouradas, a fim de evitar a contaminação por bactérias. As bolhas secam, transformando-se em crostas, e o paciente é contagioso desde o período de incubação até que se formem as crostas.

501ROOM/SHUTTERSTOCK

Dengue

A transmissão da dengue se dá pela picada do mosquito *Aedes aegypti* e os principais sintomas são febre (que pode passar dos quarenta graus Celsius), fraqueza, falta de apetite, dores de cabeça, nos músculos, nas juntas e nos olhos, além de manchas avermelhadas por todo o corpo.

Podem ocorrer hemorragias na gengiva e no nariz em caso de uma segunda infecção por outra variedade do vírus.

A dengue hemorrágica é doença séria, que pode levar à morte. Como não há vacina até o momento para a dengue, o mais importante é a prevenção, que deve contar com a colaboração, não só das entidades governamentais, mas principalmente da população.

Descubra você mesmo!

Procure no site do Ministério da Saúde o Calendário Nacional de Vacinação e verifique se há recomendação de alguma vacina para sua faixa etária.

DE OLHO NO PLANETA
Ética & Cidadania

Prevenção da dengue

A ação mais simples para prevenção da dengue é evitar o nascimento do mosquito, já que não existem vacinas ou medicamentos que combatam a contaminação. Para isso, é preciso eliminar os lugares que eles escolhem para a reprodução.

A regra básica é não deixar a água, principalmente limpa, parada em qualquer tipo de recipiente.

Como a proliferação do mosquito da dengue é rápida, além das iniciativas governamentais é importantíssimo que a população também colabore para interromper o ciclo de transmissão e contaminação. Para se ter uma ideia, em 45 dias de vida, um único mosquito pode contaminar até 300 pessoas. (...)

É bom lembrar que o ovo do mosquito da dengue pode sobreviver até 450 dias, mesmo se o local onde foi depositado estiver seco. Caso a área receba água novamente, o ovo ficará ativo e poderá atingir a fase adulta em um espaço de tempo entre 2 e 3 dias. Por isso é importante eliminar água parada e lavar os recipientes com água e sabão.

Disponível em: <http://www.peruibe3.sp.gov.br/dengue-zika-e-chikungunya-saiba-como-prevenir/>. *Acesso em:* 10 jul. 2015.

➤ Sabendo que a erradicação da dengue depende de ações diretas da população, o que você sugere para diminuir a possibilidade de desenvolvimento do mosquito *Aedes aegypti*, transmissor da doença?

Febre amarela

A febre amarela é assim chamada porque a pele e os olhos ficam amarelados, sinais conhecidos como *icterícia*, devido a lesões que o vírus causa no fígado, com liberação de um pigmento, a bilirrubina, que se deposita nas regiões afetadas e ocasiona o tom amarelado da pele e dos olhos. Podem também ser afetados o coração e os rins. Outros sintomas podem estar presentes: febre alta, dores musculares e de cabeça, náuseas.

Há tempos a febre amarela era considerada uma doença do meio rural, em que os transmissores são os mosquitos *Haemagogus* sp. e *Sabethes* sp., e os macacos das regiões silvestres podem atuar como reservatórios do vírus, não transmissores. Como a virose atingiu o meio urbano a partir de 2017, o *Aedes aegypti* passou a ser o transmissor do vírus. Muitas mortes ocorreram nos estados de Minas Gerais, São Paulo e Rio de Janeiro. Há evidências de que o conhecido acidente de Mariana, que ocorreu no estado de Minas Gerais e atingiu o rio Doce, possa estar relacionado com o espalhamento dos vírus. Nesse caso, a eliminação dos predadores naturais do *Haemagogus* sp. e do *Sabethes* sp., como peixes, lagartixas, lagartos, cobras e sapos, propiciou a reprodução e multiplicação dos mosquitos, o que favoreceu a propagação do vírus em macacos e, posteriormente, para as pessoas das regiões afetadas. A prevenção, do ponto de vista médico, ocorre por meio de vacina que, há tempos, existe em nosso país.

Como o número de casos aumentou bruscamente, ao longo dos anos de 2017 e 2018 foi proposta a utilização da chamada vacina fracionada, também protetora, embora contenha menor quantidade de vírus inativados que estimulam a produção de anticorpos nas pessoas vacinadas. Autoridades de Saúde acreditam que essa vacina propicia proteção adequada, se bem que de menor duração relativamente à vacina integral. Do ponto de vista da Ecologia, a prevenção deve ser adotada com os mesmos recursos utilizados na prevenção contra a dengue, ou seja, com o controle das populações dos mosquitos transmissores.

AIDS

A AIDS é doença causada pelo vírus da imunodeficiência humana, conhecido por HIV. O vírus ataca o sistema de defesa do organismo. Com isso, há baixa produção de anticorpos, o que favorece o desenvolvimento de doenças oportunistas, que se instalam com facilidade no organismo debilitado.

É doença sexualmente transmissível (DST) para a qual existem medicamentos que podem melhorar a qualidade de vida dos portadores, mas ainda não há cura. Assim, novamente, o mais importante é a prevenção, já que não há vacina, nem se conhecem até o momento mecanismos para sua cura.

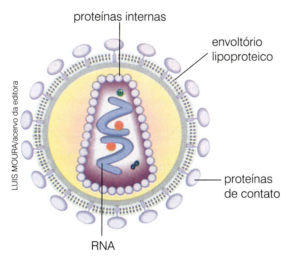

proteínas internas

envoltório lipoproteico

proteínas de contato

RNA

LUIS MOURA/acervo da editora

Esquema do vírus HIV.
Pelas proteínas de contato o vírus liga-se à célula que será infectada.

É SEMPRE BOM SABER MAIS!

Formas de contágio pelo HIV

Como o HIV, vírus causador da AIDS, está presente no sangue, sêmen, secreção vaginal e leite materno, a doença pode ser transmitida de várias formas:

- sexo sem camisinha – pode ser vaginal, anal ou oral;
- de mãe infectada para o filho durante a gestação, o parto ou a amamentação – também chamada de transmissão vertical;
- uso por mais de uma pessoa da mesma seringa ou agulha contaminada;
- transfusão de sangue contaminado com o HIV;
- instrumentos que furam ou cortam não esterilizados.

Evitar a doença não é difícil. Basta usar camisinha em todas as relações sexuais e não compartilhar seringa, agulha e outro objeto cortante com outras pessoas. O preservativo está disponível na rede pública de saúde. Caso não saiba onde retirar a camisinha, ligue para o Disque Saúde (136).

Adaptado de: <http://www.blog.saude.gov.br/index.php/35078-nao-vacile-use-camisinha>. *Acesso em:* 14 abr. 2018.

Doenças causadas por vírus.

Doença viral	Características
Caxumba	Inchaço de glândulas salivares situadas sob a pele do rosto abaixo da orelha. Transmissão direta, de pessoa a pessoa, por gotículas de saliva e utensílios contaminados (talheres, copos). Existe vacina.
Chikungunya	Dor de cabeça, febre alta, dor na parte de trás dos olhos, mal-estar, dores musculares. Transmissão pela picada de fêmeas do mosquito *Aedes aegypti*. Não há vacina. Prevenção: controle dos insetos transmissores.
Crista de galo (vírus HPV)	Verrugas em órgãos genitais; DST; câncer de órgãos genitais e do colo uterino. Há vacina.
Febre amarela	Pele amarelada (icterícia), febre alta, dores de cabeça e musculares, náuseas. Afeta fígado, rins, coração e outros órgãos. Transmissão pela picada do mosquito *Aedes aegypti*. Existe vacina.
Hepatites	São inflamações do fígado causadas por vários tipos de vírus. As principais são as hepatites A, B e C. A pele e a conjuntiva ocular (o "branco" dos olhos) ficam amareladas (icterícia), fezes claras. A – contágio por água e alimentos contaminados pelas fezes humanas. Repouso e alimentação adequada; regride normalmente; B – contágio por transfusões de sangue contaminado e relações sexuais. Pode provocar cirrose ou câncer de fígado; C – transmissão como na hepatite B. Pode não apresentar sintomas, e provocar cirrose e câncer de fígado. Vacinas para a hepatite A e B apenas.
Herpes	Há mais de um tipo; afeta a boca (herpes labial), órgãos genitais (herpes genital), nervos da face e do tronco e globo ocular. Transmissão direta de pessoa a pessoa. Não há vacina, mas há medicamentos que atenuam os sintomas.
Poliomielite (paralisia infantil)	Os vírus atacam os nervos que inervam a musculatura, incapacitando-a de executar movimentos. Existe vacina (Sabin) administrada por via oral. Transmissão direta por meio da saliva, secreções respiratórias, alimentos e objetos contaminados.
Raiva (hidrofobia)	Em geral, a transmissão se faz pela saliva de cães e morcegos hematófagos contaminados. Afeta o sistema nervoso e, se não tratada, é fatal, pois provoca paralisia dos músculos respiratórios e morte por asfixia.
Rubéola	Febre, mal-estar, manchas vermelhas na pele, durante 3 a 5 dias. Transmissão direta, de pessoa a pessoa, por meio da saliva. Na gravidez, o vírus pode passar para o feto e causar lesões e morte fetal. Existe vacina. Não se recomenda vacinar mulheres grávidas, pois há risco, embora pequeno, de ocorrência de anomalias no feto. A orientação é que a mulher não engravide até 3 meses após a vacinação.
Zika	Dor de cabeça, dores nas articulações, diarreia. Microcefalia (diminuição do volume cerebral) e sintomas típicos da Síndrome de Guillain-Barré: visão prejudicada, surdez, aceleração dos batimentos cardíacos (taquicardia), disfunção pulmonar, fraqueza muscular, queimação e dormência. Transmissão pela picada de fêmeas do mosquito *Aedes aegypti*. Não há vacina. Prevenção: controle dos insetos transmissores.

EM CONJUNTO COM A TURMA!

Reúna seu grupo de trabalho e realizem a atividade a seguir.

Para preencher os quadrinhos de 1 a 8, vocês devem utilizar as seguintes palavras: acelulares, *Aedes aegypti*, dengue, doenças, hepatites, intracelulares, proteínas, RNA.

À medida que preencherem os quadrinhos, risquem a palavra que escolheram para não usá-la novamente.

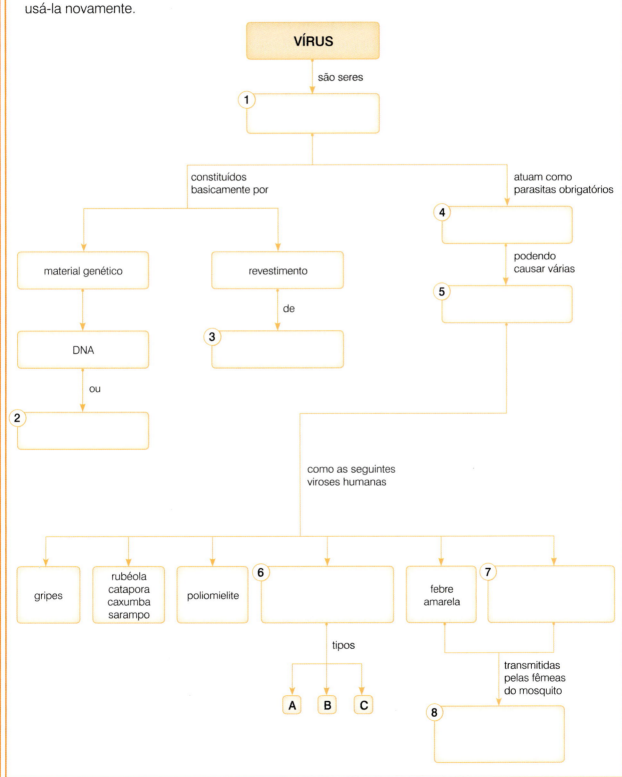

O reino Monera

O reino Monera é formado por **bactérias** e **cianobactérias**, seres muito simples cuja característica mais marcante é o fato de não apresentarem um núcleo diferenciado.

O estudo das bactérias e das cianobactérias revela sua grande importância para a saúde e a economia. Além disso, sem elas, muitas espécies animais e vegetais não sobreviveriam.

Se as bactérias deixassem de existir, talvez não houvesse muitas doenças, mas as atividades vitais da Terra "parariam", cadáveres se amontoariam, lixo seria acumulado... Será que as bactérias poderiam deixar de existir?

A célula bacteriana

Perceba como é a célula de uma bactéria com formato de bastão, cujo esquema abaixo baseia-se em foto obtida com o uso de um microscópio eletrônico, instrumento que permite visualizar estruturas microscópicas com muitos detalhes.

Lembre-se que a célula bacteriana é *procariótica*, isto é, *não possui núcleo organizado*. Seu *material genético* – representado por uma molécula de DNA em forma de anel – fica disperso no *citoplasma*. Além desse material genético principal, existem pequenas moléculas de DNA soltas, que constituem os *plasmídios. Ribossomos* são as únicas organelas encontradas e atuam na síntese das proteínas bacterianas. O envoltório fundamental da célula é a *membrana plasmática*, circundada por uma *parede celular*, mais espessa, de reforço e proteção.

Fique por dentro!

Membrana plasmática, citoplasma, ribossomos e *material genético* (DNA) são os componentes comuns a qualquer célula, procariótica ou eucariótica. A diferença entre células procarióticas e eucarióticas é a presença, nestas últimas, de um núcleo organizado, rodeado por membrana.

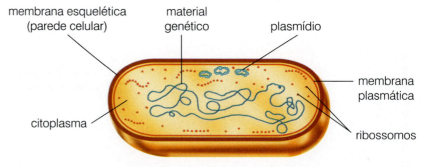

membrana esquelética (parede celular) — material genético — plasmídio — membrana plasmática — citoplasma — ribossomos

Estrutura celular bacteriana. (Cores-fantasia. Ilustração fora de escala.)

A forma das bactérias

Bactérias são seres invisíveis a olho nu. Para observá-las, é necessário o uso de microscópios. Com os comuns, do tipo que utilizamos em laboratórios de Ciências, é possível ter uma noção pouco precisa desses seres, visualizando-se, de maneira geral, apenas a forma externa da célula. Empregando-se aparelhos mais complexos, como o microscópio eletrônico, certos detalhes internos e externos ficam mais visíveis, como, por exemplo, a existência de ribossomos mergulhados no citoplasma.

O esquema abaixo mostra as formas comuns de células bacterianas: cocos, bacilos, espirilos, vibriões.

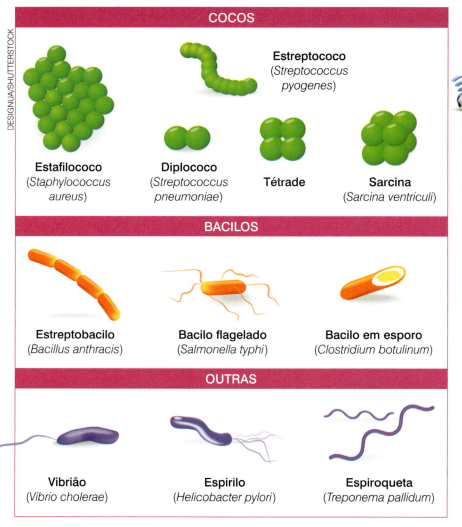

DESIGNUA/SHUTTERSTOCK

COCOS

Estreptococo
(*Streptococcus pyogenes*)

Estafilococo
(*Staphylococcus aureus*)

Diplococo
(*Streptococcus pneumoniae*)

Tétrade

Sarcina
(*Sarcina ventriculi*)

BACILOS

Estreptobacilo
(*Bacillus anthracis*)

Bacilo flagelado
(*Salmonella typhi*)

Bacilo em esporo
(*Clostridium botulinum*)

OUTRAS

Vibrião
(*Vibrio cholerae*)

Espirilo
(*Helicobacter pylori*)

Espiroqueta
(*Treponema pallidum*)

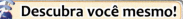

Descubra você mesmo!

Observe a figura com as diferentes formas das bactérias e deduza o que significam os prefixos "estafilo" e "estrepto". Depois, recorra a um dicionário para confirmar o que esses prefixos indicam.

As diferentes formas das bactérias. O nome coco é derivado do grego *kókkos* e significa grão (observe seu formato esférico); bacilo é derivado do latim *bacillum* e significa vareta, bastão. Costuma-se dizer que os vibriões se parecem com pequenas vírgulas e as espiroquetas, com saca-rolhas.

É SEMPRE BOM SABER MAIS!

Se há um grupo que pode ser encontrado em praticamente qualquer lugar da Terra, esse é o das bactérias. No ar, no solo, na água, no interior e na superfície de outros seres vivos, no interior da crosta terrestre, no gelo das calotas polares e no mais profundo dos mares são encontradas bactérias.

Sob condições desfavoráveis (temperatura elevada, desidratação), bactérias formam *esporos* (do grego, *spora* = semente). São formas de resistência que podem se manter em um estado de vida latente (aparentemente sem vida) durante anos. Os esporos estão por toda a parte e, encontrando condições favoráveis, voltam à forma celular ativa.

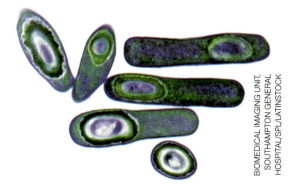

BIOMEDICAL IMAGING UNIT, SOUTHAMPTON GENERAL HOSPITAL/SPL/LATINSTOCK

Bactéria *Clostridium difficile*, integrante da flora intestinal humana. Essa bactéria forma esporos (na foto, os discos ovalados), que são muito resistentes ao calor e aos antibióticos. É uma das causas mais frequentes de infecção hospitalar. (Imagem colorida artificialmente, obtida a partir de um microscópio eletrônico. Ampliação: 7.400 vezes.)

Nutrição e respiração bacterianas

Bactérias autótrofas são mais raras e produzem seu alimento orgânico utilizando a energia proveniente da luz do Sol ou de outras fontes de energia, liberada a partir de reações químicas. As que utilizam a luz solar como fonte de energia são fotossintetizantes, processo que conta com a participação, entre outras, de moléculas específicas de clorofila bacteriana.

As que não produzem o seu alimento orgânico e precisam obtê-lo de outras fontes são chamadas **bactérias heterótrofas**. A grande maioria vive basicamente da decomposição de materiais orgânicos, encontrados no ambiente; algumas espécies obtêm seu alimento associando-se a outros seres vivos.

Nas chamadas **bactérias aeróbias**, as atividades metabólicas celulares são executadas na presença de oxigênio, do mesmo modo que ocorre na maioria dos animais, incluindo os seres humanos. Há, no entanto, inúmeras **bactérias anaeróbias**, nas quais o metabolismo ocorre na ausência de oxigênio.

Fique por dentro!

Atividades metabólicas que produzem energia para a manutenção dos processos vitais são mais eficientes quando há participação do oxigênio. A quantidade de energia liberada nessas reações é maior.

cromossomo   parede celular
membrana plasmática   citoplasma

No início do processo de divisão binária, a célula bacteriana aumenta de volume e duplica seu material genético.

À medida que a célula bacteriana se alonga, os cromossomos se separam e, gradativamente, a membrana plasmática e a parede celular dividem as duas células.

Reprodução das bactérias

É surpreendente a velocidade de multiplicação das bactérias. Para se ter uma ideia do que estamos dizendo, se você, de manhã, estiver bem de saúde e, de repente, à tarde, apresentar dor de garganta, com pus, pode estar certo de que lá existem bactérias que se multiplicaram rapidamente a partir das poucas bactérias que invadiram sua garganta. É simples entender o porquê.

Se uma bactéria invadir a sua garganta e encontrar condições ideais, ela agride as suas células, obtém delas o alimento necessário e em cerca de 20 minutos se divide em duas. Mais vinte minutos e as duas bactérias viram quatro, as quatro produzem oito e assim, sucessivamente, até a sua garganta se encher de bactérias. Qual é o princípio que permite essa multiplicação desenfreada? É a facilidade com que ocorre a divisão da célula bacteriana, que ilustramos no esquema ao lado. É uma reprodução por **divisão binária**, ou seja, a partir de uma bactéria formam-se duas. Leia a legenda que acompanha o esquema para entender esse processo de divisão.

A importância das bactérias

Apesar da aparente simplicidade da célula bacteriana, ela executa uma infinidade de tarefas metabólicas importantes tanto para o ambiente como para o homem, como você verá a seguir.

Decomposição

A decomposição da matéria orgânica é um dos importantes papéis ecológicos das bactérias. Esse processo é efetuado tanto aeróbia como anaerobiamente. É uma atividade que libera diversos tipos de nutrientes minerais e orgânicos que, de outra maneira, não poderiam ser devolvidos para a biosfera, impossibilitando a construção do corpo de outros seres vivos. Sem a decomposição da matéria orgânica a vida não teria continuidade.

Fixação do nitrogênio

Algumas espécies de bactérias são capazes de efetuar a *fixação biológica de nitrogênio atmosférico*. Destacam-se as bactérias do gênero *Rhizobium*, que são encontradas em nódulos existentes em raízes de algumas plantas como, por exemplo, feijão e soja.

Em associação com outros seres vivos

Um grupo particular de bactérias heterótrofas é o que vive em simbiose no interior de outros seres vivos, sem causar prejuízos. É o que ocorre no estômago dos animais ruminantes (bois, búfalos, cabras, ovelhas, camelos, lhamas). Nesse caso, o alimento ingerido pelos animais, principalmente a celulose contida nos vegetais, é digerido pelas bactérias e os produtos ricos em energia resultantes da digestão (moléculas de glicose) são aproveitados por elas e também pelos animais que as hospedam. Estes protegem as bactérias ao abrigá-las em seu interior e, ao mesmo tempo, fornecem a elas muitas substâncias úteis ao metabolismo bacteriano. É uma troca mútua entre as duas espécies, característica de uma associação simbiótica do tipo *mutualismo*.

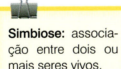

Simbiose: associação entre dois ou mais seres vivos.

Bactérias e metano

No estômago dos ruminantes, como já dissemos, existe uma comunidade de microrganismos, muitos deles pertencentes a diferentes espécies de bactérias anaeróbias. Elas digerem a celulose existente nos vegetais que constituem o alimento dos animais, resultando moléculas de glicose. Ao utilizarem a glicose em seu metabolismo anaeróbio, as bactérias produzem o gás metano (CH_4), que é expelido pelos ruminantes na eructação (ato de arrotar).

Outras espécies de bactérias, também anaeróbias, vivem em aterros sanitários e, ao utilizarem o alimento orgânico existente nesses locais, liberam enormes quantidades desse mesmo gás. Esse biogás é hoje considerado um potente gás causador do efeito estufa, na medida em que sua capacidade de reter o calor gerado pela luz do Sol é cerca de vinte e uma vezes maior do que a do gás carbônico. Como é um excelente combustível, existem inúmeros projetos que visam utilizá-lo, por exemplo, na geração de eletricidade e calor.

PROCHASSON FREDERIC/SHUTTERSTOCK

▣ Importância econômica

PHOTOLOGY1971/SHUTTERSTOCK

Originalmente, o vinagre era produzido a partir da fermentação do vinho, mas hoje em dia também pode ser produzido a partir da fermentação de sucos de fruta, como, por exemplo, maçã ou morango.

O homem aprendeu a utilizar bactérias em seu proveito. Um bom exemplo é a produção de iogurtes. Por meio de um processo conhecido como **fermentação láctica**, as bactérias conhecidas como *lactobacilos* transformam o leite em coalhada ou iogurte. Os lactobacilos decompõem o açúcar natural do leite, a *lactose*, e, a partir dele, produzem um composto orgâncio mais simples, o *ácido láctico*, que dá o sabor azedo ao iogurte ou à coalhada. Ao quebrarem a lactose, essas bactérias obtêm energia para suas atividades vitais.

As bactérias também são importantes na fabricação de antibióticos, substâncias úteis no tratamento de infecções causadas por outras espécies de bactérias, que podem ocorrer tanto em seres humanos como em animais de criação.

Fique por dentro!

Os antibióticos são produzidos tanto por algumas espécies de bactérias como também por algumas espécies de fungos.

ESTABELECENDO CONEXÕES ▪

Saúde

Às vezes, o antibiótico não mais funciona

Você deve saber que, muitas vezes, os antibióticos não funcionam adequadamente e as bactérias que causam a doença continuam no organismo do doente. Uma das explicações para isso é que as bactérias que se quer combater são resistentes ao antibiótico. Por exemplo, muitas bactérias são resistentes à penicilina. Isso ocorre porque essas bactérias, de modo geral, produzem substâncias que destroem a penicilina, impedindo-a de atuar sobre elas.

Frequentemente, a resistência das bactérias aos antibióticos é decorrente de mutações no material genético desses microrganismos. Como as bactérias se multiplicam rapidamente, as mutações são passadas para as descendentes, gerando uma população mutante que não é mais combatida pelo antibiótico.

O uso indiscriminado e de forma inadequada de antibióticos tem sido apontado como uma das causas de seleção de bactérias resistentes: caso esse medicamento não seja administrado em quantidade correta, e pelo tempo certo, pode ocorrer que sobreviva uma bactéria resistente. Ao se multiplicar, essa bactéria gerará uma população de bactérias resistentes e o antibiótico anteriormente administrado não terá mais efeito.

FAHRONI/SHUTTERSTOCK

Biotecnologia

Modificando geneticamente algumas espécies de bactérias, o homem passou a utilizá-las como "fábricas" de substâncias de uso medicinal. Esse procedimento é feito com a introdução de determinado gene (pedaço de DNA) humano em plasmídios (pequenos anéis de material genético) presentes no citoplasma das células bacterianas. Ao incorporar esse gene, as bactérias passam a produzir substâncias úteis à espécie humana. Por exemplo, a introdução de um gene humano que comanda a produção de insulina faz com que as bactérias produzam esse hormônio, que é empregado no tratamento de pessoas diabéticas.

Doenças causadas por bactérias

Embora existam bactérias que beneficiem o ser humano e o ambiente, as que provocam doenças são, e sempre foram, extremamente preocupantes. Para muitas delas, os mecanismos de prevenção, principalmente os relacionados a eficientes medidas de saneamento básico, são medidas mais do que suficientes para evitá-las.

Cólera

A cólera é uma doença causada pela bactéria *Vibrio cholerae*, que se manifesta como uma grave infecção intestinal, com diarreia intensa e desidratação.

A doença é transmitida pela água e por alimentos contaminados, moscas, ou mesmo pelo contato com pessoas infectadas. O tratamento inclui reposição de líquidos e antibióticos.

O saneamento básico é a melhor prevenção, com tratamento adequado da água e rede de esgotos.

Leptospirose

É uma doença causada por bactérias do gênero *Leptospira*. Essa doença afeta rins, fígado e provoca o amarelecimento da pele (icterícia). Sua transmissão ocorre pelo contato com água contaminada com urina de ratos que contêm as bactérias e o tratamento inclui uso de antibióticos.

Para prevenir-se da leptospirose é importantíssimo evitar contato com água de enchentes. O saneamento básico, com eliminação de focos de roedores, também ajuda na prevenção.

Jogo rápido

Abaixo, bactérias do gênero (a) *Leptospira* e (b) *Salmonella*, causadoras das doenças leptospirose e disenteria bacteriana. Qual é a forma dessas bactérias?

SEBASTIAN KAULITZKI/SHUTTERSTOCK

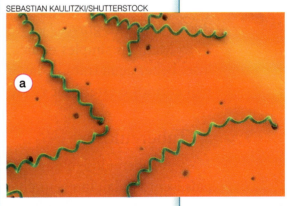

a

ROMANENKO ALEXEY/SHUTTERSTOCKS

b

Enchentes e leptospirose

Todos os anos, em algumas regiões do país, o excesso de chuvas provoca o transbordamento de rios e córregos, causando inundações. E com as inundações, a urina dos ratos, presentes nos bueiros, esgotos ou até mesmo nas casas, se mistura com a água das enchentes. Em contato com essas águas, as pessoas se arriscam a contrair leptospirose: as bactérias podem penetrar por algum ferimento da pele ou até mesmo pelas mucosas, como as da boca e do nariz, por exemplo.

Também se pode contrair leptospirose em córregos, lixo e entulho contaminados, ou até mesmo limpando ralos sem a devida proteção.

Estudos mostram que as bactérias do gênero *Leptospira* podem resistir por semanas em local quente e úmido.

WAGNER OKASAKI/SHUTTERSTOCK

➤ Não só o governo precisa fazer a parte dele, cuidando de evitar ao máximo as causas da leptospirose, mas nós também precisamos colaborar. O que você e sua família poderiam fazer para tentar diminuir a transmissão dessa doença?

▶ Disenteria bacteriana (salmonelose)

Náuseas, vômitos, diarreia líquida, dor abdominal e febre são os sintomas típicos da disenteria bacteriana, causada por bactérias do gênero *Salmonella*. Essas bactérias são transmitidas por alimentos (notadamente ovos) e água contaminados.

O tratamento inclui correção da desidratação e antibióticos são administrados só em casos graves.

Medidas simples e eficazes podem ser tomadas para prevenir-se da salmonelose: beber água tratada, lavar as mãos antes das refeições, não ingerir ovos crus ou mal cozidos e esterilizar verduras, frutas e legumes.

▶ Tuberculose

A tuberculose é uma das doenças mais antigas de que se tem notícia – não há país isento dela. Também chamada de "tísica", essa doença é causada pela bactéria *Mycobacterium tuberculosis*.

Fique por dentro!

A bactéria causadora da tuberculose também é conhecida como "bacilo de Koch" em homenagem ao pesquisador alemão Robert Koch, que a identificou em 1882.

A tuberculose mais frequente é a pulmonar (afeta os pulmões), e causa febre, dor no peito, tosse com muito muco. Mas ela também pode afetar outros órgãos, como rins, intestinos e ossos.

Sua transmissão se dá pessoa a pessoa, por meio da saliva e do escarro (expelido pela tosse, por exemplo) contaminados. O tratamento é feito com antibióticos.

A melhor forma de se prevenir da tuberculose é por meio de vacinação (vacina BCG).

Outras doenças bacterianas de importância nos seres humanos.

Doença bacteriana	Características
Coqueluche	Agente causador: *Bordetella pertussis.* Sintomas: afeta o sistema respiratório, principalmente em crianças, com tosse intensa (muitas vezes denominada de tosse comprida), guincho (ruído que acompanha a tosse), catarro e vômitos. Transmissão: gotículas expelidas pela tosse e que contêm bactérias. Tratamento: cuidados gerais, reduzir estímulos que induzem à tosse, reidratação e antibióticos, se necessário. Prevenção: vacinação.
Difteria ou crupe	Agente causador: *Corynebacterium diphteriae.* Sintomas: atinge preferencialmente crianças até dez anos de idade. Principal sintoma é o aparecimento de placas com pus na garganta. Laringite e rinite diftérica também podem ocorrer. Transmissão: contato com portadores da bactéria. Tratamento: soro antidiftérico, que neutraliza a toxina produzida pelas bactérias. Eventualmente, antibióticos. Prevenção: existe vacina antidiftérica.
Gonorreia	Agente causador: *Neisseria gonorrhoeae.* Sintomas: afeta órgãos genitais, pênis por exemplo, com pus espesso e amarelado que sai pela uretra. Transmissão: é doença sexualmente transmissível. Tratamento: antibióticos. Prevenção: uso de preservativos.
Meningite bacteriana	Agente causador: *Neisseria meningitidis.* Sintomas: afeta meninges (membranas que envolvem órgãos do sistema nervoso central). Manchas avermelhadas na pele. Havendo lesões de órgãos do sistema nervoso central, ocorrem sequelas graves. Transmissão: contato com portadores da bactéria. Tratamento: antibióticos. Prevenção: existe vacina preventiva.
Pneumonia bacteriana	Agente causador mais comum: *Streptococcus pneumoniae* (antigamente conhecido como *Diplococcus pneumoniae*). Sintomas: afeta o sistema respiratório, com dificuldade respiratória, febre, dor torácica e tosse com muita expectoração, ou seja, muito catarro esverdeado, às vezes com sangue. Transmissão: gotículas de catarro contaminadas, expelidas pela tosse. Tratamento: antibióticos específicos. Prevenção: vacinação.
Tétano	Agente causador: *Clostridium tetani.* Sintomas: toxina tetânica liberada pela bactéria (que é anaeróbia obrigatória) em ferimentos profundos provoca contração generalizada da musculatura corporal. Contaminação: ferimentos profundos causados por objetos contaminados com esporos (formas de resistência) da bactéria. A paralisia dos músculos respiratórios pode provocar a morte. Tratamento: sedativos, relaxantes musculares, antibióticos, soro antitetânico. Prevenção: evitar contato com locais suspeitos de conterem esporos tetânicos. Existe vacina antitetânica.

Cianobactérias

Cianobactérias constituem um grupo de bactérias habitantes de água doce, salgada, ou do solo e troncos de árvores de bosques extremamente úmidos. Por muito tempo foram chamadas de algas azuis ou cianofíceas. Mas, diferentemente das algas, que são eucariontes, as cianobactérias são procariontes, como qualquer bactéria.

Cianobactéria do gênero *Nostoc*.
Filamentosa, essa cianobactéria tem a capacidade de fixar nitrogênio atmosférico, o que auxilia na fertilização do solo. (Imagem colorida artificialmente, obtida com microscópio eletrônico. Ampliação: 240 vezes.)

Possuem moléculas de clorofila dispersas no citoplasma. Isso lhes permite realizar fotossíntese. É muito comum encontrar cianobactérias em represas, lagoas e lagos poluídos com restos orgânicos (fezes, restos de alimento). É que a decomposição dessa matéria orgânica, por bactérias decompositoras, libera nutrientes minerais na água, principalmente nitrogenados e fosfatados, que as cianobactérias aproveitam. A rápida multiplicação desses organismos deixa a água, muitas vezes, esverdeada.

Água: importante para a vida

Não somos uma ilha, mas vivemos cercados de água por todos os lados! Você já parou para pensar nisso? Nosso planeta e nossos corpos são constituídos por grandes quantidades de água. Vamos ver alguns exemplos! Nosso planeta, apesar de se chamar Terra, é formado por aproximadamente 70% de água.

Um feto, aos 3 meses de gestação, possui 94% de água em seu corpo; uma criança recém-nascida, 69%; um adulto, em torno de 63%.

Atividades que dependem da água, como higiene pessoal, lavar e preparar alimentos e irrigar as plantas, também são fundamentais para uma boa saúde. Porém, para realizar essas atividades, a água precisa estar limpa, ou seja, não pode estar contaminada por microrganismos que possam nos causar doenças, nem poluída por substâncias tóxicas.

Entretanto, algumas ações do homem têm poluído as águas, como acontece quando são despejados nos rios esgotos domésticos e industriais sem tratamento e agrotóxicos e metais pesados (mercúrio, por exemplo). Além disso, microrganismos parasitas, ovos e larvas (fases jovens) de vermes e de insetos podem contaminar a água e afetar nosso organismo causando ou transmitindo doenças, como as que veremos neste capítulo.

Beber água que não tenha sido tratada devidamente, filtrada ou fervida, pode trazer sérios riscos à saúde humana. Entre as principais doenças que podem ser contraídas por meio de água contaminada estão **amebíase**, **giardíase**, **"barriga-d'água"**, **cólera** e **leptospirose**. Já **dengue**, **febre amarela** e **malária** são doenças cujos organismos transmissores necessitam da água para se desenvolver.

É SEMPRE BOM SABER MAIS!

O nome cianobactérias é derivado do grego, *kyanós,* que significa azul escuro. Essa denominação foi dada porque essas bactérias possuem, além de clorofila, um pigmento azulado em suas células. Quanto ao nome cianofíceas, a terminação "fíceas" deriva do grego e significa algas, que, por muito tempo, foi o grupo de organismos no qual essas bactérias eram classificadas.

Lembre-se de que as algas são eucariontes enquanto as cianobactérias são procariontes.

ESTABELECENDO CONEXÕES
Saúde

Afinal, o que é "saneamento básico"?

Saneamento básico é um serviço público que envolve um conjunto de ações que visa prevenir doenças e, consequentemente, promover a saúde. O saneamento básico é composto de duas principais ações: **abastecimento de água própria para consumo e coleta e tratamento de esgotos**.

O saneamento envolve outras atividades, como o controle de transmissores de doenças (insetos, pombos, ratos, por exemplo), coleta de lixo, drenagem de águas pluviais (das chuvas), controle de inundações e a promoção do bem-estar social, melhorando, por exemplo, as condições das habitações e dos espaços de lazer. A finalidade do saneamento básico é, então, proporcionar uma qualidade de vida melhor à população.

A falta de saneamento básico é responsável por mais de 100 doenças, entre as quais cólera, giardíase, amebíase, hepatite A e leptospirose.

O saneamento básico do Brasil ainda está longe de ser adequado. Segundo o *Atlas do Desenvolvimento Humano no Brasil 2013*, publicado pelo PNUD (Programa das Nações Unidas para o Desenvolvimento), 87,13% da população brasileira possuía domicílio com banheiro e água encanada em 2010. Ou seja, para uma população de, aproximadamente, 200 milhões de habitantes, cerca de 26 milhões de pessoas ainda não possuíam em suas residências banheiro e água encanada.

Descubra você mesmo!

A partir da informação dada no texto sobre o percentual da população brasileira que possuía domicílio com banheiro e água encanada em 2010, como calcular o número de pessoas no Brasil que ainda não tinham os benefícios do saneamento básico?

Quando não há estações de tratamento de água e de esgoto

Vimos no volume 6 como ocorre o tratamento da água e de esgoto em estações especializadas. Mas e quando não há esses sistemas? O que podemos fazer para termos certeza de que a água que bebemos não é um veículo transmissor de doenças?

Além de filtrar a água com o uso de filtros caseiros, facilmente encontrados em praticamente todas as cidades, ferver a água ainda é uma forma muito fácil e acessível para a sua esterilização, tomando-se sempre o cuidado de, depois de esterilizada, acondicioná-la em recipientes limpos, devidamente tampados.

Com relação aos esgotos, quando não há rede de coleta é preciso que seja construída uma **fossa seca**, ou seja, um local em que os esgotos serão recolhidos. Em geral, a fossa é simplesmente um buraco no solo em que sobre ele se coloca um piso e um vaso sanitário. Naturalmente, ela não pode ser construída perto da casa em que se mora em virtude do cheiro que exala (de tempos em tempos, é preciso jogar dentro da fossa cal mis-

Lembre-se!

Mesmo as residências que tenham o abastecimento de água já tratada pelas estações de tratamento, ainda assim devem submetê-la à filtragem ou fervura antes de ser ingerida.

Fique por dentro!

Quando o conteúdo da fossa seca estiver a aproximadamente 50 cm da borda, é hora de aterrar essa fossa e cavar uma nova.

Patogênico: que tem a possibilidade de causar doenças.

turado com terra a fim de diminuir o mau cheiro) e da possibilidade de termos nesse local organismos patogênicos. Tampouco pode ser construída próximo ao poço a fim de evitar qualquer contaminação.

Esquema de fossa seca. As distâncias indicadas na figura são as recomendadas para a instalação da fossa. Quando o terreno for em declive, a fossa seca deve ficar em nível mais baixo do que o poço. (Cores-fantasia. Ilustração fora de escala.)

Adaptado de: SAAE. Esgoto: Disponível em: <http://saaesetelagoas.com.br/post/49/fossa-seca>. Acesso em: 22 set. 2018.

Outro tipo de fossa é a **fossa séptica**. Nesse tipo de fossa pode ser feita a separação do material sólido do líquido. Para esse tipo de fossa, é necessário que haja água encanada na casa.

Na verdade, trata-se de um tanque enterrado no solo, revestido de tijolos ou com cerâmica ou com blocos e concreto, com entrada para os canos que trazem o esgoto da casa e com saída para os canos que levarão a parte líquida do esgoto para outro compartimento, chamado *sumidouro*.

No sistema de fossa séptica, a parte sólida do esgoto forma uma espécie de lodo que fica armazenado no fundo do tanque, enquanto a parte líquida não é retida e passa para o *sumidouro*.

Fique por dentro!

Se houver poço, a fossa séptica deve ficar a uma distância mínima de 15 metros para que não haja contaminação.

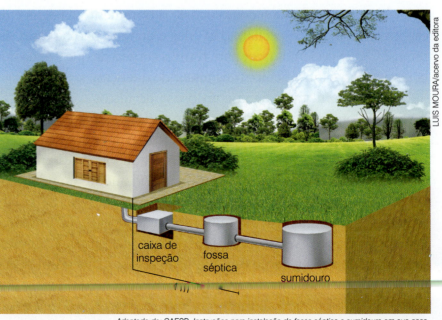

Esquema de fossa séptica. O sumidouro é um poço sem laje de fundo que permite a penetração do efluente da fossa séptica no solo e a caixa de inspeção serve para facilitar a manutenção do sistema, caso haja entupimento. (Cores-fantasia. Ilustração fora de escala.)

Adaptado de: CAESB. Instruções para instalação de fossa séptica e sumidouro em sua casa. Disponível em: <https://caesb.df.gov.br/>. Acesso em: 22 set. 2018.

Nosso desafio

Para preencher os quadrinhos de 1 a 10, você deve utilizar as seguintes palavras: aeróbias, anaeróbias, autótrofas, bipartição, decompositores, doenças, heterótrofas, núcleo organizado, procariontes, simbiose.

À medida que você preencher os quadrinhos, risque a palavra que escolheu para não usá-la novamente.

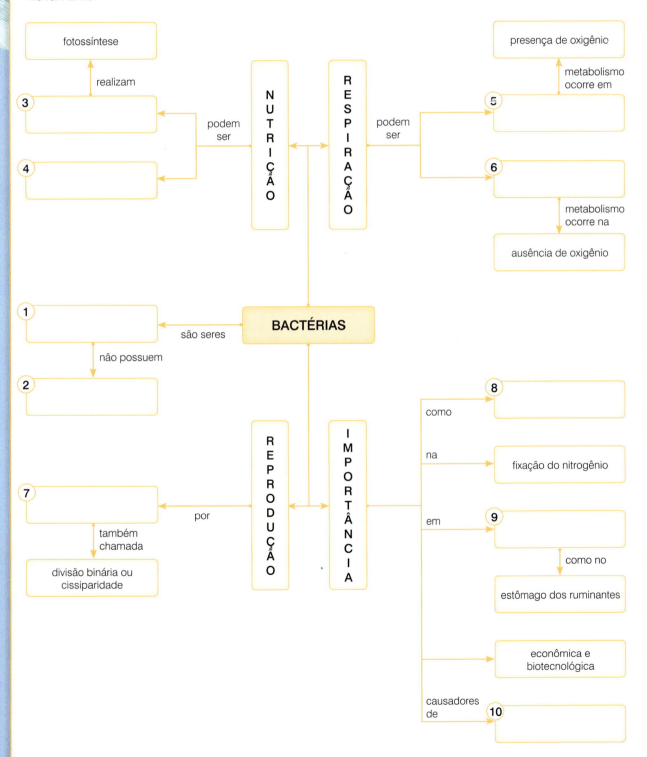

Atividades

1. [1, 2, 3, 7, 9, 10, 12, 15] Atualmente, são muitos os comentários sobre vírus por serem microrganismos causadores de inúmeras enfermidades como, por exemplo, a febre amarela. Comparados aos demais seres vivos, todos têm em comum uma importante característica que os diferencia. Como todo e qualquer microrganismo, também os vírus são capazes de se reproduzir, desde que uma condição básica seja obtida. Estabelecida essa condição, o vírus pode se reproduzir e gerar às vezes milhares de descendentes. Em termos de reprodução, todo e qualquer vírus se comporta como o vírus bacteriófago, cujo comportamento reprodutor foi descrito neste capítulo.

a) Em termos de organização estrutural, se você tivesse que escolher uma palavra para caracterizar apenas os vírus, diferenciando-os dos demais seres vivos, qual seria?

b) Indique a primeira condição básica que deve ocorrer para que um vírus possa se reproduzir.

c) Após a ocorrência dessa condição básica, indique o próximo passo adotado por qualquer vírus ao se reproduzir.

d) Com relação ao material genético dos vírus, indique a característica que os diferencia de todos os demais seres vivos que também possuem material genético.

2. [1, 2, 3, 7, 9, 10, 12, 15] Embora haja muita discussão a respeito, está razoavelmente estabelecido que a vacinação é uma medida protetora contra a disseminação de vírus pelas pessoas. Ao estimular os mecanismos de defesa das pessoas nas quais a vacina é aplicada, ela é uma prevenção contra diversas viroses para as quais existem vacinas. Considerando essas informações:

a) Indique a substância molecular existente nos vírus que estimula as defesas do organismo humano e também as substâncias moleculares de defesa, específicas de combate aos vírus, produzidas por uma pessoa vacinada ou que tenha contraído uma virose. Que células do organismo humano são capazes de produzir essas substâncias de defesa?

b) Indique a importância do aleitamento materno na proteção dos recém-nascidos contra possíveis viroses que possam contrair.

c) Indique a importante diferença entre vacina e soro no que diz respeito à proteção das pessoas em risco de contrair viroses ou outras infecções.

3. [1, 2, 3, 7, 9, 10, 12, 15] O gráfico a seguir mostra o que ocorre no processo de imunização de uma pessoa em resposta à vacinação. Note que na primeira inoculação de antígeno, a produção de anticorpos é mais lenta, tornando-se mais rápida após a segunda inoculação, frequentemente denominada de "dose de reforço".

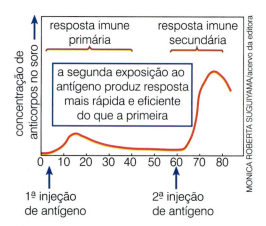

Após a leitura e o entendimento do significado do gráfico, responda:

a) Por que após a segunda inoculação de antígenos a resposta na produção de anticorpos é mais rápida?

b) Ao "pegarmos" uma virose, por exemplo, o sarampo, nosso organismo fica imunizado, com frequência, pelo resto da vida. Muitas pessoas acham, que, então, é preferível "ficar doente" e, assim, adquirir imunidade contra as viroses de modo geral. Nesse sentido, as vacinas não seriam necessárias no processo de imunização. Por que é recomendável vacinar as pessoas em vez de aguardar que elas fiquem doentes a fim de ficarem imunizadas?

4. **[1, 2, 3, 7, 9, 10, 12, 15]** A avó de Marcos não se conformava com o fato de ter que tomar vacina contra a gripe todos os anos. Depois que Marcos aprendeu porque se adota esse procedimento, explicou para a avó, que se convenceu e passou a frequentar o Posto de Saúde para ser vacinada contra a gripe durante as campanhas de vacinação. Com relação a este assunto, responda as questões a seguir.

a) Que argumentos Marcos deve ter utilizado para convencer a avó sobre a importância de se submeter à vacinação contra a gripe todos os anos?

b) Todos os anos o Ministério da Saúde e as Secretarias Estaduais da Saúde promovem campanhas de vacinação contra a gripe. Além da explicação dada por Marcos à avó, ao convencê-la da importância da vacinação, sugira outro motivo que justifique a preocupação das autoridades de saúde ao incentivarem as pessoas idosas a comparecerem aos postos de vacinação nessas ocasiões.

5. **[1, 2, 3, 7, 9, 10, 12, 15]** Febre amarela e dengue são duas viroses comuns nos países situados em regiões tropicais, como é o caso do Brasil. A respeito dessas duas viroses, responda às questões a seguir.

a) Qual é o transmissor dos vírus causadores de ambas as doenças?

b) Para qual das duas doenças existe, até o momento, vacina preventiva?

c) Frequentemente, as autoridades de Saúde Pública alertam para os perigos decorrentes da contaminação das pessoas com esses vírus. Por isso, a participação das comunidades na prevenção dessas duas doenças é extremamente importante. A esse respeito, cite as medidas preventivas que devem ser postas em prática para evitar a ocorrência dos inúmeros casos dessas doenças em nosso país.

6. **[1, 2, 3, 7, 9, 10, 12, 15]** Muitas diarreias são provocadas por um tipo de vírus chamado *rotavírus*, que se instalam no intestino e são eliminados por fezes. Contaminam praias, águas de rios e hortaliças regadas com água contaminada.

a) O que deve ser feito – em termos de Saúde Pública – no sentido de se evitar a contaminação das praias e outros locais de recreação com essas e outras doenças que são veiculadas por fezes contaminadas?

b) Consulte o item "Doenças causadas por vírus", página 94, e cite as duas outras viroses (uma delas afeta o fígado das pessoas e a outra provoca lesões nos nervos que inervam a musculatura) cujos vírus causadores também são veiculados por fezes contaminadas.

c) Qual virose, citada na resposta ao item *b*, é motivo de campanhas de vacinação periódica no sentido de se evitar novos e lamentáveis casos da doença? Como é denominada a vacina utilizada nessas campanhas e por que via ela é administrada?

7. **[1, 2, 3, 7, 9, 10, 12]** Relativamente à AIDS, considerada doença sexualmente transmissível (DST),

a) cite a sigla por meio da qual o vírus causador dessa doença é conhecido;

b) cite algumas atitudes preventivas que podem colaborar para diminuir a incidência dessa doença.

8. **[1, 2, 3, 7, 9, 10, 12, 15]** Faça um levantamento das doenças que você estudou no item "Doenças causadas por vírus", página 94, e responda:

a) Para quais delas existe vacina?

b) Em sua opinião, quais das doenças relacionadas no item que citamos acima são consideradas viroses da infância?

Você percebeu que os componentes do grupo dos vírus possuem algumas particularidades exclusivas. Recordando o que você leu nos itens iniciais deste capítulo, responda os itens das questões **9** a **11**.

9. [1, 2, 3, 7, 9, 10, 12, 15]

a) Como é organizado, simplificadamente, o "organismo" de um vírus, como, por exemplo, o bacteriófago T4?

b) Qual é o tipo de material genético presente nos vírus atualmente conhecidos?

10. [1, 2, 3, 7, 9, 10, 12, 15]

a) O que significa dizer que os vírus são "parasitas intracelulares obrigatórios"?

b) Sabe-se que os vírus não possuem organelas conhecidas como ribossomos, importantes participantes do processo de síntese de proteínas. Então, como é que os vírus produzem suas proteínas, no interior de uma célula hospedeira?

11. [1, 2, 3, 7, 9, 10, 12]

a) De maneira geral, que método os cientistas utilizam para cultivar vírus, por exemplo, os da gripe, para serem utilizados na produção de vacinas?

b) Afinal, depois de tudo o que você leu neste capítulo, qual é a sua opinião: vírus podem ou não ser considerados seres vivos? Justifique sua resposta.

12. [1, 2, 3, 7, 9, 10] A ilustração a seguir representa o esquema de uma célula bacteriana, feito com base em uma foto obtida ao microscópio eletrônico.

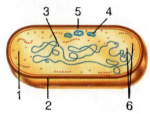

a) Reconheça as estruturas indicadas pelas setas.

b) Por que se diz que a célula bacteriana é procariótica?

c) Todas as bactérias conhecidas pertencem ao reino Monera. Cite a característica que justifica a inclusão desses seres no reino citado.

13. [1, 2, 3, 7, 9, 10, 12, 15] Os esquemas a seguir representam as várias formas ou associações de formas, que podem ser apresentadas pelas bactérias.

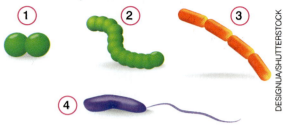

A doença cólera é causada por uma bactéria de formato semelhante a uma vírgula, denominado vibrião. Por outro lado, a doença salmonelose é causada por uma bactéria cujo formato lembra um pequeno bastonete, denominado bacilo. Que números indicam, respectivamente, essas formas?

14. [1, 2, 3, 7, 9] A clorofila existente em algumas espécies de bactérias é um pigmento que absorve a luz solar e atua na produção de matéria orgânica utilizada por essas espécies na sua nutrição. Quanto ao tipo de nutrição, como podem ser classificadas essas bactérias?

15. [1, 2, 3, 7, 9, 10, 12, 15] É verdade que algumas espécies de bactérias causam doenças no homem e, por essa razão, devem ser evitadas e combatidas. No entanto, aprendemos a lidar com inúmeras outras espécies que são úteis, por exemplo, na indústria de transformação de alimentos, para a produção de medicamentos e para o aumento da produtividade de certos vegetais. Releia o item "A importância das bactérias" e, em seguida, cite exemplos da utilização delas:

a) na indústria de transformação de alimentos,

b) na produção de substâncias de uso medicinal.

16. [1, 2, 3, 7, 9, 10, 12, 15] Consulte o item "Doenças causadas por bactérias" e responda:

a) Para quais das doenças relacionadas existe vacina preventiva?

b) Quais são as duas doenças em que as bactérias afetam o intestino?

c) Considere: 1) infecção pulmonar, 2) transmissão por urina de rato contaminada, 3) infecção intestinal, 4) vacina BCG, 5) diarreias intensas. Indique os números que se relacionam às doenças: leptospirose, tuberculose e cólera.

17. [1, 2, 3, 7, 9, 10, 12, 15] Medidas de saneamento básico são fundamentais no processo de promoção de saúde e qualidade de vida da população. Muitas vezes, a falta de saneamento está relacionada com o aparecimento de várias doenças. Nesse contexto, um paciente deu entrada em um pronto atendimento relatando que há 30 dias teve contato com águas de enchente, molhando pés e pernas, sem ter havido, no entanto, ingestão ou contato da água com a boca. Ainda informa que nesta localidade não há rede de esgoto e drenagem de águas pluviais, que a coleta de lixo é inadequada, além de existirem muitos ratos de esgotos. Ele apresentava os seguintes sintomas: febre alta, dor de cabeça intensa e dores musculares.

Disponível em: <http://portal.saude.gov.br>. Adaptado.

a) Considerando os sintomas descritos e as condições sanitárias da localidade em que houve o contato com águas de enchente, a que doença bacteriana o texto acima mais provavelmente se refere, dentre as seguintes: salmonelose, leptospirose, tuberculose, cólera?

b) Justifique sua resposta, com base apenas nas informações do texto.

18. [1, 2, 3, 7, 9, 10, 12, 15] Lavar as mãos é sempre importante – antes das refeições e após usar o banheiro, principalmente. E também nos prédios e navios de turismo, após apoiar as mãos no corrimão das escadarias. Apesar desses cuidados, uma bactéria costuma frustrar as melhores medidas preventivas. Essa bactéria tem apropriadamente o nome de *Clostridium difficile.* Na revista "Infection, Control and Hospital Epidemiology" do mês de janeiro de 2014, um estudo mostra que uma de cada quatro mãos de médicos ou enfermeiros estava contaminada por **esporos** de *C. difficile*, após atenção a pacientes com diarreia.

ABRAMCZYCK, J. Uma bactéria difícil. *Folha de S. Paulo*, 11 jan. 2014. Caderno Saúde + Ciência, p. C7.

Utilizando as informações contidas no texto:

a) Qual é o significado do termo *esporos*, utilizado para as bactérias?

b) Considerando que a bactéria descrita no texto é causadora de diarreia, que órgãos humanos são por ela normalmente infectados?

19. [1, 2, 3, 7, 9] Em inúmeros arrozais é frequente o encontro de cianobactérias associadas às plantas de arroz. Essa associação proporciona uma vantagem para o cultivo do cereal, graças a um processo executado pelas cianobactérias, que é o mesmo realizado pela bactéria *Rhizobium*, que se associa a raízes de plantas de feijão e soja.

a) A que processo realizado pelas bactérias o texto se refere?

b) Cianobactérias são dotadas de clorofila, que lhes permite realizar um importante processo que utiliza a luz solar, gás carbônico e água, com produção de alimento orgânico e liberação de gás oxigênio. Qual é esse processo?

Navegando na net

Visite o Portal do Ministério da Saúde, endereço eletrônico

<http://portalsaude.saude.gov.br/>

e conheça mais detalhes sobre as doenças estudadas neste capítulo, principalmente mais detalhes sobre a dengue e a AIDS. (*Acesso em:* 8 jun. 2018.)

capítulo 7

FUNGOS, PROTOZOÁRIOS E ALGAS

Como é bom ir à praia, não é mesmo?

Colocar os pés na areia, tomar um banho de mar e depois sentar e admirar as ondas... O que ninguém imagina é que a água do mar é uma admirável residência para inúmeras espécies de peixes, mariscos, ostras, caramujos, polvos, tartarugas, baleias, protozoários, algas e... fungos! Sim, fungos! E estudos recentes apontam para uma espécie de fungo (*Zalerion maritimum*) que pode destruir o plástico (esse, das sacolinhas de supermercado e das garrafas *pet* que infestam a areia das praias!). Esse fungo esbranquiçado e de jeitão esponjoso só busca o plástico como fonte de alimento quando não há outras fontes, mas já é uma esperança para resolver o acúmulo de plástico em alguns pontos dos oceanos.

O que pouca gente sabe é que a água do mar também é residência para um enorme grupo de algas tanto as visíveis, macroscópicas, de diversas cores, como as microscópicas, visíveis apenas com o uso de um bom microscópio. Componentes do chamado *fitoplâncton* e capazes de realizar fotossíntese, essas microalgas possuem uma importância ecológica extraordinária. Admite-se que cerca de 50% da fotossíntese mundial seja por elas realizada. O que significa dizer que elas são excelentes absorvedoras de gás carbônico e liberadoras de gás oxigênio para a água do mar e para a atmosfera. Além disso, constituem o ponto de partida, ou, como se costuma dizer, a base das teias alimentares oceânicas. É esse grupo de seres vivos, juntamente com o dos fungos e dos protozoários, que você conhecerá, ao ler as páginas deste capítulo.

LARINA MARINA/SHUTTERSTOCK

Reino Fungi

Estamos rodeados de fungos por todos os lados. Em ambientes de temperatura e umidade elevadas, grande quantidade de matéria orgânica e baixa luminosidade, eles são muito abundantes.

Como alimentos, para a produção de pão e bebidas, como um tipo de remédio, há muito o ser humano aprendeu a utilizar os fungos. Assim como as bactérias, os fungos também são os principais agentes de decomposição da matéria orgânica, contribuindo de maneira importante para a reciclagem de nutrientes minerais. Mas essa sua característica também traz alguns prejuízos, pois o bolor (um tipo de fungo) estraga alimentos, paredes, armários e sapatos, além de um sem-número de objetos.

Sem-número: em grande quantidade.

Os fungos também são causadores de doenças, conhecidas como **micoses**.

Características dos fungos

O reino Fungi é constituído de espécies unicelulares ou pluricelulares, mas todas são eucariontes. Os fungos unicelulares são conhecidos como **leveduras**, e o mais comum deles é o fermento biológico utilizado para a produção de pães. Já os pluricelulares mais conhecidos são os **bolores** (ou mofo), os **cogumelos** e as **orelhas-de-pau**.

Mofo (ou bolor) em pão.

Saccharomyces cerevisiae, fungo unicelular, uma conhecida levedura. (Imagem obtida com microscopia eletrônica de varredura. Colorida artificialmente. Ampliação: 980 vezes.)

Fungo do tipo orelha-de-pau em árvore. (*Ganoderma lucidum*, mede de 10 a 30 cm.)

Armillaria gallica, um fungo do tipo cogumelo, mede de 3 a 10 cm.

corpo de frutificação

micélio

hifas

Esquema da estrutura de um fungo pluricelular. (Cores-fantasia. Ilustração fora de escala.)

Fique por dentro!

A palavra micélio deriva do grego *mykes*, que significa cogumelo ou fungo.

Os fungos pluricelulares possuem uma característica que os diferencia de todos os demais seres vivos. Seu corpo é formado por inúmeros filamentos, as **hifas**, cada uma delas constituída por uma fileira de células. Cada célula é envolvida por uma **parede celular** não celulósica.

parede celular

núcleo

Esquema simplificado de uma hifa. (Cores-fantasia.)

A reunião de hifas constitui um **micélio**. No cogumelo esquematizado ao lado, o **micélio nutridor**, aquele que obtém alimento para o fungo, fica no solo, enquanto o micélio que cresce para fora do solo constitui o chamado **corpo de frutificação** e atua na reprodução. Então, nos cogumelos comestíveis o que se consome é o corpo de frutificação.

▶ *Como os fungos se nutrem?*

Nos fungos, não há cloroplastos, o que quer dizer que eles **não** são capazes de executar fotossíntese; são, portanto, **heterótrofos**. As hifas se misturam às partículas do solo ricas em alimento orgânico. Como as partículas da matéria orgânica possuem grande tamanho e não podem ingressar nas células das hifas, estas liberam enzimas digestivas sobre o alimento. Trata-se, portanto, de uma digestão fora das células (**extracelular**). O alimento já digerido é absorvido e utilizado como fonte de energia e para a construção de novas hifas.

É SEMPRE BOM SABER MAIS!

Fungos podem fazer respiração aeróbia ou fermentação

O alimento digerido e absorvido pelas hifas é utilizado como fonte de energia. Mas como isso ocorre?

No interior da célula dos fungos, além da presença de um núcleo organizado há no citoplasma as mitocôndrias. Estas atuam no processo de **respiração celular aeróbia**, ou seja, na respiração celular que ocorre com o uso de oxigênio. E é no processo de respiração celular que as ligações das moléculas de glicose, ricas

em energia, sofrem modificações fazendo com que a energia liberada possa ser utilizada pelo organismo vivo.

Alguns fungos, no entanto, vivem em ambiente em que não há oxigênio. Como, então, conseguem energia para seu metabolismo? Esses fungos, como, por exemplo, as leveduras, utilizam um processo chamado **fermentação** para conseguir energia a partir das moléculas de glicose.

A *reprodução dos fungos*

Você se lembra de que, no começo deste capítulo, falamos que há fungos unicelulares e pluricelulares. Os fungos unicelulares se dividem por **brotamento**, ou seja, formando pequenos "brotos" que, posteriormente, se separam.

No caso dos fungos pluricelulares, algumas hifas do corpo de frutificação dão origem a inúmeras células microscópicas, denominadas **esporos**, que se espalham pelo meio. Encontrando condições favoráveis, esses esporos desenvolvem novos fungos.

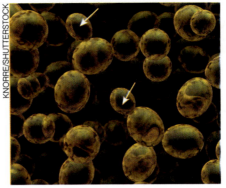

Ilustração de reprodução de levedura por brotamento. As setas destacam a formação de dois brotos (também chamados **gêmulas**). (Cores-fantasia.)

A importância dos fungos

A ação dos fungos como decompositores, fermentadores, na produção de antibióticos, em associação com outros organismos e até mesmo como alimentos é positiva para os seres humanos, porém os fungos também podem ser parasitas, causadores de doenças, tanto em animais como em vegetais.

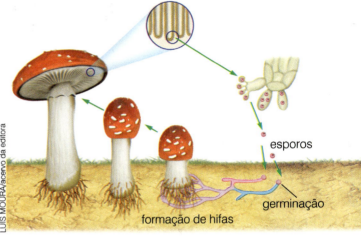

esporos

germinação

formação de hifas

Reprodução em fungos pluricelulares. Os esporos, encontrando condições favoráveis, se desenvolvem em novos fungos.

Decomposição

A atividade decompositora dos fungos pode até causar prejuízos ao homem, que, anualmente, perde alimentos, móveis de madeira, lentes de máquinas fotográficas, roupas, e vê paredes emboloradas, mofadas, estragadas por fungos.

No entanto, a ação decompositora de fungos e de bactérias sobre a matéria orgânica é muito importante, pois com isso ocorre a reciclagem de nutrientes minerais na biosfera terrestre.

> **Jogo rápido**
>
> Cabe ao homem proteger os materiais que podem ser atacados por fungos. Como fazer isso?

> **Fique por dentro!**
>
> O organismo que se nutre de matéria orgânica morta é um **saprófago** (do grego, *saprós* = morte + *fagos* = que se alimenta de).

Alimentos embolorados (mofados).

Fermentação

A produção de pão e de álcool combustível é feita com a utilização do fermento *Saccharomyces cerevisiae*. Do mesmo modo, a produção de vários tipos de cerveja e de vinho, uma atividade milenar, conta com a participação de variedades de fungos do mesmo gênero, que realizam a fermentação com os açúcares disponíveis nos materiais utilizados.

ESTABELECENDO CONEXÕES

Cotidiano

A fermentação do pão

A massa do pão é feita com farinha de trigo, água, margarina ou manteiga, sal, açúcar e fermento biológico (levedura).

Misturado à massa do pão, inicialmente o fermento digere o amido existente na farinha de trigo em várias moléculas de glicose, atividade que é executada fora das células, sob a ação de enzimas. Em seguida, as células do fungo absorvem moléculas de glicose e as utilizam no processo de **fermentação**, que ocorre sem a presença de oxigênio, resultando álcool etílico, que evapora, e gás carbônico, que faz crescer a massa.

Depois de misturar bem os ingredientes para o pão, deixa-se a massa "descansar" para que possa "crescer". É durante esse período que ocorre a fermentação e o gás carbônico resultante da ação da levedura forma pequenas bolhas na massa (observe que elas podem ser vistas no pote transparente), fazendo-a aumentar de volume.

DE OLHO NO PLANETA

Sustentabilidade

A produção do etanol

Você já aprendeu que a queima dos combustíveis fósseis, como petróleo, por exemplo, aumenta na atmosfera os gases de efeito estufa, além de serem combustíveis não renováveis, isto é, sua formação em nosso planeta é tão lenta que, praticamente, ao usarmos esses combustíveis estamos acabando com suas reservas.

Uma alternativa para os veículos automotores é o uso, em lugar da gasolina (um derivado do petróleo), do etanol produzido a partir de milho, cana-de-açúcar ou até mesmo beterraba.

Para a produção desse biocombustível, no Brasil as usinas utilizam a sacarose (um açúcar) presente na cana-de-açúcar. Depois que o caldo da cana é extraído e passa por um processo de "limpeza", são acrescentadas leveduras. As células do fungo inicialmente liberam enzimas que digerem a sacarose até moléculas de glicose. Em seguida, absorvem as moléculas de glicose e, sem a presença de oxigênio, realizam a fermentação, com produção de gás carbônico (que não é aproveitado) e álcool, utilizado como biocombustível.

Produção de antibióticos

A penicilina, substância que salvou e continua salvando muitas vidas, é produzida por fungos do gênero *Penicillium*, principalmente da espécie *Penicillium chrisogenum*. Sua descoberta ocorreu casualmente, a partir de 1929, pelo pesquisador inglês Alexander Fleming, que trabalhava no Hospital Saint Mary, em Londres. Ele percebeu em uma das culturas de bactérias, que estava criando em placas de vidro, a presença de um bolor esverdeado e que, ao seu redor, não cresciam bactérias. Reconheceu o bolor como sendo pertencente ao gênero *Penicillium* (no caso, *Penicillium notatum*) e concluiu que o micélio devia ter produzido alguma substância que se espalhara pelo meio, matando as bactérias mais próximas.

Fonte de alimentos

Champignon, *shiitake*, trufa, são tipos de cogumelos utilizados pelo homem em sua alimentação.

Os antibióticos são utilizados em caso de infecção bacteriana, mas é preciso saber qual deles, de fato, consegue acabar com a infecção. No recipiente acima foi colocada uma substância adequada, como uma gelatina, para que uma bactéria (*Bacillus anthracis*) pudesse se desenvolver. Depois, cinco pastilhas de diferentes antibióticos foram acrescentadas a esse meio para testar quais seriam efetivos contra essa espécie de bactéria. A região límpida em torno das pastilhas mostra que todos os antibióticos testados têm potencial para matar essa espécie de bactéria.

Lembre-se!

Embora muitos cogumelos sejam utilizados pelo homem como alimento, é preciso cuidado na seleção dos que são comestíveis. Isso porque várias espécies produzem toxinas que, se ingeridas, podem causar a morte. Se em uma caminhada ou excursão ao campo você encontrar cogumelos, não os colha para comer, eles podem conter substâncias prejudiciais à saúde.

Queijos do tipo *brie*, *camembert*, *roquefort* e gorgonzola são produzidos com a utilização de fungos do gênero *Penicillium*, que dão a consistência e o sabor característico a esses tipos de queijo.

Na produção dos queijos (a) *camembert* e (b) *roquefort*, participam fungos do gênero *Penicillium*.

▌ *Associações benéficas: mutualismos*

Os fungos participam de duas importantes associações benéficas do tipo *mutualismo* com outros seres vivos, conhecidas como **liquens** e **micorrizas**.

- **Liquens** – são associações formadas entre fungos e alguns tipos de algas unicelulares, encontradas sobre troncos de árvores e rochas. Os fungos fornecem água e sais minerais às algas, que, em troca, graças à fotossíntese, fornecem alimento orgânico e gás oxigênio.

Microscopia eletrônica mostrando corte do líquen *Parmelia sulcata*. As algas (bolinhas verdes) realizam fotossíntese e produzem os nutrientes que são absorvidos pelas hifas dos fungos (em bege) que envolvem as algas. Por sua vez, os fungos absorvem minerais das águas das chuvas. (Imagem colorida artificialmente. Ampliação: 620 vezes.)

EYE OF SCIENCE/SPL/LATINSTOCK

DE OLHO NO PLANETA
Ética & Cidadania

Liquens e poluição atmosférica

L.FRABANEDO/SHUTTERSTOCK

Líquen crescendo sobre casca de árvore. Essa espécie de líquen, *Xantoria parientina*, mede de 2,5 cm a 7,5 cm.

Se você mora em uma grande cidade e não encontra liquens nas árvores, isso não é um bom sinal, pois sua ausência é considerada um excelente indicador de poluição atmosférica por gases. Os liquens são incapazes de "excretar" as substâncias tóxicas que absorvem, porém são extremamente sensíveis a gases poluentes liberados por indústrias e veículos movidos a derivados de petróleo, especialmente ao dióxido de enxofre (SO_2).

➤ Que medidas poderiam ser tomadas para melhorar a qualidade do ar das cidades?

- **Micorrizas** – nesse caso, os fungos associam-se a raízes de plantas. Além de atuarem na decomposição da matéria orgânica existente no solo, a grande vantagem que conferem às plantas é o aumento da capacidade de absorção de nutrientes minerais pelas raízes. Em troca, recebem da planta proteção e alimento orgânico, essencial para a sua sobrevivência.

Associação prejudicial: parasitismo

Muitas espécies de fungos são parasitas. Nas plantas, acarretam consideráveis prejuízos, por exemplo, em laranjeiras (causando o escurecimento das folhas), nas folhas do cafeeiro e da soja ("ferrugem") e nas espigas de milho, que são totalmente destruídas por um fungo cujo corpo de frutificação se assemelha a carvão.

Nos animais, destaca-se o parasitismo que afeta várias espécies de anfíbios, como os sapos, provocando o declínio de suas populações. Nos seres humanos, sobressaem as **micoses**, como as que afetam as unhas e a pele, e a **candidíase** ou **sapinho**, causada pelo fungo *Candida albicans*, que afeta boca, faringe e até mesmo os pulmões.

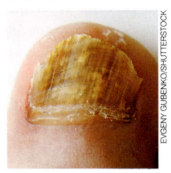

Micose em unha do pé.

Espiga de milho atacada pela doença carvão do milho, causada pelo fungo *Ustilago maydis*. A doença tem esse nome porque dentro dos "gomos" cinza que se formam há inúmeros esporos de cor preta.

ENTRANDO EM AÇÃO

Observação de bolores no pão

Você vai precisar de uma fatia de pão, um saco plástico e um pires.

Deixe a fatia de pão em um pires durante um dia à temperatura ambiente. Depois, coloque-a em um saco plástico e aguarde o seu emboloramento. Assim que isso ocorrer, registre a cor, ou cores, existentes no bolor. Se dispuser de um microscópio, você poderá colocar, com um pincel, pequenos fragmentos do bolor em uma lâmina de vidro e observar o conteúdo do bolor.

➤ Caso a reprodução do bolor seja bem-sucedida, deverão ser observadas minúsculas esferas, correspondentes às células que possibilitam a reprodução do fungo. Como são denominadas essas células?

Reino Protista (ou Protoctista)

O reino Protista (ou Protoctista) inclui os protozoários e as algas, organismos dotados de células eucarióticas.

Os protozoários

Todos os protozoários (do grego, *protos* = primeiro + + *zoon* = animal) são unicelulares e heterótrofos. Muitos vivem livremente na natureza e outros são parasitas causadores de graves doenças nos seres humanos. A maioria dos seres pertencentes a esse grupo se locomove utilizando estruturas apropriadas a essa finalidade, como é o caso de amebas, paramécios e tripanossomos, enquanto outros não possuem qualquer estrutura de locomoção, como os plasmódios.

núcleo

SENTIDO DO DESLOCAMENTO

pseudópode

Ilustração de emissão de pseudópodes por uma ameba. (Cores-fantasia.)

As amebas se deslocam lentamente por meio da emissão de **pseudópodes**, que são expansões da célula que vão sendo projetadas e que possibilitam o deslocamento do protozoário.

Mas as amebas não utilizam os pseudópodes apenas para locomoção – eles são empregados também para a captura de alimentos, em um processo chamado **fagocitose**. Nesse tipo de captura, os pseudópodes rodeiam o alimento e o englobam.

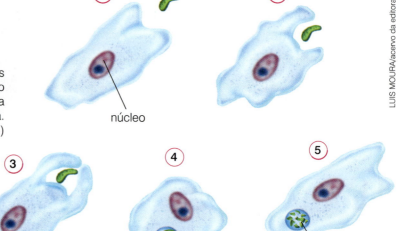

Os alimentos capturados pelos pseudópodes da ameba são digeridos no interior do seu citoplasma (digestão intracelular). (Cores-fantasia. Ilustrações fora de escala.)

Outra forma de locomoção dos protozoários é por meio de **cílios**, como, por exemplo, no caso do paramécio. Esses pequeníssimos fios que surgem do interior do citoplasma possibilitam a locomoção das células em meio líquido. A movimentação dos cílios também faz com que o alimento presente no meio líquido chegue até o sulco oral, por onde o alimento é ingerido.

Cílios são mais curtos e mais numerosos do que **flagelos**, que são outra forma de locomoção dos protozoários em meio líquido. Pertencem ao grupo dos flagelados os tripanossomos e as leishmanias.

Assim como os cílios, o flagelo também auxilia na captura do alimento.

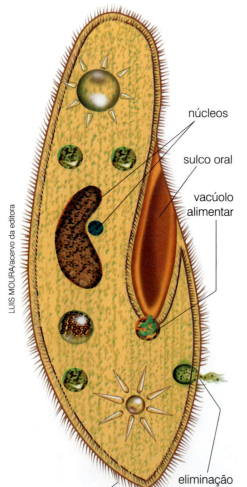

Ilustração de um paramécio. (Cores-fantasia.)

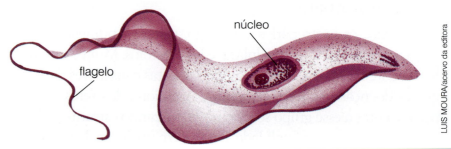

Ilustração de um tripanossomo. Compare esta imagem com a ilustração do paramécio e observe como o flagelo (do latim, *flagellum* = chicote) é muito mais longo do que os cílios.

Nos protozoários em que não há mecanismo de locomoção, como nos plasmódios, eles se deslocam pela movimentação do próprio líquido do meio em que se encontram. São parasitas de células de outros organismos, entre eles os seres humanos.

Como os protozoários são unicelulares, a célula que os constitui deve realizar todas as funções vitais: digestão de alimentos, eliminação de resíduos, trocas gasosas de respiração, transporte e reprodução.

Quanto à reprodução, o processo mais frequente é o de **divisão binária** ou **bipartição** (reprodução assexuada), mas há algumas formas de ciliados que apresentam reprodução sexuada.

▶ Doenças causadas por protozoários

Entre os protozoários há várias espécies parasitas, causadoras de doenças nos seres humanos e em outros animais.

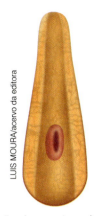

Ilustração de um plasmódio. (Cores-fantasia.)

Doença de Chagas

O protozoário flagelado *Trypanosoma cruzi* é o causador da **doença de Chagas**, que ainda hoje afeta milhões de brasileiros. Acompanhe, pelo esquema, o ciclo dessa doença.

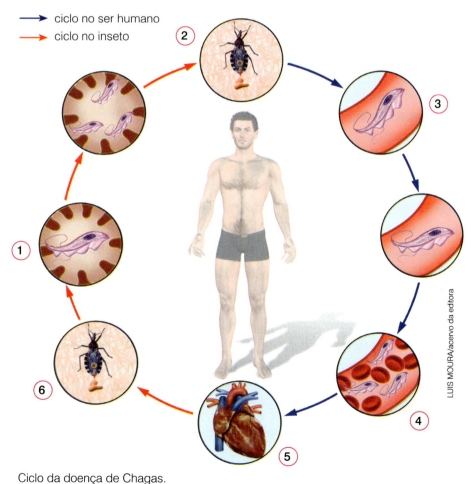

→ ciclo no ser humano
→ ciclo no inseto

Ciclo da doença de Chagas.

1. O parasita multiplica-se no intestino de percevejos (insetos), os barbeiros, assim chamados por picarem, à noite, a pele delicada do rosto das pessoas.

2. Ao mesmo tempo em que se alimentam de sangue, os barbeiros defecam e liberam os tripanossomos.

3. Coçando-se, a pessoa favorece o ingresso de tripanossomos em células da pele ou da mucosa ocular, nas quais se multiplicam.

4. Após alguns dias, rompem as células e espalham-se, por meio da corrente sanguínea, invadindo outros órgãos, como, por exemplo, o coração e a musculatura da parede do esôfago e do intestino.

5. No coração, provocam inúmeras lesões e destroem as células musculares cardíacas. O coração comprometido reduz a sua capacidade de impulsionar o sangue, caracterizando, ao longo do tempo, um quadro de insuficiência cardíaca. Ao destruírem a musculatura da parede do tubo digestório, dificultam o trânsito dos alimentos e das fezes.

6. Ao picarem uma pessoa ou animal contaminado pelos tripanossomos, os barbeiros se infestam e podem transmitir os protozoários para outros organismos.

Outra via de contaminação é a transfusão de sangue contendo o parasita. Daí a importância do controle do sangue nos bancos de sangue. Alimentos contaminados pelo contato com barbeiros (caldo de cana, açaí etc.) também transmitem a doença.

Barbeiro (*Triatoma infestans*), transmissor da doença de Chagas.

DE OLHO NO PLANETA
Meio Ambiente

A prevenção da doença de Chagas

A doença de Chagas é de difícil tratamento. Não há vacina preventiva. Os barbeiros habitam chiqueiros, paióis e residências de regiões rurais, ranchos de madeira e casas de pau-a-pique, cujas paredes e teto, dotadas de inúmeras frestas, possibilitam o refúgio e a procriação desses insetos. À noite, saem dos seus esconderijos para sugar o sangue dos seres humanos e outros animais. Considerando que essa é uma doença geralmente associada à precariedade das habitações, a prevenção só é eficiente na medida em que melhorarem as condições de habitação das pessoas que vivem no meio rural ou na periferia das cidades em que essa parasitose é comum.

A pulverização das habitações com substâncias não agressivas ao meio, mas que sejam efetivas contra os percevejos, também é uma medida eficaz para o controle dos agentes transmissores (barbeiros).

EM CONJUNTO COM A TURMA!

Entre o período de 2007 a 2016, foram registrados casos confirmados de doença de Chagas aguda na maioria dos estados brasileiros, com uma média anual de 200 casos. Entretanto, a maior distribuição, cerca de 95%, concentra-se na Região Norte. Destes, o estado do Pará é responsável por 85% dos casos. Em relação às principais formas prováveis de transmissão ocorridas no país, 69% foram por transmissão oral (ingestão de leite materno de mãe infectada, de carne mal cozida de mamíferos infectados ou de alimentos e bebidas contaminados, por exemplo), 9% por transmissão vetorial e em 21% não foi identificada a forma de transmissão.

Mesmo com o controle da ocorrência de novos casos da doença na maioria do território nacional, estima-se que existam no Brasil entre 1,9 a 4,6 milhões de pessoas infectadas por *T. cruzi*. Reflexo disso é a elevada carga de mortalidade por doenças de Chagas no país, representando uma das quatro maiores causas de mortes por doenças infecciosas e parasitárias.

A taxa de mortalidade por doença de Chagas no Brasil em 2015 foi de 2,19 mortes por 100.000 habitantes, sendo Goiás a unidade da federação em que se registrou o maior índice de mortalidade por essa doença (11,50 mortes por 100.000 habitantes) e Santa Catarina registrou o menor índice (0,03 mortes por 100.000 habitantes).

Disponível em: <http://portalms.saude.gov.br/saude-de-a-z/doenca-de-chagas/situacao-epidemiologica>. *Acesso em:* 14 abr. 2018.

Com seu grupo de trabalho, visitem o site do Ministério da Saúde (endereço eletrônico acima) e verifiquem a situação epidemiológica de sua região e, principalmente, de seu estado. Os dados sobre a situação epidemiológica são atualizados com relativa frequência. Analisem a série histórica disponível: qual é a forma de transmissão mais frequente, se o número de casos notificados está aumentando ou diminuindo e a letalidade anual da doença, por exemplo.

Malária

A malária é doença causada por protozoários do gênero *Plasmodium*. Também conhecida como maleita ou impaludismo, a malária é transmitida pela fêmea do mosquito-prego (pernilongo do gênero *Anopheles*), que pica o homem à procura de sangue. Veja o esquema do ciclo da malária a seguir.

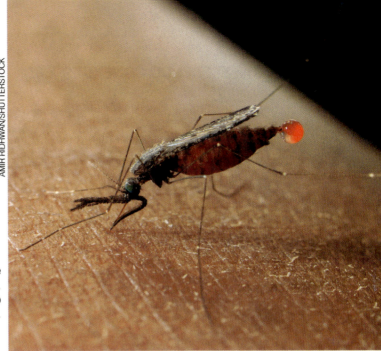

Fêmea do mosquito *Anopheles* sobre pele humana, picando em busca de sangue. O excesso de fluido está sendo excretado pelo ânus.

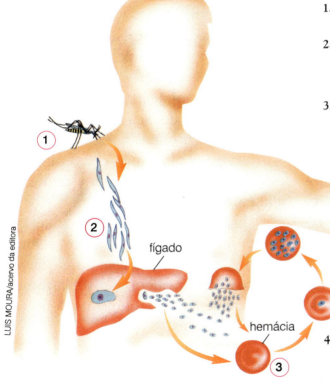

fígado

hemácia

Ciclo da malária.

1. Ao picar um indivíduo sadio, o mosquito introduz nele os plasmódios.

2. De início, os plasmódios se multiplicam nas células do fígado humano. A seguir, rompem as células do fígado, atingem o sangue e penetram em glóbulos vermelhos (hemácias).

3. Depois de se reproduzirem nessas células, elas se rompem e os novos plasmódios são liberados juntamente com toxinas que provocam febre e tremedeira, os sintomas típicos dessa doença.

4. O ciclo do plasmódio completa-se quando os parasitas são sugados do sangue pela fêmea do pernilongo. No estômago do inseto, após a ocorrência de uma reprodução sexuada, os plasmódios se multiplicam e migram para as glândulas salivares do mosquito, de onde passarão para a corrente sanguínea do próximo indivíduo picado.

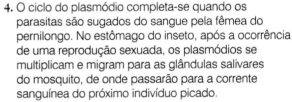

É SEMPRE BOM SABER MAIS!

Somente as fêmeas dos mosquitos *Anopheles* alimentam-se de sangue, no qual encontram nutrientes essenciais para a formação de seus ovos. Os ovos são depositados em água parada e limpa, onde se desenvolvem as larvas que, posteriormente, transformam-se em insetos adultos. Os machos nutrem-se da seiva retirada de vegetais.

As febres geralmente ocorrem de 48 em 48 horas, tempo que o parasita leva para se reproduzir assexuadamente nos glóbulos vermelhos (da invasão até a destruição de novos glóbulos).

ESTABELECENDO CONEXÕES
Saúde

Prevenção da malária

Por hora, não há vacina preventiva contra os plasmódios. A prevenção depende da adoção de algumas medidas, principalmente nas regiões em que a malária é comum:

- evitar aproximar-se de lagos, córregos, igarapés etc. nas horas do dia em que os pernilongos são mais ativos, ou seja, ao entardecer e ao amanhecer;
- instalar telas (mosquiteiros) em barracas, cabanas e residências;
- eliminar a água acumulada em recipientes onde se desenvolvem as larvas dos pernilongos;
- recorrer ao controle biológico, utilizando espécies de peixes que se alimentam das larvas dos pernilongos;

➤ Sugira outra medida que poderia ser adotada a fim de prevenir a malária.

Leishmaniose

A leishmaniose visceral e a leishmaniose cutânea são doenças causadas por protozoários flagelados do gênero *Leishmania*.

Na leishmaniose visceral, o protozoário afeta o fígado e o baço, e os principais sintomas são febre, anemia e perda de peso. A leishmaniose cutânea causa a doença conhecida como úlcera de Bauru, que afeta pele e cartilagens (nariz, laringe), provocando graves lesões. O transmissor dos protozoários é o mosquito-birigui, conhecido como mosquito-palha. A prevenção depende do controle dos insetos transmissores e da adoção de medidas que evitem sua proliferação, que costuma ocorrer no solo das matas contendo muito material orgânico.

Toxoplasmose

A toxoplasmose é uma doença comum nos trópicos causada pelo *Toxoplasma gondii*, presente em animais domésticos, como os gatos, os seus principais reservatórios. O homem adquire a doença ao inalar cistos do parasita – presentes nas fezes secas dos gatos – ou ao ingerir alimentos contaminados com esses cistos, que foram transportados para os alimentos por moscas e baratas.

Na maioria dos casos, a toxoplasmose não produz sintomas. Porém, em alguns indivíduos, especialmente com o sistema imunológico comprometido, a toxoplasmose pode provocar sérios danos no sistema nervoso ou mesmo a morte.

Outras doenças de importância nos seres humanos causadas por protozoários.

Doença	Características
Amebíase ou disenteria amebiana	Agente causador: *Entamoeba histolytica*. Sintomas: cólicas abdominais e disenteria. Transmissão: por meio da água, verduras e mãos contaminadas. Prevenção: hábitos de higiene pessoal (lavar as mãos) e saneamento básico (fornecimento de água tratada e redes de coleta e tratamento de esgoto).
Giardíase	Agente causador: *Giardia lamblia*. Sintomas: cólicas abdominais, diarreias e fraqueza. Transmissão: por meio da água e alimentos contaminados. Prevenção: hábitos de higiene pessoal (lavar as mãos) e saneamento básico (fornecimento de água tratada e redes de coleta e tratamento de esgoto).

Doença	Características
Tricomoníase	Agente causador: *Trichomonas vaginalis*. Sintomas: coceira, ardor e corrimento vaginal. Transmissão: doença sexualmente transmissível (DST). Prevenção: uso de preservativos e tratamento dos portadores do parasita e de seus parceiros.

As algas

A grande maioria das algas não é visível, sendo constituída de espécies microscópicas que vivem mergulhadas na água e possuem extraordinária importância para o nosso planeta. O motivo é simples de entender: todas as algas são *autótrofas*; em suas células existem *cloroplastos*, organelas responsáveis pela *fotossíntese*. Por meio desse processo, elas retiram o gás carbônico do ar e devolvem oxigênio, além de produzirem matéria orgânica.

Em tempos de intensificação do aquecimento global, causado pela liberação excessiva de gás carbônico para a atmosfera, a contribuição das algas é extraordinária. Há quem diga que elas são responsáveis por cerca de 50% da fotossíntese executada em nossa biosfera.

Dentre as espécies componentes do grupo das algas muitas são unicelulares e vivem isoladas, outras são unicelulares e se agrupam em colônias de diversos formatos e inúmeras espécies são pluricelulares, mas não formam tecidos verdadeiramente organizados. Trata-se, portanto, de um grupo bastante heterogêneo. Existe, porém, uma característica comum a todas elas: são autótrofas, possuem o pigmento clorofila e realizam fotossíntese no interior de cloroplastos.

Muitas vezes, como veremos a seguir, a cor da alga é devida a um pigmento predominante, que mascara a cor verde da clorofila.

Dentre os principais grupos de algas, as popularmente conhecidas como **diatomáceas** são as mais abundantes no meio aquático, tanto marinho como de água doce. São em sua maioria unicelulares, com poucas coloniais. A célula é rodeada por uma carapaça de sílica.

As **clorofíceas**, conhecidas como **algas verdes**, podem ser unicelulares, coloniais e pluricelulares. Podem ser encontradas no mar, na água doce e em meio terrestre úmido. Algumas espécies associam-se a fungos na constituição dos liquens.

Pluricelulares e macroscópicas, as **feofíceas** são as também chamadas **algas pardas**. A maioria é marinha e nos mares de regiões temperadas são componentes das florestas marinhas, conhecidas como *kelps*. Muitas espécies são comestíveis.

Jogo rápido

Nos primeiros sistemas de classificação dos seres vivos, pelo menos duas características teriam sido utilizadas como critério de inclusão de um cogumelo e de uma alga marinha pluricelular de grande porte em um mesmo reino. Quais poderiam ter sido essas duas características?

JAN HINSCH/SCIENCE PHOTO LIBRARY/LATINSTOCK

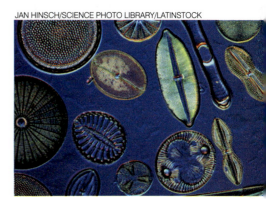

Diatomáceas são um grupo de algas com mais de 10.000 espécies. (Imagem vista ao microscópio óptico, colorida artificialmente. Ampliação: 50 vezes.)

Fique por dentro!

A terminação *fíceas*, que faz parte do nome dos grupos de algas, é derivada do grego *phykos*, que significa alga.

Ulva, também conhecida como alface-do-mar, é uma alga verde comestível. Pode atingir até 60 cm.

As **euglenofíceas** são todas unicelulares, de coloração verde. A maioria vive em água doce. Há espécies que se alimentam de partículas orgânicas existentes na água e também fazem fotossíntese. As euglenas pertencem a esse filo.

As **pirrofíceas**, também chamadas de **dinoflagelados**, são todas unicelulares, sendo a maioria marinha. A *Noctiluca* é uma espécie que emite luz ao ser atritada (bioluminescência).

Também pluricelulares, porém de tamanho menor do que as feofíceas, são as **algas vermelhas**, as **rodofíceas**. A maioria é marinha. De algumas espécies extrai-se o *ágar*, substância utilizada para a confecção de meios de cultivo. Algumas espécies de algas vermelhas são comestíveis.

Alga parda (*Fucus vesiculosus*). Medem cerca de 60 cm.

PHOTOGRAPHEE.EU/SHUTTERSTOCK

O ágar, substância extraída de algas vermelhas do gênero *Gelidium*, é uma espécie de gelatina muito adequada para usar como meio de cultura em laboratório. Na foto, o ágar (em amarelo) foi utilizado para cultivo de bactérias (em verde).

ESTABELECENDO CONEXÕES

História

Algas comestíveis

Cada país tem em sua culinária pratos que lhe são característicos. E, naturalmente, isso também acontece com o Japão, país da Ásia formado por um conjunto de ilhas. Com um território em que cerca de 75% da superfície é montanhosa (possui mais de 60 vulcões ativos) e apenas 14% do território pode ser utilizado para a agricultura, os produtos que vêm do mar passam a ter grande importância.

Entre os vários pratos da culinária japonesa estão os peixes crus fatiados (*sashimi*), arroz e, entre outros, os chamados *sushis*: rolinhos de arroz com vinagre, recheados, envolvidos por um tipo de alga, conhecida como nori.

Mas esse prato tem sua origem em um tempo remoto no Japão, em uma época em que os pescadores enfrentavam o problema de como conservar o que era pescado. Para isso, depois de limpar os peixes, os salgavam e os envolviam com arroz, que fermentava e azedava, conservando o peixe. Isso podia manter o pescado por até 3 anos em condições de ser consumido, mas não o arroz.

Foi apenas no século XVII, com a introdução do vinagre no arroz, que o sushi passou a ser preparado e consumido como o conhecemos hoje.

(a)

No tradicional *sushi* japonês, as folhas feitas com alga (a) são recheadas com arroz e vegetais ou peixes (b), enroladas, e cortadas em pequenas porções (c) para serem servidas.

A importância das algas

Importância ecológia

O **fitoplâncton** é uma comunidade formada principalmente por microalgas que flutuam livremente ao sabor das ondas. São importantes produtoras de alimento orgânico (autótrofas fotossintetizantes) e liberam oxigênio para a água e atmosfera. Formam a base das cadeias alimentares aquáticas, o chamado "pasto marinho", que constitui o alimento dos consumidores primários dos ecossistemas aquáticos, que, por sua vez, são o alimento para consumidores secundários, e assim por diante até o topo das cadeias alimentares. Isso significa que todo o "pescado" que nos alimenta (crustáceos, peixes etc.) depende direta ou indiretamente das algas do fotoplâncton.

Importância alimentar, industrial e agrícola

Diversas algas de grande tamanho são comestíveis, principalmente as pardas, as vermelhas e as verdes. Em países como o Japão, existem diversos criadouros de algas para essa finalidade. Além disso, *alginatos* (derivados de algas pardas) são utilizados como espessantes de alimentos (sorvetes, geleias e balas, por exemplo), de corantes e cosméticos.

A substância conhecida como *ágar*, derivada da parede celular de algas vermelhas (rodofíceas), é utilizada na indústria farmacêutica para a confecção de cápsulas de medicamentos e como laxante. Também é usada como meio de cultura para fungos e bactétias.

Algumas espécies de algas são ricas em elementos químicos como iodo, cálcio, cobre, ferro e zinco, muito utilizados na produção de adubos.

Jogo rápido

Embora tenham sido colocadas no mesmo reino, nos primeiros sistemas de classificação dos seres vivos, atualmente as algas e os fungos se encontram em reinos separados. Em sua opinião, qual foi o principal critério utilizado para essa separação?

Fique por dentro!

Cerca de 90% do gás oxigênio da atmosfera terrestre é produzido pelas algas do fitoplâncton por meio da fotossíntese.

Espessante: substância que dá consistência, que engrossa.

Nosso desafio

Para preencher os quadrinhos de 1 a 15, você deve utilizar as seguintes palavras: algas, amebas, autótrofas, cílios, doença de Chagas, heterótrofos, malária, pardas, plasmódios, protozoários, pseudópodes, tripanossomos, unicelulares, verdes, vermelhas.

À medida que você preencher os quadrinhos, risque a palavra que escolheu para não usá-la novamente.

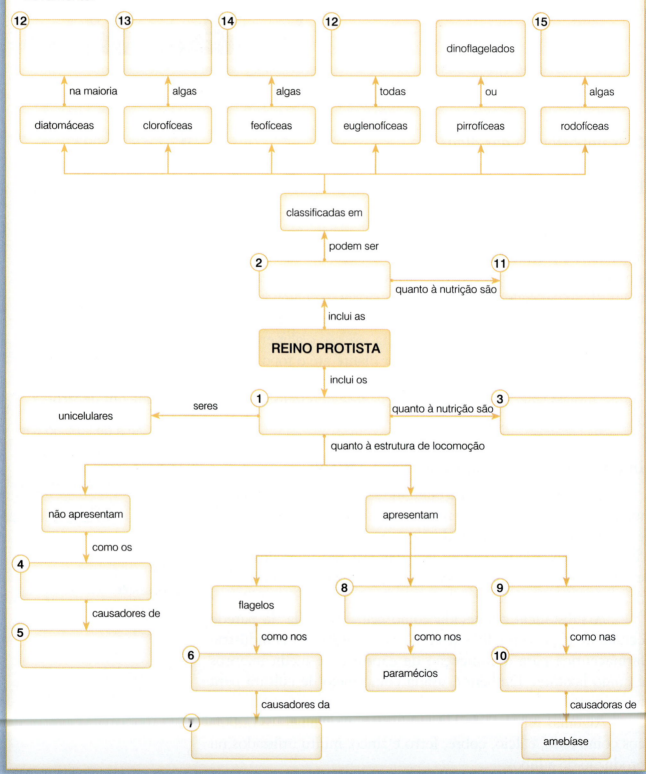

Atividades

1. [6, 10] A ilustração a seguir, representa o esquema de um cogumelo:

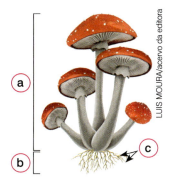

LUIS MOURA/acervo da editora

a) Reconheça as estruturas apontadas pelas setas.

b) Qual é o papel desempenhado pela estrutura *b*?

c) Qual é o papel desempenhado pela estrutura *a*?

2. [7, 12] Ao ver um mamão cheio de bolor no mercado, Senhor Américo exclamou: "Não vou comprar esta fruta porque está cheia de bactérias que fizeram crescer esse bolor". Com relação à situação descrita no texto da questão:

a) Senhor Américo errou ao dizer que o bolor é causado por crescimento de bactérias. Por quê?

b) Se você reconheceu o erro cometido por Senhor Américo e indicou corretamente o grupo de seres vivos a que o bolor pertence, cite duas outras palavras mais comumente associadas a representantes desse grupo.

3. [6, 10] Bactérias e fungos são considerados seres vivos de extraordinária importância para a reciclagem dos nutrientes minerais na biosfera. Sem a atividade desses seres, seria praticamente impossível a construção dos corpos de novos seres vivos. Com relação a esse tema:

a) Cite o nome do processo realizado por esses seres, responsável pela reciclagem dos nutrientes minerais.

b) Embora fungos e bactérias sejam responsáveis pela realização do processo acima citado, há uma importante diferença na organização celular desses dois grupos de seres vivos e uma importante semelhança referente a um envoltório celular nos representantes dos dois grupos. Cite a diferença e a semelhança a que estamos nos referindo.

4. [10, 12] *Saccharomyces cerevisiae* é o nome científico de um fungo microscópico, unicelular, popularmente conhecido como lêvedo. Com relação a esse fungo:

a) Cite as duas principais utilizações desse fungo, uma delas relacionada à produção de um alimento amplamente consumido pelo homem e a outra baseada na transformação do açúcar de cana.

b) Por meio de que processo metabólico esse fungo libera o gás carbônico nesses dois processos?

5. [6, 9] Dia desses, um paciente sentiu uma forte dor de garganta e, como estava com febre, decidiu ir ao médico. O médico constatou que o paciente estava com a garganta inflamada, cheia de pus, e lhe receitou penicilina. Voltando para casa, ele disse à esposa que o médico tinha receitado penicilina, um remédio produzido por bactérias para matar as bactérias que inflamavam a sua garganta. A partir das informações fornecidas pelo texto e dos seus conhecimentos sobre o assunto, corrija a informação fornecida pelo paciente, relativa à origem da penicilina.

6. [6, 10] Quando o fungo *Ustilago maydis* invade uma planta de milho, provocando o surgimento de gomos cinza escuros semelhantes a carvão ("carvão do milho"), suas hifas penetram nas células da planta hospedeira, que são ricas em nutrientes que favorecem o desenvolvimento do fungo. Essa atividade prejudica a formação de espigas pela planta de milho.

Os gomos cinza escuros que se exteriorizam da espiga correspondem ao micélio reprodutor do fungo, ou seja, as hifas que produzem as células reprodutoras.

a) Como é denominado o conjunto representado pelo micélio reprodutor do fungo e que forma os gomos conhecidos como "carvão do milho", citados no texto?

b) O micélio reprodutor é responsável pela produção de células reprodutoras que certamente estão presentes nos gomos citados no texto. Como são denominadas essas células reprodutoras?

7. [6, 10] Liquens e micorrizas são os nomes de duas associações em que há a participação de fungos. Com relação a essas associações:

a) Cite os parceiros dos fungos, em cada uma delas.

b) Explique como se dá a interação dos fungos com os seus parceiros, em ambos os casos.

c) Que tipo de relação ecológica é representado por essas duas associações?

8. [6, 10] O reino Protista é constituído de dois grandes grupos de seres vivos, o dos protozoários e o das algas. Com relação a esses dois grupos:

a) Cite as duas diferenças básicas existentes entre eles, a primeira relativa à quantidade de células (unicelulares ou pluricelulares) que os constitui e a segunda referente ao tipo de nutrição (autotrófica ou heterotrófica) praticada por esses seres.

b) Nas antigas classificações dos seres vivos, os protozoários eram incluídos no reino Animal, considerados *animais de uma só célula*. Cite as duas características que justificavam a inclusão desses seres no reino Animal.

9. [6, 7, 10] Seres vivos que necessitam de outro para se alimentar são chamados de heterótrofos. A grande maioria dos heterótrofos deve localizar e capturar os seres vivos que constituem o seu alimento. Os

protozoários, seres vivos eucariontes, são heterótrofos.

a) Qual é a relação entre o heterotrofismo e a vantagem evolutiva de poder se deslocar?

b) É correto afirmar que todos os protozoários se utilizam das mesmas estruturas para poderem se locomover? Justifique a resposta.

c) Protozoários minúsculos aprisionam bactérias inteiras em seus vacúolos digestivos. Então, é correto afirmar que a digestão em protozoários é sempre intracelular? Justifique a resposta.

d) Existe um grupo de protozoários que, por falta de estruturas presentes nos protozoários que se movimentam, é incapaz de se locomover na maior parte de sua vida. Então, como se explica que conseguem alimento já que são heterótrofos?

10. [6, 7, 10] Comparando-se as amebas de água doce ou marinha e o paramécio com o tripanossomo e o plasmódio, percebe-se que há uma diferença quanto ao modo de vida desses seres. Qual é essa diferença?

11. [6, 10] O grupo das algas é bastante heterogêneo, fato que pode ser evidenciado pela diversidade de formas, tamanho, cores e pela existência de espécies unicelulares, coloniais e pluricelulares. Com relação a esse assunto, consulte o item "As algas" e responda:

a) Cite os grupos de algas que contêm espécies pluricelulares.

b) Cite os grupos de algas que contêm espécies unicelulares.

c) Em qual dos grupos que você citou as células são envolvidas por uma carapaça de sílica?

12. [6, 10] De modo geral, as algas vivem em ambientes aquáticos marinhos e de água doce, podendo ser encontradas também em ambientes terrestres úmidos. No ambiente marinho, as algas pluricelulares macroscópicas de modo geral fixam-se às rochas ou no fundo do mar. As algas unicelulares e coloniais, componentes do fitoplâncton, vivem livremente na água, flutuando ao sabor das ondas. Baseando-se nessas informações e utilizando os seus conhecimentos sobre o assunto, responda:

a) Considerando que as algas são autótrofas fotossintetizantes, até que profundidade elas podem ser encontradas na água do mar?

b) O fitoplâncton constitui uma população ou uma comunidade de algas? Justifique a sua resposta.

c) Algumas espécies de algas podem ser encontradas em locais úmidos de matas, bosques e florestas. Nesses locais, também é comum encontrar algas que se juntam a fungos, constituindo uma associação que costuma se fixar na casca das árvores. Como é denominada essa associação?

13. [6, 7, 10] Considere o esquema a seguir, que representa algumas relações alimentares – teia alimentar – entre espécies que vivem em um lago de região equatorial.

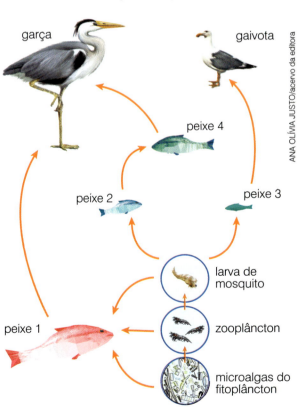

garça

gaivota

peixe 4

peixe 2

peixe 3

larva de mosquito

zooplâncton

peixe 1

microalgas do fitoplâncton

ANA OLÍVIA JUSTO/acervo da editora

a) Que papel é desempenhado pelas microalgas do fitoplâncton nessa teia alimentar?

b) Dentre os consumidores, indique os que ocupam um único nível trófico?

c) Indique os níveis tróficos ocupados pelo peixe 1 e pela garça.

14. [6, 10, 12] O fitoplâncton é constituído, de modo geral, por inúmeras espécies de microalgas que vivem livres na água, sendo por ela transportadas passivamente. Essas microalgas dependem da existência de nutrientes minerais dissolvidos na água contendo, principalmente, os elementos nitrogênio e fósforo, indispensáveis para a síntese de substâncias componentes das células e para a multiplicação das algas. A esse respeito, responda:

a) Qual é a importância do fitoplâncton para os ecossistemas aquáticos?

b) De que modo o fitoplâncton pode ser benéfico para a vida dos demais seres vivos da biosfera?

15. [1, 6, 7, 10, 15, 17, 18] Com o descobrimento das Américas, o europeu à procura de madeiras cortou florestas e mais florestas. Mais tarde os colonizadores implantaram a agropecuária, além de procurarem pedras preciosas e ouro. Com isso mais e mais florestas foram destruídas eliminando boa parte da flora e da fauna típicas dessas regiões.

Entre os animais que se viram ameaçados com a destruição provocada pelo ser humano está o "barbeiro", inseto hematófago, isto é, que se alimenta de sangue de animais, como gambá, tatu e roedores. Esses animais, portanto, forneciam alimento e abrigo para os barbeiros. Na ausência dos mamíferos citados, os "barbeiros" voaram para os abrigos mais próximos, os galinheiros, os chiqueiros e as habitações rústicas construídas pelo homem com barro ressequido e cobertas de sapé (casas de pau a pique), que, quando mal construídas, racham e deixam buracos. Alimento abundante pela presença de moradores (homem, gato, cão) e habitação protegida (os buracos do barro ressequido) favoreceram a instalação e procriação do "barbeiro" nessas regiões, permitindo a presença de dezenas de barbeiros apenas em uma parede dessas casas.

a) Como se explica que a alteração ambiental citada no texto provocada pelos seres humanos está associada à doença de Chagas?

b) Como se explica que nos habitantes da floresta na região da Amazônia a existência de doença de Chagas é extremamente rara, mesmo naqueles que vivem em habitações bem rudimentares?

c) Quando o europeu chegou ao sul dos Estados Unidos, onde viviam "barbeiros", também modificaram o meio ambiente. No entanto, o número de casos de doença de Chagas naquela região é bem menor do que na América Latina. Baseado exclusivamente no texto do enunciado da questão levante uma hipótese para o menor número de afetados pela doença de Chagas naquela região.

16. [1, 6, 7, 10, 15, 17, 18] Ainda em relação à doença de Chagas, a profilaxia (conjunto de medidas que se tomam para prevenir doenças) está intimamente associada à melhoria das condições de vida do nosso camponês. Do ponto de vista da Ciência, comente as frases a seguir.

a) Não há dúvida alguma de que é preciso pesquisar medicamentos para curar os doentes acometidos pela doença de Chagas, porém a medida profilática mais eficiente para erradicar essa doença é investir grandes recursos em medidas preventivas e não o contrário, grandes recursos em tratamentos médicos e poucos recursos em tratamento preventivo.

b) A medida mais eficiente para se combater a doença de Chagas no meio rural é fornecer água encanada e esgoto tratado para os habitantes.

17. [1, 6, 7, 10, 15, 17, 18] Em visita a dois sobrinhos que vivem em um pequeno sítio

cuja casa, sem reboco, tem muitas frestas na parede, um senhor disse a eles para tomarem cuidado porque na região em que residem vive um inseto chamado barbeiro, que durante o dia se esconde nos buracos da parede e à noite suga o sangue das pessoas e elimina fezes contendo um parasita que pode causar uma doença que afeta o coração. A seguir, ao visitar outros parentes que residem na região amazônica, em uma pequena moradia rodeada de rios e lagos, alertou-os para o fato de que naquela região existe um mosquito que, ao picar as pessoas ao amanhecer e ao anoitecer, transmite parasitas que atacam células do sangue e causam a doença de Chagas.

Utilize o texto para responder aos itens seguintes:

a) A que doença o senhor se referiu, na região em que moram os dois sobrinhos? Qual é o agente causador dessa doença?

b) Cite os procedimentos que devem ser tomados para evitar a ocorrência de casos dessa doença na região.

c) A segunda doença a que o senhor se referiu certamente não é a doença de Chagas. Corrija essa informação, citando o nome correto da doença e o seu agente causador.

18. [1, 7, 10, 15, 17, 18] Segundo a OMS (Organização Mundial de Saúde) o nutrição deficiente, educação insuficiente e habitação inadequada favorecem o aparecimento de *doenças*. Investimentos maciços em tratamentos médicos e poucos recursos em saúde pública e medicina preventiva não resolvem o problema da persistência de doenças, pois suas causas não foram erradicadas.

Tomando como referência as causas citadas pela OMS no ciclo pobreza-doença, quais são as medidas preventivas que devem ser adotadas para erradicar as protozooses (doenças causadas por parasitas protozoários): amebíase, giardíase, doença de Chagas e malária? Justifique a sua resposta.

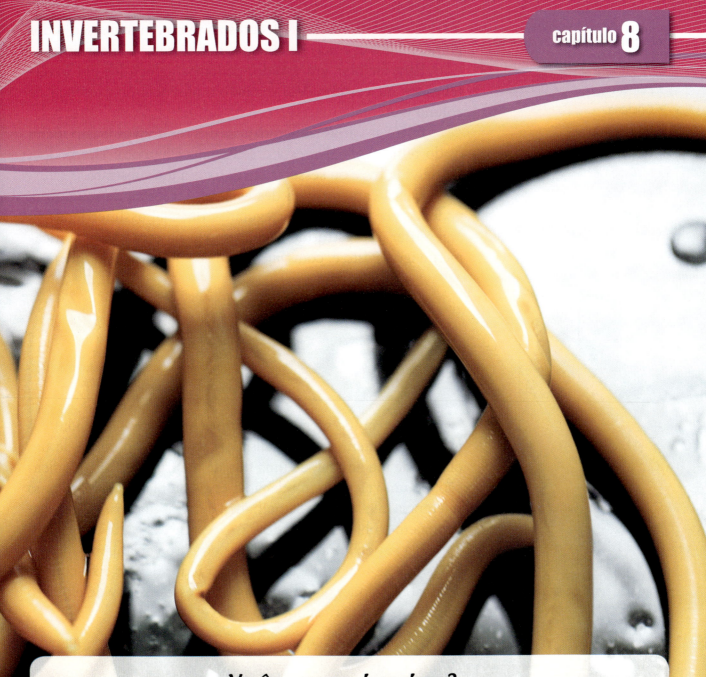

INVERTEBRADOS I

capítulo 8

Você consegue imaginar?

Imagine que você tenha lombrigas no seu intestino. O que elas estão fazendo ali? Uma coisa é certa: elas estão se aproveitando do alimento digerido que existe no seu intestino, sem ter nenhum trabalho de digeri-lo, já que ele já vem pronto para elas aproveitarem, consumirem, crescerem e ... se reproduzirem e gerarem muitos e muitos descendentes, que tentarão penetrar em outras pessoas para fazer o mesmo.

Então, você está criando lombrigas, que o estão parasitando. Afinal, como é que as lombrigas entraram no seu intestino? Será que você as conseguiu com os alimentos que ingeriu? Será que as frutas e verduras de que você se alimenta e a água que você bebe têm algo a ver com isso? E como evitar que novas lombrigas entrem no seu e no intestino de outras pessoas? Essas e outras perguntas você poderá responder ao ler as páginas deste capítulo, dedicado ao estudo dos animais invertebrados e, logicamente, das lombrigas.

Principais filos que compõem o reino Animalia.

Invertebrados	Vertebrados
• Porifera	• Chordata
• Cnidaria	
• Platyhelminthes	
• Nematoda	
• Mollusca	
• Annelida	
• Arthropoda	
• Echinodermata	

Os organismos pertencentes ao reino Animalia são todos pluricelulares e, como já sabemos, heterótrofos e eucariontes.

Para facilitar seu estudo, podemos agrupá-los em **invertebrados** ou **vertebrados**, segundo a ausência ou presença de coluna vertebral.

Entre as várias características dos seres vivos, e isso inclui os do reino Animalia, está o seu comportamento: eles podem ser de **vida livre** ou **sésseis**, isto é, fixos a um substrato.

Outra característica desses seres é a forma de seu corpo, podendo ser totalmente irregulares, ou seja, **assimétricos**, ou apresentar uma estrutura corpórea externa com partes praticamente iguais, isto é, com *simetria*. Mas o que é essa tal simetria?

eixo longitudinal

LUIS MOURA/acervo da editora

Na simetria radial, as partes do corpo se repetem ao redor de um eixo central.

LUIS MOURA/acervo da editora

Nos animais assimétricos, o corpo possui forma irregular.

Simetria (do grego, *syn* = junto + *metron* = medida) é o modo ou maneira como se dispõem as partes do corpo de um objeto, de um animal, de uma flor, de um fruto, de uma edificação, de um veículo, em relação a eixos ou planos usados como referência, avaliando a semelhança entre as diversas partes que compõem o objeto de estudo.

Na **simetria radial**, as partes do corpo arranjam-se como fatias que se repetem igualmente ao redor de um eixo central vertical. Qualquer plano que passe por esse eixo divide o objeto em duas partes correspondentes isto é, simétricas.

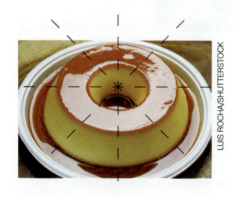

LUIS ROCHA/SHUTTERSTOCK

CRISTOVAO/SHUTTERSTOCK

RYABININA/SHUTTERSTOCK

Um pudim ou bolo feito em forma circular, um copo, um guarda-chuva, uma laranja, uma maçã, uma medusa, um pólipo, uma estrela-do-mar etc., têm simetria radial. Nas fotos acima, as linhas tracejadas indicam planos de simetria.

A maioria dos animais tem **simetria bilateral**. Neste caso, um único plano os divide em duas metades (ou dois lados) simétricas – o **lado direito** e o **lado esquerdo**. Ainda como consequência da simetria bilateral, o corpo apresenta as superfícies *dorsal* (dorso) e *ventral* (ventre) e as *extremidades anterior* e *posterior*.

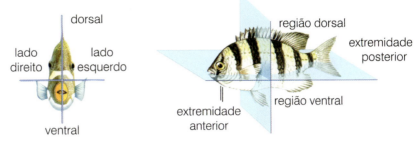

LUIS MOURA/acervo da editora

Na simetria bilateral, um plano imaginário determina no organismo os lados direito e esquerdo e outro plano imaginário determina as superfícies dorsal e ventral.

Poríferos

As esponjas fazem parte do filo dos *poríferos*, animais que podem viver como espécies isoladas ou agrupadas em colônias. Apresentam o corpo perfurado por inúmeros poros pelos quais a água penetra e circula em cavidades ou canais e câmaras internas. Esta característica, ser portador de poros, determinou o nome desse grupo de animais, poríferos (do latim, *porus* = poro + *ferre* = portador).

Os poríferos são os animais pluricelulares de organização mais simples, não possuindo nenhum órgão. No corpo das esponjas existem apenas conjuntos de células que realizam algumas funções específicas, garantindo-lhes, a nutrição, a construção do esqueleto, a reprodução.

As esponjas são organismos exclusivamente aquáticos, principalmente marinhos. Poucas são as espécies de água doce. Prendem-se a rochas, corais, objetos submersos. Na fase adulta, as esponjas são animais fixos (sésseis ou sedentários); na fase jovem, apresentam-se como larvas ciliadas nadantes, que dispersam a espécie no meio aquático.

As esponjas variam muito de tamanho, desde poucos milímetros até animais com cerca de um metro de altura e um metro de diâmetro.

A organização do corpo das esponjas

As esponjas são formadas por poucos tipos celulares. Veja a seguir, no esquema do corpo de um porífero, que externamente ele está revestido por uma camada de células achatadas. Revestindo o lado interno você

A maioria das esponjas apresenta cores vivas e brilhantes.

JOLANTA WOJCICKA/ SHUTTERSTOCK

JOHN A. ANDERSON/ SHUTTERSTOCK

A foto mostra a esponja *Callyspongia plicifera*. Em forma de vaso, suas cores variam do rosa ao roxo azulado, com a superfície externa extremamente ondulada. Em média, essa espécie atinge 45 cm de altura.

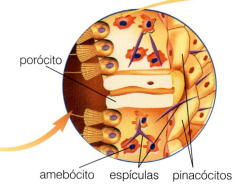

saída de água

ósculo

espículas

poros

entrada
de água

átrio
(espongiocela)

LUIS MOURA/acervo da editora

porócito

amebócito   espículas   pinacócitos

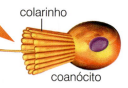

colarinho

flagelo

coanócito

Esquema do corpo de um porífero.
Observe os tipos de células presentes.
À direita, detalhe de um coanócito,
célula flagelada que promove o fluxo
contínuo de água no corpo, captura
partículas de alimentos e inicia a
digestão intracelular. (Cores-fantasia.
Ilustrações fora de escala.)

observa uma camada de células que apresentam uma estrutura parecida a um colarinho ao redor de um flagelo, filamento longo capaz de se movimentar. Essas células, *exclusivas dos poríferos*, são conhecidas como **coanócitos** (coano = colarinho).

Entre a camada de células externas e a camada de coanócitos, existe uma camada gelatinosa, onde se encontram **amebócitos**, células móveis, parecidas com amebas, que realizam várias tarefas, entre as quais podemos destacar a formação do esqueleto (as **espículas**) que sustenta o corpo das esponjas.

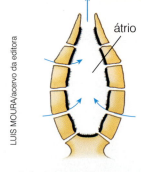

átrio

LUIS MOURA/acervo da editora

Lembre-se!

Os coanócitos são células exclusivas dos poríferos, isto é, não existem em nenhum outro grupo de animais pluricelulares conhecidos até hoje.

A água e os alimentos penetram nas esponjas pelos poros e atingem os canais ou câmaras internas flageladas. Filtrada pelos coanócitos, a água atinge o átrio e abandona a esponja por um ou por diversos ósculos.

Finalmente, note ainda que, entre as células da parede, existem células cilíndricas com um canal central, os **porócitos**, formando os poros por onde a água penetra no corpo das esponjas.

Como as esponjas adultas são **imóveis** e não podem sair à procura do alimento, elas possuem adaptações para fazer com que a água penetre em seus corpos, trazendo partículas de alimento. Esse papel é exercido pelos coanócitos.

Os flagelos dos coanócitos, em contínuo movimento, provocam a formação de uma corrente de água que penetra pelos poros, passa para a cavidade interna (**átrio** ou **espongiocela**) e sai por um ou mais orifícios de saída, chamados **ósculos**. Essa corrente de água traz pequenos seres vivos e partículas orgânicas (alimento), que são capturados pelos coanócitos para serem digeridos. Note, portanto, que a digestão é exclusivamente **intracelular**, não havendo a presença de uma cavidade digestória. Então, podemos dizer que os poríferos são animais **filtradores**, ou seja, o alimento é retirado da água circulante, ficando retido como se a esponja fosse um filtro.

O alimento parcialmente digerido pelos coanócitos é lançado na camada gelatinosa, onde amebócitos concluem a digestão e transportam os nutrientes às outras células do organismo, uma vez que não há sistema especial de transporte.

CHRISTIAN KERKHOFS/SHUTTERSTOCK

Na foto ao lado, as grandes aberturas que se veem no topo das esponjas são os ósculos, local por onde sai a água.

ESTABELECENDO CONEXÕES
Cotidiano

Esponjas de banho

O esqueleto de algumas esponjas é formado por uma fina rede de uma proteína chamada espongina que é preservada após a morte do animal. Esse esqueleto confere à esponja uma textura macia. Por isso, foi muito usado como esponja de banho ou para limpeza e polimento de objetos.

Estas esponjas (como a *Spongia officinalis*, ao lado) eram retiradas do mar, no golfo do México, no Caribe e no Mediterrâneo e a coleta excessiva chegou a colocar muitas delas em risco de extinção. Atualmente elas são menos comercializadas, pois existem esponjas sintéticas (produzidas a partir de poliuretano, um tipo de plástico), muito mais baratas. Com isso o uso das esponjas naturais diminuiu drasticamente, o que evitou a extinção destes animais. As esponjas de banho não existem nas costas do Brasil.

CREATIVE COMMONS

Reprodução dos poríferos

A reprodução das esponjas pode ser sexuada ou assexuada. Na **reprodução sexuada**, os poríferos produzem gametas (espermatozoides e óvulos). A maioria das esponjas é hermafrodita (o mesmo indivíduo produz os dois tipos de gametas), no entanto não existe autofecundação, visto que, em uma mesma esponja, a produção dos gametas ocorre em momentos diferentes.

Os espermatozoides, células flageladas móveis, abandonam a esponja levados pelas correntes de água que passam por ela, e são conduzidos ao encontro dos óvulos, dentro do corpo de outras esponjas da mesma espécie. Ocorrida a fertilização, a célula-ovo se desenvolve, originando uma **larva** ciliada que abandona a esponja, nada durante certo tempo e depois fixa-se em um substrato, transformando-se em um indivíduo adulto.

A **reprodução assexuada** ocorre por um processo chamado **brotamento**: um conjunto de células em divisão forma uma saliência ou broto. O broto poderá separar-se originando novo indivíduo ou permanecer ligado ao corpo da esponja que lhe deu origem. Neste caso, o animal passa a constituir uma colônia.

Cortando-se uma esponja em pedaços, cada pedaço poderá originar um novo indivíduo. Sempre que a **regeneração** resulta na formação de dois ou mais indivíduos, passa a ser considerada outra forma assexuada de reprodução da espécie.

Autofecundação: processo em que a fecundação ocorre entre gametas produzidos pelo mesmo indivíduo.

Larva: fase jovem no desenvolvimento de alguns animais e fisicamente bem diferente do adulto.

Lembre-se!

As esponjas apresentam o mais alto grau de regeneração do mundo animal.

Cnidários (ou celenterados)

Os cnidários ou celenterados constituem um filo com uma variedade muito grande de organismos, como, por exemplo, as águas-vivas, as caravelas, os belíssimos corais, as anêmonas-do--mar e as hidras.

Os cnidários vivem exclusivamente em ambiente aquático, principalmente no mar. As hidras são praticamente os únicos representantes de água doce (lagoas e lagos). Os cnidários podem viver isoladamente ou em colônias.

Anêmona-do-mar. A boca ocupa o centro da face superior (ou oral) e é rodeada por tentáculos.

Os corais são colônias, geralmente encontradas em oceanos de águas quentes (entre 20 °C e 28 °C).

SCUBANINE/SHUTTERSTOCK

Medusa. Na face inferior (ou oral) veem-se os tentáculos em cujo centro se situa a boca.

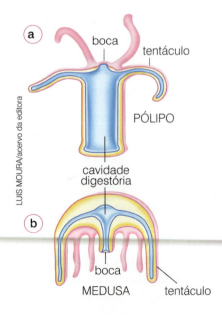

O nome **celenterado** (do grego, *koilos* = cavidade + *enteron* = intestino) está relacionado à existência, pela primeira vez na escala evolutiva, de uma cavidade digestória.

O corpo de um celenterado lembra um saco oco: a cavidade interna digestória possui uma única abertura, a **boca**; não existe ânus, de modo que a boca serve tanto de entrada de alimentos quanto para a saída de resíduos (dejetos) da digestão.

O nome **cnidário** deve-se à existência de um tipo de célula exclusiva do filo, o **cnidócito** (do grego, *knide* = urtiga + + *kytos* = célula). Essas células estão espalhadas nos tentáculos desses animais e são especializadas na captura de presas e na defesa contra agressores. Repare na figura da página seguinte que

Os cnidários possuem duas formas básicas: (a) de pólipo (indivíduos fixos) e (b) de medusa (organismos livre-natantes). Em ambos, a boca está rodeada por tentáculos, que auxiliam na captura das presas. Observe nas figuras ao lado que a cavidade digestória só possui uma abertura para o exterior. (Cores-fantasia. Ilustrações fora de escala.)

dentro do cnidócito existe uma cápsula, chamada **nematocisto**, dotada de um filamento enrolado. Quando o cnidócito é estimulado, o filamento é projetado para fora e injeta na presa uma toxina que atua como um veneno paralisante. Os cnidários são, portanto, animais predadores, mas também servem de presas para peixes, tartarugas, estrelas-do-mar, lulas etc.

Fique por dentro!

Tubo digestório com uma única abertura é chamado de tubo digestório **incompleto**.

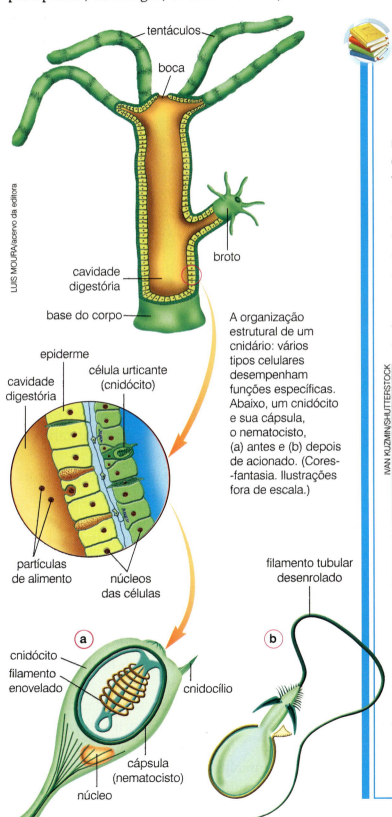

tentáculos

boca

broto

cavidade digestória

base do corpo

epiderme

célula urticante (cnidócito)

cavidade digestória

partículas de alimento

núcleos das células

A organização estrutural de um cnidário: vários tipos celulares desempenham funções específicas. Abaixo, um cnidócito e sua cápsula, o nematocisto, (a) antes e (b) depois de acionado. (Cores-fantasia. Ilustrações fora de escala.)

filamento tubular desenrolado

a

cnidócito
filamento enovelado

cnidocílio

b

cápsula (nematocisto)

núcleo

LUIS MOURA/acervo da editora

É SEMPRE BOM SABER MAIS!

Caravela-portuguesa: outro perigo das praias

As caravelas-portuguesas (gênero *Physalia*) são colônias formadas por conjuntos de pólipos e medusas muito transformados e com funções diferentes: nutrição, reprodução, defesa e um indivíduo flutuador cheio de gás, que pode atingir até 30 centímetros de comprimento. Os tentáculos chegam a atingir até 20 metros de comprimento e produzem queimaduras se tocados.

Vivem em alto-mar e eventualmente chegam às praias conduzidas por ventos e correntes marítimas.

IVAN KUZMIN/SHUTTERSTOCK

ESTABELECENDO CONEXÕES
Saúde

O nome água-viva engloba um conjunto de milhares de espécies de cnidários de diferentes tamanhos, desde menores de 2,5 cm até 2 m de diâmetro, com tentáculos atingindo alguns metros.

Encostar nos tentáculos de algumas espécies provoca queimaduras, às vezes bem dolorosas. Além disso, o indivíduo também pode apresentar febre e até cãibras, mas dificilmente leva à morte. Por isso, o banhista deve ter certos cuidados, tais como:

- ficar atento às indicações do corpo de bombeiros e verificar se o lugar apresenta histórico da presença de águas-vivas e de ocorrências de queimadura em outros banhistas;
- no caso de avistar alguma água-viva, evitar entrar em contato direto com ela;
- caso você tenha sido "queimado", imediatamente limpe o local com a ÁGUA DO PRÓPRIO MAR; jogue um pouco de areia seca sobre a queimadura, espere alguns minutos e, se possível, retire devagar a camada de areia sobre o local queimado. Além disso, é fundamental não se automedicar e procurar ajuda médica. **Atenção: nunca lave o ferimento com água de torneira, pois ela ativa a explosão dos nematocistos**.

VAKLAV/SHUTTERSTOCK

Não toque nos tentáculos de uma água-viva, mesmo que você a encontre morta na praia; ainda assim os nematocistos (cápsulas urticantes presentes nos cnidócitos) podem liberar as toxinas.

LEBENDKULTUREN.DE/SHUTTERSTOCK

Brotamento em hidra (*Hydra vulgaris*), espécie de cnidário que só apresenta a forma de pólipo. As hidras adultas atingem a altura de 1,5 cm. (Imagem vista ao microscópio óptico de campo escuro.)

Lembre-se!

Na reprodução sexuada dos cnidários, o desenvolvimento é **indireto**, pois há a formação de **larva**.

Reprodução dos cnidários

Os celenterados podem apresentar tanto reprodução assexuada quanto sexuada.

A **reprodução assexuada** ocorre por brotamento e, em geral, naqueles cnidários que apresentam a forma de pólipo, como as hidras, por exemplo. Assim como nas esponjas, se o broto se desprender forma-se um novo animal isolado; porém, se não se desprender, então forma-se uma colônia.

O processo de regeneração também pode levar à reprodução, nesse caso, assexuada. Se uma hidra for cortada em dois pedaços, cada um regenerará as partes que faltam até se formar um animal completo.

Quanto à **reprodução sexuada**, desenvolvem-se gônadas (testículo e ovário) e formam-se gametas. Após a fecundação, a célula-ovo se desenvolve em uma **larva** e esta, após certo tempo de crescimento, origina um indivíduo adulto.

Corais

Os organismos que formam os corais são pequenos pólipos com tentáculos curtos, que formam agrupamentos coloniais. Cada pólipo constrói ao redor de si um esqueleto rico em carbonato de cálcio e todos os esqueletos se unem, originando uma grande formação calcária, um **recife de coral**. Os recifes são ecossistemas que agregam uma incrível biodiversidade: neles, inúmeros seres vivos encontram abrigo.

Depois que os animais morrem, o esqueleto da colônia permanece; então, o que popularmente chamamos de coral é o esqueleto externo do animal.

> **Fique por dentro!**
>
> Os esqueletos dos corais eram usados na confecção de peças de joalheria, principalmente os corais vermelhos do Mar Mediterrâneo. Quase extintos, sua extração é hoje proibida.

> **Jogo rápido**
>
> Que tipo de simetria ocorre nos cnidários, considerando-se a organização do corpo dos seus representantes?

Dependendo da espécie, a forma do coral varia muito; alguns parecem arbustos, outros lembram penas coloridas e outros, ainda, lembram um cérebro, como o da foto acima.

A cor dos corais é variada e belíssima e deve-se a pigmentos produzidos por eles mesmos. Com muita frequência, porém, algas microscópicas que vivem no interior do pólipo também contribuem para seu colorido.

DE OLHO NO PLANETA
Sustentabilidade

Recifes de coral e aquecimento global

Os recifes são encontrados nas regiões tropicais do planeta, nos oceanos, em águas rasas (até 60 m de profundidade) e quentes (de 20 a 28 °C). São frequentes no Caribe, no oceano Índico e no Pacífico Tropical. Um dos recifes mais famosos é a Grande Barreira de Corais da Austrália, que se estende por cerca de 1.800 km de comprimento e entre 300 a 2.000 m de largura! Há aproximadamente 50 milhões de anos que os corais trabalham para a construção desse gigantesco recife.

No Brasil, não há recifes como os australianos; os maiores estão no arquipélago de Abrolhos, a aproximadamente 100 km da costa da Bahia. Atualmente é um parque nacional marinho. Em toda costa do nordeste brasileiro há formações de recifes.

As crescentes emissões de gases de estufa, notadamente o gás carbônico, podem colocar em risco os recifes de corais, pois a elevação da temperatura da água dos oceanos acima de certo limite faz com que, por motivos ainda não bem compreendidos, os pólipos dos corais expulsem as algas que com eles vivem e acabem morrendo. Como consequência, muitas áreas dotadas de recifes sofrem um processo de "branqueamento", revelador do dano, muitas vezes irreversível, que acomete esses ecossistemas.

Novamente, é preciso tomar medidas efetivas no sentido de conter o aquecimento global a fim de manter a sobrevivência de muitas espécies que estão sendo visivelmente afetadas.

> ➤ A sustentabilidade da vida no planeta depende de todos nós. Que medidas você poderia sugerir à comunidade para não contribuir com o aquecimento global?

O branqueamento de corais tem sido atribuído ao aquecimento das águas oceânicas e à consequente morte das algas que se encontram em simbiose com a colônia.

TUBUCEO/SHUTTERSTOCK

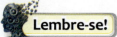

Lembre-se!

Vermes são animais que, quando adultos, apresentam corpo fino, achatado ou roliço, invertebrado, sem patas. Alguns podem apresentar apêndices para a locomoção.

Fazem parte desse grupo os platelmintos, os nematelmintos e os anelídeos.

◗ Platelmintos

Platelmintos (do grego, *platys* = achatado + *helminthos* = verme) são vermes de corpo achatado com simetria bilateral.

O filo dos platelmintos engloba representantes que vivem em ambiente aquático ou terrestre úmido. Nesses ambientes, os platelmintos mais conhecidos são as **planárias,** que você pode encontrar escondidas sob folhas ou pedras.

Há também platelmintos de vida parasitária, principalmente de vertebrados (peixes, anfíbios, répteis, aves e mamíferos), incluindo o homem. Os parasitas humanos mais conhecidos são o *Schistosoma mansoni*, causador da esquistossomose e as *tênias*, algumas conhecidas popularmente como *solitárias*, causadoras da teníase ou da cisticercose.

Descubra você mesmo!

Com o auxílio de livros, relembre o que são animais "parasitas".

Fascíola (*Fasciolopsis buski*), platelminto que parasita o intestino e chega a 7,5 cm de comprimento.

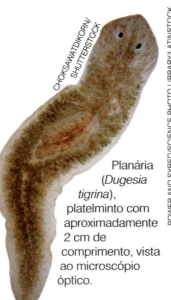

Planária (*Dugesia tigrina*), platelminto com aproximadamente 2 cm de comprimento, vista ao microscópio óptico.

Tênia (*Taenia solium*), platelminto parasita também conhecido como solitária. (Imagem obtida com microscópio eletrônico e ampliada 20 vezes.)

Planária: platelminto de vida livre

Para conhecer a organização do corpo dos platelmintos estudaremos a planária de água doce, que mede cerca de 2 cm de comprimento e 0,5 cm de largura e vive em águas limpas e calmas de lagoas e riachos de pequena profundidade, próximo à vegetação do fundo.

Na região anterior do animal, destaca-se a cabeça onde se encontram dois "olhos simples", chamados de **ocelos**. Presentes na cabeça, os ocelos permitem a percepção de claro e escuro, sem, no entanto, formar imagens.

No meio do corpo, na região ventral, há um orifício, a boca, ligada a uma faringe que só é projetada para fora quando o animal se alimenta. A planária é carnívora, alimenta-se de pequenos seres, como protozoários, larvas de insetos ou restos de animais, por exemplo.

A planária desliza suavemente sobre plantas e rochas submersas graças ao movimento constante de cílios presentes em toda a epiderme da região ventral, que possui células produtoras de muco, que favorece a locomoção.

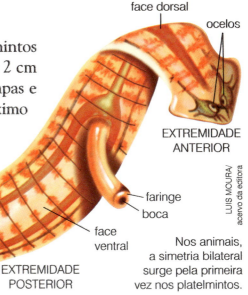

face dorsal
ocelos
EXTREMIDADE ANTERIOR
faringe
boca
face ventral
EXTREMIDADE POSTERIOR

Nos animais, a simetria bilateral surge pela primeira vez nos platelmintos.

Jogo rápido

Que tipo de simetria ocorre nas planárias, considerando que elas possuem região anterior e posterior e faces dorsal e ventral?

Reprodução das planárias

As planárias são hermafroditas, isto é, os gametas masculinos e femininos são produzidos pelo mesmo indivíduo. Mas não há autofecundação. A **reprodução sexuada** desses animais ocorre por fecundação cruzada: dois indivíduos copulam e trocam espermatozoides. Em seguida, os parceiros se separam e os espermatozoides fecundam os óvulos. Com isso formam-se vários ovos que, uma vez liberados, originam *diretamente* novas planárias, isto é, nas planárias não existe fase larvária.

A capacidade de regeneração das planárias é muito grande. Esses animais também são capazes, espontaneamente, de dividir transversalmente o seu corpo para formar dois indivíduos. Cada parte regenera o resto do organismo, formando-se novas planárias. Desse modo, a capacidade regenerativa também pode ser considerada uma forma de **reprodução assexuada**.

Na reprodução sexuada, duas planárias se posicionam de modo que os poros genitais se coloquem em contato.

Lembre-se!

Nas planárias, o desenvolvimento é **direto**, pois não se formam larvas.

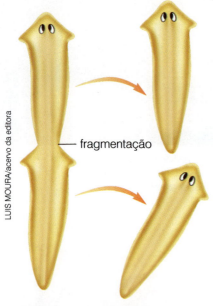
— fragmentação

Reprodução assexuada em planária: fragmentação e reconstituição.

Doenças causadas por platelmintos

Algumas espécies de platelmintos são parasitas e causam doenças em animais e no homem. É o caso da esquistossomose e da teníase.

Esquistossomose

A esquistossomose é uma doença causada pelo parasita *Schistosoma mansoni*, um platelminto de sexos separados. A fêmea do esquistossomo é mais longa e fina que o macho (cerca de 1,0 cm de comprimento). Na época do acasalamento, o macho dobra-se e forma um sulco ou um canal, onde a fêmea se aloja. Ambos possuem ventosas na extremidade anterior do corpo para facilitar a fixação no hospedeiro.

Os adultos vivem nos vasos sanguíneos que unem o fígado ao intestino. Os ovos são microscópicos e apresentam uma estrutura típica, um espinho lateral. A fêmea inicia a postura dos ovos (mais de 1.000 por dia), que rompem os pequenos vasos da parede intestinal e passam para a cavidade desse órgão. Os ovos são eliminados para o meio exterior por meio das fezes.

Em meio apropriado, como em uma lagoa, açude ou represa, os ovos transformam-se em larvas ciliadas microscópicas, chamadas **miracídios**, que vivem somente algumas horas e nadam à procura de um hospedeiro, um caramujo do gênero *Biomphalaria* que habita a água doce limpa e calma. No caramu-

Fique por dentro!

No Brasil, estima-se que 1,5 milhão de pessoas esteja em área de risco de contrair esquistossomose, sendo os estados da Região Sudeste e da Nordeste os mais afetados.

jo, no prazo de 20 a 30 dias, os miracídios transformam-se em larvas, também ciliadas, chamadas **cercárias**, que abandonam esse hospedeiro. As cercárias, também microscópicas, nadam ativamente até encontrarem seu próprio hospedeiro, o homem; caso contrário, morrem em aproximadamente 3 dias. Essas larvas penetram através da pele e, pela corrente sanguínea, chegam ao fígado, onde se transformam em adultos, fechando o ciclo.

Lembre-se!

A penetração das cercárias através da pele produz irritação e coceira. Por esse motivo, as lagoas infestadas são chamadas "lagoas de coceira" e o ditado popular "se nadou e depois coçou, é porque pegou" refere-se ao modo mais frequente de se adquirir a doença.

VAGNER COELHO/acervo da editora

Ciclo da esquistossomose. (Cores-fantasia. Ilustração fora de escala.)

LUIS MOURA/acervo da editora

ventosas

fêmea

canal ou sulco

macho

Casal de *Schistosoma mansoni*.

EYE OF SCIENCE/SCIENCE PHOTO LIBRARY/LATINSTOCK

O esquema e a foto mostram um casal de *Schistosoma mansoni* em acasalamento. A fêmea está alojada em um canal formado pelo corpo do macho. (Foto obida com microscopia eletrônica. Ampliação: 50 vezes.)

Caramujo do gênero *Biomphalaria*, hospedeiro intermediário das larvas de esquistossomo.

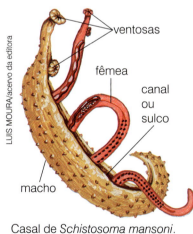

EDUARDO RIVERO/SHUTTERSTOCK

Fique por dentro!

A esquistossomose é popularmente conhecida como xistosa, "barriga-d'água" ou "doença do caramujo".

É SEMPRE BOM SABER MAIS!

Hospedeiro intermediário e hospedeiro definitivo

Alguns parasitas, entre eles o *Schistosoma mansoni*, por exemplo, em seu ciclo de vida passam por hospedeiros diferentes: o primeiro, enquanto se encontram na fase de larva, uma fase intermediária no ciclo de vida do animal, por isso mesmo chamado de **hospedeiro intermediário**, e o segundo quando, então, os parasitas se tornam adultos, chamado de **hospedeiro definitivo**.

No *Schistosoma mansoni*, o hospedeiro intermediário, que abriga a fase de larva desse parasita, é o caramujo do gênero *Biomphalaria*, enquanto o ser humano, que abriga o parasita na fase adulta, é o hospedeiro definitivo.

A profilaxia da esquistossomose inclui:

Profilaxia: prevenção.

- a construção de fossas e rede de esgoto (saneamento básico), evitando que as fezes contaminem o meio ambiente;
- a eliminação dos caramujos, por meio do uso de substâncias químicas (controle químico) ou de animais que se alimentam de caramujos (controle biológico), como peixes, patos, cágados, entre outros, a fim de interromper o ciclo;
- além disso, evitar nadar ou lavar roupas em represas, lagoas ou açudes contaminados.

◗ *Teníase*

A *Taenia solium* (tênia do porco) está associada a duas doenças: *teníase* e *cisticercose*. O parasita tem a forma de uma longa fita achatada, em que é possível identificar uma minúscula cabeça (cerca de 1 mm de diâmetro), o **escólex**, dotada de ventosas e ganchos, adaptações que fixam o parasita à parede intestinal. Segue-se um número muito grande de segmentos chamados **proglotes** ou **proglótides**. As proglotes crescem (até cerca de 1 cm de comprimento), amadurecem e cumprem sua única função, que é a de reprodução. São tão numerosas que esse verme pode medir até 10 m de comprimento!

A tênia é hermafrodita, em cada proglote existem testículos e ovários. A reprodução ocorre por autofecundação.

Teníase é o nome da doença causada pela presença de uma tênia adulta no intestino humano, que se prende à parede desse órgão por meio de ventosas e ganchos do escólex. Normalmente, só uma tênia desenvolve-se no intestino, razão do nome popular, **solitária**.

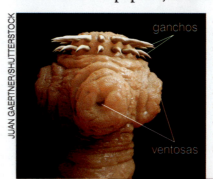

JUAN GAERTNER/SHUTTERSTOCK

ganchos

ventosas

Ao lado, cabeça de *Taenia solium*, em que podem ser vistos ganchos e ventosas que auxiliam o parasita a se prender ao hospedeiro. (Imagem ampliada 50 vezes.)

Tênia presa pelo escólex a intestino humano. Observe as dezenas de proglotes que formam o corpo do animal.

Fique por dentro!

Há várias espécies de tênias; duas são as mais frequentes entre nós: a *Taenia solium*, também conhecida como tênia do porco, e a *Taenia saginata*, a tênia do boi. Além da diferença quanto ao hospedeiro intermediário (porco ou boi), somente o escólex de *Taenia solium* possui ganchos. A cabeça da *Taenia saginata* (tênia do boi) só apresenta ventosas.

Após a autofecundação as proglotes grávidas, isto é, repletas de ovos são eliminadas para o exterior por meio das fezes. Esses ovos microscópico podem contaminar o solo, a água e as hortaliças. O porco, criado fora dos chiqueiros, pode ingerir os ovos que, chegando ao intestino, liberam embriões que atravessam o revestimento intestinal e chegam ao sangue. Cada embrião, ao fixar-se na musculatura, no sistema nervoso ou sob a pele, transforma-se em uma larva chamada **cisticerco**.

Ao ingerirmos carne de porco crua ou mal cozida contendo cisticercos, estes, ao chegarem ao intestino, rompem-se, fixam-se na parede intestinal e desenvolvem-se em tênias adultas.

> **Jogo rápido**
>
> Cite pelo menos duas medidas que podem impedir a ocorrência de teníase nas pessoas.

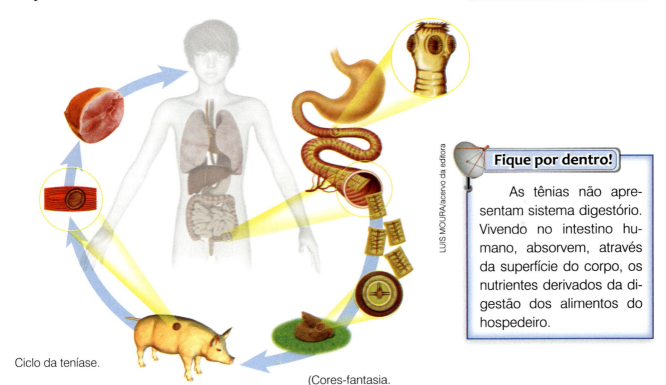

Ciclo da teníase.

(Cores-fantasia. Ilustração fora de escala.)

LUIS MOURA/acervo da editora

> **Fique por dentro!**
>
> As tênias não apresentam sistema digestório. Vivendo no intestino humano, absorvem, através da superfície do corpo, os nutrientes derivados da digestão dos alimentos do hospedeiro.

◗ Cisticercose

O ser humano pode ingerir ovos da tênia em verduras mal lavadas ou por meio das mãos contaminadas pelas próprias fezes. Como acontece nos porcos, os embriões microscópicos atravessam a parede intestinal e são levados pela corrente sanguínea para diversos locais do corpo, entre os quais a musculatura e o sistema nervoso (cérebro, medula, nervo óptico), onde se transformam em larvas, os **cisticercos.** O caso mais grave ocorre quando a larva se aloja no sistema nervoso, causando uma doença chamada **neurocisticercose**.

As principais medidas preventivas para a teníase e a cisticercose compreendem:

- saneamento básico (construção de rede de esgoto ou fossas sanitárias);

> **Jogo rápido**
>
> Não ingerir carne de porco contendo cisticercos evita a possível ocorrência imediata de teníase ou de cisticercose?

- educação sanitária (adquirir hábitos de higiene pessoal, como lavar as mãos após defecação; higiene alimentar, como o consumo de hortaliças bem lavadas);
- criação de porcos isolados do contato com fezes humanas;
- inspeção da carne nos matadouros;
- comer carne suína e bovina bem cozidas ou previamente congeladas (5 graus centígrados abaixo de 0 °C por, no mínimo, 4 horas).

É SEMPRE BOM SABER MAIS!

Teníase e neurocisticercose: qual é a diferença?

Ambas são doenças causadas pelo mesmo verme parasita, porém em fases diferentes do ciclo de vida.

Na **teníase**, o homem apresenta uma tênia adulta no intestino e é adquirida quando o indivíduo come carne de porco contaminada com cisticercos (larvas).

A **neurocisticercose** é doença na qual o indivíduo apresenta a larva cisticerco no cérebro ou em outras partes do sistema nervoso (nervos, medula). Neste caso, o paciente ingeriu, como fazem os porcos, os ovos da tênia, que podem se fixar em alguns órgãos, como o cérebro, por exemplo.

Nematelmintos

Os nematelmintos (do grego, *nêma*, *atos* = fio, filamento + *helminthos* = = verme), também conhecidos como nematoides, agrupam os vermes de corpo alongado e cilíndrico, com pontas afiladas.

Estes animais têm grande capacidade de adaptação a diversos ambientes. Podem viver no solo, na água doce, nos oceanos, nas regiões geladas e até mesmo em fontes quentes onde a temperatura da água pode atingir 50 °C.

Embora a maioria dos representantes seja de vida livre, há um grande número de espécies parasitas de praticamente todos os tipos de plantas e animais.

Os nematelmintos apresentam uma importante novidade evolutiva: pela primeira vez, um animal apresenta um **tubo digestório completo**, ou seja, com duas aberturas independentes: boca e ânus.

A reprodução é **sexuada**; os sexos são geralmente separados (machos e fêmeas). Após a cópula, as fêmeas eliminam grande quantidade de ovos, dos quais emergem jovens muito parecidos com os adultos, porém muito menores.

Jogo rápido

Que nome é utilizado para caracterizar o tubo digestório de animais que possuem boca e ânus?

Doenças causadas por nematelmintos

Das muitas espécies de nematelmintos parasitas, cerca de uma dúzia tem importância médica.

Ascaridíase

A lombriga da espécie *Ascaris lumbricoides* é um parasita humano que causa a **ascaridíase**. É um verme de sexos separados, em que o macho, menor que a fêmea, tem a extremidade posterior em forma de gancho, adaptando-o para prender-se à fêmea durante o acasalamento. A fêmea é um pouco mais longa e espessa que o macho.

As lombrigas adultas habitam o intestino do homem. Após o acasalamento e a fertilização dos óvulos, milhares de ovos são eliminados para o meio exterior por meio das fezes. Os ovos são muito resistentes, podendo durar até 10 anos no solo.

Para o homem adquirir o parasita, deverá ingerir alimentos ou água contaminados com ovos contendo embriões. Uma vez ingeridos os ovos, as fases jovens microscópicas libertam-se, atravessam a parede intestinal e caem na circulação sanguínea. Pelo sangue, chegam ao coração e migram para os pulmões. Dois ou três meses depois, sobem pelas vias do aparelho respiratório (brônquios, traqueia, laringe e faringe). Chegando à faringe, podem seguir dois caminhos: serem eliminadas com a expectoração (tosse) ou serem deglutidas, dirigindo-se novamente ao intestino, onde, em dois ou três meses, atingem a maturidade sexual, fechando o ciclo.

Fique por dentro!

A lombriga é encontrada em todos os países do mundo e parasita em torno de 30% da população mundial. No Brasil, estima-se que 40 milhões de pessoas são afetadas pelo parasita.

Ascaris lumbricoides, nematoide causador da ascaridíase. O tamanho desses parasitas, quando adultos, varia de 15 a 35 cm.

Ciclo da ascaridíase.

(Cores-fantasia. Ilustração fora de escala.)

Em pequenas infecções, com poucos vermes, o homem praticamente não apresenta nenhum sintoma. Porém, nas infecções em que dezenas de vermes podem estar presentes, os sintomas são graves e incluem desnutrição, perturbações intestinais e infecção pulmonar.

A prevenção inclui:

- saneamento básico (rede de água, coleta e tratamento de esgotos);
- educação sanitária, como lavar bem as mãos, lavar adequadamente frutas e verduras;
- consumir água tratada e filtrada.

Jogo rápido

Cite duas medidas preventivas que podem evitar a contaminação por ovos de lombriga.

DAVID SCHARF/SCIENCE PHOTO LIBRARY/LATINSTOCK

Ancylostoma duodenale, em que se podem ver estruturas semelhantes a dentículos. (Imagem obtida por microscopia eletrônica. Ampliação: 130 vezes.)

Ancilostomose (amarelão)

O *Ancylostoma duodenale* e o *Necator americanus* parasitam o homem provocando *ancilostomose*, doença conhecida popularmente como *amarelão*, *opilação* ou *ancilostomíase*. Trata-se de vermes de sexos separados, em que o macho e a fêmea têm cerca de 1 cm de comprimento. Uma característica marcante dos parasitas é a presença na boca de dentículos ou placas cortantes, que os adaptam a raspar a parede do intestino delgado, retirando dos ferimentos sangue para se alimentar.

Os adultos vivem no intestino delgado, fixando-se em diversos pontos da parede do órgão. Após a fecundação, a fêmea produz um número muito grande de ovos que são eliminados para o exterior por meio das fezes. Os ovos, em 24 horas, desde que o solo esteja em condições favoráveis (solo úmido e quente), transformam-se em larvas.

A infestação ocorre através da pele. Se um indivíduo estiver descalço e pisar no local onde se encontra o parasita, a larva atravessa a pele e cai na circulação sanguínea. A partir daí seguem o mesmo caminho das fases jovens de lombriga: coração, pulmões, vias aéreas superiores, podendo causar sintomas de bronquite ou pneumonia. Assim como acontece na ascaridíase, as larvas podem ser eliminadas para o exterior (expectoração) ou deglutidas. Neste caso, dirigem-se ao intestino, onde, em torno de um mês, atingem a maturidade sexual, fechando o ciclo.

Jogo rápido

Como justificar a uma pessoa que, ao visitar uma região rural, não deve caminhar descalço no sentido de evitar a contaminação por vermes do amarelão?

Ciclo da ancilostomíase.
(Cores-fantasia. Ilustração fora de escala.)

LUIS MOURA/acervo da editora

O parasita fere a parede intestinal provocando perda de sangue (hemorragia). Essa perda de sangue pode causar anemia, principalmente nos casos de nutrição deficiente em proteínas e ferro. A palidez característica dos estados de anemia originou o nome popular da doença, amarelão. Em crianças, há perda de apetite, o que pode retardar o desenvolvimento físico e mental, diminuindo a capacidade de aprendizado, além de prejudicar o funcionamento de todos os órgãos do corpo. Diarreias, dores abdominais, náuseas e vômitos também são sintomas das lesões intestinais.

As medidas preventivas são as mesmas da ascaridíase (lombriga). Além disso, no caso específico do amarelão, o uso de calçados para evitar o contato dos pés com o solo e a proteção das mãos ao mexer na terra evitam a entrada do parasita.

> **Fique por dentro!**
>
> Estima-se que mais de 400 milhões de pessoas encontram-se infectadas pelos vermes causadores do amarelão em todas as regiões tropicais do mundo.

Oxiuríase ou enterobíase

Esta doença é causada pelo *Enterobius vermicularis*, nematoide que vive no intestino grosso do ser humano. As fêmeas medem de 8 a 12 mm de comprimento e são maiores que os machos.

É característica dessa verminose a coceira intensa na região anal, local em que as fêmeas fecundadas se rompem e liberam os ovos. Causa inquietação, irritabilidade, insônia. As crianças reinfestam-se ao coçar a região anal e levar as mãos à boca.

Como medida preventiva, temos que:

- a higiene pessoal é fundamental, assim como a limpeza em ambientes onde moram pessoas afetadas, pois os ovos presentes em roupas e lençóis espalham-se facilmente por todos os locais da casa;
- recomenda-se o consumo de verduras bem lavadas e de água filtrada.

Parasita *Enterobius vermicularis*, causador da oxiuríase, visto ao microscópio óptico.

Filaríase (elefantíase)

O inchaço na perna que você está vendo na foto é típico da doença chamada **filaríase** (do latim, *filariu* = novelo de linha), conhecida popularmente como **elefantíase**. Essa doença é causada por um nematoide, a *Wuchereria bancrofti*, também chamado *filária da elefantíase*, que mede de 4 a 10 cm de comprimento.

Essa doença afeta os vasos sanguíneos e linfáticos do sistema circulatório, que são obstruídos pelos vermes. Essa obstrução causa dificuldades circulatórias e acúmulo de líquido (linfa) nos órgãos afetados, principalmente nas pernas, mamas e saco escrotal. O nome elefantíase decorre do intenso aumento do volume das pernas, parecendo as de um elefante.

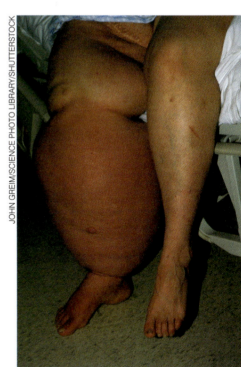

Mulher com inchaço na perna em consequência de filaríase (elefantíase), doença que afeta o sistema linfático e é causada por vermes filárias.

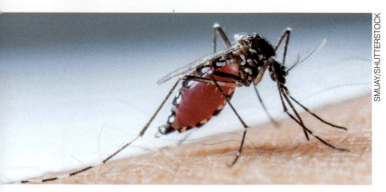

Mosquito *Culex*, um dos gêneros de inseto transmissores da filaríase.

É transmitida ao homem pela picada de mosquitos dos gêneros *Culex*, *Anopheles* ou *Aedes*.

Para evitar a propagação da doença, deve-se:

- submeter os doentes a tratamento;
- combater os mosquitos transmissores;
- instalar telas em janelas;
- usar mosquiteiros para evitar o contato com insetos transmissores.

É SEMPRE BOM SABER MAIS!

Sistema linfático

Quando o sangue percorre os vasos do sistema circulatório, uma pequena parte de seu líquido atravessa as paredes desses vasos. Esse líquido, chamado **linfa**, banha os tecidos à volta dos vasos, mas deve voltar ao sangue.

Cabe ao **sistema linfático** coletar e fazer retornar ao sangue a linfa retida nos tecidos. Finíssimos vasos linfáticos (*capilares linfáticos*) se reúnem formando vasos maiores, que terminam por formar um grande vaso linfático, o **ducto torácico**. Este, por sua vez, desemboca em uma veia que se dirige ao coração. Também fazem parte desse sistema os *linfonodos*, que contêm em seu interior grupamentos de determinado tipo de glóbulo branco.

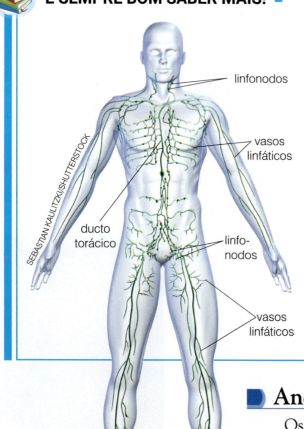

linfonodos

vasos linfáticos

ducto torácico

linfonodos

vasos linfáticos

Representação artística de parte do sistema linfático humano.

Anelídeos

Os mais conhecidos representantes do filo dos anelídeos (do latim, *annulus* = anel) são as minhocas, animais de vida livre encontrados em ambiente terrestre úmido. Em todos os anelídeos a simetria do corpo é *bilateral*.

Minhoca. Observe o corpo segmentado; a luz incidente é refletida pelo muco que recobre a superfície do corpo, favorecendo as trocas gasosas da respiração e diminuindo o atrito na locomoção.

A principal característica que permite reconhecer os anelídeos e diferenciá-los dos outros vermes (platelmintos e nematelmintos) é o **corpo segmentado**, isto é, dividido em grande número de anéis ou segmentos. Mas, cuidado! Você poderá encontrar essa característica – corpo segmentado – nos artrópodes, grupos de animais que será estudado mais adiante. Porém os artrópodes têm patas, o que não ocorre nos anelídeos.

O tamanho dos anelídeos varia desde aproximadamente 1 milímetro até os grandes anelídeos, como, por exemplo, a minhoca gigante da Austrália, que atinge 3 metros de comprimento, ou os minhocuçus que, em nosso país, chegam a mais de 1 metro de comprimento e 2 cm de diâmetro.

O filo dos anelídeos compreende três classes cujos nomes se referem à existência ou não de **cerdas** implantadas nos segmentos do corpo:

- **oligoquetas** (do grego, *oligos* = pouco + *chaite* = cerdas) – a essa classe pertencem as minhocas e os minhocuçus, que são terrestres, e pequenos anelídeos de água doce; são raros no mar. Os oligoquetas possuem cerdas muito curtas implantadas no meio de cada segmento, e por serem *pouco numerosas*, motivaram o nome dado à classe. As cerdas são produzidas pela epiderme e podem servir, por exemplo, como auxiliares na locomoção das minhocas;

FABIO COLOMBINI

Minhocuçu-do-cerrado (*Rhinodrilus alatus*), anelídeo terrestre que pode chegar a 60 cm de comprimento.

> **Jogo rápido**
>
> Qual é a principal característica externa visível no corpo dos anelídeos?

- **poliquetas** (do grego, *polys* = muito + *chaite* = cerda) – o nome dessa classe refere-se ao fato de as cerdas serem geralmente *muito numerosas*. Ficam implantadas em expansões laterais, que atuam como remos e servem para nadar, rastejar no fundo oceânico e, frequentemente, para efetuar trocas gasosas. São animais exclusivamente aquáticos, principalmente marinhos, como o poliqueta *Nereis*, usado como isca para a pesca;

SOLODOV ALEXEY/SHUTTERSTOCK

Poliqueta marinho do gênero *Nereis*. Podem atingir até 30 cm de comprimento.

As sanguessugas (*Hirudo medicinalis*), como a da foto, foram muito usadas no passado para sangrias.

PHOTOCREA/SHUTTERSTOCK

- **hirudíneos** (do latim, *hirudo* = sanguessuga) – esta é a classe à qual pertencem as sanguessugas. Não possuem cerdas e, por isso, são também chamadas de aquetas (do grego, *a* = não + + *chaite* = cerda). As sanguessugas são os únicos representantes dos anelídeos que apresentam **ventosas**, uma em cada extremidade do corpo. Com elas o animal prende-se ao substrato ou ao corpo de seu hospedeiro. A ventosa anterior contém a boca e dentículos com os quais perfuram a pele de seus hospedeiros ou dilaceram suas presas.

Durante muito tempo, a sanguessuga *Hirudo medicinalis* foi usada para fazer sangrias em pessoas acometidas de algumas enfermidades sanguíneas.

Características gerais das minhocas

As minhocas nutrem-se de matéria orgânica em decomposição. O tubo digestório é **completo**, com boca e ânus; portanto, a digestão é extracelular. As fezes são eliminadas em pequenos montes, fora das galerias, na superfície do solo.

As minhocas não possuem órgãos respiratórios especiais: a respiração é **cutânea** (ocorre por simples difusão através da superfície do corpo). Por isso a minhoca deve manter sua superfície úmida, favorecendo a aderência das moléculas de oxigênio, que em seguida atravessam a epiderme e se difundem para dentro dos vasos sanguíneos. O gás carbônico faz o caminho inverso e é eliminado para o ambiente.

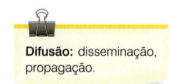

Difusão: disseminação, propagação.

O sistema circulatório da minhoca consiste basicamente de uma série de vasos sanguíneos por onde circula o sangue e, com ele, nutrientes, gases e excretas. Seu sangue é vermelho devido à presença de **hemoglobina**, proteína rica em ferro, que transporta oxigênio e gás carbônico.

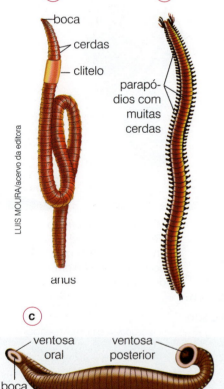

LUIS MOURA/acervo da editora

Anelídeos: (a) oligoqueta, (b) poliqueta e (c) hirudíneo. (Cores-fantasia. Ilustrações fora de escala.)

Esquema mostrando os sistemas circulatório e nervoso da minhoca. (Cores-fantasia. Ilustração fora de escala.)

gânglio cerebroide — "corações" laterais — vaso sanguíneo dorsal — moela — boca — faringe — esôfago — vaso sanguíneo ventral — cordão nervoso ganglionar ventral — intestino — ânus

LUIS MOURA/acervo da editora

Células sensoriais na superfície do corpo permitem ao animal ter a sensação de claro e escuro.

Quanto à reprodução, as minhocas são **hermafroditas**, mas sem autofecundação. Na região anterior do animal há um conjunto de anéis que formam uma estrutura rica em glândulas, mais visível na época da reprodução. É o **clitelo**, que secreta um envoltório ou casulo que protege os ovos. A fecundação é **cruzada**: durante a cópula, cada uma das minhocas troca espermatozoides com a sua parceira. Não há fase larvária.

Esquema de reprodução em minhocas. Nesses animais, à noite, dois indivíduos saem de seus túneis e justapõem seus corpos orientados em sentidos opostos, e se mantêm unidos por meio de uma substância mucosa produzida pelo clitelo. Depois da separação, os óvulos são liberados para o casulo que, ao ser deslocado para a extremidade anterior, recebe os espermatozoides. Ao ser liberado para o meio, o casulo se fecha e o desenvolvimento dos ovos ocorre em seu interior. (Cores-fantasia. Ilustrações fora de escala.)

Jogo rápido

Como é o desenvolvimento dos ovos das minhocas? Justifique sua resposta.

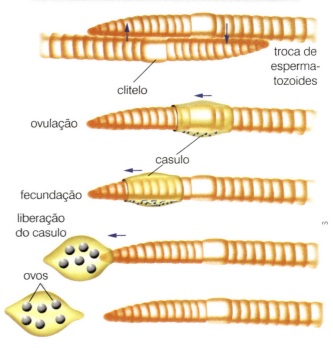

troca de espermatozoides

clitelo

ovulação

casulo

fecundação

liberação do casulo

ovos

DE OLHO NO PLANETA
Meio Ambiente

Qual é a importância das minhocas na agricultura?

A produção alimentar pela atividade agrícola depende de vários fatores, sendo um dos mais importantes a qualidade do solo. Assim, o **húmus**, substância rica em nutrientes minerais, é um dos principais aliados do solo. O húmus origina-se da ação dos microrganismos decompositores (bactérias e fungos) que, agindo sobre resíduos orgânicos, como folhas, galhos, raízes e restos de animais, devolvem minerais ao solo, aumentando a sua fertilidade.

Ocorre que o processo de formação do húmus pela natureza é relativamente lento. E é aí que entram as minhocas, pois elas ingerem terra com restos orgânicos e eliminam 60% do que comeram em forma de húmus! Assim, as minhocas reciclam rapidamente a matéria orgânica produzindo um adubo muito rico em bactérias decompositoras, o que resulta em um solo com maiores quantidades de minerais, como cálcio, fósforo, magnésio, potássio.

Além disso, as minhocas facilitam a entrada de água e ar, melhorando a permeabilidade do solo. E mais, o movimento de vai e vem (sobe e desce) das minhocas faz com que a terra mais profunda suba para a superfície e a matéria orgânica seja levada para níveis inferiores. É por isso que as minhocas são consideradas "arados vivos".

MARCOVARRO/SHUTTERSTOCK

Solo em processo de formação de húmus, em que podem ser vistas várias minhocas.

Nosso desafio

Para preencher os quadrinhos de 1 a 16, você deve utilizar as seguintes palavras: amarelão, anelídeos, esquistossomos, filaríase, hirudíneos, nematelmintos, oligoquetas, oxiuríase, parasitas, planárias, platelmintos, poliquetas, roliço (cilíndrico), segmentado, tênias, teníase.

À medida que você preencher os quadrinhos, risque a palavra que escolheu para não usá-la novamente.

esquistossomose

6

causam

causam

4

5

3

como

como

vida livre

2

podem ser

1

de

corpo achatado

filo dos

ascaridíase

perturbações intestinais

VERMES

7

filo dos

causam

9

Ancylostoma duodenalis

Necator americanus

de corpo

8

10

intensa coceira anal

11

grandes inchaços

filo dos

12

de corpo

13

sem cerdas

com cerdas

como os

como os

14

15

16

Ex.: sanguessugas

Ex.: minhocas

Ex.: *Nereis*

Atividades

1. [1, 6, 7, 9, 10] Um mergulhador lança um corante próximo a uma esponja. O corante, então, penetra no corpo da esponja e sai diluído através do(s) ósculo(s). Como se explica esse fato?

2. [6, 7, 10] Os poríferos são filtradores ou predadores? Justifique sua resposta.

3. [6, 10] Cite quatro representantes de cnidários.

4. [6, 7, 10] Por que o tubo digestório dos cnidários é chamado de incompleto?

5. [6, 7, 10] Quais são as células que permitem identificar um porífero e um cnidário? E quais as suas funções?

6. [6, 7, 10] Caso um pedaço de fígado seja colocado na água em que se encontra uma planária que não foi alimentada recentemente, o animal rapidamente, por meio de percepção das substâncias químicas, localiza a fonte alimentar, dirigindo seu movimento em direção ao pedaço de fígado.

   a) Qual é a importância da cabeça da planária na localização e no movimento em direção ao alimento?

   b) A planária pode ser classificada como consumidora de primeira ordem? Justifique a resposta.

7. [5, 6, 7, 9, 10] O processo digestivo da planária tem início em uma boca situada na linha mediana ventral do organismo. A boca se abre em uma faringe alongada, fortemente muscular, móvel, que se projeta para fora do organismo para capturar uma presa. Em seguida a faringe retrai e a presa é levada para o interior do organismo. A faringe abre-se no intestino para onde é levado o alimento. Não há ânus e a boca faz o papel de boca e ânus.

   a) Ao comparar o processo digestivo da hidra (cnidário) com o da planária, é correto dizer que o processo de captura da presa é exatamente igual? Justifique a resposta.

   b) Em termos de estrutura, a hidra e a planária têm tubo digestório incompleto. Isso é correto? Justifique a resposta.

8. [1, 6, 7, 10] Caso impeçamos a alimentação das planárias, elas diminuem de tamanho, pois passam a digerir seus órgãos internos, sobrando pouco mais do que o sistema nervoso, que não regride. É por isso que as planárias em regime de fome têm praticamente apenas a região da cabeça. Como se explica que as planárias conseguem retornar ao tamanho primitivo ao serem realimentadas?

9. [6, 10] Leia com atenção o texto abaixo e responda ao que se pede.

"Os ovos misturados com as fezes alcançam o meio externo. Caindo em uma lagoa, açude ou represa, cada ovo origina uma larva ciliada, o miracídio, que precisa entrar em um caramujo a fim de continuar o ciclo de vida do verme parasita."

Cite o nome do parasita associado ao texto acima e o nome da doença que ele causa no homem.

10. [6, 7, 9, 10] Como se explica que as tênias conseguem sobreviver sem um sistema digestório?

11. [1, 6, 7, 9, 10, 11, 15, 17, 18] Considere a seguinte situação: um indivíduo portador de uma tênia do porco em seu intestino trabalha em uma lanchonete. Após defecar, contamina as mãos com as próprias fezes e, por falta de higiene, contamina os alimentos (verduras) que manipula com ovos do parasita e, ao levar as mãos à boca, autoinfesta-se. Para essa situação, responda:

   a) Qual é a doença do funcionário da lanchonete?

   b) Que doença ele e os fregueses da lanchonete poderão desenvolver a partir da ingestão de ovos do verme? Por quê?

   c) Por que a contaminação do funcionário pelos ovos da solitária chama-se autoinfestação?

12. [1, 6, 7, 9, 10, 11, 15, 17, 18] Dependendo de como se completa o ciclo de vida de determinado parasita, as doenças por eles provocadas podem ser adquiridas mesmo nos grandes centros urbanos. Neste caso, por que a teníase e a cisticercose podem se desenvolver nesses locais e a esquistossomose não?

13. **[1, 2, 6, 7, 10, 15, 16, 17, 18]** Algumas medidas podem ser tomadas como profilaxia para evitar várias doenças causadas por vermes. Seguramente investir em saúde pública e saneamento básico (abastecimento com água potável e tratamento do esgoto) são maneiras eficazes de evitar a contaminação do ser humano por muitos vermes parasitas, entre eles o *Schistosoma mansoni*, responsável pela esquistossomose. No entanto, em muitas regiões do Brasil, a falta de saneamento básico aliada a fatores socioeconômicos resulta em um maior número de verminoses.

a) O que significa profilaxia?

b) Nas regiões em que falta saneamento básico e as condições socioeconômicas são precárias, a instalação de *lavanderias* e *chuveiros públicos* poderia amenizar a contaminação pelo *Schistosoma mansoni*, causador da esquistossomose? Justifique a resposta.

14. **[1, 6, 7, 10]** Um verme cilíndrico, não segmentado, cujo corpo é recoberto por uma cutícula espessa, com tubo digestório completo, sem sistema circulatório e respiratório é um platelminto ou um nematelminto? Justifique a resposta.

15. **[6, 7, 9, 10]** A digestão é o processo pelo qual os heterótrofos transformam os alimentos em moléculas necessárias para manter o metabolismo de suas células. Explique a evolução do processo digestivo, partindo dos poríferos, passando pelos cnidários e platelmintos, e chegando aos nematelmintos.

16. **[6, 10]** Leia com atenção os três trechos abaixo:

I. Os ovos são eliminados com as fezes e sofrem transformações até chegarem a larvas infestantes que vivem livremente no solo du-

rante certo tempo. Essas larvas penetram em indivíduos descalços através da pele.

II. Os ovos atingem o meio exterior e sofrem várias transformações até chegarem à fase larval (ainda dentro do ovo). Essas larvas entram no homem por via oral, libertam-se dos ovos e percorrem vários órgãos (fígado, coração, pulmões, vias aéreas) até serem deglutidas, voltando ao tubo digestório, onde se transformam em adultos.

III. A fêmea do mosquito suga o sangue de uma pessoa doente e transmite a uma outra pessoa as larvas infestantes, que chegam aos vasos linfáticos, onde se transformam em adultos.

Cite o nome do verme parasita associado a cada descrição.

17. **[1, 6, 7, 10, 11, 15, 16, 17]** A ascaridíase é a verminose mais comum em nosso país. Mesmo em cidades com coleta e tratamento de esgotos e consumo de água tratada, os casos de ascaridíase são bastante frequentes. Consulte o ciclo de vida da lombriga e procure uma explicação para a incidência tão grande dessa verminose.

18. **[6, 10]** O ciclo de determinado parasita humano revela que as larvas penetram ativamente através da pele. Em seguida, a larva alcança o sangue e pela circulação percorre vários órgãos até chegar ao intestino, onde se transforma em verme adulto. No intestino, a ação poderosa da cápsula bucal do parasita provoca sangramento; a perda de sangue pode chegar a 2,5 mg de ferro por dia, em que a maior parte é perdido nas fezes. Dessa forma, o quadro de anemia pode se instalar.

A parte do ciclo descrita no texto é a do parasita responsável pela ascaridíase? Justifique a resposta.

Leia com atenção o texto abaixo e responda às questões **19** e **20**.

O Jeca não é assim, ele está assim!

Monteiro Lobato, brilhante escritor brasileiro, escreveu entre outras obras, *Urupês*, em

1918, que reúne 14 contos. Jeca Tatu, o famoso personagem desse livro, surgiu em realidade pela primeira vez em uma carta enviada por Monteiro Lobato e publicada no jornal *O Estado de S. Paulo* em 1914.

Representativo de toda a miséria e atraso econômico do ambiente rural de então, inicialmente o caipira, na figura de Jeca Tatu, foi ironizado por Monteiro Lobato que o comparou a um parasita, homem desleixado, sem higiene pessoal, sempre de pés descalços, e que mantinha uma pequena plantação apenas para sobreviver. Sem nenhum tipo de educação e cultura, Jeca foi retratado como um ingênuo e preguiçoso.

Posteriormente, Lobato passa a participar de campanhas de saúde pública para a prevenção da doença de Chagas, da esquistossomose e do amarelão e percebe que esse "funesto parasita" – preguiçoso e apático – era, na verdade, uma pessoa doente. Conhecendo melhor a realidade do caboclo, Lobato em novo texto escreve: "Jeca não é assim, ele está assim!".

19. [1, 6, 7, 8, 9, 10, 11, 16, 17, 18] Explique o significado da frase do Monteiro Lobato: "O Jeca não é assim, ele está assim!".

20. [1, 6, 7, 8, 10, 17, 18] Pelo texto do enunciado, que parasita poderia entrar com facilidade no Jeca, provocando uma verminose? Justifique a resposta.

21. [1, 6, 7, 9, 10] Um verme de corpo segmentado, com tubo digestório completo, presença de sangue, é um nematelminto ou um anelídeo? Justifique sua resposta.

22. [1, 6, 7, 9, 10, 18] No meio agrícola, é muito comum dizerem que "solo bom é o que tem minhocas". Justifique essa frase, citando duas principais contribuições das minhocas para a melhoria do solo.

23. [1, 6, 7, 10, 16, 17, 18] A presença de parasitoses em determinadas áreas geográficas tem diversas causas, entre elas podemos destacar condições ambientais favoráveis (temperatura e umidade), elevada densidade populacional (relação entre o número de habitantes e a área ocupada), nutrição deficiente, baixas condições de vida, moradias inadequadas (ausência de saneamento básico), educação básica precária, entre outros. Esse quadro favorece a existência de doenças, entre elas as verminoses.

Para eliminar as verminoses é preciso atacar o problema em duas frentes: o tratamento médico (medicina curativa) e a medicina preventiva.

a) Qual é a diferença entre medicina curativa e medicina preventiva?

b) Investir grandes recursos em medicina curativa e poucos recursos em medicina preventiva é a solução para eliminar o problema de verminoses que assola determinada área geográfica? Justifique a resposta.

Navegando na net

Consulte o *site* a seguir e aprenda como criar um ecossistema em miniatura com a participação de minhocas (*acesso em:* 15 jun. 2018):

<http://objetoseducacionais2.mec.gov.br/bitstream/handle/mec/22124/Terr%C3%83%C2%A1rio%20-%20um%20ecossistema%20em%20miniatura.pdf?sequence=1>

Quem nunca teve um?

Bichinhos de pelúcia, quem nunca teve? Cachorrinho, gatinho, ursinho, porquinho e... joaninha!!! Sim, joaninha.

Joaninhas são coloridos e simpáticos insetos, que fazem parte de um grande universo de objetos (chaveiros, borrachinhas), desenhos animados, estampa de roupas, tapetes e, sim, objetos de pelúcia. Além disso, há quem acredite que as joaninhas dão sorte. Sabe por quê?

Bom, muito tempo atrás, mais exatamente na Idade Média, houve uma praga que estava acabando com as lavouras. Desesperados, diz a lenda que os agricultores pediram com muita fé aos deuses ajuda para proteger suas plantações. Logo as joaninhas, esses simpáticos artrópodes (um dos filos que estudaremos neste capítulo), apareceram e devoraram a praga que estava destruindo as plantações.

Se essa história é verdadeira ou não, no mínimo tem um fundo de verdade, pois esses coloridos artrópodes se alimentam de outros insetos, como os pulgões, que parasitam vários tipos de plantações, causando prejuízos incalculáveis às colheitas.

Neste capítulo, além desse interessante e diversificado filo dos artrópodes, que inlcui desde joaninhas e pulgões a camarões, lagostas, aranhas, escorpiões e centopeias, entre tantos invertebrados, você conhecerá outros dois filos animais igualmente interessantes: o dos moluscos e o dos equinodermos.

Então, vamos a eles.

SERG64/SHUTTERSTOCK

Moluscos

Os representantes do filo *Mollusca* (do latim, *mollis* = = mole, macio) são animais bastante conhecidos: polvos, mexilhões, ostras, lulas, caramujos, caracóis e lesmas. Este filo agrupa o maior número de espécies, entre os invertebrados, depois dos artrópodes, que serão estudados mais adiante neste capítulo. Todos são de vida livre, principalmente no mar; muitos representantes vivem em água doce (caramujos de água doce) e poucos em meio terrestres (caracóis e lesmas).

ZUZHA/SHUTTERSTOCK

SCHANKZ/SHUTTERSTOCK

LITTLESAM/SHUTTERSTOCK

FOTOKON/SHUTTERSTOCK

PRAPAT1120/SHUTTERSTOCK

Caracois de jardim (a) e lesmas (b) são moluscos terrestres, enquanto lulas (c), polvos (d) e mexilhões (e) são marinhos.

Os moluscos possuem grande importância econômica e ecológica. Basta lembrar, por exemplo, sua larga utilização na gastronomia, no comércio de conchas e derivados (botões, objetos de adorno, carbonato de cálcio), extração de pigmento púrpura na Antiguidade, além da produção de pérolas. Ecologicamente, lesmas e caracóis terrestres atacam hortaliças e plantas de jardim. Algumas espécies de caramujos de água doce são hospedeiros de fases intermediárias do ciclo de vida de vermes.

Jogo rápido

Em qual verminose o hospedeiro intermediário é um caramujo de água doce?

Organização geral do corpo dos moluscos

Quanto à aparência externa, os moluscos são bastante diferentes entre si, tanto que à primeira vista é difícil achar que ostras ou mexilhões tenham organização semelhante à dos caracóis e lesmas, ou à das lulas e polvos. Mas todos se caracterizam por terem **corpo mole** e **não segmentado**, basicamente formado por três partes: **cabeça**, **massa visceral** e **pé**.

- **Cabeça:** local onde se encontram, entre outras estruturas, a boca, o comando do sistema nervoso ("cérebro") e órgãos sensitivos, como, por exemplo, os olhos. Em alguns moluscos, a cabeça é bem destacada no corpo, como no polvo, nas lulas, no caracol e nas lesmas; em outros, a região da cabeça é muito reduzida, como nas ostras e mariscos. Em muitos moluscos, a boca apresenta uma estrutura chamada **rádula** (do latim, raspadeira), semelhante a uma língua recoberta por fileiras de dentículos que raspam ou fragmentam o alimento.

- **Massa visceral:** é o nome dado ao conjunto formado pelos órgãos internos dos sistemas digestório, respiratório, excretor, reprodutor e gânglios nervosos. A massa visceral é envolvida pela epiderme que recebe o nome de **manto**. Na maioria dos moluscos o manto secreta uma **concha calcária** (de carbonato de cálcio), um exoesqueleto que protege o animal e serve de apoio para músculos. Lesmas e polvos não têm concha.

- **Pé:** é uma estrutura muscular, ventral, usada para locomoção, para cavar ou para fixar o animal às rochas. Se você já observou caracóis e lesmas locomovendo-se, deve ter percebido que a base de apoio do corpo é uma espécie de sola larga que se estende ventralmente. Esse é o pé. É possível, também, que você já tenha observado conchinhas penetrando na areia molhada das praias. Nesse caso, o pé parece uma pequena língua achatada que o molusco só põe para fora das conchas na hora de esconder-se. Nos polvos e lulas, o pé transformou-se em um sifão, um tubo muscular usado na locomoção a jato propulsão. Nas ostras e mexilhões, que são fixos, o pé regrediu ou é pouco desenvolvido e sem função.

concha calcária recobrindo o manto e a massa visceral

olhos

tentáculos

ELENA SCHWEITZER//SHUTTERSTOCK

pé musculoso

Foto e esquema de caracol de jardim, ilustrando os principais componentes do corpo de um molusco. Quando adultos, os caracóis de jardim medem entre 2 e 5 cm de comprimento.

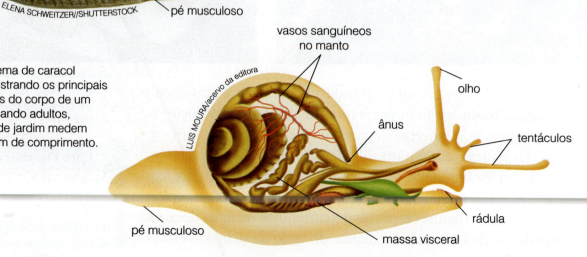

vasos sanguíneos no manto

olho

ânus

tentáculos

rádula

LUIS MOURA/acervo da editora

pé musculoso

massa visceral

Na maioria dos moluscos, o manto forma uma dobra que circunda o corpo de modo a delimitar um espaço a que chamamos **cavidade do manto**. Em alguns moluscos terrestres, como o caracol e a lesma, essa cavidade atua na respiração. Os moluscos marinhos (ostras, mexilhões, polvos e lulas) respiram por **brânquias** que se encontram na cavidade do manto.

Os moluscos apresentam sistema digestório **completo**, sendo que os restos não digeridos são eliminados pelo ânus.

A reprodução dos moluscos é sexuada, com fecundação cruzada, podendo ser externa ou interna. O desenvolvimento de algumas espécies aquáticas inclui uma fase de larva ciliada nadante, o que auxilia a dispersar a espécie.

Jogo rápido

Com base em seus conhecimentos anteriores, como é o desenvolvimento dos moluscos: direto ou indireto?

Classificação dos moluscos

As três classes mais importantes dos moluscos são: **gastrópodes**, **bivalves** e **cefalópodes**.

Os **gastrópodes** incluem os caramujos (aquáticos), os caracóis (terrestres) e as lesmas. Vivem no mar, na água doce ou na terra. Caracóis e lesmas são os únicos moluscos que se adaptaram ao meio terrestre. O pé é amplo e estende-se ao longo de todo o ventre, uma verdadeira sola musculosa, por isso os cientistas deram-lhe o nome de gastrópodes (do grego, *gaster* = = estômago, ventre + *podos* = pé).

Outra classe dos moluscos é a dos **bivalves**, que inclui as ostras e os mexilhões, que são animais marinhos. Muitas espécies de bivalves vivem em água doce. A cabeça não é diferenciada. Os bivalves também são conhecidos como **lamelibrânquios**, em referência a seus órgãos respiratórios (brânquias), que, nesta classe, têm forma de lâminas (ou lamelas) situadas na cavidade do manto, onde a água circula constantemente.

STEVE BYLAND/SHUTTERSTOCK

Os gastrópodes também são chamados de **univalves** pelo fato de a concha ser formada por uma peça única. A concha dos caracóis, animais terrestres (acima), é mais fina que a dos caramujos, animais aquáticos (ao lado, caramujo *Fasciolaria tulipa*).

BRIAN LASENBY/SHUTTERSTOCK

Jogo rápido

A concha formada por duas peças ou valvas que se articulam deu origem ao nome **bivalves**. Associe esse prefixo com outro termo que você conhece e explique qual o significado desse termo.

Os bivalves são moluscos facilmente identificados em virtude de suas conchas com duas valvas.

JOLANTA WOJCICKA/SHUTTERSTOCK

É SEMPRE BOM SABER MAIS!

As pérolas se formam quando um elemento estranho, como, por exemplo, uma larva microscópica de um verme, consegue entrar em uma ostra perlífera, alojando-se entre a concha e o manto. Esse intruso provoca uma irritação no manto, que passa a depositar diversas camadas de uma substância calcária, chamada *nácar* ou *madrepérola*, em torno dele, originando assim a pérola.

A madrepérola é responsável pelas cores das pérolas: rosadas, cinzentas, brancas, amarelas, marrons, verdes ou azuis. O valor comercial das pérolas depende principalmente do brilho, mas também levam-se em conta a cor, o tamanho e a regularidade de sua forma esférica. Só para você ter uma ideia, uma ostra leva em torno de 7 anos para produzir uma belíssima pérola, cujo valor comercial pode ser alto.

Até 1900, as pérolas eram casualmente encontradas quando as ostras eram abertas com finalidade alimentar, causando uma bela surpresa, ou quando mergulhadores abriam as ostras justamente à sua procura. Essas pérolas são chamadas de *pérolas naturais*.

A partir de 1916, praticamente todas as pérolas comercializadas passaram a ser cultivadas. Nesse caso, não é a entrada "natural" de um corpo estranho no manto da ostra que leva à formação da pérola. A concha é aberta; faz-se um pequeno corte no manto da ostra onde é introduzido um pequeno pedaço de concha que é envolvido por uma camada de manto. Em aproximadamente três anos obtém-se uma pérola de tamanho comercialmente interessante. Existem pérolas *cultivadas* tão belas e valiosas quanto as naturais.

ZONEFATAL/SHUTTERSTOCK

DIETER HAWLAN/SHUTTERSTOCK

tentáculos com ventosas

olho

sifão

O olho dos cefalópodes é muito desenvolvido e bastante parecido com o dos vertebrados. Os polvos, por exemplo, conseguem perceber objetos de até 0,5 cm a partir de uma distância de 1 m. Esta é uma vantagem considerável na localização e captura de presas, uma vez que esses animais são carnívoros predadores.

Os **cefalópodes** (do grego, *kephale* = cabeça + + *podos* = pé) é uma classe de moluscos exclusivamente marinhos, e seus principais representantes são lulas, polvos, náutilos e sépias (ou sibas). Possuem uma cabeça grande, muito diferenciada do resto do corpo, na qual se destaca a presença de um par de olhos muito desenvolvidos, diversos braços e tentáculos com **ventosas** e um **sifão** para a expulsão de água da cavidade do manto. Os cefalópodes são carnívoros predadores.

Nos polvos e lulas, a água que penetra na cavidade do manto e banha as brânquias pode também ser eliminada por fortes contrações do manto, criando jatos que impelem esses animais durante a locomoção. A esse mecanismo dá-se o nome de **jato propulsão**.

Polvos não possuem concha e as lulas possuem uma concha interna, reduzida a uma lâmina fina em forma de pena. As sépias (à esquerda, *Sepia officinalis*, chega a atingir 50 cm de comprimento) possuem uma concha interna reduzida e, às vezes, até está ausente, enquanto os náutilos (à direita, *Nautilus pompilius*, 24 cm de comprimento) têm uma bela concha externa, com várias câmaras de ar que os adaptam a flutuar em diversas profundidades.

ESTABELECENDO CONEXÕES

Cotidiano

A tinta presente na bolsa: usada na escrita, no desenho e na culinária

Na massa visceral dos cefalópodes existe uma bolsa com um líquido marrom ou negro, conhecida como bolsa de tinta, que se abre junto ao sifão. Quando perseguidos, jatos de água que saem da cavidade do manto, através do sifão, eliminam uma nuvem de tinta que confunde a visão e altera o olfato do predador, favorecendo a sua fuga.

Essa era, no passado, a tinta nanquim original usada na escrita e em desenhos.

Em muitos países preparam-se pratos à base de lula (risotos, ensopados) aos quais a tinta é acrescentada, conferindo-lhes uma cor escura peculiar.

Típico da culinária mediterrânea, macarrão ao molho de lula é preparado com a bolsa de tinta do molusco, daí a cor escura do molho.

Artrópodes

O filo *Arthropoda* é o maior e mais amplamente distribuído de todos os filos animais. O número de espécies conhecidas, cerca de 1.000.000, é maior que o de todos os outros filos somados. Mas como animais tão diferentes como aranhas, escorpiões, carrapatos, borboletas, pulgas, camarões e até centopeias pertencem ao mesmo filo? O que eles têm em comum para fazerem parte do **mesmo grupo**?

Na foto acima, de um gafanhoto, observe como as patas são articuladas, uma das características do corpo dos artrópodes. O tamanho de um gafanhoto adulto varia entre 2 a 8 cm.

Observe o esqueleto externo do besouro--rinoceronte, artrópode que mede entre 3 e 6 cm de comprimento, e que tem a característica de conseguir carregar 800 vezes o peso de seu próprio corpo!

Características gerais dos artrópodes

Apesar da imensa quantidade e diversidade dos representantes do filo dos artrópodes, todos apresentam, com exclusividade, as duas características seguintes:

- **apêndices articulados** – a palavra artrópodes vem do grego *arthron* = articulação + *podos* = pés, isto é, são animais de patas articuladas. Cada pata é formada por partes que se unem por meio de juntas (articulações) móveis. Olhando atentamente para a imagem de um gafanhoto, você poderá observar que, além das patas, outras partes também são articuladas, como, por exemplo, as antenas e as peças bucais. Por isso, é melhor dizer que os artrópodes possuem apêndices articulados, e as partes ou peças unidas por juntas móveis permitem uma ampla capacidade de movimentos;
- **exoesqueleto quitinoso** – uma característica que diferencia os artrópodes de outros animais é a presença de um esqueleto externo que recobre todo o seu corpo, como uma couraça ou carapaça protetora. É formado por uma substância chamada **quitina**, secretada pela epiderme.

É SEMPRE BOM SABER MAIS!

As mudas do esqueleto

O exoesqueleto dos artrópodes recobre o corpo como uma armadura. Como a maioria dos esqueletos que você conhece, este também oferece proteção aos órgãos internos, sustenta o corpo e serve de apoio para os músculos locomotores. Embora vantajoso, o exoesqueleto dos artrópodes não é elástico e, portanto, limita o crescimento desses animais. Para crescer, o animal precisa livrar-se, periodicamente, da armadura que o aprisiona. A substituição do esqueleto é feita por um processo chamado **muda** ou **ecdise** (do grego, *ekdysis* = ação de despir-se).

Durante a muda, o esqueleto abre-se por fendas dorsais ou laterais e o animal "despe--se" vagarosamente. Sob o velho esqueleto, a epiderme já secretou um novo, mais mole e elástico. Dentro dele, o corpo se "espreguiça", o novo esqueleto se distende e, pouco a pouco, enrijece. Durante o período de muda o animal torna-se vulnerável porque ainda não pode fugir ou defender-se de possíveis predadores. Os artrópodes terrestres ficam, ainda, sujeitos à desidratação. Em geral, durante as mudas, os artrópodes protegem-se em abrigos.

Muda em barata. Observe que o antigo esqueleto ainda encontra-se preso ao corpo do animal.

O corpo dos artrópodes também é segmentado (assim como o dos anelídeos). Em geral, podemos dizer que apresentam **cabeça, tórax** e **abdômen**. Porém, diferentemente dos anelídeos, alguns artrópodes apresentam segmentos unidos, como, por exemplo, as aranhas, em que a cabeça e o tórax se reúnem em uma única peça chamada **cefalotórax**.

O tubo digestório dos artrópodes é completo e os restos alimentares são eliminados pelo ânus. A reprodução, na maioria dos indivíduos, é sexuada, sendo que em algumas espécies ocorre desenvolvimento indireto.

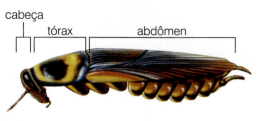

Divisão do corpo de um artrópode (uma barata) em cabeça, tórax e abdômen. Os apêndices não foram incluídos para uma melhor visualização. (Cores-fantasia.)

Classificação dos artrópodes

Tradicionalmente, classificam-se artrópodos em uma das seguintes classes: **insetos, crustáceos, aracnídeos, miriápodes (quilópodes** e **diplópodes)**.

Insetos

A classe dos insetos contém mais de 750.000 espécies descritas. Parece muito, mas na verdade os pesquisadores acreditam que existam milhões de outras ainda desconhecidas, a maioria nas florestas pluviais tropicais. Esta é, seguramente, a maior classe entre os artrópodes e o maior grupo entre todos os animais.

A capacidade de voo dos insetos favorece a dispersão das espécies, a fuga, o acesso rápido aos alimentos e a procura por condições ambientais mais favoráveis. Todas essas adaptações contribuíram para o domínio do ambiente terrestre pelos insetos. Eles sobrevivem mesmo nas condições mais adversas, das regiões geladas às desérticas. Algumas espécies vivem em água doce e raríssimas são encontradas no mar.

O corpo dos insetos está dividido em **cabeça, tórax** e **abdômen**. Na cabeça possuem **um par de antenas** e nela se concentram os principais órgãos sensoriais (olhos, antenas, peças bucais) e os gânglios cerebroides.

Jogo rápido

Anelídeos e artrópodes são animais de corpo segmentado. No entanto, há uma importante diferença corporal entre eles. Qual é a diferença?

Fique por dentro!

As antenas dos insetos têm função tátil e olfativa. Os órgãos olfativos são utilizados para encontrar alimentos, evitar predadores e, em muitos casos, para localizar a fêmea.

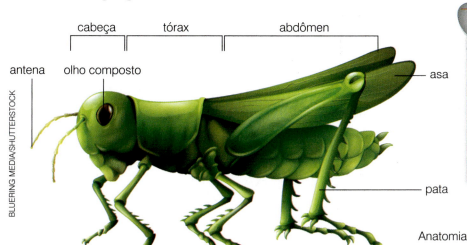

Anatomia externa de um gafanhoto. (Cores-fantasia.)

CRAIG TAYLOR/SHUTTERSTOCK

As duas grandes estruturas arredondadas, uma de cada lado da cabeça do inseto, são olhos compostos, cada um deles formado por unidades menores. (Fotografia de vespa do gênero *Ectemnius*.)

Os olhos dos insetos podem ser **simples**, também chamados de **ocelos**, que não têm a capacidade de formar imagens, mas apenas detectam a direção e a intensidade da luz, ou **compostos**, assim chamados por serem constituídos por unidades menores, cada uma delas responsável por um pedaço da imagem do objeto que o inseto enxerga. Transmitidas ao sistema nervoso, esses "pedaços de imagens" são integrados em uma imagem total.

A boca é rodeada por pares de **peças bucais** para auxiliar o animal na alimentação e outros apêndices articulados, modificados para a preensão do alimento. As peças bucais estão adaptadas ao tipo de alimento a ser ingerido. Assim, por exemplo, baratas e gafanhotos, que mordiscam sua comida, possuem aparelho **mastigador**; borboletas e mariposas, que sugam o alimento, possuem aparelho **sugador**; moscas e abelhas possuem aparelho **lambedor**; e pernilongos e mosquitos, que picam suas presas, possuem aparelho **perfurador**.

Preensão: ato de segurar agarrar.

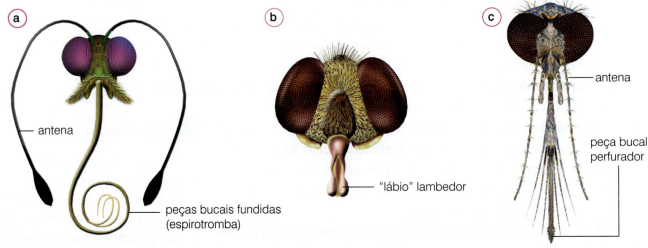

a — antena — peças bucais fundidas (espirotromba)

b — "lábio" lambedor

c — antena — peça bucal perfurador

Alguns tipos de aparelho bucal dos insetos: (a) sugador, (b) lambedor e (c) picador. (Cores-fantasia. Ilustrações fora de escala.)

Descubra você mesmo!

Com certeza, você já viu vários insetos, como moscas, pulgas e formigas, por exemplo. Todos eles tinham asas? Será que as asas estão presentes em toda a vida adulta dos insetos?

O tórax dos insetos é o centro locomotor onde se fixam três pares de patas, sendo um par em cada segmento. Possuem, em geral, dois pares de asas.

O abdômen é o centro reprodutor, pois nele encontram-se, entre outros, aqueles órgãos destinados à reprodução. De sexos separados, apresentam fecundação interna e os ovos dos insetos são protegidos por casca. O desenvolvimento pode ser direto (sem fases intermediárias) ou indireto (na maioria), passando por **metamorfose**.

No desenvolvimento direto, o inseto ao sair do ovo parece uma miniatura do adulto. Cresce por meio de mudas do exoesqueleto até atingir a fase adulta (imago), quando está pronto para a reprodução. Isto ocorre, por exemplo, na traça-de-livro. (Cores-fantasia. Ilustrações fora de escala.)

LUIS MORA/ acervo da editora

Metamorfose (do grego, *meta* = depois + *morphe* = forma) é sinônimo de transformação, modificação, e refere-se às diversas formas que se sucedem no desenvolvimento pós-embrionário, isto é, após a eclosão do ovo até a maturidade sexual na fase adulta, também chamada **imago**.

No desenvolvimento indireto, os insetos passam por transformações externas e internas, podendo apresentar metamorfose **completa** ou **incompleta**.

Na metamorfose **incompleta**, do ovo nasce uma ninfa. As ninfas são menores que os adultos, não têm asas e são sexualmente imaturas. Gradualmente, desenvolvem as características da fase adulta. É o que ocorre, por exemplo, com baratas, gafanhotos, percevejos e cigarras.

Na metamorfose **completa**, os insetos passam pelas fases de ovo, larva, pupa e adulto (imago). Isto ocorre, por exemplo, com borboletas, mosquitos e formigas.

LUIS MOURA/acervo da editora

Metamorfose incompleta em libélula. (Cores-fantasia. Ilustrações fora de escala.)

eclosão da borboleta

pupa

Sequência de fotos em que se vê a transformação de lagarta em borboleta monarca (*Danaus plexippus*). A lagarta sofre mudas, cresce e entra em fase de pupa. No interior da pupa, o corpo modifica-se até se diferenciar no animal adulto, que tem de 7 a 10 cm de largura.

STEVEN RUSSELL SMITHPHOTOS/SHUTTERSTOCK

Metamorfose completa em borboleta. As larvas são muito diferentes dos adultos e alimentam-se constantemente. Lagartas, mandruvás, taturanas, bernes e bichos-de-goiabas são exemplos de larvas. (Cores-fantasia. Ilustrações fora de escala.)

JPS/SHUTTERSTOCK

lagarta se fixando para a fase de pupa

lagarta

ovo

Para as trocas gasosas, os insetos apresentam **traqueias**, tubulações muito finas, que ligam diretamente o meio externo aos tecidos, sem precisar do sangue como intermediário nesse transporte. Isso quer dizer que o oxigênio chega mais rapidamente às células, e que atividades que demandam grande quantidade de energia, como o voo, podem ser executadas por um tempo longo, sem praticamente causar fadiga dos músculos que acionam as asas.

O sistema circulatório é do tipo **aberto**, pois a circulação do sangue não ocorre totalmente dentro de vasos, mas ele também se "derrama" em algumas lacunas do corpo do animal.

traqueia principal

traqueia

fibra muscular

O_2 CO_2

Traqueias de insetos: o ar é enviado diretamente às células.

ESTABELECENDO CONEXÕES

Saúde

Insetos como veículos transmissores de doenças

Os insetos têm grande importância como transmissores de doenças, como malária (transmitida pelo mosquito *Anopheles*), Chagas (barbeiro), dengue e febre amarela (*Aedes aegypti*), tifo (piolhos). Outras doenças, como cólera, poliomelite, hepatite, amebíase, verminoses, disenterias, podem ser veiculadas pela mosca doméstica, que pousa em fezes e catarro, por exemplo, e transfere por meio das patas ou da tromba sugadora os agentes causadores des-sas doenças para os alimentos que consumimos. As moscas bicheiras são conhecidas por depositarem seus ovos em feridas ou cavidade nasal de mamíferos e as larvas formadas alimentam-se do tecido vivo, assim como o berne, que nada mais é do que a larva de mosca que penetra na pele dos seres humanos, cães e outros mamíferos.

As formigas também são perigosos agentes de contaminação em ambiente hospitalar.

Insetos sociais

Muitos insetos são solitários. É o caso dos gafanhotos. Alimentam-se por conta própria e só procuram um parceiro no momento do acasalamento. Reproduzem-se e cada qual segue o seu caminho. Outros insetos, porém, vivem em grupos. É o que acontece com formigas, abelhas e cupins, considerados **insetos sociais**.

Assim como nas sociedades humanas, a vida em conjunto envolve divisão de trabalho entre os insetos sociais, em que grupos de indivíduos executam funções específicas que resultam em benefícios para o conjunto.

Em uma sociedade de insetos há categorias ou *castas*, executando funções especializadas. Em uma colmeia, essas castas são representadas por uma **rainha**, numerosas fêmeas **operárias** e, dependendo da época, alguns machos, os **zangões**.

A rainha é a abelha reprodutora. Durante sua vida, ela produz dois tipos de "ovos", que são depositados nos favos: os fecundados e óvulos não fecundados. Os primeiros originarão fêmeas: a rainha (única fêmea fértil da colmeia) e as operárias (fêmeas estéreis). Os outros se desenvolvem em machos férteis, os zangões.

Fique por dentro!

Entre as abelhas, as operárias são responsáveis pela construção dos favos da colmeia, sua limpeza, cuidados com a rainha e as larvas, defesa da colmeia e também pela busca de alimento (néctar e pólen). Os zangões são responsáveis por fecundar a abelha rainha e morrem depois disso.

ALEX STAROSELTSEV/SHUTTERSTOCK

(a) Colmeia em árvore e (b) detalhe em que se veem as operárias trabalhando.

ESTABELECENDO CONEXÕES

Cotidiano

Cupins

Você já deve ter ouvido no noticiário que certa igreja ou museu precisam de uma reforma, pois estão sendo totalmente destruídos pelos cupins. Nossa casa também corre o risco de ser alvo desses insetos sociais.

Em geral, o cupinzeiro se instala em locais com bastante madeira, como troncos de árvores, por exemplo. Ocorre que os cupins invadiram as cidades e estão fazendo ninhos nos troncos dos parques, no interior das igrejas, casas e apartamentos, destruindo altares, armários, estantes e livros.

No campo, os cupinzeiros podem ser vistos como saliências, muitas vezes de grande tamanho.

PIOTR GATLIK/SHUTTERSTOCK

Os cupins se alimentam de celulose, presente na madeira e no papel. A digestão da celulose é feita por um protozoário que vive no intestino do cupim. Nessa relação, os dois saem ganhando, uma vez que o cupim recebe a glicose, produto da digestão da celulose, principal fonte de energia para os cupins, e o protozoário ganha alimento e abrigo.

Como insetos sociais, os cupins também apresentam castas: a rainha (fértil), os operários e os soldados, encarregados da defesa do cupinzeiro.

Cupins, vendo-se (a) rainha e operários e (b) soldados.

ENTRANDO EM AÇÃO

Desenvolvimento de um inseto

Borboletas e mariposas costumam botar ovos em diversos tipos de planta e de cada um surge uma larva (lagarta ou taturana, respectivamente). Se você encontrar uma folha de planta com pequenas "bolinhas" em uma das faces, provavelmente trata-se de ovos de borboleta ou de mariposa. Coloque a folha com os ovos no interior de um recipiente de vidro (um vidro grande de maionese, por exemplo), junto a algumas folhas da mesma planta, e feche o recipiente, fazendo, antes, algumas perfurações na tampa para permitir o arejamento do interior. Deixe-o em local razoavelmente iluminado (no beiral da janela, por exemplo).

Após alguns dias, de cada ovo surgirá uma taturana ou uma lagarta, cujo tamanho depende da espécie de mariposa ou borboleta que o depositou na folha. Faça observações periódicas sobre o comportamento da lagarta e acrescente novas folhas à medida que for necessário, juntamente com um chumaço de algodão embebido em água, para mantê-las umedecidas.

1. Após quantos dias surgiram lagartas a partir dos ovos?

Procure observar o mecanismo de alimentação das lagartas, bem como a morfologia do corpo. Verifique o mecanismo de locomoção e de preensão das lagartas às folhas. Procure no-

tar o que sucede com cada lagarta antes de atingir a fase de pupa. Quando tiver atingido essa fase, coloque o recipiente em local que não incida luz direta e continue acompanhando o desenvolvimento até que surja uma nova borboleta ou mariposa. Compare a nova morfologia corporal com a que você havia observado nas lagartas.

2. Após quantos dias surgiram borboletas (ou mariposas) a partir do início da fase de pupa?

3. O que representam as "bolinhas" esverdeadas que as lagartas liberam continuamente?

4. As lagartas ficam agrupadas ou isoladas durante sua atividade? No caso de ficarem agrupadas, existe alguma vantagem nesse tipo de comportamento?

5. Como é o mecanismo de liberação das borboletas (ou mariposas) do interior da pupa? Elas já saem voando?

Segure uma das borboletas (ou mariposas) pelas asas e encoste as duas patas dianteiras do animal em um algodão embebido em solução de água com açúcar.

6. Qual é a reação da borboleta ao contato das patas dianteiras com a solução açucarada?

As borboletas (ou mariposas) não crescerão mais, de modo que você poderá soltá-las no mesmo ambiente em que coletou os ovos.

◗ Crustáceos

O nome crustáceos deriva do latim *crusta*, e significa crosta (casca dura). Nesses animais, o exoesqueleto quitinoso é enriquecido por carbonato de cálcio, um sal mineral que o torna mais duro. Os crustáceos respiram por meio de **brânquias**; por isso são também conhecidos por *branquiados*.

Em geral, o corpo é dividido em **cefalotórax** e **abdômen**, possuem **sexos separados** e o desenvolvimento é **indireto**.

Jogo rápido

Qual é a principal diferença na divisão do corpo entre insetos e os crustáceos?

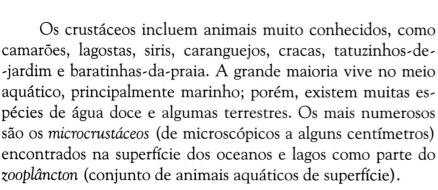

cefalotórax · abdômen · olho · antenas · brânquias (sob a carapaça) · patas abdominais natatórias · patas torácicas cinco pares

LUIS MOURA/acervo da editora

No camarão, o corpo é dividido em cefalotórax e abdômen. Na extremidade anterior, correspondente à cabeça, destacam-se os olhos e dois pares de antenas. As patas locomotoras, localizadas na parte correspondente ao tórax, são em número de cinco pares. No abdômen, destacam-se cinco pares de apêndices adaptados à natação. Na fêmea, também servem para carregar ovos.

Os crustáceos incluem animais muito conhecidos, como camarões, lagostas, siris, caranguejos, cracas, tatuzinhos-de-jardim e baratinhas-da-praia. A grande maioria vive no meio aquático, principalmente marinho; porém, existem muitas espécies de água doce e algumas terrestres. Os mais numerosos são os *microcrustáceos* (de microscópicos a alguns centímetros) encontrados na superfície dos oceanos e lagos como parte do *zooplâncton* (conjunto de animais aquáticos de superfície).

a

LEBENDKULTUREN.DE/SHUTTERSTOCK

HUGH LANSDOWN/SHUTTERSTOCK

b

ALEKSEY STEMMER/SHUTTERSTOCK

c

BILDAGENTUR ZOONAR GMBH/SHUTTERSTOCK

d

(a) *Cyclops*, um microcrustáceo, (b) lagostim (*Astacus leptodactylus*), (c) craca e (d) tatuzinho-de-jardim (*Armadillidiium depressum*).

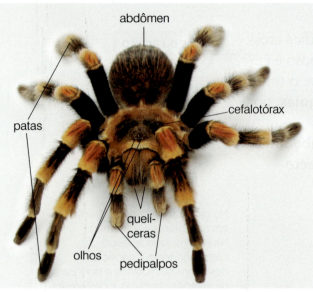

Nas aranhas, o corpo é dividido em cefalotórax e abdômen. Um par de pedipalpos preênseis e um par de quelíceras inoculadoras de veneno caracterizam as aranhas como carnívoras predadoras (acúleos inoculadores ficam dobrados sob as quelíceras).

Aracnídeos

A divisão do corpo em **cefalotórax** e **abdômen** está presente nas aranhas e escorpiões. Nos carrapatos, todos os segmentos do corpo se fundem em uma peça única.

Nos aracnídeos, não existem antenas; apresentam quatro pares de patas articuladas no cefalotórax e possuem um par de **quelíceras** e um par de **palpos** (ou **pedipalpos**), apêndices exclusivos dessa classe, utilizados para manipular as presas. Nas aranhas, as quelíceras são estruturas inoculadoras de veneno e nos escorpiões o veneno é inoculado pelo **aguilhão**.

A aranha não mastiga sua presa; ela inicialmente perfura o animal e injeta enzimas que digerem os tecidos. O alimento parcialmente digerido é então sugado pela aranha e a digestão completa-se no interior do tubo digestório.

No escorpião, os pedipalpos são os maiores apêndices articulados e terminam em pinças.

Fique por dentro!

Para muitas aranhas, a teia que tecem funciona como uma verdadeira rede de caça, principalmente de insetos que, uma vez imobilizados, podem ser facilmente digeridos e sugados.

Jogo rápido

Uma diferença marcante entre insetos, crustáceos e aracnídeos é a presença de importantes apêndices sensoriais, presentes apenas nos dois primeiros grupos. Quais são esses apêndices?

As trocas gasosas podem ser realizadas por **traqueias** ou por **pulmões foliáceos**, que são estruturas formadas por finíssimas lâminas de tecido.

Os aracnídeos são animais de sexos separados e fecundação interna. As aranhas e os escorpiões são de desenvolvimento direto. Aranhas põem ovos. Escorpiões dão à luz vários escorpiões de tamanho reduzido. Ácaros e carrapatos passam por uma fase intermediária (ninfa); logo, o desenvolvimento, nesse caso, é indireto.

Ácaro da espécie *Dermatophagoides pteronyssinus*, frequente em carpetes e tapetes. São comuns os casos de alergia causados por esse ácaro. (Imagem obtida com microscópio eletrônico. Ampliação: 300 vezes.)

ESTABELECENDO CONEXÕES

Saúde

As aranhas são perigosas para o homem?

Algumas realmente são, e entre elas podemos destacar:

• **Viúva negra** (gênero *Latrodectus*) – a picada às vezes não é percebida, porém os sintomas podem ser muito dolorosos e severos (dores nas pernas, no abdômen, náusea, espasmos musculares e, algumas vezes, certa dificuldade respiratória). Não é produzido soro contra as espécies brasileiras.

Viúva-negra. (*Latrodectus tredecimguttatus*, medem cerca de 1 cm de comprimento.)

• **Aranha marrom** (gênero *Loxosceles*) – vive junto a pilhas de telhas e tijolos, mas não costuma ser agressiva, picando somente quando não consegue fugir. Esconde-se em roupas e costuma picar quando comprimida contra o corpo. As consequências são muito graves (lesões nos rins, febre, anemia), pois de todas as aranhas brasileiras, o veneno dela é o mais tóxico. Há soro específico.

Aranha marrom. (*Loxosceles gaucho*, medem cerca de 1 cm de comprimento.)

• **Aranha armadeira** (gênero *Phoneutria*) – durante o dia esconde-se em lugares escuros e úmidos. Às vezes, entra nas casas e se "instala" em sapatos. Ameaçada, costuma reagir, saltando sobre o agressor e é a aranha que mais provoca acidentes, podendo ser graves para crianças menores de 7 anos. Causam dor intensa.

Aranha armadeira. (*Phoneutria nigriventer*, medem cerca de 4 cm de comprimento.)

• **Aranha-de-jardim** (gênero *Lycosa*) ou tarântula – é encontrada com certa frequência na grama e, ao contrário da armadeira, foge quando ameaçada. Os acidentes são frequentes, mas sem gravidade. Não é necessária a aplicação de soro; apenas anestésicos locais.

Tarântula. (*Lycosa* sp., medem cerca de 4 cm de comprimento.)

Contra a picada de muitas aranhas há soro, produzido no Brasil pelo Instituto Butantan, localizado na cidade de São Paulo, SP. Fundado em 1901, o Butantan é o maior produtor mundial de soros contra picadas de serpentes, aranhas e escorpiões, além de produzir várias espécies de vacinas importantes (tétano, difteria, tuberculose, raiva, cólera, coqueluche).

Os soros contêm anticorpos, substâncias químicas que neutralizam efeitos das toxinas (antígenos) contidas nos venenos.

Miriápodes

Os miriápodes englobam duas classes de artrópodes: os **quilópodes** (ou centípedes) e os **diplópodes** (ou milípedes).

um par de patas por segmento

garras injetoras de veneno

Scolopendra cingulata, uma lacraia que atinge, em média, 10 cm. Lacraias ou centopeias são **quilópodes**.

MAURO RODRIGUES/SHUTTERSTOCK

dois pares de patas por segmento

DECHA THAPANYA/SHUTTERSTOCK

Piolhos-de-cobra ou embuás são **diplópodes**. Dependendo da espécie, podem atingir 15 cm de comprimento.

Terrestres, de hábitos noturnos, tanto quilópodes quanto diplópodes têm o corpo dividido em **cabeça** e **tronco** e habitam os mesmos locais: sob o leito das folhas das matas e jardins, sob pedras e troncos caídos. Mas não competem pelo alimento.

O comportamento diferente dos indivíduos das duas classes pode nos ajudar a entender sua posição nas cadeias alimentares. As lacraias (quilópodes) são ligeiras e agressivas. As antenas (um par) são longas e muito sensíveis. Possuem **um par de patas** por segmento do tronco, sendo que o primeiro par forma duas garras injetoras de veneno; são, portanto, animais carnívoros predadores (consumidores de segunda ordem ou de ordens mais elevadas), alimentando-se de minhocas, insetos e caracóis terrestres.

Os piolhos-de-cobra (diplópodes) são lentos. As antenas são muito curtas. São herbívoros (consumidores primários), alimentam-se de vegetais em decomposição. Possuem um par de patas em cada segmento do tórax e **dois pares de patas** em cada segmento abdominal.

Descubra você mesmo!

Procure saber o significado dos termos **centípedes** e **diplópodes**. De que modo eles estão relacionados à estrutura do corpo dos miriápodes?

Jogo rápido

Quantos pares de patas são encontrados nos representantes das cinco classes de artrópodes que você conheceu?

Quando molestados ou em repouso, os diplópodes se enrolam em espiral e podem secretar um líquido de odor desagradável para se defender.

RENE MAYORGA/SHUTTERSTOCK

Equinodermos

O nome do filo *Echinodermata* (do grego, *echinos* = espinhos + *derma* = pele) significa pele espinhosa e refere-se à presença de espinhos calcários na superfície do corpo ou à sensação de aspereza que sentimos ao tocar muitos dos representantes desse filo. Equinodermos vivem apenas nos mares.

Os equinodermos estão agrupados em cinco classes: **asteroide** (estrelas-do-mar), **equinoide** (ouriços-do-mar e bolachas-da-praia), **holoturoide** (pepinos-do-mar), **ofiuroide** (serpentes-do-mar) e **crinoide** (lírios-do-mar).

AQUAPIX/SHUTTERSTOCK

Ouriço-do-mar-negro (*Arbacia lixula*). Sua carapaça mede cerca de 4 cm. Pisar acidentalmente em um ouriço-do-mar pode causar muita dor, pois seus espinhos pontiagudos penetram na planta dos pés. As lesões precisam ser tratadas adequadamente para que não infeccionem.

SASCHA JANSON/SHUTTERSTOCK

CHRISTIAN MUSAT/SHUTTERSTOCK

SUSAN LAW CAIN/SHUTTERSTOCK

Lírio-do-mar (*Oxycomanthus benetti*). Tamanho aproximado de 30 cm.

Estrela-do-mar da espécie *Asterias rubens*, que pode chegar a 50 cm (da extremidade de um braço à extremidade do outro).

Bolacha-da-praia, também conhecida como corrupio. (Cerca de 10 cm de diâmetro.)

E2DAN/SHUTTERSTOCK

STUBBLEFIELD PHOTOGRAPHY/SHUTTERSTOCK

Pepino-do-mar. O tamanho das holotúrias adultas varia desde 5 até 60 cm.

Serpente-do-mar (*Ophiothrix suensonii*) sobre uma esponja. O disco central tem cerca de 2 cm de diâmetro e cada braço, 14 cm.

Endosqueleto: esqueleto interno.

Os equinodermos possuem um **endoesqueleto** formado por inúmeras placas calcárias, isto é, placas formadas por carbonato de cálcio, substância abundante na água do mar.

Uma característica desses animais é um conjunto de canais internos, chamado de **sistema ambulacral**, por onde circula a água do mar. Externamente, o que se vê desse sistema são finas projeções tubulares, chamadas **pés ambulacrários** ou **pés tubulares**. Estes pés projetam-se da cavidade do corpo para fora através de orifícios existentes nas placas do esqueleto. Além de servir à locomoção, o sistema ambulacrário exerce uma função circulatória, de transporte de gases de respiração e substâncias de excreção.

Apresentam tubo digestório **completo**. As trocas gasosas da respiração, além de contarem com a participação do sistema ambulacral, são feitas por pequenas projeções da pele fina, que atuam como **brânquias**, situadas ao redor da boca ou espalhadas por toda a superfície do corpo.

Ilustração em que se pode observar os pés tubulares e canais do sistema ambulacral de uma estrela-do-mar. (Cores-fantasia. Ilustração fora de escala.)

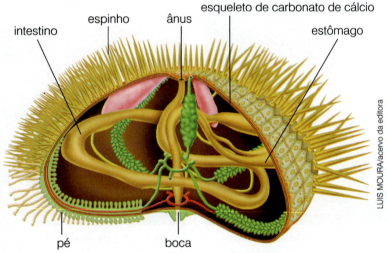

Carapaça de carbonato de cálcio de um ouriço-do mar.

Esquema da estrutura interna de um ouriço-do-mar. Observe que o tubo digestório é completo, com a boca ventral e o ânus situa-se na região dorsal. (Cores-fantasia. Ilustração fora de escala.)

Os equinodermos na fase adulta são animais de simetria **radial**, todos de vida livre, isto é, nenhum é parasita. Vivem isolados; portanto, não formam colônias.

Na maioria dos equinodermos os sexos são **separados**. A fecundação é **externa** e o desenvolvimento é indireto, passando por uma fase de larva ciliada microscópica, que faz parte do zooplâncton. Alguns são capazes de se reproduzir **assexuadamente** por meio da regeneração de partes amputadas, como ocorre nas estrelas-do-mar.

Lembre-se!

Os equinodermos são **exclusivamente marinhos**.

Nosso desafio

Para preencher os quadrinhos de 1 a 18, você deve utilizar as seguintes palavras: 1 par, 2 pares, 4 pares, 5 ou mais, aracnídeos, articulados, asas, brânquias, crustáceos, diplópodes, insetos, miriápodes, palpos, patas, quilópodes, quitinoso, segmentado, traqueias.

À medida que você preencher os quadrinhos, risque a palavra que escolheu para não usá-la novamente.

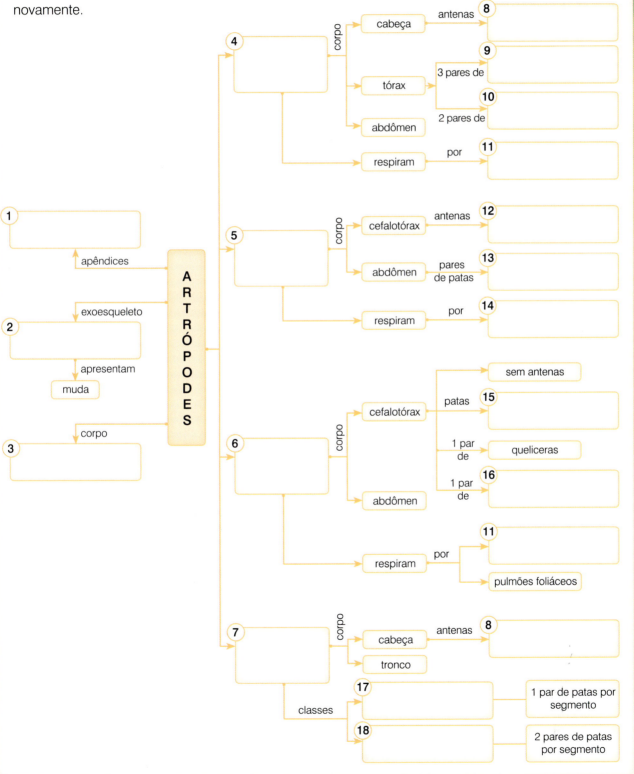

Atividades

1. **[1, 3, 6, 7]** Os moluscos constituem um dos maiores filos em número de espécies e de indivíduos. Caracóis, caramujos, lesmas, mexilhões, ostras, lulas, polvos, entre outros, fazem parte desse filo. A principal característica é possuírem o corpo mole, daí o nome do filo (do latim *mollis*, que significa mole).

a) O corpo de um organismo precisa ter consistência, isto é, firmeza, resistência, compacidade (estado daquilo que é compacto). Como se explica que os moluscos, animais de corpo mole, têm consistência?

b) Além de todos os moluscos terem corpo mole, que outras características são comuns a todos eles?

2. **[1, 2, 3, 6, 7, 12, 15]** É correto dizer que os gastrópodes são extremamente lentos quanto ao seu deslocamento?

3. **[1, 2, 3, 6, 7, 12, 15, 16]** É correto relacionar a propulsão a jato com o deslocamento muito rápido dos cefalópodes?

4. **[1, 2, 3, 6, 7, 12, 15, 16]** Do ponto de vista da Ciência, comente a frase: pelo fato de os representantes dos gastrópodes terem um deslocamento lento, produzem e secretam uma substância escura pela *bolsa de tinta*.

5. **[1, 2, 3, 6, 7, 12, 15]** Os representantes dos moluscos se distinguem pela presença de uma estrutura chamada *rádula*, que foi comparada a uma raladeira (utensílio usado para ralar alguns alimentos, dividi-los em pequenos pedaços), daí o seu nome. A rádula é uma estrutura que se encontra na boca dos moluscos, formada por dentes quitinosos.

A maioria dos gastrópodes é herbívora. Os caramujos raspam as algas aderidas às rochas. Os caracóis de jardim alimentam-se de folhas, que são levadas à boca onde são fragmentadas. Os bivalves, como as ostras, são filtradores, alimentam-se de partículas suspensas na água, que entram pelo sifão e são levadas à boca. Os cefalópodes, os polvos, por exemplo, são animais carnívoros e

possuem um par de mandíbulas que forma um bico, que "rasga" o alimento a ser consumido. Esse bico retira pedaços de tecido, que são triturados e depois levados ao esôfago.

É correto afirmar que a rádula, estrutura que distingue os moluscos dos demais invertebrados, está presente em todas as classes desse filo? Justifique a resposta.

6. **[1, 2, 3, 6, 7, 12, 15, 16]** Pérolas nada mais são do que a deposição de camadas de uma substância química calcária, chamada nácar, produzida pelo manto, ao ocorrer o ingresso de alguma partícula que invade a região protegida pelo manto.

Atualmente, as pérolas cultivadas são obtidas introduzindo-se pedaços minúsculos de concha nas ostras. Antes, porém, a pérola era conseguida quando, ocasionalmente, entrava um parasita, como uma larva microscópica de nematelminto. Este fato gerou a seguinte frase: *a pérola mais bela não passa do sarcófago de um verme*.

Explique a frase destacada no enunciado.

7. **[1, 2, 3, 6, 7, 12]** Os moluscos são animais de vida livre, isto é, não parasitam outros seres vivos. No entanto, existe um caramujo do gênero *Biomphalaria*, que habita a água doce limpa e calma, e participa do ciclo de um verme parasita de grande importância médica no Brasil. Qual é a relação do caramujo com o ciclo do verme parasita?

8. **[1, 2, 3, 6, 7, 12]** É possível diferenciar as cinco classes de artrópodes pelo número de patas? Justifique a resposta.

Leia com atenção o texto abaixo e responda às questões **9** e **10**.

Todos os artrópodes têm exoesqueleto articulado, secretado pela epiderme. Esse exoesqueleto cobre a superfície do animal e os músculos se ligam a segmentos (pedaços) dele, como nossos músculos estão ligados aos nossos ossos.

O exoesqueleto é constituído por quitina e chega a formar verdadeira armadura, como acontece nos crustáceos, em que o exoesqueleto é enriquecido com sais de cálcio, porém não nas juntas, que permanecem flexíveis.

9. **[1, 2, 3, 6, 7, 12]** É correto afirmar que a presença de exoesqueleto trouxe grandes vantagens em termos adaptativos aos artrópodes e desvantagens associadas à ocorrência de muda? Justifique a resposta.

10. **[1, 2, 3, 6, 7, 12]** Assim como ocorre nos seres humanos, nos artrópodes existem músculos que acionam asas e apêndices articulados, ou seja, as patas. Qual é a vantagem da ligação dos músculos aos apêndices articulados e, também, de o exoesqueleto nas juntas (articulações) ser flexível e mais delgado e fino do que o restante do exoesqueleto corporal?

11. **[1, 2, 3, 6, 7, 12, 15, 16]** Um aluno, ao responder a uma pergunta sobre os insetos de interesse médico, redigiu o texto abaixo: "Os mosquitos, piolhos, pulgas, percevejos e uma legião de outros insetos provocam doenças no homem. Assim, os mosquitos causam malária, elefantíase e febre amarela; as pulgas são responsáveis pela peste bubônica, os barbeiros (percevejos) pelo mal de Chagas".

Pergunta-se: a resposta está correta? Por quê?

12. **[1, 2, 3, 6, 7, 12, 15, 16]** Os artrópodes são animais segmentados, em que alguns segmentos se fundiram formando um cefalotórax e um abdômen, como é visto nos crustáceos, por exemplo. Além disso, são dotados de apêndices articulados, como patas, antenas e peças bucais. O corpo de todos os artrópodes é revestido por um exoesqueleto quitinoso.

Pelas características citadas dos artrópodes, é possível concluir que eles tenham surgido evolutivamente dos anelídeos ou que tenham com os anelídeos ancestrais evolutivos comuns? Justifique a resposta.

13. **[1, 2, 3, 6, 7, 12, 15, 16)** Lacraias e piolhos-de-cobra são animais de corpo segmentado extremamente parecidos com minhocas. Essa semelhança pode reforçar a ideia de que ane-

lídeos e artrópodes podem ter se originado de ancestrais comuns? Justifique a resposta.

Lacraia.   Piolho-de-cobra.

14. **[1, 2, 3, 6, 7]** Em uma aula prática sobre artrópodes, os alunos dispunham de animais que foram por eles classificados em quatro grupos, de acordo com a relação abaixo:
   I. Camarão, siris e ácaros (crustáceos).
   II. Baratas, mariposas e lacraias (insetos).
   III. Pulgas, berne e aranhas (aracnídeos).
   IV. Centopeias, cupins e ácaro da sarna (quilópodes).
Reagrupe os animais, corrigindo os erros cometidos pelos alunos.

15. **[1, 2, 3, 6, 7, 12, 15, 16]** É possível identificar as cinco classes de artrópodes (insetos, crustáceos, aracnídeos, quilópodes e diplópodes) por um conjunto de características: *habitat*, divisão do corpo, número de patas locomotoras e antenas.

Entre as características citadas no enunciado, qual(is) característica(s) permite(m) diferenciar todas as classes dos artrópodes? Justifique a resposta.

16. **[1, 2, 3, 6, 7, 12, 15, 16]** Em uma colmeia de abelhas há *castas* ou categorias resultantes da divisão de trabalho. Como se sabe, as abelhas são insetos sociais. A *rainha* é destinada à reprodução; as *operárias* são fêmeas estéreis devido ao ovário atrofiado resultante de nutrição deficiente. As operárias têm por funções mastigar o néctar retirado das flores e transformá-lo em mel, além da construção do favo, do cuidado com a limpeza da colmeia etc. Os machos, que não têm ferrão, não conseguem proteger a colmeia. A única função deles é fecundar a rainha durante o voo nupcial. Logo após a fecundação, o zangão morre e os restantes

dos zangões são mortos pelas operárias. Qual é a importância das abelhas operárias neste tipo de sociedade de insetos?

17. **[1, 2, 3, 6, 7, 12, 15, 16]** Em todas as espécies de aranhas, incluindo a caranguejeira e a armadeira, após a caça de um inseto, por exemplo, quelíceras inoculam veneno que imobiliza a presa. Aos poucos, os tecidos da presa sofrem a ação de enzimas que iniciam a digestão da vítima, cuja digestão final ocorrerá no interior do tubo digestório. Por outro lado, muitas espécies de aranhas fabricam teias, que funcionam como armadilhas na apreensão, sobretudo de insetos voadores. Ao caírem na armadilha representada pela teia, a aranha proprietária da teia se aproxima e executa o trabalho de digerir sua presa.

Considerando o mecanismo de apreensão de presas, é correto dizer que aranhas que se utilizam de teias na captura de suas vítimas não possuem quelíceras inoculadoras de veneno?

18. **[1, 2, 3, 6, 7, 12, 15, 16]** A mídia eletrônica e escrita com muita frequência apresenta notícias como "Escorpiões venenosos tiram o sono da população", em virtude do risco de ataque do escorpião amarelo.

O veneno inoculado pelo escorpião amarelo causa dores no local da picada que vão aumentando, podem provocar taquicardia (aumento da frequência cardíaca) e levar à morte crianças e idosos.

Ao saber da existência de escorpiões amarelos nos lugares em que existe acúmulo de lixo e entulhos, as pessoas tentam se proteger usando inseticidas.

a) A ação do inseticida é eficiente no combate ao escorpião amarelo? Justifique a resposta.

b) Os produtos que combatem os escorpiões são de uso controlado e só podem ser aplicados por empresas com profissionais habilitados. Então, devido à complexidade do combate ao escorpião, é melhor tomar medidas preventivas para evitar essa praga no meio urbano. Escorpiões refugiam-se em locais de despejo desordenado de resíduos e de lixos gerados em residências, em meio urbano ou rural. Então, para não haver acúmulo de escorpiões, ou seja, para não haver locais de refúgio para esses artrópodes, qual é a melhor atitude, em termos ambientais, a ser tomada pelas pessoas?

c) O escorpião inocula o veneno da mesma forma que uma aranha? Justifique a resposta.

19. **[1, 2, 3, 6]** Cite quatro representantes do filo dos equinodermos.

20. **[1, 2, 3, 6, 7, 12, 15, 16]** Artrópodes têm exoesqueleto, estrutura esquelética localizada na parte externa do corpo. Precisam, portanto, sofrer mudas para crescer. Vertebrados são dotados de endoesqueleto, esqueleto interno, que não limita o crescimento, visto que não é uma armadura externa, como nos artrópodes.

a) Equinodermos necessitam do processo de muda para crescer? Justifique a resposta.

b) Levando-se em conta apenas o esqueleto dos equinodermos, estes animais assemelham-se mais aos vertebrados do que aos invertebrados? Justifique a resposta.

Navegando na net

O site do Instituto Butantan apresenta uma série de detalhes interessantes sobre animais peçonhentos, como escorpiões e aranhas. Vale a pena conferir! (*Acesso em:* 19 maio 2018.)

<http://www.butantan.gov.br>

Huuummm... Mas que barulho!

Essa turma está muito barulhenta! Minha família achou que pudéssemos descansar do barulho da cidade grande vindo para um sítio que se encontra à beira de uma lagoa. Como é a estação chuvosa, trouxemos vários livros e jogos para nos distrair durante as horas de chuva.

O que não sabíamos é que nessa estação toda uma "galera" de sapos, rãs e pererecas, alguns anfíbios, como veremos neste capítulo, fica superagitada porque é época de reprodução. Até aí, tudo bem, a gente entende a felicidade deles. Mas o problema é que os machos, para atraírem as fêmeas, emitem um canto (na verdade, um coaxo!) – e é muito sapo macho coaxando ao mesmo tempo! Para emitir o som, os machos inflam uma espécie de "saco" que possuem na garganta – ficam parecendo uma bexiga...

Os sapos machos escolhem previamente o local em que "cantarão" e o defendem para que outros machos não o invadam. Não vamos dizer que defendem o território com "unhas e dentes", porque sapos não têm unhas... os dentes também não são lá essas coisas... são minúsculos, se é que se pode chamar de dentes.

Dizem que a fêmea seleciona o macho pelo canto. De qualquer forma, aquela que for atraída se aproxima do macho, que sobe sobre o seu dorso e a abraça para o acasalamento. A "sinfonia" cumpriu com seu objetivo.

(a) Pirarucu (*Arapaima gigas*), (b) sapo (*Rhinella marina*), (c) jacaré-de-óculos (*Caiman crocodilus*), (d) sabiá-laranjeira (*Turdus rufiventris*), (e) capivara (*Hydrochoerus hydrochaeris*), pertencentes, respectivamente, ao grupo dos peixes, anfíbios, répteis, aves e mamíferos, integrantes do filo dos cordados.

Introdução ao filo dos cordados

Ao filo **Chordata** (**cordados**) pertencem animais tão diferentes como serpentes e capivara. O que um tem a ver com o outro? Que relação existe entre sabiá-laranjeira, jacaré e pirarucu, um dos maiores peixes de água doce do mundo, que vive nos rios da Amazônia?

FABIO COLOMBINI

HUGH LANSDOWN /SHUTTERSTOCK

EWA STUDIO/SHUTTERSTOCK

AGUSTIN ESMORIS/SHUTTERSTOCK

MIKHAIL BLAJENOV/SHUTTERSTOCK

Peixes, anfíbios (sapos, rãs), répteis (serpentes, lagartos, jacarés, tartarugas), aves e mamíferos pertencem ao filo dos cordados.

Para entender porque esses animais pertencem ao mesmo filo, precisamos recorrer aos embriões ou às fases larvais desses animais, pois neles é que se encontram as características comuns a todos. Em todos os embriões de cordados existe, no dorso, um bastão cilíndrico rígido, porém flexível, a **notocorda** (do grego, *notos* = dorso + *khorde* = corda) ou **corda dorsal**, que funciona como um eixo de sustenção do corpo embrionário. A presença de notocorda na fase embrionária é a razão do nome **cordados** dado a esse filo.

Além da notocorda, todo cordado apresenta, na fase embrionária, a **faringe** perfurada por **fendas** que comunicam esse órgão com o exterior por meio de aberturas em ambos os lados, logo atrás da cabeça. Essas fendas permanecem na fase adulta de peixes, por exemplo, nos quais permitem a passagem da água que banha as brânquias durante a respiração. Desaparecem nos adultos de anfíbios, répteis, aves e mamíferos.

Por fim, em todo embrião de cordado existe um **tubo nervoso dorsal**, situado acima da notocorda, de onde se originam todos os componentes do sistema nervoso dos cordados, além de uma **cauda pós-anal**.

Agora, fica fácil entender porque animais tão diferentes como capivara, sapo, pirarucu, tubarão, jacaré, sabiá e muitos outros, incluindo o homem, pertencem ao filo dos cordados. Todos apresentam, pelo menos na fase embrionária, as quatro características citadas anteriormente: *notocorda, fendas na faringe, tubo nervoso dorsal* e *cauda pós-anal*.

Além dessas características que diferenciam os cordados dos outros grupos animais, todos eles apresentam:

- sangue vermelho, porque contém **hemoglobina**, um pigmento proteico transportador de oxigênio, sempre presente no interior dos glóbulos vermelhos, células também chamadas de **hemácias** ou **eritrócitos**;
- a circulação do sangue ocorre exclusivamente no interior de um **sistema fechado** de vasos sanguíneos (artérias, veias e capilares), e o sangue é impulsionado por um coração;
- o sistema digestório é **completo** e compõe-se de boca, faringe, esôfago, estômago e intestino. Órgãos como o fígado e o pâncreas são glândulas, cujas secreções, lançadas no intestino, auxiliam na digestão dos alimentos;

Fases larvais: fases do desenvolvimento de alguns animais, com características diferentes da fase adulta. Exemplo: girinos de rãs e sapos.

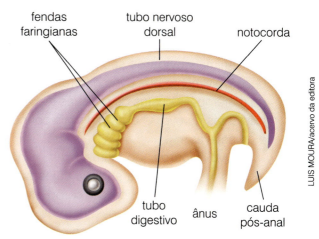

fendas faringianas • tubo nervoso dorsal • notocorda • tubo digestivo • ânus • cauda pós-anal

LUIS MOURA/acervo da editora

Esquema de embrião de cordados, ilustrando as quatro características que distinguem esses animais.

Descubra você mesmo!

Rã, bem-te-vi, lagarto teiú, anta, beija-flor, perereca, jararaca, robalo, bugio, jiboia, pintado, lobo-guará, piranha, seriema, arraia e tatu-bola são animais encontrados na fauna brasileira aquática e terrestre. Faça uma pesquisa na internet ou em livros da biblioteca da sua escola e organize uma tabela indicando a classe do filo dos cordados a que cada um desses animais pertence.

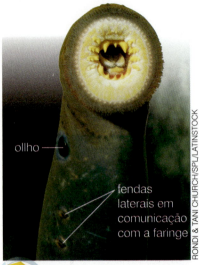

ollho

fendas laterais em comunicação com a faringe

RONDI & TANI CHURCH/SPL/LATINSTOCK

- todos os vertebrados **possuem mandíbula**, com exceção de um único grupo, o das lampreias, consideradas vertebrados primitivos;
- os sexos são **separados** e a reprodução é **sexuada**;
- o desenvolvimento embrionário pode ocorrer fora do corpo materno nas espécies ovíparas ou no interior do corpo materno nas espécies vivíparas e ovovivíparas.

Detalhe da boca de lampreia. Pelo fato de não possuírem mandíbula, a boca tem um aspecto circular, sempre aberta, daí serem conhecidos como **ciclóstomos** ou **ciclostomados** (do grego, *kyklos* = círculo + *stoma* = boca). Essa boca atua como uma ventosa e possui dentículos (evidentes na foto). Quando adultas, as lampreias podem ultrapassar 1 m de comprimento.

É SEMPRE BOM SABER MAIS!

Ovíparos, vivíparos, ovovivíparos

Animais **ovíparos** são aqueles em que o desenvolvimento dos ovos ocorre fora do corpo materno, às custas de reservas alimentares existentes no ovo. O exemplo mais conhecido é o das aves.

Ovovivíparos (do latim, *ovum* = ovo + + *vivus* = vivo) são os animais cujos ovos se desenvolvem no interior do corpo materno, também às custas das reservas dos próprios ovos. É o que ocorre, por exemplo, em algu-

mas espécies de peixes e répteis, como, por exemplo, nas serpentes peçonhentas.

Vivíparos são os animais cujos ovos, contendo pouca reserva alimentar, desenvolvem-se no interior do corpo materno e os embriões dependem do organismo da fêmea para o fornecimento dos nutrientes. É o que ocorre na maioria das espécies de mamíferos, nos quais durante a gestação há formação de um órgão, a *placenta*, que fixa os embriões ao útero.

Peixes: cartilaginosos e ósseos

Em (a), tubarão (*Carcharhinus* sp.), peixe cartilaginoso que pode chegar a 2,5 m de comprimento. A seta aponta as aberturas na parede do corpo que se comunicam com as fendas branquiais faringianas. Em (b), robalo (*Centropomus undecimalis*), peixe ósseo que, em média, tem 60 cm de comprimento. Observe o opérculo que recobre e protege uma câmara em que estão alojadas as brânquias.

Veja as fotos a seguir. Em (a), a foto de um tubarão (cação), que pertence à classe dos **peixes cartilaginosos** ou **condrictes** (do grego, *khondros* = cartilagem + *ikhthus* = peixe). Em (b), a foto do robalo, que pertence à classe dos **peixes ósseos** ou **osteíctes** (*osteon* = osso). Apenas dizendo isso já podemos estabelecer a primeira diferença entre esses dois peixes: no tubarão, o *esqueleto* é inteiramente *cartilaginoso*, enquanto no robalo o esqueleto é predominantemente *ósseo*.

LUZIA MIDORI SHINYA

a

ANDREA IZZOTTI/SHUTTERSTOCK

b

Note, também, a posição da boca, que é *ventral* no tubarão e *terminal* no robalo. De cada lado do corpo do tubarão, há cinco aberturas que se comunicam com as 5 **fendas branquiais** faringianas, enquanto no robalo existe um **opérculo** em ambos os lados da cabeça, uma espécie de tampa óssea protetora da câmara branquial, onde se alojam as brânquias ou **guelras**.

Ao afastar os opérculos de um peixe ósseo é que se podem ver as brânquias e 4 *fendas branquiais* de cada lado da faringe. Logo, o número de fendas faringianas também é uma diferença entre peixes cartilaginosos e ósseos.

Nota-se que o corpo tem uma forma **hidrodinâmica**, ou seja, uma forma que favorece o deslocamento no meio aquático. Os peixes, com raras exceções, são excelentes nadadores, o que é facilitado não só pela forma de seu corpo, mas, também, pela musculatura do tronco que favorece os movimentos ondulatórios na água. As **nadadeiras** existentes nos peixes também são auxiliares da locomoção, da mudança de curso durante o seu deslocamento e da estabilidade corporal na água.

Câmara branquial em que estão alojadas as guelras ou brânquias de um peixe ósseo.

É SEMPRE BOM SABER MAIS!

Cartilagem e osso: qual é a diferença?

Nos vertebrados, o esqueleto pode ser constituído por dois tecidos: o cartilaginoso e o ósseo. O primeiro é menos rígido e rico em uma proteína denominada **colágeno**. É o tecido encontrado no esqueleto dos peixes cartilaginosos. O tecido ósseo é mais rígido e, além de colágeno, possui grande quantidade de um mineral conhecido como **fosfato de cálcio**, responsável pela rigidez dos ossos. O tecido ósseo é o predominante no esqueleto das demais classes de vertebrados.

Um esqueleto interno (endoesqueleto), como o dos vertebrados, protege órgãos, dá sustentação ao corpo, principalmente nos vertebrados que se locomovem em terra, mantém a forma do corpo e, no caso dos ossos, representa uma importante reserva de cálcio.

Escamas e muco na pele dos peixes

Quem já teve um peixe vivo nas mãos, deve tê-lo sentido escorregadio e notado a presença de escamas, duas características dos peixes. Na camada superficial da pele (epiderme) desses vertebrados, inúmeras glândulas produzem **muco** uma substância lubrificante, que diminui o atrito e facilita o deslocamento no meio aquático, além de protegê-los contra doenças e lesões da pele.

Nem todos os peixes possuem escamas. Em algumas espécies de arraias (peixes cartilaginosos) e nos chamados "peixes de couro", como os bagres, o pintado, o surubim, o mandi e o jaú, não há escamas.

Fique por dentro!

Nos seres humanos e em muitos outros vertebrados terrestres, existe cartilagem nas regiões das grandes articulações, nas orelhas externas e no nariz e, também, nos discos cartilaginosos que separam as vértebras da coluna vertebral.

ESTABELECENDO CONEXÕES

Cotidiano

No Brasil, as escamas de peixes maiores, como as de pirarucu, por exemplo, por sua rigidez e textura, têm sido usadas como lixas para unhas ou mesmo como matéria-prima para a manufatura de colares.

Escamas de peixe mais delicadas, nas mãos de talentosos artistas brasileiros, têm se transformado em delicadas peças artesanais, pequeninas obras de arte, como o par de brincos abaixo.

◗ Digestão e alimentação

O tubo digestório é completo. Com relação à eliminação dos restos não digeridos que compõem as fezes, há uma importante diferença entre os peixes cartilaginosos e os peixes ósseos. Nos primeiros, a parte final do intestino termina em uma pequena cavidade, denominada **cloaca** (do latim, *cloaca* = esgoto para águas e dejetos), onde também terminam os sistemas urinário e reprodutor: através de um só orifício, o *orifício cloacal*, as fezes, os gametas (em certos casos, ovos ou filhotes) e a urina são eliminados para o meio exterior.

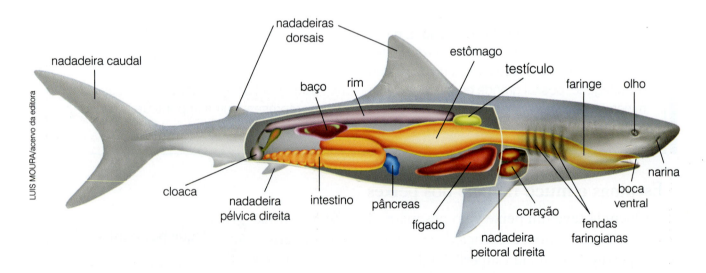

Esquema de tubarão, em que pode ser observado o tubo digestório. Nos peixes cartilaginosos, pelo orifício da cloaca são eliminados fezes, gametas e urina. (Cores-fantasia. Ilustração fora de escala.)

Jogo rápido

O que são animais detritívoros?

Nos peixes ósseos não há cloaca; o orifício anal abre-se à frente de outro orifício, comum aos sistemas urinário e reprodutor.

Quanto aos hábitos alimentares, há peixes carnívoros, herbívoros (se alimentam de algas, frutos e sementes) e detritívoros.

Circulação, respiração e excreção

O sangue dos peixes, que percorre um **sistema fechado** de vasos, é impulsionado por um coração com apenas duas cavidades: **um átrio** e **um ventrículo**.

Rico em gás carbônico, o sangue venoso é recolhido do corpo e chega ao átrio por uma veia; a seguir, entra no ventrículo e é bombeado em direção às brânquias, onde ocorrem as trocas gasosas: o gás carbônico difunde-se do sangue para a água, enquanto o oxigênio dissolvido na água faz o caminho inverso, isto é, difunde-se da água para o sangue. Ao sair das brânquias, o sangue oxigenado é encaminhado a todo o corpo sem retornar ao coração. Portanto, pelo coração dos peixes só passa sangue venoso.

Jogo rápido

O que é um sistema fechado de circulação sanguínea?

Esquema de circulação em peixes. O sangue rico em gás carbônico (azul) chega ao átrio e passa para o ventrículo, de onde é bombeado para as brânquias, local em que ocorrem as trocas gasosas. O sangue oxigenado (em vermelho) sai das brânquias e é distribuído por todo o corpo do animal, de onde retorna para o coração novamente carregado com gás carbônico. (Cores-fantasia. Ilustrações fora de escala.)

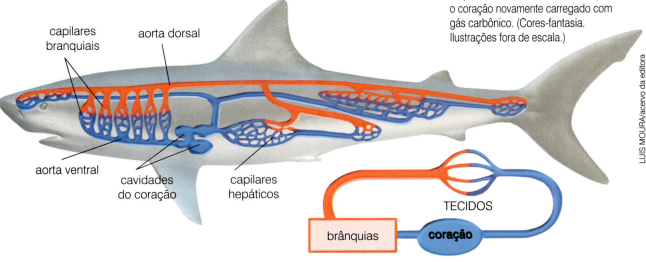

capilares branquiais — aorta dorsal — aorta ventral — cavidades do coração — capilares hepáticos — TECIDOS — brânquias — **coração**

LUIS MOURA/acervo da editora

DAN EDÉSIO PINSETA

As brânquias são formadas por inúmeros filamentos, percorridos por capilares sanguíneos. A oxigenação do sangue ocorre no contato dos filamentos branquiais com o oxigênio dissolvido na água.

DAN EDÉSIO PINSETA

A água (indicada pelas setas) penetra pela boca do peixe, atravessa as fendas faringianas, banha as brânquias e sai para o exterior.

A excreção das substâncias tóxicas, como a **amônia**, e a regulação do equilíbrio hídrico ocorrem por meio de rins (um par).

Amônia: produto nitrogenado, resultante do metabolismo do animal, e que requer muita água para sua excreção.

Jogo rápido

Qual é o significado de excreção, relativamente aos animais?

ESTABELECENDO CONEXÕES
Saúde

Reconhecer se um peixe está em boas condições para consumo evita graves problemas de saúde.

Ao comprar peixes, é fundamental observar a cor das brânquias (guelras), que devem estar bem vermelhas. Outros critérios para identificar se o pescado está indicado para consumo são odores desagradáveis, que indicam que o peixe pode estar estragado, contaminado por bactérias decompositoras responsáveis pela putrefação; os olhos devem ser salientes e brilhantes (não opacos); a consistência do animal deve ser firme (a pele e a carne pressionadas devem voltar à posição inicial).

Reprodução

Nos peixes cartilaginosos, a **fecundação** é **interna** e facilitada pela existência de um órgão copulador. O desenvolvimento embrionário pode ocorrer fora do corpo materno nas espécies **ovíparas** ou no interior do corpo materno nas espécies **ovovivíparas**. Não há larva.

Nos peixes ósseos, a **fecundação**, de maneira geral, é **externa** (ocorre na água). As fêmeas descarregam os seus gametas, os óvulos, e os machos os fecundam, liberando espermatozoides sobre eles. Uma fase larval, denominada **alevino**, precede o adulto. Em algumas espécies, a fecundação é interna e ocorre ovoviviparidade, comum, por exemplo, em lebistes, facilmente criados em aquários.

Jogo rápido

O que significa **alevino**, relativamente à reprodução dos peixes?

Lebiste (*Poecilia reticulata*), também chamado barrigudinho, é um peixe ósseo que apresenta, diferentemente da maioria deles, fecundação interna. Os indivíduos dessa espécie, muito comum nos aquários domésticos, podem chegar a 6 cm de comprimento quando adultos.

VOYLODYON/SHUTTERSTOCK

◗ Sistema nervoso e órgãos dos sentidos

O tubo nervoso, bem desenvolvido, apresenta um **encéfalo**, protegido pelo crânio, e uma **medula espinal**, protegida pela coluna vertebral.

Esqueleto de peixe ósseo. O crânio é formado por vários ósseos que, juntos, protegem a massa encefálica.

nadadeira dorsal

coluna vertebral

nadadeira caudal

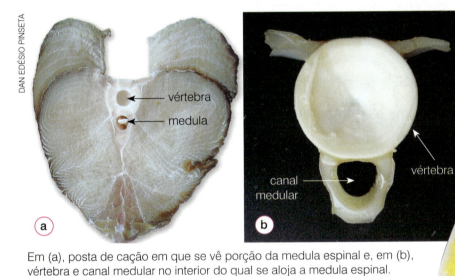

vértebra

medula

canal medular

vértebra

(a)

(b)

Em (a), posta de cação em que se vê porção da medula espinal e, em (b), vértebra e canal medular no interior do qual se aloja a medula espinal.

Os **olhos** dos peixes são basicamente semelhantes aos dos outros vertebrados, sem a presença de pálpebras.

Diferentemente dos vertebrados terrestres que possuem receptores **gustativos** na boca e faringe, nos peixes esses receptores encontram-se principalmente na boca, mas também podem ser encontrados na superfície de todo o corpo, até mesmo nas nadadeiras. O **olfato** é bem desenvolvido em virtude dos receptores olfativos que se encontram nas cavidades nasais.

Peixes não têm pálpebras nem glândulas lacrimais; o contato da superfície ocular com a água é suficiente para lubrificar os olhos. Na foto, peixe cirurgião barbatana amarela (*Acanthurus xanthopterus*), animal que, quando adulto, atinge 60 cm de comprimento.

A seta aponta a linha lateral, sistema de canal ligado a células sensoriais que identifica as variações de pressão na água.

Os peixes possuem um eficiente sistema de percepção de perturbações que se propagam na água. Essa capacidade está relacionada à **linha lateral**, constituída por um canal que se estende sob a pele em ambos os lados do corpo e que se comunica com o meio externo por meio de inúmeros e minúsculos orifícios. Esses orifícios permitem que a água penetre e circule nos canais laterais. Na parede desses canais há células sensoriais em comunicação com um nervo que conduz ao cérebro do peixe as informações referentes às perturbações que podem ser relacionadas a um perigo iminente – a presença de um predador, por exemplo, ou a uma possível presa que esteja se movimentando nas proximidades.

Jogo rápido

Volte à fotografia do robalo (p. 190) e identifique onde se encontra a linha lateral.

Fique por dentro!

O movimento sincronizado e coordenado de um cardume de peixes é também relacionado à linha lateral. O reconhecimento de perturbações nas vizinhanças é prontamente detectado pelas linhas laterais, o que proporciona, em resposta, a execução de manobras que resultam na mudança da velocidade e da direção do movimento do cardume.

É SEMPRE BOM SABER MAIS!

Os peixes e a temperatura corporal

Os peixes, assim como os anfíbios, os répteis e os invertebrados são animais **pecilotérmicos** (do grego, *poikilos* = variado + *thermos* = = calor), isto é, não são capazes de manter constante a temperatura corporal. Sua temperatura oscila, em geral, com as variações da temperatura ambiental, causando, igualmente, oscilações do seu metabolismo.

O meio aquático é mais estável que o terrestre quanto às mudanças de temperatura. No ambiente terrestre, são comuns variações térmicas de uma dezena ou mais de graus em um mesmo dia, o que jamais acontece nos ambientes aquáticos de grande extensão (lagos, mares etc.).

Animais pecilotérmicos também são chamados **ectotérmicos** em uma referência ao calor que recebem de fora, do ambiente.

Os vertebrados que conseguem manter a temperatura do corpo elevada e *constante*, apesar das variações da temperatura ambiental, são as aves e os mamíferos. São os vertebrados **homeotérmicos** (do grego, *homos* = = semelhante, igual + *thermos* = calor).

Nesse caso, o calor do corpo é produzido pelo elevado metabolismo e, para isso, esses animais dependem do consumo de grande quantidade de alimentos e de oxigênio usados no trabalho de suas células. A fim de manter a temperatura constante, aves e mamíferos devem contar com alguns mecanismos reguladores para impedir a elevação ou o abaixamento da temperatura: ofegar (aves, cães), transpirar (apenas alguns mamíferos), tremer (as contrações musculares produzem calor) etc. Além disso, para manter o isolamento térmico do corpo, contam com penas, pelos e camada de gordura sob a pele.

A homeotermia é uma característica que permite a adaptação das aves e mamíferos aos mais diferentes tipos de ambientes terrestres ou aquáticos, sendo encontrados desde as regiões tropicais até as regiões polares. Uma denominação atual para aves e mamíferos é **endotérmicos**, referindo-se ao calor corporal, que tem origem interna.

Bexiga natatória: auxiliar na flutuação dos peixes ósseos

A **bexiga natatória** é uma "bolsa" cheia de gás, localizada acima do tubo digestório. Na maioria dos peixes ósseos, funciona como um órgão de equilíbrio ou um flutuador. Ao regular o volume da bexiga, por meio da passagem de gases do sangue para o seu interior ou vice-versa, o peixe ósseo pode permanecer em equilíbrio (parado) em diferentes profundidades, ajustando sua densidade à da água.

Peixes cartilaginosos não apresentam vesícula gasosa; quando param de nadar, afundam.

Lembre-se!

A bexiga natatória também é chamada de vesícula gasosa.

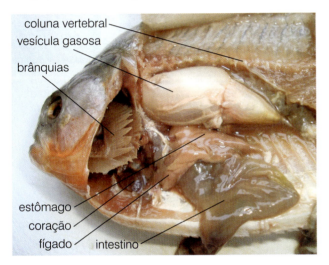

FOTOS: DAN EDÉSIO PINSETA

Peixe ósseo aberto, evidenciando a bexiga natatória, que se encontra na parte dorsal do animal, acima do tubo digestório (os órgãos internos foram deslocados para uma melhor visualização da estrutura). Ao lado, bexiga natatória isolada.

É SEMPRE BOM SABER MAIS!

Peixes pulmonados

Em algumas espécies de peixes, como a piramboia, da bacia Amazônica, além das brânquias, há um pulmão primitivo no lugar da vesícula gasosa. Em períodos de seca, esses peixes permanecem mergulhados no lodo e retiram oxigênio diretamente do ar.

Piramboia (*Lepidosiren paradoxa*), peixe pulmonado.

FABIO COLOMBINI

DE OLHO NO PLANETA

Sustentabilidade

Pirarucu: um peixe pulmonado em risco de extinção

O pirarucu (*Arapaima gigas*) é um dos maiores peixes de água doce do planeta. Nativo da Amazônia, ele promove benefícios para o ecossistema e comunidades que vivem da pesca. Seu nome vem de dois termos indígenas: *pira*, "peixe", e *urucum*, "vermelho", devido à cor de sua cauda.

A espécie vive em lagos e rios afluentes, de águas claras, com temperaturas que variam de 24 a 37 °C, e não é encontrada em lugares com fortes correntezas ou em águas com sedimentos. (...)

A espécie corre risco de extinção devido à pesca predatória praticada ao longo de muitos anos. A reprodução natural do peixe é insuficiente para repor o número de pirarucus pescados. A exploração não sustentável fez com que o IBAMA – Instituto Brasileiro do Meio Ambiente e dos Recursos Naturais Renováveis criasse em 2004 uma Instrução Normativa que regulamenta a pesca do pirarucu na Amazônia, proibindo-a em alguns meses do ano e estabelecendo tamanhos mínimos para pesca e comercialização da espécie.

O projeto do manejo sustentável consiste em treinar e capacitar pescadores para manejar o pirarucu de forma ambientalmente adequada, assegurando a sobrevivência da espécie e a viabilidade econômica da atividade pesqueira.

Os principais resultados diretos são o aumento da produtividade dos lagos, o crescimento da produção de pirarucu nos lagos manejados, o repovoamento com casais da espécie em lagos onde o peixe havia desaparecido e o consequente aumento da renda dos pescadores.

Quando adulto, o pirarucu mede de 2 a 3 m e seu peso pode atingir 200 kg. Conhecido como o "bacalhau da Amazônia", sua carne é muito apreciada por seu sabor e poucos espinhos.

Pirarucu: o gigante das águas doces. *Disponível em:* <http://www.wwf.org.br/natureza_brasileira/especiais/biodiversidade/especie_do_mes/agosto_pirarucu.cfm>. *Acesso em:* 12 jul. 2015.

➢ A pesca tanto pode ser um trabalho, uma maneira de ganhar o sustento, como uma atividade de lazer, mas em todos os casos é preciso considerar a continuidade das espécies. O manejo sustentável da atividade pesqueira, ou seja, o seu uso de modo administrado, visando garantir a preservação do meio ambiente e das espécies, deve sempre ser considerado. Em sua opinião, ainda com relação à pesca, como seria uma ação desse manejo sustentável?

ENTRANDO EM AÇÃO

Observação de um peixe ósseo

Você vai precisar de um peixe ósseo fresco, de tamanho médio, como uma tainha, por exemplo, e um recipiente para que ele possa ser observado.

Procure verificar as seguintes características externas, fazendo um desenho em seu caderno: posição da boca, dentes, opérculo, nadadeiras, linha lateral, aberturas nasais.

Levante o opérculo e inspecione a câmara branquial, verificando o número de arcos branquiais existentes. Retire uma escama e, se dispuser de uma lupa, faça um desenho do que você observa.

Anfíbios, vertebrados de transição

Sapo, rã, perereca, cobra-cega ou cecília, salamandra, são nomes de alguns anfíbios.

A palavra anfíbio deriva do grego, *amphi* = = duas, dupla + *bios* = vida, e dá nome a essa classe de vertebrados que, de modo geral, possuem duas fases de vida: uma de **larva**, adaptada ao meio aquático, e a fase **adulta**, adaptada ao meio terrestre úmido.

Os anfíbios são os únicos *vertebrados* de transição entre os meios aquático e terrestre e os primeiros a colonizar o meio terrestre.

Lembre-se!

Não há anfíbios no mar.

Perereca *(Boophis* sp.). O animal adulto mede entre 4 e 8 cm.

Sapo-cururu (*Rhinella marina*), cujo tamanho varia de 10 a 25 cm.

Rana palmipes, rã comum na Amazônia, atinge 10 cm quando adulta.

Uma salamandra adulta, como a da foto acima (*Salamandra* sp.), mede entre 18 e 28 cm.

É SEMPRE BOM SABER MAIS!

Você sabe a diferença entre sapo, rã e perereca?

Pelas fotos, parecem todos muito parecidos, não é mesmo? E são, pois pertencem ao mesmo grupo animal. No entanto, há diferenças entre eles e certa preferência por determinado *habitat*, apesar de que, sendo anfíbios, todos estão adaptados ao meio aquático e ao terrestre também.

Os **sapos** possuem uma pele rugosa, com verrugas (pequenas "bolotas"), e duas glândulas grandes, uma atrás de cada olho, bem visíveis, que são glândulas de veneno. Suas patas são curtinhas e, em vista disso, não conseguem dar grandes saltos. São vistos mais frequentemente no meio terrestre.

Diferentemente dos sapos, as **rãs** possuem a pele lisa. Suas patas são mais longas, o que lhes permite dar saltos maiores do que os dos sapos. Possuem, em geral, uma membrana entre os dedos das patas traseiras, o que lhes auxilia no meio aquático (lagos e lagoas), ambiente em que são mais frequentemente encontradas.

Já as **pererecas**, dentre os três grupos de animais, são as que podem dar saltos maiores, de mais de um metro de distância, em virtude de suas patas serem longas. São facilmente reconhecidas por seus grandes olhos esbugalhados e por possuírem uma espécie de ventosa na ponta de cada dedo, o que lhes permite subir em árvores, onde são vistas mais comumente.

Sapo da espécie *Rhinella marina*, conhecido como sapo-cururu, cujo tamanho varia de 10 a 25 cm.

PATRICK K. CAMPBELL/SHUTTERSTOCK

HINTAU ALIAKSEI/SHUTTERSTOCK

Rã da espécie *Rana esculenta*, atinge 10 cm quando adulta. Observe a membrana entre os dedos das patas traseiras.

Note o detalhe das ventosas nas pontas dos dedos desta perereca da espécie *Agalychnis calydrias*, colorido anfíbio que mede, quando adulto, entre 4 e 7 cm.

DIRK ERCKEN/SHUTTERSTOCK

Pele dos anfíbios

A pele dos anfíbios é fina, permeável, rica em capilares sanguíneos e umedecida pela secreção de **glândulas mucosas**. Todas essas características favorecem a ocorrência de trocas gasosas (oxigênio e gás carbônico) através da pele.

Apesar da grande importância na realização das trocas gasosas, a pele dos anfíbios, sendo permeável, expõe esses animais à desidratação. Por isso, os adultos são encontrados principalmente em lugares sombrios e úmidos.

A pele dos anfíbios é permeável porque as células epidérmicas praticamente não sintetizam queratina, proteína impermeabilizante com a qual os vertebrados tipicamente terrestres produzem os chamados anexos córneos: escamas, placas, unhas, garras, penas, pelos, cornos. Nada disso é encontrado em anfíbios.

Nos sapos, logo atrás dos olhos, existe um par de saliências de forma oval, correspondentes às **glândulas paratoides**, que produzem uma secreção leitosa, espessa e venenosa, mas só a eliminam se essas glândulas forem comprimidas, isto é, os sapos não expelem secreção espontaneamente.

O veneno do sapo causa irritação de mucosas (bucal e ocular, por exemplo).

Mucosas: camada de tecido que reveste internamente a cavidade de órgãos.

A seta aponta a glândula paratoide que se encontra atrás dos olhos do sapo. (*Bufo alvarius*, animal adulto mede entre 8 e 20 cm.)

ESTABELECENDO CONEXÕES

Economia

O Brasil produz e exporta carne e pele de rãs

As rãs do Brasil raramente têm glândulas de veneno na pele. Por isso, algumas espécies são comestíveis. A carne de rã tem sabor muito delicado e baixo teor de gordura. A pele desses animais é usada na confecção de peças de vestuário, bolsas, carteiras e cintos.

◗ Digestão e alimentação

O sistema digestório dos anfíbios, assim como o dos peixes, é completo. Duas glândulas digestivas, o pâncreas e o fígado, eliminam suas secreções diretamente no intestino. Restos alimentares chegam à cloaca, que também recebe gametas e urina.

Os anfíbios são carnívoros. No entanto, a alimentação dos girinos (fase larval dos sapos) consiste de algas e resíduos existentes na água; portanto, não competem com os adultos carnívoros pela alimentação.

Os sapos não possuem dentes e sua longa e musculosa língua é projetada e, assim, favorece a captura de presas. Uma característica interessante, é que a língua dos sapos é presa ao assoalho da boca na parte da frente.

Secreção: eliminação de substâncias produzidas por um órgão ou por uma célula no interior de uma cavidade ou para o meio externo.

Descubra você mesmo!

Na fase adulta, sapos, rãs e pererecas são carnívoros predadores. De sua dieta fazem parte, por exemplo, vários tipos de insetos. Faça uma pesquisa na internet ou em livros da biblioteca da sua escola a respeito de outras fontes de alimentos desses animais. Procure estabelecer, de uma forma geral, os níveis tróficos ocupados por sapos, rãs e pererecas, relativamente às presas que consomem. Investigue, também, os prováveis inimigos naturais desses animais, bem como os níveis tróficos desses predadores.

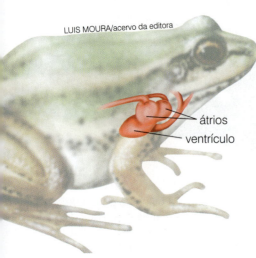

átrios

ventrículo

Esquema de coração em anfíbio. O sangue venoso é encaminhado ao átrio direito, enquanto o átrio esquerdo recebe o sangue oxigenado. Dos átrios, o sangue passa para o ventrículo único, ocorrendo a mistura dos dois tipos de sangue. (Cores-fantasia. Ilustração fora de escala.)

Lembre-se!

As larvas (girinos) respiram por meio de **brânquias** e através da pele.

Jogo rápido

Qual é a função das cinturas escapular e pélvica dos anfíbios?

Circulação, respiração e excreção

Nos anfíbios, o coração tem *três cavidades*: **dois átrios** e **um ventrículo**. Sangue venoso, rico em gás carbônico, proveniente do corpo, é coletado no átrio direito. Sangue arterial, proveniente dos pulmões e pele, ricamente oxigenado, entra no átrio esquerdo. O ventrículo único recebe tanto sangue arterial quanto venoso. Portanto, ocorre mistura desses dois tipos de sangue no coração dos anfíbios. Isso quer dizer que as células corporais receberão sangue misto. Graças à ocorrência de trocas gasosas através da pele desses animais, enriquecendo o sangue com oxigênio, o problema representado pela mistura sanguínea no coração é minimizado.

A menor oxigenação dos tecidos limita a atividade metabólica desses animais e, consequentemente, a produção de calor corporal. São, portanto, animais **pecilotérmicos** (ou **ectotérmicos**).

Pelo fato de os anfíbios serem animais de transição entre os modos de vida aquático e terrestre, são eles os vertebrados que apresentam a maior variedade de estruturas respiratórias. Nos adultos, as trocas gasosas (oxigênio e gás carbônico) ocorrem através de **pulmões** e da **pele** fina e umedecida ou, ainda, pela **superfície da cavidade bucal** e da **faringe**.

Como os pulmões correspondem a dois saquinhos cuja superfície interna é pequena, a pele desempenha a função respiratória mais importante nesses animais.

A composição da urina dos sapos é muito semelhante à da nossa própria urina; é muito diluída e inócua, isto é incapaz de causar qualquer problema.

O esqueleto dos anfíbios

Nos anfíbios, a coluna vertebral (popularmente conhecida como espinha dorsal) e o crânio são estruturas ósseas protetoras do sistema nervoso, como, aliás, ocorre com os peixes ósseos. Diferentemente desses últimos, porém, o esqueleto dos anfíbios possui como novidades a *cintura escapular* (esqueleto dos ombros), a *cintura pélvica* (esqueleto do quadril) e, geralmente, *membros anteriores* e *posteriores*.

As cinturas servem de ligação entre o esqueleto dos membros e a coluna vertebral. Desse modo, permitem a elevação do corpo, adaptando esses vertebrados à locomoção mais eficiente no meio terrestre. Lembre-se que, quando nos locomovemos em terra, é importante erguer o corpo contra a força de atração gravitacional. No meio aquático, o efeito da força de gravidade é minimizado pelo empuxo.

Ao mesmo tempo, a evolução da musculatura corporal acompanha as modificações do esqueleto. Isso ocorreu, pela primeira vez, nos anfíbios adultos, como sapos, rãs e pererecas que, apesar de não serem bons andadores ou corredores, são ótimos saltadores.

Os anfíbios são os primeiros vertebrados **tetrápodes**, isto é, que apresentam quatro membros locomotores, dois anteriores e dois posteriores, embora inexistentes em uma cobra-cega.

cintura escapular

crânio

vértebra

cintura pélvica

BLUE RING MEDIA/ SHUTTERSTOCK

Vista dorsal do esqueleto de uma rã. Na escala evolutiva, os anfíbios são os primeiros vertebrados a apresentarem quatro membros locomotores, facilmente identificáveis na ilustração acima. (Cores-fantasia.)

Reprodução

Nos anfíbios, a reprodução, de modo geral, depende da existência de água ambiental. Os sexos são separados. Machos de sapos, rãs e pererecas abraçam as fêmeas pela região dorsal e, enquanto estas liberam os óvulos pela cloaca, os machos descarregam espermatozoides, juntamente com jatos de urina, fecundando os óvulos. Portanto, nesses animais a fecundação é **externa**. Os ovos formados não possuem casca protetora, motivo pelo qual precisam se desenvolver na água. Cada ovo desenvolve um embrião e, após alguns dias, forma-se uma **larva**, denominada **girino**, que aos poucos passa por metamorfose até adquirir a aparência de adulto, porém muito menor. Os girinos possuem cauda, não possuem patas e respiram através de brânquias e da pele.

Lembre-se!

Metamorfose: mudança de forma corporal, da fase larval à fase adulta.

MATTEO PHOTOS/SHUTTERSTOCK

ILOZAVR/SHUTTERSTOCK

Casal de rãs (*Rana temporaria*) em acasalamento. Na imagem, veem-se também os óvulos liberados pela fêmea e que serão fecundados pelos espermatozoides do macho que são descarregados na água.

Na época da reprodução de anfíbios, é comum encontrar na água cordões de ovos envoltos por uma espécie de gelatina protetora.

BLUECRAYOLA/SHUTTERSTOCK

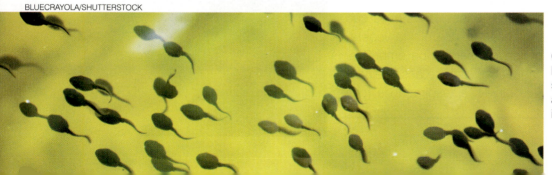

Os girinos, fase de larva dos anfíbios, sofrerão metamorfose até transformar-se em indivíduos adultos.

■ A metamorfose do girino

Após certo tempo de vida larval aquática, surgem as patas e a cauda é reabsorvida. As brânquias regridem e, ao mesmo tempo, desenvolvem-se os pulmões. O animal está em condições de viver no meio terrestre úmido.

Fases do desenvolvimento de sapos. Essas mesmas modificações ocorrem em rãs e pererecas.

FOTOS: ERIC ISSELEE/ EGON ZITTER/SHUTTERSTOCK

📚 É SEMPRE BOM SABER MAIS! ■

Nas cobras-cegas, a fecundação é **interna** e a fêmea, ao depositar os ovos, de modo geral enrola-se sobre eles, protegendo-os. Em algumas espécies existe fase larval aquática e, em outras, o desenvolvimento é direto, sem formação de larva.

Ilustração de uma cobra-cega da espécie *Rhinatrema bivittatum* (21 cm de comprimento).

KAMNUAN/SHUTTERSTOCK

Assim como as outras cecílias, este ápode é carnívoro e se alimenta de pequenos invertebrados que encontra no solo.

Ápode: sem patas.

Nas salamandras, a fecundação também é **interna** e em muitas espécies os ovos são depositados em locais úmidos ou na vegetação. Após o desenvolvimento dos embriões, surgem larvas aquáticas, que se assemelham aos adultos. Nas larvas, a respiração é feita

através de brânquias. Em algumas espécies, as brânquias são externas e muito ramificadas, resquícios de sua fase larval.

O axolote (*Ambystoma mexicanum*) é uma salamandra que mantém no adulto as brânquias externas, característica de sua fase larval. Seu tamanho varia de 10 a 30 cm quando adulto.

PAN XUNBIN/SHUTTERSTOCK

ESTABELECENDO CONEXÕES
Geografia

Por que os anfíbios são encontrados apenas nas regiões tropicais e temperadas?

Recebemos do Sol a energia necessária para iluminar e aquecer nosso planeta. No entanto, devido ao formato esférico da Terra e à sua inclinação, nem todas as regiões do planeta recebem a mesma quantidade de energia solar.

Os raios do Sol incidem mais diretamente sobre a linha do Equador e à medida que nos distanciamos dessa linha os raios solares atingem nosso planeta de modo inclinado e, portanto, com intensidade menor.

Assim, a região equatorial é a que recebe a maior incidência de energia, seguida das regiões tropicais, temperadas e, por fim, polares.

Como a temperatura do corpo dos anfíbios, assim como a dos peixes, varia com a temperatura ambiental (são animas **pecilotérmicos** ou **ectotérmicos**), os anfíbios ficam res-

tritos às regiões tropicais e temperadas da biosfera, onde as temperaturas médias anuais são mais apropriadas ao seu metabolismo.

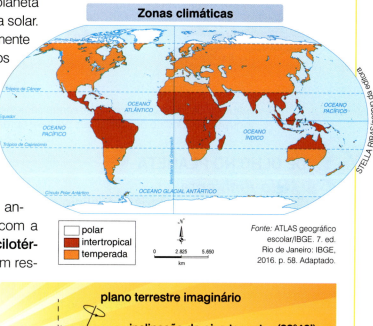

Zonas climáticas

□ polar
■ intertropical
■ temperada

0   2.825   5.650
km

Fonte: ATLAS geográfico escolar/IBGE. 7. ed. Rio de Janeiro: IBGE, 2016. p. 58. Adaptado.

STELLA RIBAS/acervo da editora

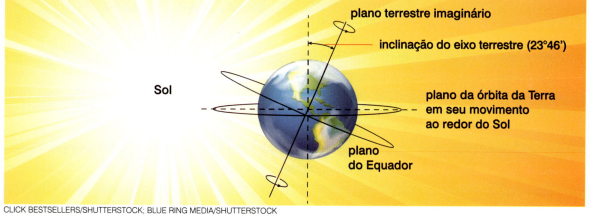

plano terrestre imaginário

inclinação do eixo terrestre (23°46')

Sol

plano da órbita da Terra em seu movimento ao redor do Sol

plano do Equador

CLICK BESTSELLERS/SHUTTERSTOCK; BLUE RING MEDIA/SHUTTERSTOCK

Sistema nervoso e órgãos dos sentidos

O sistema nervoso dos anfíbios é, basicamente, semelhante ao dos peixes.

Quanto aos órgãos dos sentidos, os receptores gustativos, diferentemente dos peixes, estão localizados apenas no céu da boca, língua e mucosa que reveste a cavidade oral.

Os olhos são semelhantes aos dos outros vertebrados. Pregas da pele formam as pálpebras, que, apesar de rudimentares em muitos anfíbios, são uma proteção importante para os olhos em vertebrados terrestres.

Rudimentares: simples, primitivas.

O aparelho auditivo dos anfíbios varia muito, mas é importante destacar a presença de uma membrana, chamada **tímpano**, presente na orelha. Os sons fazem o tímpano vibrar e essas vibrações são transmitidas para nervos e, destes, para o cérebro.

As cavidades nasais possuem receptores olfativos e também servem de passagem para o ar.

KAZOKA/ SHUTTERSTOCK

XPIXEL/ SHUTTERSTOCK

ERIC ISSELEE/ SHUTTERSTOCK

Apesar de os olhos dos anfíbios serem semelhantes aos dos outros vertebrados, alguns grupos diferem quanto ao formato da pupila, que pode se apresentar horizontal, vertical ou arredondada.

DE OLHO NO PLANETA
Meio Ambiente

O triste declínio de sapos, rãs e pererecas

O Brasil possui a segunda maior diversidade de anfíbios do mundo (só perde para a Colômbia) graças, especialmente, às deslumbrantes matas que abriga. Infelizmente, na Mata Atlântica, hoje representada por não mais de 5% de sua área original, muitas espécies sofrem sérios riscos de extinção, devido, principalmente, a esse desmatamento sem precedentes na história humana. Mas não é só aqui que esses pequenos animais correm riscos tão sérios. (...)

Ao que tudo indica, problemas ecológicos globais, como a destruição da camada de ozônio, a ocorrência de chuva ácida e o efeito estufa somaram-se aos problemas referentes à perda de *habitat* (desmatamento, poluição), à superexploração (caça, coleta) e à competição com espécies exóticas [vindas de outros países] indevidamente introduzidas em seus *habitats*, afetando as populações dos sapos e seus parentes próximos em um ritmo alarmante, tornando a extinção uma realidade próxima e assustadora. E isso está acontecendo no mundo todo!

Mas por que deveríamos nos preocupar com um bicho que aos olhos de muitos parece tão assustador e feio? Por várias razões. Além de questões éticas, é bom lembrar da importante posição dos anfíbios na cadeia ecológica, quer como presa, quer como predador. Além disso, eles oferecem uma grande contribuição ao bem-estar da sociedade humana, pois participam do controle populacional de muitos insetos e atuam como importante indicador biológico em áreas suscetíveis à poluição. Isso sem mencionar a importância que podem ter no desenvolvimento da indústria farmacêutica; algumas substâncias isoladas da pele de anfíbios combatem bactérias e fungos.

Disponível em: <http://www.zoologico.com.br/educacao-ambiental/curiosidades/o-triste-declinio-de-sapos-ras-e-pererecas>. Acesso em: 19 maio 2018.

ANNA KUCHEROVA/SHUTTERSTOCK

ALEKSEY STEMMER/SHUTTERSTOCK

Classificação dos anfíbios

A classe dos anfíbios apresenta grande diversidade de animais, que são agrupados em três ordens: **anuros**, **urodelos** e **ápodes** (ou gimnofionos).

Anuros (do grego, *a* = sem + *oura* = cauda) são os anfíbios mais diversificados no mundo, dotados de patas, porém sem cauda na fase adulta. Sapos, rãs e pererecas pertencem a esse grupo. O Brasil é o país em que ocorre a maior diversidade de anfíbios anuros. De modo geral, são carnívoros predadores, alimentando-se de insetos, aranhas, minhocas e outros pequenos animais (moluscos, peixes, filhotes de ratos). Os girinos (larvas) são herbívoros ou alimentam-se de restos de animais mortos.

Urodelos (do grego, *oura* = cauda + *delos* = aparente, visível) possuem patas e preservam a cauda na fase adulta, muitos deles com aparência de lagartixas. As salamandras são componentes desse grupo. No Brasil, é encontrada apenas uma espécie na Bacia Amazônica. Nos locais em que ocorrem, elas passam boa parte do tempo no meio aquático ou terrestre úmido. São carnívoros predadores e se alimentam de insetos ou pequenos peixes.

Ápodes (do grego, *a* = sem + *podos* = pé) são anfíbios que não possuem patas. As cobras-cegas, também chamadas de cecílias, pertencem a esse grupo. O corpo é vermiforme, alongado, dotado de sulcos, lembrando uma grande minhoca. Mas não é difícil perceber que se trata de um vertebrado: ao passar um dedo ao longo do dorso do animal, sente-se a presença do crânio e da coluna vertebral. Além disso, possuem mandíbulas, narinas e olhos vestigiais sob a pele da cabeça, características que, certamente, não existem nas minhocas. Passam boa parte do tempo dentro do solo, alimentando-se de minhocas e outros pequenos animais. Os olhos não formam imagens, mas podem perceber variações de claro e escuro, levando esses animais a evitar a exposição à luz, o que os protege dos predadores.

ALFREDO MAIQUEZ/SHUTTERSTOCK

Rela-morango (*Dendrobates pumilio*). Relativamente pequena (2 a 6 cm de comprimento), esse animal possui um veneno muito tóxico.

NASHEPARD/SHUTTERSTOCK

Salamandra-vermelha (*Pseudotriton ruber*) de 10 a 15 cm de comprimento.

Jogo rápido

Afinal, por que os anfíbios são considerados vertebrados de transição entre o meio aquático e o meio terrestre?

FABIO COLOMBINI

Cobra-cega (*Siphonops annulatus*). Este anfíbio possui os olhos tão pequenos que, olhando rapidamente, parecem inexistentes. Seu tamanho varia muito, podendo atingir 1 m de comprimento.

Nosso desafio

1. Preencha os quadrinhos de 1 a 4 utilizando as seguintes palavras: bexiga natatória, robalo, tubarões, ventral.

2. Para preencher os quadrinhos de 1 a 6, você deve utilizar as seguintes palavras: 3 cavidades, brânquias, externa, permeável, pulmões, sem casca.

À medida que você preencher os quadrinhos, risque a palavra que você escolheu para não usá-la novamente.

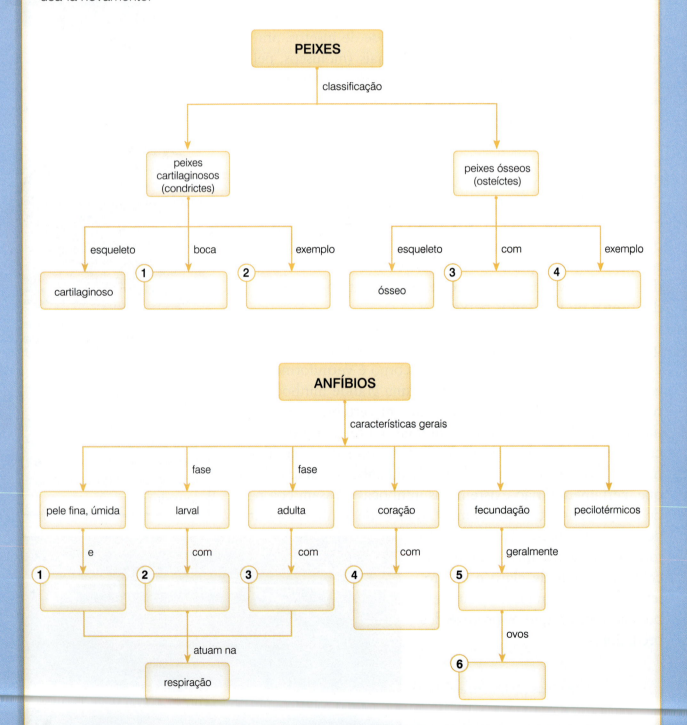

Atividades

1. [5, 6, 10] O esquema abaixo representa um hipotético embrião de cordado. Reconheça as estruturas assinaladas, que correspondem às características exclusivas de todos os animais pertencentes a esse filo.

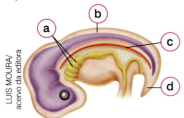

LUIS MOURA/ acervo da editora

2. [6, 10] Utilizando as informações que você obteve ao ler este capítulo, responda:

a) Que estrutura encontrada na fase embrionária justifica o nome do filo apresentado neste capítulo?

b) Cite as três outras características típicas dos animais do filo cordados na fase embrionária.

3. [5, 10] Na foto abaixo, nota-se a existência de uma estrutura lateral, responsável pela pronta detecção de perturbações que se espalham na água.

THALOENGSAK/SHUTTERSTOCK

a) Qual é essa estrutura?

b) A mesma estrutura existe também no tubarão?

4. [5, 6, 7, 10] Utilize o esquema a seguir, que ilustra um peixe no qual algumas estruturas internas são mostradas, para elaborar as respostas dos itens abaixo.

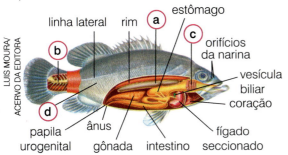

LUIS MOURA/ ACERVO DA EDITORA

linha lateral — rim — a — estômago
c — orifícios da narina
b —
vesícula biliar
coração
d —
papila urogenital — ânus — gônada — intestino — fígado seccionado

a) Reconheça a estrutura apontada pela letra *a*. Que peixes a possuem, ósseos ou cartilaginosos? Qual é a função a ela relacionada?

b) Identifique a estrutura apontada pela letra *b*. Qual é a sua composição no peixe representado? No tubarão, a composição é a mesma? Justifique a resposta dessa última pergunta.

c) Reconheça as estruturas indicadas pela letra *c*. Qual é a sua função nos peixes?

d) A letra *d* indica as estruturas de revestimento do peixe e cuja disposição se assemelha à das telhas em um telhado. Quais são essas estruturas?

e) Nesse peixe, os restos alimentares contidos no intestino, os gametas produzidos pelos órgãos reprodutores e a urina são expelidos por orifícios próprios, separados. No tubarão, tal não ocorre. Explique por quê.

5. [1, 5, 6, 7, 9, 10] (ENEM – adaptada) Uma das principais causas da degradação de peixes frescos é a contaminação por bactérias. O gráfico abaixo apresenta resultados de um estudo acerca da temperatura de peixes frescos vendidos em cinco peixarias. O ideal é que esses peixes sejam vendidos com temperaturas entre 2 °C e 4 °C.

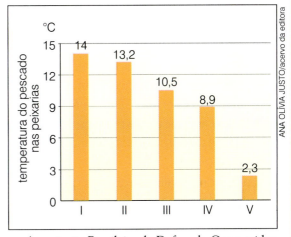

ANA OLÍVIA JUSTO/acervo da editora

Associação Brasileira de Defesa do Consumidor (com adaptações).

a) A partir da observação dos dados do gráfico e do texto que o acompanha, cite o grupo de peixes que você compraria sem receio de que possam estar estragados. Justifique a sua resposta.

b) Qual é o efeito da temperatura na conservação dos peixes para consumo?

6. [1, 6, 7, 9, 10] Alguns peixes não têm tolerância a baixas temperaturas. Quando o ambiente aquático esfria, o metabolismo desses peixes desacelera. As consequências imediatas é que eles passam a ter menor capacidade de movimento, além de alimentarem-se menos.

a) As consequências em virtude da baixa temperatura para os peixes citados significam que eles são homeotérmicos ou pecilotérmicos? Justifique a resposta.

b) É correto afirmar que é mais difícil pescar esses peixes em dias frios? Justifique a reposta.

7. [6, 7, 9, 10] O formato do corpo do peixe-vampiro lembra uma enguia e seu tamanho atinge de 3 a 15 cm em média. O peixe-vampiro é um parasita que entra nas brânquias de peixes maiores e se alimenta de sangue do hospedeiro. Sabendo-se que as brânquias são um órgão do sistema respiratório, qual é sua relação com vasos sanguíneos presentes nessa estrutura?

8. [6, 7, 9, 10] O coração dos peixes é formado por apenas duas cavidades, um átrio e um ventrículo. Do átrio, o sangue passa para o ventrículo, que tem paredes espessas, e é bombeado do coração para as brânquias, onde é oxigenado. Das brânquias passa para a aorta, que se ramifica para todos os tecidos do corpo, transportando sangue rico em oxigênio.

a) É correto afirmar que os gases oxigênio e gás carbônico fazem nas brânquias e nos tecidos do corpo caminhos inversos?

b) Ao analisar com atenção a circulação do sangue em peixes, pode-se afirmar que

o sangue que entra no coração pelo átrio é rico em gás carbônico, e o bombeado pelo ventrículo é rico em oxigênio? Justifique a resposta.

9. [1, 6, 9, 10] Como os peixes conseguem perceber a direção dos movimentos da água mesmo na escuridão.

10. [1, 6, 7, 9, 10, 15, 18] A Organização das Nações Unidas para a Alimentação e a Agricultura (FAO) revela que a situação da pesca no mundo está longe de ser sustentável; pelo contrário, a pesca, atualmente, supera a capacidade de reprodução dos peixes. Segundo o pesquisador Tifo Lotufo, do Instituto de Ciências Marinhas da Universidade Federal do Ceará, cerca de 70% de todos os estoques de peixes marinhos estão sendo explorados de forma não sustentável, gerando graves desequilíbrios dos ecossistemas marinhos. O problema é tão grave que existe o risco de desaparecem muitas espécies de peixes.

a) Por que a pesca realizada com o uso de bombas ou com redes extensas de malha fina ou ainda a pesca de camarão com rede de arrasto entre dois barcos pesqueiros prejudicam enormemente os ecossistemas marinhos?

b) Qual é o motivo de o Instituto Brasileiro do Meio Ambiente e dos Recursos Naturais Renováveis (IBAMA) proibir anualmente, na costa brasileira, a pesca de peixes, como a sardinha, e de crustáceos, como a lagosta e o camarão, por exemplo?

11. [7, 10] Relembre as informações que você obteve ao ler os itens pele, respiração e circulação dos anfíbios e responda:

a) Como é a pele dos anfíbios, de modo geral?

b) Como os sapos, as rãs e as pererecas respiram quando adultos?

c) Quais são os compartimentos do coração de um sapo? Qual é a consequência derivada dessa organização cardíaca?

12. [6, 7, 10] Coluna vertebral e crânio são duas estruturas presentes tanto nos anfíbios quanto nos peixes. Diferentemente desses últimos, a análise do esqueleto dos anfíbios revela a existência de importantes novidades.

a) Cite as novidades encontradas no esqueleto dos anfíbios, em comparação com o esqueleto dos peixes.

b) Qual é a importância dessas novas estruturas esqueléticas nos anfíbios?

13. **[5, 6, 7, 10]** Acompanhe, no esquema a seguir, as fases da reprodução de um anfíbio anuro (sapo, rã, perereca). A partir das suas observações e dos seus conhecimentos sobre a reprodução desse grupo de anfíbios, considere os itens seguintes:

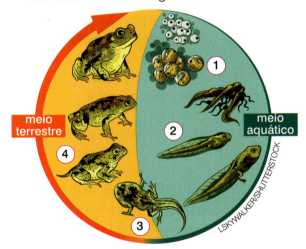

a) Em 1, mostra-se um grupo de ovos depositados nas margens de uma lagoa, junto à vegetação. Cada ovo é resultante da fecundação de um óvulo por um espermatozoide, processo que ocorre fora do corpo da fêmea. Como é denominado esse tipo de fecundação?

b) Em 2, mostram-se os girinos, larvas que resultam do desenvolvimento embrionário e que vivem livremente no meio aquático. Cite duas características corporais associadas a essas larvas, sendo uma delas relacionada à respiração.

c) Em 3 e 4, mostra-se a transformação do girino em uma miniatura de adulto de vida terrestre. Cite as principais modificações ocorridas durante essa transformação. Como é denominada essa transformação da fase larval para a fase adulta?

14. **[1, 6, 7, 10]** Pesquisa realizada em áreas de Mata Atlântica da Ilha Grande, no estado do Rio de Janeiro, permitiu reunir dados sobre um pequeno anfíbio que se camufla nas folhas caídas sob as árvores. Por isso, é chamado de sapo-folha. A sua dieta consiste de tatuzinhos-de-quintal, formigas e besouros, que se alimentam da vegetação existente nesses ambientes. Na reprodução, o sapo-folha coloca seus ovos em pequenas cavidades úmidas no solo, onde, após a eclosão, os girinos desenvolvem-se até formar a fase adulta. Sabe-se que os girinos demoram cerca de 20 dias para tornarem-se jovens, saindo do ninho em seguida, o que indica que o sapo-folha não passa por uma fase de vida aquática, diferentemente do que ocorre com a maioria dos anfíbios anuros.

Adaptado de: SLUYS, M. V.; ROCHA, C. F. D. Quem é e como vive o sapo-folha. *Ciência Hoje*, Rio de Janeiro, v. 30, n. 179, p. 65-7, jan.-fev. 2002.

Tendo como base as informações contidas no texto e utilizando os seus conhecimentos sobre a alimentação e a reprodução dos anfíbios, responda:

a) Qual é o nível trófico ocupado pelo sapo-folha no ambiente em que vive, considerando que ele se alimenta de tatuzinhos-de-quintal, formigas e besouros, conforme citado no texto?

b) Cite as diferenças na reprodução do sapo-folha em relação ao que ocorre na maioria dos anfíbios.

15. **[6, 10]** A distribuição geográfica dos anfíbios é limitada a ambientes aquáticos ou terrestres com elevada umidade ambiental. É praticamente nula a possibilidade de se encontrar anfíbios em ambientes secos, como os desertos, ou extremamente gelados, como as regiões polares. A esse respeito e utilizando os seus conhecimentos:

a) Cite dois fatores que impossibilitam a sobrevivência dos anfíbios em ambientes secos.

b) Cite o fator que impede que os anfíbios sobrevivam em ambientes extremamente gelados.

16. **[6, 7, 9, 10]** Nos peixes, o coração tem duas cavidades, um átrio e um ventrículo, e apenas passa por ele sangue rico em gás carbônico (circulação simples). O sangue não oxigenado é bombeado para as brânquias para ser oxigenado. Nos anfíbios, o coração, diferentemente do dos peixes, recebe tanto o sangue oxigenado, proveniente dos pulmões, como sangue rico em gás carbônico, proveniente das células do corpo (circulação dupla). Então, se o coração dos anfíbios fosse igual ao dos peixes, haveria uma *mistura excessiva* desses dois tipos de sangue no átrio e no ventrículo.

a) No processo evolutivo, como foi resolvido o problema da possibilidade de *mistura excessiva* dos dois tipos de sangue no coração dos anfíbios?

b) É possível dizer que a estrutura do coração dos anfíbios elimina totalmente a possibilidade de ocorrer nele mistura dos dois tipos de sangue? Justifique a resposta.

c) Relacione a resposta do item *b* com o conceito de animal homeotérmico e pecilotérmico.

17. **[6, 7, 9, 10]** Uma das características dos vertebrados terrestres é a presença de pulmões. Nos pulmões existem os alvéolos pulmonares, que são minúsculos sacos envolvidos por capilares sanguíneos e uma membrana extremamente fina. É nos alvéolos pulmonares que ocorre a troca de gases. Os anfíbios possuem pulmão com superfície alveolar muito pequena, visto que seus pulmões são dotados de poucas dobras. Além disso, os anfíbios não usam os músculos do tórax e do abdômen para fazer a inspiração, processo que retira o ar do ambiente para o organismo. Com tudo isso o pulmão dos anfíbios é incapaz de suprir todas as necessidades do animal.

a) Qual é a relação que existe entre a respiração pulmonar dos anfíbios com a estrutura de sua pele?

b) Relacione o processo de respiração pulmonar e cutânea com a liberação de energia necessária ao metabolismo celular.

18. **[1, 6, 7, 9, 10]** A água é essencial para a vida. Entre outras funções, é um solvente praticamente universal e, portanto, é imprescindível ao metabolismo celular.

Qual é a relação entre o sangue e a hidratação das células dos organismos?

19. **[1, 6, 7, 10, 15, 17]** É verão, o tempo está úmido, os rios estão cheios. Para centenas de espécies de anfíbios da Mata Atlântica, chegou a hora de acasalar. Milhares de sapos, rãs e pererecas saem de seus esconderijos na floresta à procura de um riacho ou de um brejo para namorar e reproduzir. Só tem um problema: hoje em dia, chegar à água virou uma missão quase impossível, que exige travessia de descampados (campos vastos sem árvores), pastos e plantações inóspitas (em lugar difícil). Muitos animais morrem no caminho, pisoteados, intoxicados ou vitimas de predadores. Essa historinha, aparentemente infantil, representa atualmente a maior ameaça à conservação dos anfíbios de acordo com o estudo publicado na revista científica *Science*. (...)

"Para um bicho que vive na floresta úmida, atravessar uma grande área descoberta e quente é um obstáculo mortal", diz o ecólogo Paulo Inácio Prado, da Universidade de São Paulo. Algo como uma mulher grávida que precisa atravessar um campo minado para chegar e sai da maternidade.

ESCOBAR, H. Desconexão de *habitat* ameaça anfíbios. *Disponível em:* <https://emais.estadao.com.br/noticias/geral,desconexao-de-habitat-ameaca-anfibios,95791>. *Acesso em:* 23 maio 2018.

a) Que razões levam necessariamente os anfíbios a procurarem os riachos ou brejos?

b) Qual é a relação da frase do ecólogo Paulo Inácio Prado com a atividade humana?

A conquista do meio terrestre pelos vertebrados

Na conquista definitiva do meio terrestre pelos *vertebrados*, que ocorreu com répteis, aves e mamíferos, é natural que a maioria das características adaptativas desses animais sejam as mesmas, uma vez que as "exigências impostas pelo meio" são iguais para todos.

Nós, seres humanos, fazemos parte desse enorme conjunto de animais e estamos mais familiarizados com nossas próprias características. Então, torna-se mais fácil, inicialmente, entender nosso corpo e nossas próprias adaptações ao meio terrestre e, em seguida, estendê-las aos outros grupos de vertebrados terrestres.

Entre as muitas características comuns a répteis, aves e mamíferos (grupo ao qual pertencemos) estão aquelas que os tornam relativamente independentes do meio aquático: a **pele impermeável**, que reduz a perda de água; o **esqueleto forte**, capaz de sustentar o corpo contra a ação da força de gravidade; a **musculatura que move esse esqueleto**; a **respiração pulmonar**; a **excreção urinária** com economia de água e a **reprodução** envolvendo a fecundação interna, os ovos protegidos por casca ou retidos no interior do corpo materno até o nascimento dos filhotes.

Tudo isso você verá ao longo deste e dos próximos capítulos.

Répteis

Jiboia, sucuri, cascavel, jararaca, jacaré, crocodilo, teiú, camaleão, iguana, lagartixa, tartaruga, cágado, jabuti, são exemplos de répteis. Essa é uma classe de animais que deu início à conquista definitiva do meio terrestre pelos vertebrados.

Se alguns deles são encontrados no mar (tartarugas) e em água doce (cágados, jacarés, crocodilos e algumas serpentes) é porque no meio aquático locomovem-se com maior desenvoltura, facilitando a captura de suas presas ou sua própria fuga.

Características gerais

A pele dos répteis é seca, sem glândulas (com raras exceções), impermeabilizada por uma espessa camada superficial rica em uma substância de natureza proteica, a **queratina**. Nos répteis, a queratina forma **escamas** superficiais nos lagartos e serpentes ou **placas** nas tartarugas, jabutis e jacarés. Essa camada evita as perdas de água por evaporação.

Jogo rápido

Por que a pele ricamente queratinizada dos répteis constitui uma importante adaptação à sobrevivência no meio terrestre?

É SEMPRE BOM SABER MAIS!

Em todos os vertebrados terrestres, células da camada superficial da pele (epiderme) morrem ao produzir *queratina*, uma proteína fibrosa e rígida que impermeabiliza a pele e forma estruturas importantes como *pelos*, *penas*, *unhas*, *cascos*, *garras*, *placas*, *escamas* (diferentes das dos peixes), *cornos*, *bicos* etc.

Essas estruturas têm diversas funções: protegem de lesões externas, ajudam na captura de presas, servem para defesa, evitam a perda de água através da pele.

No caso das *penas* (exclusivas das aves) e dos *pelos* (exclusivos dos mamíferos), formam também um excelente "cobertor isolante", importante na manutenção da temperatura do corpo, uma vez que aves e mamíferos são *homeotérmicos*, isto é, mantêm a temperatura corporal elevada e constante.

O sistema digestório dos répteis inicia-se com a boca que, geralmente, contém dentes. Após uma curta faringe, seguem-se o esôfago, o estômago e o intestino, que termina, como nos peixes cartilaginosos e anfíbios, em uma **cloaca**, cavidade na qual também terminam os sistemas reprodutor e urinário.

Lembre-se!

A alimentação dos répteis é muito diversificada. Em sua maioria são carnívoros, mas há espécies herbívoras e onívoras. Ocupam, portanto, vários níveis tróficos de consumidores nas teias alimentares.

EM CONJUNTO COM A TURMA!

O extermínio desenfreado de serpentes, lagartixas e lagartos nas grandes cidades e no meio rural pode favorecer a proliferação de espécies indesejáveis para o homem. Organize um grupo de discussão com os seus colegas e procure esclarecer a razão dessa proliferação.

Cite alguns animais que podem proliferar como consequência dessa atitude e o prejuízo que acarretam.

Na maioria dos répteis, o coração ainda possui **três cavidades**, como nos anfíbios. Há, porém, uma importante modificação no ventrículo: uma parede **divisória incompleta** é uma separação parcial do ventrículo em duas metades: direita e esquerda. Como é uma divisão incompleta, haverá mistura de sangues rico e pobre em oxigênio.

No coração dos jacarés e crocodilos, porém, a separação ventricular em metades direita e esquerda é **completa** e, pelo menos no coração, a mistura de sangues não ocorre. No entanto, ela acontece fora dele por meio de uma comunicação que existe em grandes vasos que saem do coração.

Nos répteis, a respiração é exclusivamente **pulmonar**. Os pulmões possuem maior superfície interna para as trocas gasosas, sendo, assim, mais eficientes que os dos anfíbios, compensando a ausência de respiração cutânea.

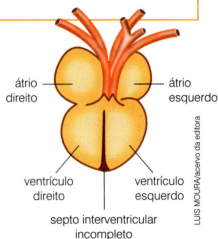

átrio direito · átrio esquerdo · ventrículo direito · ventrículo esquerdo · septo interventricular incompleto

LUIS MOURA/acervo da editora

Lembre-se!

Nos répteis, a respiração não ocorre através da pele, que é impermeabilizada e impede a ocorrência de trocas gasosas. Essa é uma importante diferença em relação aos anfíbios, cuja pele é fina, permeável, úmida e capaz de efetuar trocas gasosas respiratórias.

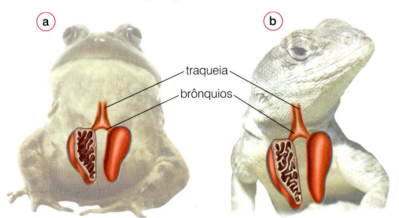

a · b · traqueia · brônquios

LUIS MOURA/acervo da editora

Comparados aos dos anfíbios (a), os pulmões dos répteis (b) possuem maior superfície interna de trocas gasosas. (Cores-fantasia. Ilustrações fora de escala.)

Apesar de uma razoável melhora na eficiência dos pulmões e do coração, os répteis ainda conservam um metabolismo celular incapaz de produzir grande quantidade de calor para elevar a temperatura do corpo. Contam com o calor do ambiente para o aquecimento do corpo e elevação da atividade metabólica. São, portanto, **pecilotérmicos** (ou **heterotérmicos**).

O principal produto de excreção urinária é o **ácido úrico**, pouco solúvel, pouco tóxico, podendo ser eliminado com grande economia de água. Muitas vezes, a urina apresenta-se na forma de uma pasta esbranquiçada, que sai pela cloaca, com as fezes.

Jogo rápido

Qual é o outro nome que se dá aos animais pecilotérmicos, também chamados heterotérmicos?

É SEMPRE BOM SABER MAIS!

O esqueleto de tartarugas, jabutis e cágados

As tartarugas, os jabutis e os cágados, também chamados **quelônios**, parecem protegidos por uma armadura, mas na verdade se trata de um **exoesqueleto** (esqueleto externo), popularmente chamado de casco. Esse exoesqueleto é composto por uma **carapaça** (parte superior do exoesqueleto) e um **plastrão** (parte inferior). Além dele, os quelônios possuem também um **endoesqueleto** (esqueleto interno), com crânio, vértebras, costelas, membros, como nos anfíbios.

Os ossos (em torno de 50) que formam o exoesqueleto dos quelônios são unidos, e também recobertos por queratina. À medida que esses animais crescem, as costelas do esqueleto interno se fundem com a carapaça do esqueleto externo.

Esqueleto externo de um quelônio. Observe que a carapaça e o plastrão são unidos lateralmente por uma espécie de "ponte".

▶ Reprodução

Nos répteis, a **fecundação** é **interna**. A independência da água ambiental para o encontro dos gametas foi um importante fator de conquista do meio terrestre por esse grupo animal.

Outra grande novidade evolutiva da maioria dos répteis é a postura de **ovos** envoltos por uma **casca calcária** dura, revestida por uma membrana chamada **córion**, como nas tartarugas e lagartixas, ou por uma membrana rígida e flexível, como nas serpentes.

Lembre-se!

A maioria dos répteis é **ovípara**.

Os nutrientes do embrião são fornecidos por uma bolsa rica em reservas provenientes da gema do ovo, a **vesícula vitelínica** ou **saco vitelínico**. As excreções nitrogenadas que resultam do metabolismo celular são depositadas em outra estrutura, a **alantoide**. O produto de excreção é uma substância praticamente insolúvel, de toxicidade baixa, que não se difunde fora dos limites da alantoide, onde ocupa um espaço limitado.

No ovo, a casca é relativamente impermeável à saída de água, mas suficientemente porosa para permitir a difusão dos gases (oxigênio e gás carbônico) da respiração.

No interior do ovo, no início do desenvolvimento, o embrião é totalmente envolvido por uma membrana, o **âmnio**, que delimita uma cavidade cheia de líquido, a **cavidade amniótica** ou **bolsa amniótica**. Nessa cavidade, o embrião flutua no líquido amniótico evitando abalos e deformações.

Jogo rápido

Por que a fecundação interna e a postura de ovos dotados de casca calcária constituem importantes adaptações dos répteis ao meio terrestre?

Fique por dentro!

Em algumas espécies de tartarugas que depositam seus ovos em praias, há uma relação entre a temperatura e a determinação do sexo. A postura de ovos em locais sombreados, de menor temperatura ambiental, favorece o nascimento de mais machos do que fêmeas. Ao contrário, em locais ensolarados, em que a temperatura é maior, nascem mais fêmeas do que machos.

Sistema nervoso e órgãos dos sentidos

O sistema nervoso dos répteis é, em linhas gerais, semelhante ao dos anfíbios e, assim como eles, possuem órgãos dos sentidos. Chama atenção a presença de glândulas lacrimais, importantes para manter úmida a superfície dos olhos, e de pálpebras.

A atividade de caça noturna de muitas serpentes venenosas envolve uma adaptação que lhes facilita encontrarem presas: a fosseta loreal. Localizada a meio caminho entre a narina e o olho, a fosseta loreal é dotada de receptores de calor e permite localizar, por exemplo, um roedor situado a distâncias de 1 a 2 metros.

As serpentes também utilizam o olfato, que nesses animais é bem desenvolvido, para localizar as presas. Para isso, elas expõem a língua **bífida** que obtém informações (moléculas) do ambiente. Duas cavidades no céu da boca "recebem" as informações e as encaminham para o cérebro.

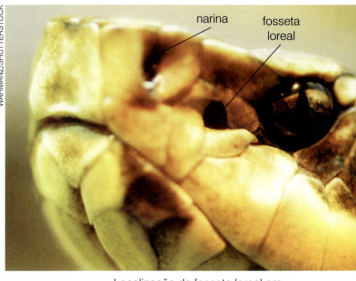

narina   fosseta loreal

Localização da fosseta loreal em serpente venenosa (*Agkistrodon piscivorus*).

Bífida: bifurcada; partida em dois na ponta.

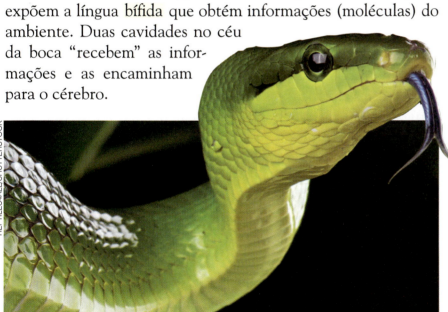

As serpentes possuem a ponta da língua partida. (Na foto, *Gonyosoma oxycephalum*, espécie de serpente em que as fêmeas podem chegar a 2,5 m de comprimento.)

A heterotermia e a conquista do meio terrestre pelos répteis

Eles foram mais longe, mas nem tanto. A conquista do meio terrestre pelos vertebrados iniciou-se, sem dúvida, com os anfíbios adultos. No entanto, a pele fina, permeável e úmida, a necessidade de água ambiental para o encontro dos gametas e para as larvas aquáticas, e a ausência de casca nos ovos foram fatores que limitaram a distribuição dos anfíbios no meio terrestre. Os répteis, porém, foram mais longe.

A pele espessa (queratinizada), impermeável, a respiração exclusivamente pulmonar, a fecundação interna, os ovos com casca protetora, o desenvolvimento direto (sem larvas) e a economia de água na urina possibilitaram o início da conquista definitiva do meio terrestre pelos répteis. No entanto, sua distribuição geográfica não se expandiu. Continuam sendo animais pecilotérmicos ou heterotérmicos, o que significa dizer que a temperatura corporal oscila de acordo com a temperatura ambiental.

A heterotermia impossibilita a vida em ambientes gelados, locais em que os répteis não são encontrados. São mais ativos que os anfíbios e, como estes, predominam nas áreas tropicais, onde as temperaturas são mais adequadas à sua sobrevivência.

Classificação dos répteis

As três ordens mais conhecidas da classe dos répteis são: **quelônios, escamados** e **crocodilianos**.

Pertencem à ordem dos **quelônios** as tartarugas (marinhas), os cágados (água doce) e os jabutis (terrestres). O corpo é protegido por uma carapaça óssea e apenas a cabeça, os membros e a cauda são móveis. Essa carapaça é recoberta por grossas placas de queratina produzidas pela pele, que adere fortemente aos ossos. Nas espécies aquáticas, os membros são usados como remos (tartarugas) ou há membranas unindo os dedos (cágados), que auxiliam o deslocamento na água. Possuem boca sem dentes, substituídos por bicos córneos cortantes, encaixados nos maxilares.

A ordem dos **crocodilianos** inclui os jacarés e crocodilos. O corpo é alongado, dotado de patas curtas e fortes. Pele recoberta por grossas placas ricas em queratina. A cauda longa, grossa e fortemente musculosa é usada em golpes defensivos e como órgão propulsor na água. A cabeça dos crocodilos é longa e estreita e, com a boca fechada, alguns dentes são visíveis. Nos jacarés, a cabeça é alargada e, com a boca fechada, não se veem os dentes.

O verbo reptar significa rastejar. De certo modo, supõe-se que animais que rastejam sejam lentos. Você concorda com essa suposição, considerando, por exemplo, o deslocamento de répteis como uma serpente, um lagarto ou uma lagartixa? Justifique a sua resposta.

Jabuti, quelônio terrestre. (*Geochelone sulcata*, adultos podem atingir 85 cm de comprimento e pesar 100 kg.)

Crocodilo-do-nilo (*Crocodylus niloticus*), réptil crocodiliano que, adulto, chega a 5 m de comprimento.

Lagartos, lagartixas, camaleões, iguanas e ofídios (serpentes) pertencem à ordem dos **escamados**. A pele é recoberta por escamas. Subdividem-se em dois grupos:

- **lacertílios** ou **sáurios**, ao qual pertencem lagartos, lagartixas, camaleões e iguanas – a cabeça é pequena, o pescoço é curto e as patas posteriores são mais longas que as anteriores;
- **ofídios**, ao qual pertencem as serpentes, popularmente conhecidas como cobras.

Serpente, um ofídio.

ERIC ISSELEE/SHUTTERSTOCK

Iguana verde, um réptil lacertílio.

ABDUL HAFIZ AB HAMID/SHUTTERSTOCK

 É SEMPRE BOM SABER MAIS! ∎

Cobras que não são ofídios

Há outros animais popularmente chamados de cobras, que não pertencem aos ofídios, como as serpentes verdadeiras, embora, como elas, façam parte do grupo dos répteis.

É o caso das chamadas *cobras-de-duas- -cabeças*, do gênero *Amphisbaena* (do grego, *amphis* = de ambos os lados + *baina* = = andar), de vida subterrânea, que chegam a atingir 60 cm de comprimento. Movimentam- -se tanto para frente quanto para trás, o que gerou o nome científico do gênero.

Alguns pesquisadores consideram esses animais parentes dos lagartos; outros os colocam em uma ordem à parte. As anfisbenas são animais inofensivos; alimentam-se de vermes e pequenos artrópodes (insetos, por exemplo), que percebem pelo olfato ou vibrações no solo, já que os olhos são reduzidos e pouco eficientes. No solo, têm um papel ecológico semelhante ao das minhocas.

FABIO COLOMBINI

Cobra-de-duas-cabeças (*Amphisbaena alba*), réptil da ordem dos escamados. Os adultos dessa espécie medem cerca de 60 cm de comprimento.

ESTABELECENDO CONEXÕES

Cotidiano

Serpentes peçonhentas e não peçonhentas

Toda serpente é venenosa; nem todas são peçonhentas. É assim que se costuma caracterizar, respectivamente, os animais que produzem veneno e aqueles que, além disso, possuem mecanismos para inoculá-lo em outro animal. Ainda que a secreção venenosa (saliva) das serpentes não seja inoculada na presa no ato da mordida, ela é usada para dar início à digestão dos tecidos da vítima porque, no caso desses animais, contém enzimas que digerem proteínas. Nas serpentes peçonhentas, os dentes que injetam o veneno podem ser pequenos, como os das corais-verdadeiras, ou longos, como os das jararacas e cascavéis. Esses dentes são dianteiros e possuem sulco por onde o veneno escorre.

Cascavel (gênero *Crotalus*), serpente que em sua cauda possui uma espécie de "chocalho" ou "guizo", que o animal vibra quando se sente ameaçado. Repare a ponta da língua dividida em duas partes, característica de todas as serpentes.

TOM REICHNER/SHUTTERSTOCK

A presença de fossetas loreais é outra característica das serpentes peçonhetas, com exceção da coral-verdadeira, que não as possui.

Para evitar que sejamos picados por serpentes, é importante adotar certas medidas, como, por exemplo, andar sempre calçado, de preferência com botas de cano alto, não mexer com esses animais mesmo que aparentemente sejam não peçonhentos, sempre manter limpos quintais e jardins e, de modo algum, introduzir a mão em troncos de árvores, formigueiros, cupinzeiros ou tocas.

Em caso de picada de serpente, é importante lavar o ferimento com água e sabão para que não infeccione e, imediatamente, procurar socorro médico para administração do soro apropriado.

HANS DENIS SCHNEIDER/SHUTTERSTOCK

Jararaca (gênero *Bothrops*). A maioria dos acidentes ofídicos no Brasil é causada por serpentes desse gênero.

JAY ONDREICKA/SHUTTERSTOCK

A temível coral-verdadeira (gênero *Micrurus*), muito comum em toda a América do Sul, atinge 80 cm de comprimento.

ESTABELECENDO CONEXÕES

Saúde

Preparo do soro antiofídico

Antiofídico, é assim que se chama o soro usado no tratamento de picadas de serpentes peçonhentas.

Para produzi-lo, é preciso inicialmente extrair o veneno que se encontra nas glândulas secretoras da serpente. A seguir, inoculam-se doses pequenas do veneno em cavalos, os quais passam a produzir anticorpos. Posteriormente, retira-se certo volume de sangue desses animais e, do plasma, isolam-se os anticorpos, que são preparados e acondicionados sob a forma de soro em ampolas.

As hemácias (glóbulos vermelhos), isoladas do sangue, são reintroduzidas nos cavalos, técnica desenvolvida pelo Instituto Butantan, na cidade de São Paulo, SP, para reduzir os efeitos provocados pela retirada de sangue desses animais.

FABIO COLOMBINI

Para extrair o veneno das cobras, os técnicos comprimem a base das glândulas onde é fabricado. Com isso, o veneno percorre o sulco dos dentes e pode ser recolhido em recipiente adequado.

EM CONJUNTO COM A TURMA!

Reúna seus colegas e façam uma pesquisa em livros da biblioteca de sua escola e na internet sobre o trabalho do Instituto Butantan e de Vital Brazil, importante médico sanitarista brasileiro.

◼ O que aconteceu com os dinossauros?

Eles provavelmente surgiram na Terra há aproximadamente 350 milhões de anos, no período denominado de Carbonífero. Dominaram a fauna terrestre por milhões de anos.

Muitos dinossauros eram carnívoros, a maioria era herbívora, de acordo com o achado de restos fossilizados. Conviveram com muitas outras espécies de animais, como os pequenos mamíferos que viviam escondidos em tocas, protegendo-se do ambiente aterrorizante que existia naquelas épocas.

A história da Terra, porém, é cheia de catástrofes, de crises e extinções massivas de centenas de espécies. Todas essas crises foram causadas por alterações ambientais profundas, que não foram suportadas pela maioria das espécies que a Terra já teve.

E não é que, há 65 milhões de anos, todos os dinossauros desapareceram? A hipótese sugerida para esse desaparecimento é a de que teria havido um choque de um meteorito gigante com a Terra. Esse impacto teria gerado uma nuvem de poeira

Massiva: de grande massa.

Jogo rápido

Sugira uma breve explicação de por que o escurecimento da Terra, gerado pela poeira decorrente do impacto de um meteorito com o nosso planeta, pode ter prejudicado a sobrevivência das inúmeras espécies de dinossauros até então existentes.

que escureceu a atmosfera terrestre, esfriou bruscamente o planeta, prejudicou as plantas e provocou o colapso de inúmeras teias alimentares então existentes.

Hoje, cada vez mais se encontram restos fossilizados daqueles que foram, um dia, os dominantes na fauna terrestre. O curioso é que há males que resultam em algum bem. Até então pequenos e escondidos em tocas, alguns mamíferos puderam libertar-se e expandir-se extraordinariamente pelo meio terrestre, constituindo um grupo dominante, junto com as aves.

Representação artística de diplodocos, dinossauros herbívoros de 27 m de comprimento e 8 m de altura, e de um pterossauro, carnívoro voador, de 7 m de envergadura. (Cores-fantasia. Ilustração fora de escala.)

Na ilustração, dois galiminos, dinossauros onívoros de 6 m de comprimento e 3 m de altura, estão sendo perseguidos pelo tiranossauro, gigante carnívoro de 15 m de comprimento e 6 m de altura. (Cores-fantasia. Ilustração fora de escala.)

CATMANDO/SHUTTERSTOK

LEONELLO CALVETTI/SHUTTERSTOCK

Aves

As aves são os primeiros vertebrados **endotérmicos** (ou **homeotérmicos**), isto é, capazes de manter a temperatura corporal elevada e constante.

A temperatura elevada é consequência do alto metabolismo celular. Este, por sua vez, decorre de duas modificações importantes no funcionamento do corpo desses animais. A primeira envolve o *sistema respiratório*. Os pulmões das aves apresentam uma organização especial, complexa e diferente dos outros grupos de vertebrados. Essa organização faz com que a capacidade de aproveitamento do oxigênio do ar seja imensamente maior. Como você já sabe, o trabalho celular que envolve grande produção de energia, consome grande quantidade de oxigênio.

A segunda modificação está ligada ao *sistema circulatório*. O coração das aves separa completamente os dois tipos de sangue com os quais trabalha: o sangue venoso (rico em gás carbônico) e o arterial (rico em oxigênio). Dessa forma, os tecidos sempre recebem sangue ricamente oxigenado.

Portanto, estes dois sistemas associados, respiratório e circulatório, contribuem para a elevada taxa metabólica das aves. Parte da energia liberada no metabolismo manifesta-se na forma de calor.

É SEMPRE BOM SABER MAIS!

Vantagens e desvantagens da endotermia

A grande vantagem da *endotermia* é manter a atividade corporal em níveis constantes, quaisquer que sejam as variações da temperatura ambiental. Essa característica é responsável pela enorme expansão geográfica das aves, que ocupam qualquer região da Terra, desde os trópicos até os continentes gelados do planeta. Esse fato não ocorre com os anfíbios e répteis, que são ectotérmicos (ou pecilotérmicos).

A desvantagem da endotermia (ou homeotermia) é estar constantemente em busca de alimentos a fim de manter a "máquina térmica" funcionando adequadamente.

Características gerais

As aves constituem a classe de vertebrados mais homogênea quanto à estrutura externa do corpo (morfologia externa). É muito difícil que alguém não saiba reconhecer uma ave; entre elas, não há nenhuma que pareça estranha ao conjunto. Não é assim nos outros grupos. Há peixes que se parecem com serpentes. Não é fácil para o leigo admitir que uma cobra-cega seja um anfíbio, ou que outro anfíbio, uma salamandra, não seja "parente" de uma lagartixa (réptil). Ou, ainda, que uma cobra-de-vidro seja um lagarto sem pernas. Muita gente não sabe que baleias, golfinhos, morcegos e o estranho ornitorrinco são mamíferos.

Pele com penas: exclusividade das aves

A pele das aves é seca, possui apenas uma glândula, e é rica em queratina. Até aqui, parece muito com a pele dos répteis. Porém, nas aves, a queratina forma as **penas**, que recobrem todo o corpo e são exclusivas dessa classe de vertebrados. Bicos, garras e esporões são também constituídos de queratina.

Como herança dos répteis, os pés são recobertos por placas córneas, também de queratina. Da mesma forma que nos répteis, a pele fortemente queratinizada é impermeável (impede a perda de água) e as trocas gasosas da respiração, como você verá adiante, são efetuadas por pulmões extremamente eficientes.

O colorido das penas das aves deve-se a pigmentos, principalmente *melanina* (produzida na pele) e *carotenoides* (pigmentos presentes em muitos alimentos, como a cenoura, cuja cor varia do amarelo ao vermelho).

APIGUIDE/SHUTTERSTOCK

MUSTAFANC/SHUTTERSTOCK

barbas — eixo

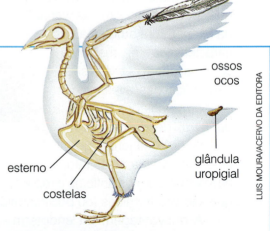

ossos ocos

esterno

costelas

glândula uropigial

LUIS MOURA/ACERVO DA EDITORA

Penas (anexos queratinizados) são uma exclusividade das aves. A pele é seca, desprovida de glândulas, com exceção da glândula uropigial. (Cores-fantasia. Ilustração fora de escala.)

O esqueleto das aves

Nas aves, o esqueleto é resistente e leve. Nele encontram--se ossos longos ocos, os chamados **ossos pneumáticos**, parcialmente ocupados por ar. Nas aves voadoras, o osso do peito, o *esterno* (do latim, *esternum*= tórax, peito) apresenta uma **quilha**, ou **carena**, uma projeção onde se inserem os poderosos **músculos peitorais** que movimentam as asas durante o voo. Nas aves que não voam, como a ema e o avestruz, o osso esterno é achatado, ou seja, não possui quilha.

A leveza do esqueleto, a existência de ossos longos ocos (pneumáticos) e o corpo coberto de penas, são, sem dúvida, algumas das excelentes adaptações para o voo.

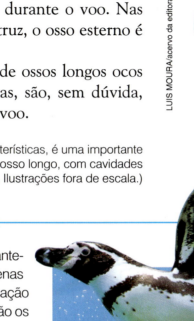

quilha

(a) A leveza do esqueleto, associada a outras características, é uma importante adaptação ao voo das aves. (b) Detalhe de osso longo, com cavidades (osso pneumático). (Cores-fantasia. Ilustrações fora de escala.)

É SEMPRE BOM SABER MAIS!

Nas maioria das aves, os membros anteriores são transformados em asas, com penas especiais que aumentam a superfície de ação no voo. Uma das exceções, por exemplo, são os pinguins, cujas asas estão adaptadas à natação.

Os membros posteriores das aves terminam em pés, que, além de permitir que o animal caminhe, podem estar adaptados a sustentar o animal sobre galhos ou a auxiliá-lo na natação.

Nos pinguins, os membros anteriores assemelham-se a remos e estão adaptados à natação.

(a) Os galos e outras aves que se empoleiram possuem os pés com (b) três dedos voltados para a frente e um para trás.

(a) Aves que nadam, como o pato-real (*Anas platyrhynchos*), possuem uma (b) membrana entre os três dedos dos pés voltados para a frente, o que favorece a sua natação.

Digestão e alimentação

O tubo digestório das aves é completo. O bico **córneo** é uma formação rígida da pele, rica em queratina, que recobre os ossos maxilares, nos quais **não há dentes**.

As várias formas e tamanhos dos bicos adaptam as aves aos seus modos de vida: são usados para capturar alimentos, para alimentar os filhotes, na defesa, perfuração de troncos (pica-paus), coleta de materiais para a construção de ninhos, para espalhar a secreção oleosa da glândula uropigial nas penas.

O esôfago possui uma dilatação, o **papo**, onde os alimentos ingeridos são inicialmente armazenados e, no caso de alimentos mais rígidos, como grãos, são hidratados e amolecidos.

O estômago divide-se em duas partes. A primeira, estreita, é o **estômago químico**, que secreta o *suco gástrico* rico em enzimas digestivas. Essa secreção é lançada na segunda parte, a **moela** ou **estômago mecânico**, onde os alimentos são triturados pela ação da parede musculosa, ao mesmo tempo em que a secreção do estômago químico age sobre eles. A seguir, alimentos parcialmente digeridos são encaminhados para o intestino, onde também atuam as secreções do fígado (bile) e do pâncreas (enzimas do suco pancreático).

Finalizada a digestão e a absorção dos nutrientes, as fezes são levadas à **cloaca**, na qual, do mesmo modo que nos anfíbios e répteis, também terminam os sistemas urinário e reprodutor.

Jogo rápido

Faça uma pesquisa na internet, em livros da biblioteca da sua escola ou consulte um especialista em aves e descubra que alimentos são consumidos por tucanos. Com essa informação, determine o nível trófico a que pertencem essas aves nas teias alimentares.

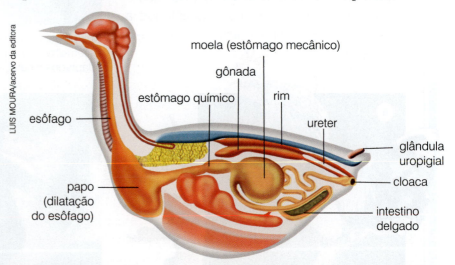

O papo e a moela são adaptações digestivas nas aves. O intestino termina na cloaca, onde também são lançadas as excreções nitrogenadas (ácido úrico). As fezes são pastosas. (Cores-fantasia. Ilustração fora de escala.)

ESTABELECENDO CONEXÕES

Cotidiano

Algumas aves, como as galinhas, costumam engolir grãos de areia e minúsculas pedrinhas com o alimento que consomem. Na moela, essas pedrinhas auxiliam a trituração do alimento e atuam como se fossem dentes, já que são ausentes na boca das aves. A ausência de dentes também é considerada uma adaptação ao voo, contribuindo para manter a leveza do corpo.

As aves podem ser herbívoras, carnívoras e onívoras. Portanto, podem ocupar níveis de consumidores primários até consumidores de ordens superiores, dependendo do que consomem como alimento. Os beija-flores, por exemplo, alimentam-se do néctar produzido por flores. Chupins, tico-ticos, sabiás e inúmeros outros pássaros alimentam-se de sementes, minhocas, insetos e frutas. Gaviões e corujas caçam aves menores, anfíbios, répteis e pequenos mamíferos. Gaivotas, mergulhões, martim-pescador e garças consomem peixes e crustáceos.

DE OLHO NO PLANETA
Meio Ambiente

Ao se alimentarem de frutas, como a goiaba, sanhaços e sabiás são consumidores primários e atuam como eficientes dispersores de sementes. As sementes, que não são digeridas, são eliminadas nas fezes em locais distantes daqueles em que se encontram as plantas-mães.

Como dispersores de sementes, as aves têm sido consideradas importantes agentes de recuperação de florestas. Um fato interesante é que sementes pequenas são retidas por mais tempo no corpo da ave e, com isso, são eliminadas mais longe da "planta-mãe".

▶ Respiração das aves

Nas aves, do mesmo modo que em qualquer vertebrado terrestre, a respiração é exclusivamente **pulmonar**. Inúmeras expansões membranosas dos pulmões, os **sacos aéreos**, penetram por entre alguns órgãos e até no interior da cavidade dos ossos longos, os chamados ossos pneumáticos.

A estrutura dos pulmões das aves é única e bastante complexa. Embora, proporcionalmente menores que os dos mamíferos, são considerados mais eficientes quanto à capacidade respiratória, pois asseguram uma grande oxigenação dos tecidos durante o voo, atividade que consome muita energia.

traqueia

pulmão

sacos aéreos

LUIS MOURA/acervo da editora

Os sacos aéreos desempenham um papel importante ao aumentar a capacidade respiratória das aves. (Cores-fantasia. Ilustração fora de escala.)

▶ Circulação e excreção

O coração das aves possui quatro cavidades: **dois átrios** e **dois ventrículos**. A metade direita do coração (átrio direito e ventrículo direito) trabalha exclusivamente com sangue pobre em oxigênio e rico em gás carbônico (sangue venoso). Do ventrículo direito, o sangue venoso é encaminhado pela artéria pulmonar aos pulmões para oxigenação. Dos pulmões, o sangue retorna, agora oxigenado (sangue arterial), para a metade esquerda do coração (átrio esquerdo e ventrículo esquerdo). Do ventrículo esquerdo o sangue é encaminhado pela artéria aorta para todo o corpo, fornecendo constantemente sangue rico em oxigênio às células.

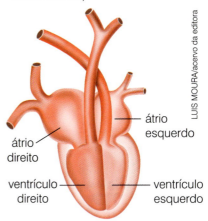

LUIS MOURA/acervo da editora

átrio esquerdo

átrio direito

ventrículo direito

ventrículo esquerdo

Nas aves, o coração possui quatro cavidades, sendo que os ventrículos são completamente divididos.

A excreção urinária remove excretas nitrogenadas, que são substâncias tóxicas produzidas pelo metabolismo celular e que, lançadas no sangue, devem ser removidas do organismo. A remoção de excretas cabe aos rins. São órgãos pares que, ao serem percorridos constantemente pelo sangue, efetuam a sua filtração, reabsorvem grande parte das substâncias úteis, que retornam ao sangue, e eliminam as excretas.

Em algumas classes de vertebrados (anfíbios e mamíferos, por exemplo), os animais possuem uma bexiga urinária, órgão que armazena a urina antes de sua eliminação para o meio externo. Nas aves **não existe bexiga urinária**; as excreções são lançadas diretamente na cloaca. A ausência de bexiga urinária é uma adaptação que reduz a massa corporal e contribui para a leveza do corpo, característica útil em animais voadores.

Na evolução dos vertebrados, a conquista definitiva do meio terrestre pelos répteis e pelas aves envolveu, entre outros fatores, a máxima economia de água para a eliminação das excretas nitrogenadas. Esses animais produzem **ácido úrico**, que requer pouquíssima quantidade de água para a sua eliminação, por sua baixa toxicidade. Junto às fezes, assim como em muitos répteis, a urina das aves assemelha-se a uma pasta esbranquiçada que é eliminada pela cloaca.

▶ *Reprodução*

Descubra você mesmo!

Por que o esterco de galinhas recolhido nas granjas é tão valorizado?

FOTOS: ANNEKA/SHUTTERSTOCK

Sequência de fotos em que se vê a eclosão de um patinho. Parece incrível, mas o ovo contém todos os nutrientes capazes de garantir o desenvolvimento do embrião das aves. Ao eclodir, de um ovo de pata sai um patinho completo; somente a plumagem não é igual à do adulto. Esse jovem já é capaz de sair do ninho e alimentar-se por conta própria, embora ainda conte com a proteção da mãe. Em outras espécies, o filhote precisa permanecer no ninho, sob os cuidados dos pais, até emplumarem-se e poderem voar.

As aves são animais de sexos separados e **fecundação interna**. Assim como nos répteis, machos de algumas espécies têm **pênis**. Quando não, durante o acasalamento, há apenas **contato das aberturas cloacais**.

Todas as aves são **ovíparas**; os ovos têm casca rígida, calcária. As mesmas estruturas internas que vimos no interior dos ovos dos répteis também ocorrem nos ovos das aves durante o desenvolvimento embrionário: saco vitelínico, bolsa amniótica, alantoide.

Uma diferença importante em relação aos répteis é que os ovos das aves são chocados frequentemente pelas fêmeas, embora os machos também possam fazê-lo. O fornecimento de calor durante o desenvolvimento embrionário é fundamental, considerando que as aves são animais endotérmicos.

Lembre-se!

A postura de ovos com casca foi uma importante adaptação rumo à conquista do meio terrestre pelos vertebrados.

Jogo rápido

Em qual estrutura embrionária existente nos ovos das aves é armazenada a excreção nitrogenada representada pelo ácido úrico, já que essa excreção não pode ser eliminada para o meio?

ESTABELECENDO CONEXÕES

Cotidiano

E se faltar cálcio?

Você já sabe que o cálcio é importante para a formação de dentes e ossos. É também fundamental na formação da casca calcária dos ovos. Não se espante se um dia deparar com galinhas bicando e ingerindo o reboco de alguma parede. A argamassa usada para rebocar paredes é calcária, ou seja, rica em carbonato de cálcio. Ao combinar-se com o gás carbônico do ar, a cal que se mistura à água e areia forma o carbonato que, para as aves, é uma excelente fonte de cálcio!

Sistema nervoso e orgãos dos sentidos

Quem já observou uma cabine de comando de um avião, percebeu a infinidade de equipamentos eletrônicos que registram, a cada momento, as condições de voo, detectam a aproximação de outras aeronaves e as variações climáticas que poderiam comprometer a segurança. Como animais voadores, as aves também possuem um excelente equipamento sensorial que registra continuamente as informações relativas à posição, aos obstáculos e às presas que surgem no caminho.

A visão e a audição aguçadas são os sentidos mais desenvolvidos nas aves. São "instrumentos" valiosos em aves predadoras, como gaviões, corujas, martins-pescadores, biguás (cormorões) e outras aves, que precisam localizar suas presas e capturá-las com precisão. As corujas possuem uma sensibilidade auditiva muito desenvolvida, tão grande quanto a dos gatos. Esses animais são predadores noturnos, que percebem ruídos originados da movimentação de suas minúsculas presas, os roedores de que se alimentam. A capacidade de enxergar cores também é valiosa, por exemplo, em aves polinizadoras, como os beija-flores, que localizam as flores de cores atraentes, vistosas, ao procurarem alimento em pleno voo.

Se você observar atentamente os olhos de uma ave, verá que ela não pisca como nós. Uma membrana transparente ou translúcida move-se horizontalmente sobre o globo ocular, protegendo-o em diversas situações e espalhando a secreção lacrimal, que evita o ressecamento dos olhos. Essa membrana é chamada **membrana nictitante** (do latim, *nictare* = piscar). Muitos répteis a apresentam; basta observar os olhos de um jacaré. Com ela, pode-se nadar ou voar sem fechar os olhos. Portanto, para as aves, é mais uma adaptação ao voo: manter os olhos abertos e protegidos por essa membrana contra a ação do vento e da poeira.

O sentido do olfato é pouco desenvolvido na maioria das aves.

Encéfalo, protegido pelo crânio, **medula espinal**, protegida pelas vértebras, e **nervos** constituem o sistema nervoso das aves, que processa as informações obtidas pelos órgãos dos sentidos.

Observe na foto abaixo, de uma gralha-de-nuca-cinzenta (*Corvus monedula*), que a membrana nictitante está praticamente fechada.

ERIC ISSELEE/SHUTTERSTOCK

É SEMPRE BOM SABER MAIS!

O canto das aves

Os diferentes sons emitidos pelas aves possuem diversas funções, entre elas a atração sexual, a demarcação de territórios (chamada *territorialidade*) e o alerta sobre perigos.

Nas aves não há pregas (cordas) vocais que, ao vibrarem à passagem de ar, produzem sons, como ocorre em mamíferos. A emissão de sons pelas aves ocorre graças à **siringe**, uma estrutura que existe no fim da traqueia e é rodeada de músculos e membranas, que, ao vibrarem, produzem som.

O registro dos cantos das aves e de muitos de seus outros hábitos são algumas das atividades dos ornitólogos.

Ornitólogo: o especialista em Ornitologia.
Ornitologia: (do grego, *órnis*, *órnithos* = ave, pássaro) ramo da Biologia que estuda as aves.

DE OLHO NO PLANETA
Sustentabilidade

Migração das aves

Todos os anos cerca de 5 bilhões de aves migram do hemisfério Norte, em que o inverno é rigoroso, para outras regiões que lhes permitam encontrar alimento e se reproduzir. Certas aves chegam a viajar cerca de 30.000 km, muitas vezes cruzando oceanos.

Você poderia perguntar: "Como as aves se orientam durante as migrações?". Algumas hipóteses são sugeridas, dentre elas a utilização do Sol como bússola, o reconhecimento de sons gerados pelos oceanos e massas de ar passando pelas montanhas, o campo magnético da Terra e, acreditam os cientistas, a posição das estrelas no céu, já que muitas aves realizam migrações noturnas. Admite-se, também, a possibilidade de as aves "gravarem" certas "marcas", ou sinais, ou acidentes geográficos, que encontram ao longo do caminho.

Na migração, muito do "combustível" para essa jornada vem da gordura que as aves possuem sob a pele, mas elas também fazem "escalas" de abastecimento ao longo da viagem, para obtenção de alimento e água. Cansadas, muitas tornam-se presas fáceis para predadores animais e caçadores, que se utilizam da fragilidade dessas aves para abatê-las.

Outro problema encontrado na migração se dá pela própria diminuição na oferta de alimentos: um dos casos mais conhecidos é o do maçarico-de-papo-vermelho, que migra do Ártico até o Sul da América do Sul. Em sua migração, essa ave também passa pelo Brasil. Por ser uma ave que vive em ambiente de lama, sua migração ocorre pelo litoral, com uma "escala" para reabastecimento na Baía de Delaware, no Nordeste dos Estados Unidos, onde se alimenta de ovos de caranguejo-ferradura (*Limulus polyphemus*). Como esse caranguejo tem sido sistematicamente consumido, os maçaricos-de-papo-vermelho não dispõem de alimento para sua jornada. Dados apontam que de uma população de 53 mil dessas aves que chegavam ao Sul da Argentina em 1989, apenas 11 mil delas chegaram em 2011.

➢ Pensando em termos de conscientização das pessoas, o que poderia ser feito no sentido de preservação das espécies migratórias?

Migração de maçarico-de-papo-vermelho (*Calidris canutus*, animal adulto mede cerca de 25 cm).

ERNI/SHUTTERSTOCK

Adaptações ao voo

Neste momento, podemos agrupar muitas das características que contribuem para a adaptação das aves ao voo. Lembre-se que a maioria delas refere-se à redução do peso corporal, que é fundamental nessa atividade; como nos aviões, o "excesso de bagagem" deve ser evitado. Veja, então, as principais adaptações:

- a forma aerodinâmica do corpo, que lhes permite reduzir a resistência do ar;
- corpo coberto de penas, estruturas leves e isolantes de calor;
- asas dotadas de penas especiais que ampliam a superfície de ação durante o voo;
- esqueleto leve, dotado de "ossos pneumáticos";
- sacos aéreos pulmonares, que contribuem para a diminuição do peso corporal, aumentam a capacidade respiratória e contribuem para a dissipação de calor;
- quilha (ou carena) no osso esterno, onde se inserem os potentes músculos que movimentam as asas;
- ausência de bexiga urinária, que contribui para a redução da massa corporal;
- postura de ovos (a oviparidade reduz o peso da "bagagem" durante o voo);
- endotermia: metabolismo elevado com grande liberação de energia para o voo.

CRITTERBIZ/SHUTTERSTOCK

Classificação das aves

Para classificação das aves, adota-se como critério a anatomia relacionada à capacidade de voo. Dois grupos são considerados: as **ratitas**, que não têm quilha no osso esterno e, portanto, não voam, e as **carenadas**, que têm quilha (carena) e fortes músculos peitorais, que lhes permitem voar.

Veja, nas fotos seguintes, exemplos de algumas ordens dos dois grupos, ratitas e carinatas, e seus representantes.

Algumas ordens de aves carenadas

Apodiformes	Columbiformes	Galiformes
Exemplos: beija-flores e andorinhas.	Exemplos: pombas e rolinhas.	Exemplos: galos, perus, jacutingas e mutuns.

SUE BISHOP/SHUTTERSTOCK

EL CORONESTA/SHUTTERSTOCK
NATALIA PAKLINA/SHUTTERSTOCK

Beija-flor. O bico alongado facilita ao animal alimentar-se do néctar das flores.

Pomba (*Columba livia*). Alimenta-se de sementes e frutas. Facilmente encontrada em regiões urbanas. (Altura média: 32 cm.)

Galo (*Gallus gallus*), animal cuja altura varia de 40 a 70 cm. Essa ordem de aves está distribuída por todo o mundo.

Algumas ordens de aves ratitas

Rheiformes	Struthioniformes
Exemplo: emas ou nhandus.	Exemplo: avestruzes.

WORAKIT SIRIJINDA/SHUTTERSTOCK

JOHAN SWANEPOEL/SHUTTERSTOCK

Restritas à América do Sul, apesar das grandes asas as emas (*Rhea americana*) não voam. (Medem cerca de 1,50 m de altura.)

Avestruz (*Struthio camelus*). A maior ave do mundo, essa espécie vive nas regiões semidesérticas e de savanas da África. Chega a medir 2,70 m de altura.

DE OLHO NO PLANETA

Meio Ambiente

O homem e as aves

As aves sempre fascinaram o homem desde os tempos antigos. A capacidade e a beleza do voo, das cores e do canto de muitas delas sempre foram apreciados e enaltecidos.

Muitas espécies de aves servem de alimento ao homem, que utiliza sua carne e ovos como fonte de proteínas.

Ultimamente, com o aumento da conscientização de que temos que preservar os ambientes, o papel ecológico das aves tem sido muito valorizado já que muitas exercem o controle das populações de outras espécies de seres vivos. Aves que pousam em lamaçais podem transportar ovos de peixes, anfíbios, moluscos e crustáceos para outros ecossistemas aquáticos. Outras atuam como polinizadoras ou dispersoras de sementes de plantas valiosas para os ecossistemas.

Cada vez mais surgem grupos interessados na observação de aves na natureza, registrando suas fotos ou o canto em instrumentos apropriados. Nosso país dispõe de uma grande diversidade de aves sendo, por isso, alvo de caçadores e colecionadores inescrupulosos, felizmente combatidos por nossas autoridades ambientais. O IBAMA (Instituto Brasileiro do Meio Ambiente e dos Recursos Naturais Renováveis) é o órgão do governo responsável pelo controle dessas atividades ilegais.

Ao se alimentarem de sementes, as aves as carregam consigo, dispersando-as em seu deslocamento.

YURY TARANIK/SHUTTERSTOCK

EM CONJUNTO COM A TURMA!

O tráfico de aves e outros animais silvestres é um grande problema no Brasil. Junto com seus colegas, em grupo, faça uma pesquisa em jornais, revistas e na internet, procurando informações sobre este assunto.

DE OLHO NO PLANETA
Meio Ambiente

É verdade que o açúcar é prejudicial à saúde dos beija-flores?

Em muitas casas, é comum a presença de bebedouros com flores de plástico colorido contendo água e açúcar para atrair beija-flores. Porém existe o temor de que o açúcar utilizado nestes bebedouros seja prejudicial a essas aves. O que pode ocorrer é que os açúcares são utilizados por fungos e bactérias, que, ao proliferarem na solução açucarada, podem causar doenças nos beija-flores. Para evitar a proliferação desses microrganismos, deve-se lavar diariamente os bebedouros com água e escova e trocar a solução de água e açúcar.

Há quem afirme que o uso de bebedouros interfere na polinização de flores de determinado lugar, mas não há estudos que comprovem esse fato. De qualquer modo, a alimentação ideal para os beija-flores é o néctar das flores. E, para isso, é melhor semear plantas floríferas adequadas à alimentação desses pássaros.

Se isso não for possível, bebedouros bem cuidados fazem a alegria dos beija-flores e de muita gente.

Adaptado de: SAZIMA, M. É verdade que o açúcar é prejudicial à saúde dos beija-flores? *Disponível em*: <http://cienciahoje.org.br/artigo/e-verdade-que-o-acucar-e-prejudicial-a-saude-dos-beija-flores/>. *Acesso em*: 28 abr. 2018.

Se os alimentadores de pássaros não forem limpos adequadamente, podem se tornar criadouros de fungos.

THORON/SHUTTERSTOCK

Nosso desafio

Para preencher os quadrinhos de 1 a 12, você deve utilizar as seguintes palavras: arterial, asas, casca, coração, dentes, interna, ossos pneumáticos, penas, peso, quilha, sacos aéreos, vertebrados.

À medida que você preencher os quadrinhos, risque a palavra que você escolheu para não usá-la novamente.

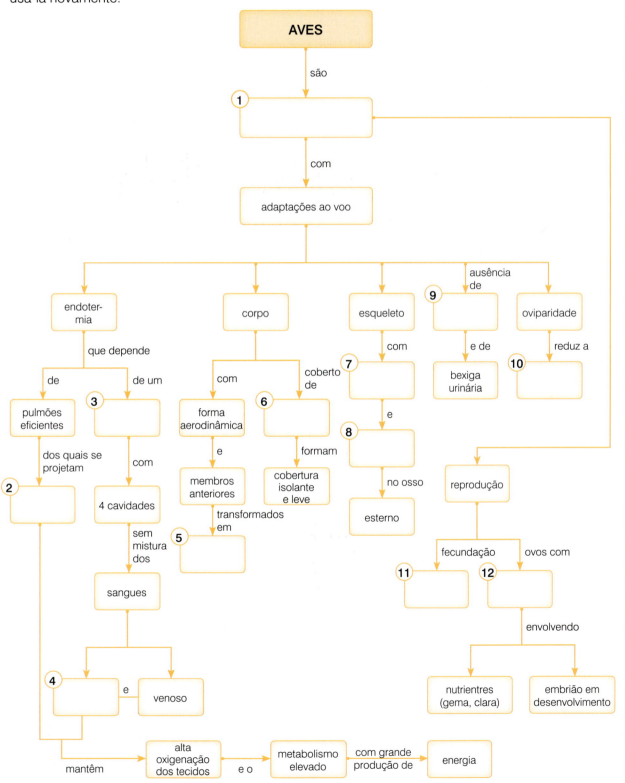

Atividades

1. [1, 6, 7, 10]

a) Assim como ocorre nos anfíbios, os répteis também são capazes de respirar através da pele? Justifique sua resposta.

b) Ao estudar os hábitos de vida de uma tartaruga-marinha, um estudante afirmou que, por ser um animal que passa a maior parte do tempo na água, a respiração dela é branquial. Você concorda com a afirmação do estudante? Justifique a sua resposta.

2. [6, 7, 10] O coração dos anfíbios possui três cavidades e nele ocorre mistura de sangues. O mesmo ocorre com todos os répteis? Justifique sua resposta.

3. [5, 6, 7, 8, 10] Analise cuidadosamente o esquema ao lado e o texto a seguir e responda ao que se pede.

LUIS MOURA/acervo da editora

Os répteis, descendentes evolutivos dos anfíbios, surgiram no ambiente terrestre há cerca de 300 milhões de anos, e tiveram enorme sucesso adaptativo. Um dos motivos tem sido atribuído ao tipo de reprodução e desenvolvimento embrionário. Tanto os anfíbios daquela época como os atuais anfíbios dependem da água ou, pelo menos, de um ambiente úmido para o encontro dos gametas e para o desenvolvimento embrionário. Os répteis desenvolveram um "tipo diferente de encontro de gametas" e um ovo com casca sólida, grande quantidade de vitelo na vesícula vitelínica e uma estrutura de fundamental importância, a membrana que envolve o embrião, o âmnio.

a) O que significa exatamente um "tipo diferente de encontro de gametas" citado no texto.

b) Qual é a relação entre presença de casca e adaptação do desenvolvimento embrionário ao ambiente terrestre?

c) Como ocorre a oxigenação do embrião envolvido por uma casca?

d) Qual é a importância de grande quantidade de vitelo para o desenvolvimento do embrião dos répteis?

e) Para o embrião se desenvolver é fundamental que esteja envolvido por ambiente líquido. Nos anfíbios isso não é um problema, pois o desenvolvimento ocorre na água. Já os ovos dos répteis se desenvolvem em ambiente terrestre. Relacione a presença do âmnio com o ambiente líquido que envolve o embrião dos répteis.

f) Comente a frase atestando se ela é falsa ou verdadeira: "Pelo fato de o desenvolvimento embrionário dos anfíbios acontecer no ambiente aquático, não há necessidade de casca, âmnio e vitelo".

4. [1, 6, 7, 10] A distribuição geográfica dos anfíbios é limitada a ambientes aquáticos ou terrestres com elevada umidade. No caso dos répteis, a distribuição geográfica foi ampliada, sendo ocupados ambientes secos, como os encontrados em muitos desertos e regiões semiáridas. No entanto, assim como ocorre com os anfíbios, os répteis não são encontrados em ambientes permanentemente gelados. Qual é o motivo dessa limitação?

5. [6, 7, 10] Os répteis foram mais eficientes na conquista do meio terrestre do que os anfíbios. Cite as adaptações existentes nos répteis que possibilitaram o sucesso adaptativo dessa classe de vertebrados ao meio terrestre.

6. [6, 7, 10] Comente o texto a seguir, apontando os possíveis erros:

Os répteis adaptaram-se muito bem à vida terrestre quando comparados aos anfíbios. Os pulmões dos répteis são mais complexos que os dos anfíbios, com maior número de alvéolos, local onde ocorre a troca de gases. Portanto, trata-se de um pulmão mais eficiente do que o dos anfíbios. Já o coração dos répteis é exatamente igual ao dos anfíbios, sempre ocorre mistura de sangue, compensado, no entanto, pela respiração cutânea, que renova o oxigênio do sangue nos vasos sanguíneos da pele.

Leia com atenção o texto a seguir e responda às questões **7** e **8**.

Os lagartos correm o risco de desaparecerem devido ao aquecimento global. Os cientistas relataram que 5% das populações desses répteis já desapareceram e esse número pode chegar a 40% em 2080. Os estudos em que pesquisadores de 11 países participaram, entre eles o Brasil, foram publicados pela revista *Science*. O professor Carlos Frederico Rocha, da UFERJ, coautor desse trabalho, notou que os lagartos modificam sua temperatura corpórea de acordo com o ambiente. Eles se movimentam à procura de lugares que compensem as alterações da temperatura ambiental e, assim, mantêm o metabolismo na faixa de suas necessidades.

7. **[1, 6, 7, 10]** É correto classificar os lagartos como animais endotérmicos? Justifique a resposta.

8. **[1, 6, 7, 10, 15, 17, 18]** Por que as variações térmicas provocadas pelo aquecimento global estão prejudicando a sobrevivência dos lagartos?

9. **[1, 6, 7, 10]** A tartaruga-marinha fica embaixo da água, em média, entre 10 e 30 minutos, mas após esse tempo o animal precisa subir à superfície, onde costuma ficar em torno de alguns segundos, para eliminar determinada substância química originada do metabolismo celular, e em seguida voltar a mergulhar. Quanto mais ativa, menos tempo fica mergulhada.

a) Qual é a relação entre a atividade da tartaruga ao mergulhar com sua permanência debaixo da água?

b) Ao subir à superfície da água, qual é o nome da substância química eliminada, citada no enunciado? Onde estava armazenada antes de ser eliminada para o ambiente externo?

c) É correto dizer que a origem da substância química citada é a organela ribossomo? Justifique a resposta.

10. **[1, 6, 7, 9, 10, 16]** Para responder a esta questão, consulte antes o dicionário e verifique o significado de *sentimento*.

Na antiguidade, as pessoas acreditavam que os crocodilos choravam desesperadamente à margem do rio Nilo (Egito) para atrair e despertar a piedade. Os que se comoviam ao irem ver o que se passava eram devorados.

Daí surgiu à expressão popular "lágrimas de crocodilo". A explicação biológica para o surgimento das lágrimas é que a mandíbula dos crocodilos, quando esses animais fazem muita força ou abrem a boca, provoca uma compressão nas glândulas lacrimais, fazendo-os lacrimejar. Assim, o crocodilo chora sempre que devora uma caça grande.

a) É correto afirmar que as lágrimas dos crocodilos são produtos de sentimentos além da ação mecânica de órgãos? Justifique a resposta.

b) A frase popular "O seu choro não me convence são apenas lágrimas de crocodilo" significa falta de sinceridade?

11. **[6, 7, 10]** Assim como ocorre nos répteis, a pele das aves é seca, praticamente sem glândulas e impermeabilizada por grossa camada de queratina. Do mesmo modo que ocorre em alguns répteis, as aves são dotadas de bicos e garras, que também são formações de queratina. No entanto, existem estruturas constituídas de queratina que são exclusivas da pele das aves. Quais são essas estruturas?

12. **[5, 6, 7, 10]** A composição do esqueleto de uma ave é representada no esquema a seguir.

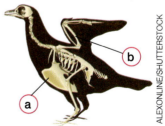

ALEXONLINE/SHUTTERSTOCK

a) Cite o nome da estrutura apontada pela seta *a* e a sua utilidade.

b) Que característica é associada ao osso longo apontado pela letra *b*?

13. [6, 7, 10] "A conquista do meio terrestre pelas aves foi, de longe, mais eficiente que a dos répteis, ocupando, inclusive, regiões permanentemente geladas, como ocorre com os pinguins no continente Antártico." Que característica fisiológica, inexistente nos répteis e presente nas aves, explica a ocupação dessas regiões pelas aves? Justifique a sua resposta.

14. [6, 7, 10] Pode-se dizer, sem dúvida, que a modalidade de reprodução das aves foi herdada daquela que ocorre na maioria dos répteis. Consultando o item relativo à reprodução das aves no texto deste capítulo:

a) Cite as duas semelhanças observadas na reprodução da maioria dos répteis e de todas as aves, relativamente à fecundação e ao desenvolvimento embrionário.

b) Cite a principal diferença relativa ao cuidado dispensado aos ovos durante o desenvolvimento embrionário das aves, comparado ao dos répteis. Justifique a sua resposta.

15. [1, 6, 7, 10] Na classe das aves há representantes capazes de voar, dotados de uma projeção do osso esterno, denominada quilha, na qual se prendem os poderosos músculos que movem as asas. Consulte o item "Adaptações ao voo", no texto deste capítulo, e resolva os itens a seguir.

a) Cite três outras características que favorecem a capacidade de voo nas aves e três exemplos de aves voadoras.

b) Cite dois exemplos de aves que não são capazes de voar.

c) Pinguins são aves dotadas de quilha e, no entanto, não voam. Faça uma pesquisa na internet ou em livros da biblioteca da sua escola e relacione os locais da Terra em que os pinguins são encontrados. Embora não voem, uma habilidade locomotora dessas aves é extraordinária. Qual é essa habilidade?

16. [5, 6, 7, 10] Considerando as informações que você obteve ao ler este capítulo, é possível valorizar a enorme importância ecológica das aves, nos diversos ambientes em que são encontradas. A esse respeito:

a) Sugira algumas contribuições das aves, relativamente aos papéis ecológicos que desempenham.

b) Imaginando, por exemplo, que a população de corujas de certa localidade deixe de existir, por alguma situação ambiental que dizime sua população, que consequências poderão ocorrer no ambiente em que eram encontradas, relativamente às populações de animais que lhes serviam de alimento?

17. [6, 7, 10] As aves e os mamíferos são animais homeotérmicos. A grande vantagem da homeotermia é manter a atividade corporal constante, quaisquer que sejam as variações da temperatura ambiente. A desvantagem da homeotermia é a necessidade constante de alimento e oxigênio a fim de garantir o funcionamento da máquina térmica.

a) Como se explica, então, que as aves, com pulmões proporcionalmente menores que os dos mamíferos e incapazes de grande expansão, outra característica presente nos mamíferos, sejam capazes de suprir a necessidade de oxigênio para manter o seu metabolismo?

b) Explique qual é a vantagem das aves e dos mamíferos manterem a atividade corporal constante, independentemente das variações da temperatura ambiental.

18. [1, 6, 7, 10] Todas as aves são ovíparas e a maioria delas constrói ninhos em que os ovos são postos. Durante a fase inicial do período de permanência no ninho, a maioria dos filhotes não é capaz de controlar a temperatura do corpo. Existem espécies de aves que põem seus ovos nos ninhos de outras aves e deixam a incubação e os cuidados com os filhotes para a ave hospedeira. O molotro ao lado (*Molothrus ater*) é uma espécie que apresenta esse hábito.

a) Pelo fato de os filhotes não serem ainda homeotérmicos, quem garante a sobrevivência deles?

b) É correto afirmar que a relação ecológica entre as aves que põem seus ovos nos ninhos de outras aves, deixando a incubação para a ave hospedeira, é do tipo parasitismo? Justifique a resposta.

19. [1, 6, 7, 10] As aves são altamente especializadas para o ato de voar. Seus corpos tornam-se menos densos devido aos sacos aéreos e pelo fato de seus ossos serem ocos. A fragata, por exemplo, espécie de ave oceânica com 2,5 m de envergadura, tem um peso de apenas 12 gramas.

DON MAMMOSER/SHUTTERSTOCK

Fragata magnificens.

a) Por que o osso mais maciço do esqueleto da fragata é o esterno?

b) Segundo os princípios da aerodinâmica, o peso máximo de uma ave para que ainda tenha condições de voar é em torno de 12 kg. O avestruz ultrapassa esse limite de peso; além disso, o esterno dessa ave é plano e não tem quilha. As aves, em geral, conseguem escapar de seus predadores voando, mas não é o caso do avestruz. Explique como, então, essas aves conseguem escapar de seus predadores terrestres.

20. [1, 5, 6, 8, 10, 15] Leia com atenção o texto a seguir e responda ao que se pede.

CATHERINE GLAZKOVA/ SHUTTERSTOCK

Pterossauro.

Os pterossauros constituem uma ordem extinta da classe dos répteis (foram chamados de répteis voadores) e desapareceram há 65 milhões de anos.

O fóssil do maior réptil pré-histórico voador da América do Sul foi encontrado no nordeste do Brasil por pesquisadores brasileiros. A descoberta foi anunciada em 20 de março de 2013 pelo Museu Nacional Federal do Rio de Janeiro, sendo o trabalho publicado pela Academia Brasileira de Ciências. O pterossauro media 8,5 m de uma asa a outra e corpo pequeno em relação a sua envergadura. Possuía uma mandíbula cheia de dentes e uma cauda muito longa. Seus ossos eram ocos e, consequentemente, leves. O esterno era grande, próprio para a fixação dos músculos usados para o voo. Anatomicamente tinham braços, antebraços e dedos. Os três primeiros dedos tinham garras com as quais o pterossauro podia se agarrar às rochas ou a ramos de árvores. O quarto dedo da mão, desproporcionalmente muito longo, sustentava as asas membranosas, fortalecidas ainda por fibras.

a) Cite as características presentes no texto que identificam os pterossauros como répteis e não como aves.

b) Pesquise o nome da ciência que estuda, por meio de seus fósseis, os animais e vegetais que viveram no passado.

Navegando na net

Um excepcional vídeo sobre o voo pode ser encontrado no endereço eletrônico:

<https://www.youtube.com/watch?v=zRR3GU1RRyg>

Originalmente transmitido pelo History Channel, vale a pena conferir. *Acesso em:* 19 jun. 2018.

Você sabia?

O mamífero terrestre mais rápido é o guepardo, que atinge velocidade de 100 km/h. O mais lento é o bicho-preguiça de três dedos, que desenvolve uma velocidade média de 1,8 a 2,4 m/min. O mamífero marinho mais rápido é a chamada baleia orca, que chega a atingir uma velocidade de natação de 55,5 km/h. Por outro lado, o maior mamífero do planeta é a baleia azul, que mede aproximadamente 28 m e pesa cerca de 190 toneladas. No meio terrestre, o maior exemplar de mamífero já registrado foi um elefante com 4,16 m de comprimento e massa corporal de 12,5 toneladas. O maior mamífero terrestre encontrado no Brasil é a anta, que mede aproximadamente 2,0 m de comprimento e possui massa corporal de cerca de 250 kg. Não podemos deixar de citar os mamíferos mais sonolentos, alguns tatus e preguiças, que passam cerca de 80% de suas vidas dormindo ou cochilando.

Afinal, que grupo de animais é esse, tão diversificado e rico em espécies? Pelo menos duas características principais e exclusivas todos eles possuem: presença de pelos e glândulas mamárias.

Neste capítulo, estudaremos as características exclusivas desse grupo e outras que compartilham com os demais grupos de vertebrados.

Características gerais dos mamíferos

Todos os animais ilustrados nas fotos ao lado são *mamíferos* (do latim, *mamma* = mama + *ferre* = levar, portar). O nome da classe deriva de uma das mais importantes características desses animais: as **glândulas mamárias**, desenvolvidas nas fêmeas e produtoras do leite durante a amamentação.

Gambá

Coelho.

Morcego.
Elefantes.

Macacos.

Ratos.

Golfinho.

Leão.

Assim como as aves, os mamíferos também são **endotérmicos** (ou **homeotérmicos**), capazes de manter elevada e constante a temperatura corporal. Essa característica, associada a outras, que você conhecerá neste capítulo, foi fundamental na conquista do meio terrestre por esses animais, permitindo-lhes ocupar a maioria dos ambientes, incluindo os permanentemente gelados.

Muitas espécies vivem na água ou passam a maior parte do tempo no meio aquático. É o caso dos manatis (peixes-bois), botos, golfinhos, baleias, focas, leões-marinhos e elefantes-marinhos, morsas e ornitorrincos.

Fique por dentro!

Cães, gatos, ratos e coelhos não possuem glândulas sudoríparas. Nos cães, a *ofegação* é que elimina vapor-d'água dos pulmões e das vias aéreas, contribuindo, desse modo, para a liberação de calor corporal. Gatos, ratos e coelhos lambem os pelos e a evaporação da água existente na saliva contribui para a regulação térmica.

Pele: presença de queratina, pelos e glândulas

Do mesmo modo que ocorre em répteis e aves, a pele dos mamíferos é um importante fator de adaptação ao meio terrestre, sendo espessa e rica em queratina. Como novidades, a pele dos mamíferos possui **pelos**, formações de queratina exclusivas desse grupo, e três tipos principais de glândulas: **sudoríparas**, **sebáceas** e **mamárias**.

Glândulas sudoríparas secretam o suor, uma espécie de filtrado do sangue, que possui duas funções: eliminação de excretas e regulação da temperatura corporal. O suor é composto por água, sal e uma pequena quantidade de ureia. Na transpiração, a evaporação da água existente no suor retira calor do organismo.

As *glândulas mamárias* secretam o leite que alimenta os recém-nascidos.

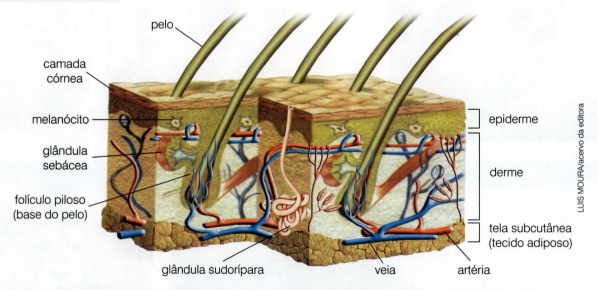

Esquema de pele de mamíferos, ilustrando pelos, glândulas e camada córnea, rica em queratina. Os melanócitos são células que possuem o pigmento melanina, que dá cor à pele. (Cores-fantasia. Ilustração fora de escala.)

LUIS MOURA/acervo da editora

Os pelos e a pele são constantemente lubrificados graças à oleosidade da secreção produzida pelas *glândulas sebáceas*. Você pode sentir esse efeito lubrificante na pele ao passar os dedos no seu couro cabeludo, na testa e nas laterais do nariz.

Nos mamíferos, assim como nos répteis e nas aves, a pele apresenta muitas formações de queratina: unhas, cascos, garras, placas, cornos e escamas.

Quando a pelagem é espessa, a retenção de uma camada de ar entre os pelos forma uma espécie de colchão de ar **isolante** da temperatura corporal, exatamente como as penas das aves.

Lembre-se!

O isolamento térmico também é feito pela gordura sob a pele.

Chifres (veado), garras (guaxinim), casco (tatu) e cascos (boi), são constituídos por queratina, uma proteína fibrosa.

É SEMPRE BOM SABER MAIS!

A **epiderme** é a camada superficial da pele. As células mais externas são mortas pelo grande acúmulo de queratina. Pelos, glândulas sudoríparas e glândulas sebáceas são formações epidérmicas.

Sob a epiderme encontra-se a segunda camada da pele, a **derme**, popularmente chamada de couro. Nela existem capilares sanguíneos que irrigam a pele. Inúmeras terminações nervosas sensoriais conferem à pele sensibilidade à dor, ao calor, ao frio, ao toque (tato). Ou seja, a pele é também um órgão sensorial, que relaciona o animal com o meio em que vive.

A derme (o "couro") está apoiada em uma camada **rica em gordura**, importante como reserva de energia, isolante térmico e na flutuação na água. Essa camada de gordura (tecido adiposo) é bastante espessa em mamíferos aquáticos nos quais a pelagem não é desenvolvida, como baleias, focas e peixes-bois, por exemplo, e de regiões polares.

ESTABELECENDO CONEXÕES
Cotidiano

Preservando as células vivas da pele

A exposição excessiva da nossa pele ao sol, sem uso de protetor solar, faz com que a camada superficial da epiderme formada por células queratinizadas e mortas se solte aos pedaços.

Em situações normais, essas células se desprendem aos poucos, no banho ou no atrito da pele com as roupas. A camada mais profunda da epiderme é formada por células vivas em contínua divisão. É assim que a epiderme se renova diariamente.

O uso do protetor solar protege as células vivas da epiderme contra as radiações (raios ultravioletas) causadoras de câncer de pele.

Fique por dentro!

Há um grupo de mamíferos primitivos, ao qual pertence o ornitorrinco (da Austrália), em que a cloaca está presente.

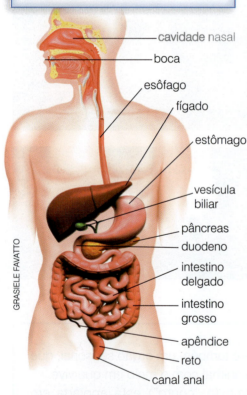

- cavidade nasal
- boca
- esôfago
- fígado
- estômago
- vesícula biliar
- pâncreas
- duodeno
- intestino delgado
- intestino grosso
- apêndice
- reto
- canal anal

GRASIELE FAVATTO

Sistema digestório humano. (Cores-fantasia. Ilustração fora de escala. O fígado foi deslocado para mostrar a vesícula biliar e a cavidade nasal não faz parte desse sistema.)

Fique por dentro!

De acordo com o hábito alimentar dos mamíferos, alguns tipos de dentes podem não existir: herbívoros, por exemplo, não possuem caninos.

Digestão e alimentação

O tubo digestório é **completo**, sendo constituído de boca (na maioria dos mamíferos existem dentes), faringe, esôfago, estômago, intestino delgado, intestino grosso e ânus. Glândulas salivares, fígado e pâncreas, associadas ao tubo digestório, produzem secreções que atuam na digestão dos alimentos, sendo que sua absorção ocorre no intestino delgado.

Os níveis tróficos ocupados pelos mamíferos em uma teia alimentar são muito diversificados. Os herbívoros (bois, cavalos, cabras, coelhos, roedores, por exemplo) são consumidores primários. Dentre os carnívoros, o nível trófico depende dos níveis ocupados pelas presas que consomem. O papel ecológico desempenhado pelos mamíferos carnívoros é fundamental na regulação do tamanho das populações dos animais consumidos por eles. Alguns mamíferos são onívoros (considere, por exemplo, a alimentação do homem), alimentando-se tanto de vegetais quanto de derivados de animais.

Os mamíferos são os únicos vertebrados com dentes diferenciados: incisivos, caninos, pré-molares e molares, cortantes, perfurantes ou trituradores de alimentos.

ARCADA SUPERIOR

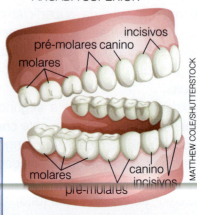

- incisivos
- pré-molares canino
- molares
- molares
- canino incisivos
- pré-molares

MATTHEW COLE/SHUTTERSTOCK

Arcada dentária humana. Ao todo, o ser humano adulto possui 32 dentes. Em cada arcada (superior ou inferior), temos 4 incisivos, 2 caninos, 4 pré-molares e 6 molares. (Cores-fantasia. Ilustração fora de escala.)

ARCADA INFERIOR

ESTABELECENDO CONEXÕES

Saúde

Cárie dentária: prevenir é melhor do que remediar!

Durante muito tempo, o principal fator que podia levar à perda dos dentes era a destruição dos tecidos dentais pela doença **cárie**. Atualmente, devido a métodos preventivos e maiores cuidados em relação à higienização dos dentes, muitas crianças chegam à idade adulta livres de cáries.

Mas o que é a cárie e como podemos prevenir sua ocorrência?

A cárie dentária é uma doença que pode levar à destruição dos tecidos dentais causada pela ação de determinadas bactérias. A destruição do esmalte e da dentina (os tecidos dentais duros) acontece por um processo de desmineralização causado pela ação de ácidos, produzidos como resultado do metabolismo dos açúcares pelas bactérias presentes no biofilme dental (placa bacteriana). Esses ácidos agem sobre o esmalte e a dentina, fazendo com que esses tecidos, que quando sadios são bastante duros, fiquem mais amolecidos e se deteriorem, formando cavidades nos dentes. São essas cavidades que são chamadas de lesões de cárie.

Para prevenir o aparecimento das lesões de cárie, algumas ações simples podem ajudar: escovar os dentes e passar fio dental de forma correta e regularmente, de maneira a evitar o acúmulo de bactérias e sua ação sobre os dentes; restringir a ingestão de carboidratos e de alimentos e bebidas ricos em açúcar; ingerir água fluoretada; usar dentifrício (pasta de dente) com flúor ou fazer aplicações tópicas (localizadas) de flúor, sempre orientadas por um dentista, pois o flúor pode auxiliar na prevenção das lesões cariosas.

Mas, se a cárie acontecer, é importante procurar um dentista, pois esse profissional está capacitado para o seu tratamento, restaurando os dentes acometidos pela doença e fazendo com que eles voltem a ter forma e função adequadas.

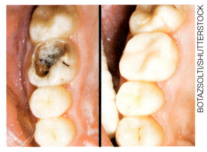

Na imagem à esquerda, pode-se observar um dente com cárie e, à direita, o resultado depois de ter sido devidamente restaurado.

BOTAZSOLTI/SHUTTERSTOCK

Prof.ª Dr.ª Carla C. Gonzaga
Doutora em Materiais Dentários pela Faculdade de
Odontologia da Universidade de São Paulo

Respiração nos mamíferos

A respiração é exclusivamente **pulmonar**. A novidade é que os pulmões possuem grande superfície de trocas gasosas, graças à existência de **alvéolos pulmonare**s, bolsinhas que são ricamente envolvidas por capilares sanguíneos. A eficiência na obtenção de oxigênio é fundamental em animais endotérmicos, como os mamíferos.

PAUL S. WOLF/SHUTTERSTOCK

Fique por dentro!

Todos os mamíferos respiram por pulmões, até mesmo os aquáticos. É por isso que golfinhos e baleias, por exemplo, periodicamente sobem à superfície.

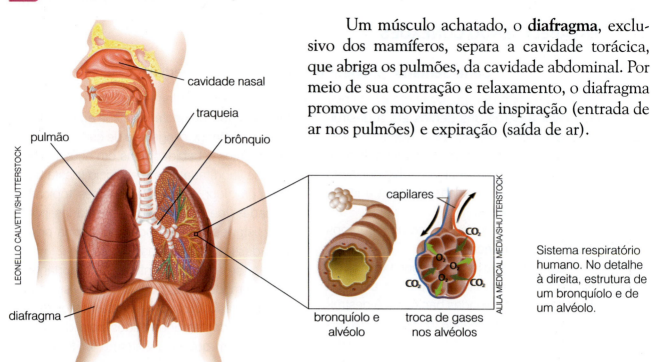

Um músculo achatado, o **diafragma**, exclusivo dos mamíferos, separa a cavidade torácica, que abriga os pulmões, da cavidade abdominal. Por meio de sua contração e relaxamento, o diafragma promove os movimentos de inspiração (entrada de ar nos pulmões) e expiração (saída de ar).

cavidade nasal

traqueia

brônquio

pulmão

diafragma

capilares

bronquíolo e alvéolo

troca de gases nos alvéolos

Sistema respiratório humano. No detalhe à direita, estrutura de um bronquíolo e de um alvéolo.

Circulação e excreção

Assim como ocorre nas aves, o coração dos mamíferos também possui quatro cavidades. A metade direita – átrio direito e ventrículo direito – recebe sangue venoso, proveniente do corpo. A metade esquerda – átrio esquerdo e ventrículo esquerdo – recebe sangue ricamente oxigenado proveniente dos pulmões. Essa divisão impede a mistura de sangues e garante, por meio do sangue arterial, o envio constante de uma alta taxa de oxigênio aos tecidos, favorecendo a manutenção do alto metabolismo desses animais e, consequentemente, a elevada liberação de energia. Grande parte dessa energia, sob a forma de calor, mantém a temperatura corporal em níveis elevados.

Na circulação dos mamíferos, o sangue venoso (carregado de gás carbônico) que chega ao coração pelas veias cavas (1) desemboca no átrio direito (2). Passa ao ventrículo direito (3) e é levado (4) para oxigenação nos pulmões através das (5) artérias pulmonares. Oxigenado, o sangue retorna pelas veias pulmonares (6) ao coração, penetrando pelo átrio esquerdo (7), passando para o ventrículo esquerdo (8), e é encaminhado pela aorta (9) para todo o corpo (10).

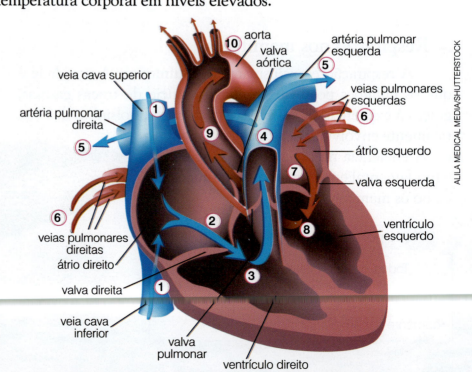

aorta

valva aórtica

artéria pulmonar esquerda

veia cava superior

veias pulmonares esquerdas

artéria pulmonar direita

átrio esquerdo

valva esquerda

veias pulmonares direitas

átrio direito

ventrículo esquerdo

valva direita

veia cava inferior

valva pulmonar

ventrículo direito

Os rins, localizados no abdômen, filtram o sangue e produzem a urina líquida. A novidade, em relação aos répteis e às aves, é a existência de uma **bexiga urinária**, que armazena a urina. De tempos em tempos, a urina é eliminada por meio de um canal, a **uretra**.

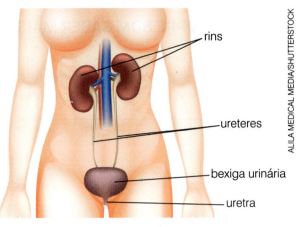

ALILA MEDICAL MEDIA/SHUTTERSTOCK

rins

ureteres

bexiga urinária

uretra

Fique por dentro!

Nos mamíferos, o principal produto de excreção nitrogenada é a **ureia**, substância produzida nas células do fígado, filtrada nos rins e eliminada na urina.

O sistema urinário dos mamíferos inclui uma bexiga urinária que armazena a urina.

Reprodução: presença de útero e placenta

Nos mamíferos, os sexos são separados. Fêmeas e machos possuem características externas que permitem a sua diferenciação.

A fecundação é **interna**. Excetuando os ornitorrincos, que são mamíferos ovíparos, e os marsupiais (cangurus, gambás, cuícas, coala), cujos embriões saem precocemente do corpo materno e completam seu desenvolvimento dentro de uma bolsa no ventre da mãe, em todos os demais mamíferos o desenvolvimento do embrião ocorre no interior do corpo materno, em um órgão musculoso, chamado **útero**.

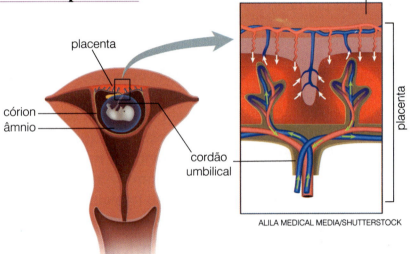

placenta

córion
âmnio

cordão umbilical

útero

placenta

ALILA MEDICAL MEDIA/SHUTTERSTOCK

No período de gestação, no interior do útero, forma-se um órgão, a **placenta**, ao qual os embriões se fixam por meio do cordão umbilical. Através da placenta, nutrientes, oxigênio, anticorpos e diversas outras substâncias passam constantemente do sangue materno para o embrião que, em troca, transfere para o sangue da mãe as excretas nitrogenadas e o gás carbônico.

No interior do útero, uma **bolsa amniótica** ("bolsa-d'água") envolve o embrião. Do mesmo modo que nos répteis e aves, desempenha importante papel, oferecendo um meio líquido para o desenvolvimento embrionário. Dentro dessa "piscina particular", o embrião permanece hidratado, flutua de modo a amortecer choques e evitar malformações.

Os mamíferos placentários são **vivíparos**, isto é, o desenvolvimento embrionário e fetal ocorre totalmente no interior do organismo materno.

Lembre-se!

Nos mamíferos placentários, a placenta assume as funções do *saco vitelínico* (reserva nutritiva) e da *alantoide* (armazenamento de excretas), presentes nos ovos dos répteis e das aves durante o desenvolvimento embrionário. Essas duas estruturas permanecem funcionais apenas nos mamíferos ovíparos, como o ornitorrinco.

É SEMPRE BOM SABER MAIS!

A diferença entre embrião e feto relaciona-se ao estádio de desenvolvimento do organismo. Quando ficar parecido com uma miniatura do adulto, costuma-se chamá-lo de feto. Na espécie humana isso acontece por volta do 2º ou 3º mês de gravidez.

Sistema nervoso e órgãos dos sentidos

Assim como ocorre nas aves, também os mamíferos são dotados de um sofisticado equipamento sensorial que lhes permite registrar e responder às mensagens provenientes do meio. Na pele, existem vários receptores, entre os quais os relacionados à percepção de dor, de variações de temperatura, de toques com diferentes intensidades.

Os sentidos da audição, olfação e visão são muito apurados nos mamíferos em geral. Sentidos bem desenvolvidos estão sempre associados a um grande desenvolvimento do cérebro, região mais desenvolvida do sistema nervoso central.

O grande desenvolvimento cerebral também é responsável pela imensa variedade de movimentos corporais. Observe, por exemplo, que nenhum animal tem tantas expressões faciais e movimentos das mãos como os seres humanos. Assim como nos outros vertebrados, além do encéfalo, a medula espinal e os nervos formam o sistema nervoso.

Fique por dentro!

Cães e gatos possuem os sentidos da audição e da olfação extremamente aguçados. Morcegos emitem ultrassons, que refletem em objetos e os auxiliam na sua orientação noturna.

Endotermia e controle da temperatura corporal

Como acontece nas aves, os mamíferos se utilizam de vários recursos para o equilíbrio da temperatura corporal. Vejamos alguns desses recursos.

Em dias frios, os pelos ficam eriçados, o que leva ao aumento da espessura da camada isolante de ar retida entre eles. Os vasos sanguíneos que correm próximos à superfície do corpo se contraem, reduzindo o volume de sangue circulante e a perda de calor através da pele e extremidades do corpo, mãos, pés, orelhas, nariz. Do mesmo modo que ocorre nas aves, os mamíferos se "enrolam" adotando a forma esférica, diminuindo a superfície de exposição e de irradiação de calor do corpo. O tremor do corpo (contração muscular) aumenta a produção de calor.

JAGODKA/SHUTTERSTOCK

MCGRAW/SHUTTERSTOCK

Os pelos servem tanto de proteção contra o frio, pois ao aumentar o espaço entre eles amplia-se a camada isolante, como de sinal de alerta: os gatos, por exemplo, podem eriçar parte ou todo o pelo, caso estejam ameaçando ou se sintam ameaçados.

Em dias quentes, os vasos sanguíneos superficiais dilatam-se. Com isso, o volume de sangue que circula perifericamente aumenta e perde-se mais calor para o meio. Nos mamíferos terrestres que possuem glândulas sudoríparas, a evaporação da água retira calor da pele e promove o abaixamento da temperatura, ainda mais com os vasos dilatados. Os mamíferos que não suam podem ofegar (cães), refrescar-se na água, lama ou terra úmida (elefantes, hipopótamos, porcos), deitar-se sobre superfícies frias (cães, gatos, porcos), lamber os pelos (ratos, coelhos, gatos, cangurus). A maioria dos mamíferos mantém o corpo e os membros estendidos, bem expostos (gatos e cães fazem isso), facilitando a irradiação de calor por meio do aumento da superfície de exposição do corpo provocado por essa postura.

> **Fique por dentro!**
>
> A ofegação contribui para o abaixamento da temperatura do corpo, porque aumenta a evaporação da água presente na camada úmida que reveste internamente os pulmões e as fossas nasais.

Classificação dos mamíferos

Levando em conta características associadas à reprodução, podemos dividir a classe dos mamíferos em três grupos: **monotremados**, **marsupiais** e **placentários**. Veja, a seguir, as principais características de cada um.

- **Monotremados:** são mamíferos primitivos que se reproduzem por meio da postura de ovos (ovíparos), e têm cloaca, como os répteis e as aves. As glândulas mamárias não têm mamilos; os filhotes lambem o leite que escorre entre os tufos de pelos do abdômen materno. A boca, sem dentes, possui um bico córneo. São atualmente representados pelos ornitorrincos e as equidnas, animais restritos à região australiana (Austrália e Nova Guiné).

SUSAN FLASHMAN/SHUTTERSTOCK

WORLDSWILDLIFEWONDERSSHUTTERSTOCK

Equidnas e ornitorrincos são mamíferos monotremados.
(a) Equidna (*Zaglossus* sp.) mede cerca de 30 cm de comprimento e possui o corpo recoberto por pelos e uma espécie de espinhos e (b) o ornitorrinco (*Ornithorhynchus anatinus*), de cerca de 50 cm de comprimento, são mamíferos ovíparos.

• **Marsupiais:** nesse grupo, após curta fase de desenvolvimento no interior do corpo materno, os embriões são expulsos e terminam o desenvolvimento presos a mamilos, recobertos por uma dobra da pele do abdômen da mãe, com aspecto de bolsa, o **marsúpio** (do latim, *marsupium* = = bolsa). Inclui representantes da fauna australiana, como os cangurus e os coalas, e representantes norte-americanos e sul-americanos, como os nossos gambás, cuícas e catitas.

(a) Coalas (*Phascolarctos* sp.) e (b) cangurus (*Macropus* sp.) são marsupiais, mamíferos cujo desenvolvimento dos embriões termina em uma "bolsa" no abdômen, chamada marsúpio. Em média, possuem 70 cm e de 30 cm a 1,60 m de altura, respectivamente.

• **Placentários:** esse grupo inclui a maioria dos mamíferos, pertencentes a diversas ordens, como a dos carnívoros, roedores, cetáceos, quirópteros e primatas, à qual pertence a espécie humana. São vivíparos. Nesses animais, o útero bem desenvolvido e a formação de placenta permitem o desenvolvimento completo do embrião e do feto no interior do organismo materno (vivíparos).

É SEMPRE BOM SABER MAIS!

É verdade que os gambás exalam um cheiro ruim?

Até mesmo as crianças já sabem que os gambás dos desenhos animados são conhecidos por afastar outros animais com seu odor nada agradável.

Os gambás realmente se utilizam desse artifício para sua sobrevivência e proteção: quando se sentem ameaçados ou acuados, uma glândula no seu corpo exala um odor desagradável para espantar o inimigo.

Filhote de gambá.

◗ Algumas ordens de mamíferos placentários

Os mamíferos estão distribuídos em várias ordens, muitas das quais possuem representantes no território brasileiro. Conheça algumas delas a seguir.

Desdentados

Exemplos: tamanduá, bicho-preguiça e tatu.

Tamanduá alimenta-se de cupins e formigas, bicho-preguiça come folhas, frutos e ovos e tatu alimenta-se de pequenos invertebrados, como insetos, minhocas e restos de animais maiores. O nome dessa ordem pode dar a falsa impressão de que não possuem dentes.

Na verdade, eles são ausentes apenas nos tamanduás. Nos demais, eles são de um só tipo e sem esmalte. Presentes na América do Sul e no sul dos Estados Unidos.

BELIZAR/SHUTTERSTOCK

Mamíferos da ordem desdentados, (a) o tamanduá (*Myrmecophaga tridactyla*) é o único animal dessa ordem que não possui dentes e (b) o tatu-bola (*Tolypeutes* sp.) possui esse nome porque (c) quando se sente ameaçado toma o formato de uma bola.

Roedores

Exemplos: rato, camundongo, preá, mocó, cotia, capivara (o maior roedor em todo o mundo), esquilo e castor.

Alimentam-se de sementes, grãos, madeira e uma infinidade de materiais duros que ajudam a desgastar os dentes incisivos que crescem continuamente. É a maior ordem de mamíferos. Ampla distribuição pelos ambientes terrestres, exceto na Antártida.

MIRCEA COSTINA/SHUTTERSTOCK

(a) Capivaras (*Hydrochoerus hydrochaeris*) são herbívoros roedores. (Os adultos medem cerca de 1,20 m de comprimento e 70 cm de altura.) (b) Os esquilos são mamíferos roedores onívoros.

ESTABELECENDO CONEXÕES
Saúde

Capivaras e febre maculosa

Consideradas os maiores roedores da fauna terrestre, as capivaras são encontradas em vários ambientes brasileiros. Vivem em bandos e pastam a vegetação das margens de rios e lagos. É difícil não encontrar um grande número delas em excursões pela região amazônica e pelo Pantanal Mato-grossense.

As capivaras constituem motivo de preocupação em algumas regiões pelo fato de abrigarem carrapatos-estrela, da espécie *Amblyomma cajennense*, portadores das bactérias causadoras da *febre maculosa*, doença que, em alguns casos, costuma ser fatal.

A ausência de predadores naturais, praticamente exterminados devido ao crescimento das grandes cidades, é um dos motivos do crescimento exagerado das populações de capivara.

O controle das populações de carrapatos transmissores, associado à proteção de ecossistemas naturais, são procedimentos essenciais para a manutenção desses bonitos roedores da nossa fauna, cuja carne é bastante apreciada.

Insetívoros

Exemplos: musaranho e toupeira.

Alimentam-se de insetos e pequenos invertebrados (vermes, moluscos). Exclusivos do hemisfério Norte, Índias Ocidentais e África.

JUEFRAPHOTO/SHUTTERSTOCKSHUTTERSTOCK

MIKHAIL BLAJENOV/SHUTTERSTOCK

Musaranho (*Macrocelides proboscideus*) e (b) toupeira, mamíferos insetívoros. Os musaranhos são pequenos, medem cerca de 10 cm, e as toupeiras, que costumam viver sob a terra, 20 cm.

Quirópteros

Exemplo: morcegos. **Quirópteros** (do grego, *kheir* = mão + + *pteron* = asa) possuem membros anteriores transformados em asas. Herbívoros (alimentam-se de pólen, frutos e néctar de flores), insetívoros (caçam insetos) e algumas espécies hematófagas (alimentam-se de sangue). Encontrados em vários ambientes terrestres, exceto na Antártida.

Morcegos se orientam no escuro por eco: emitem sons – praticamente inaudíveis para os seres humanos – que atingem objetos à sua frente e retornam, sendo captados pelo animal e lhes dando noção do espaço à sua frente.
(Na foto, *Micropteropus pussilus*, mamífero herbívoro.)

IVAN KUZMIN/SHUTTERSTOCK

Carnívoros

Exemplos: cão, gato, lobo-guará, urso, tigre, leão, foca, ariranha, lontra, raposa, lobo e panda.
Dentes caninos bem desenvolvidos. Ampla distribuição por vários ambientes terrestres e aquáticos.

ANAN KAEWKHAMMUL/SHUTTERSTOCK

OSTILL/SHUTTERSTOCK

Lobo-guará, alimentação variada: pequenos roedores, insetos e frutos.

Ariranhas podem chegar a 1,80 m de comprimento. Esses animais encontram-se restritos à América do Sul.

É SEMPRE BOM SABER MAIS!

Para os carnívoros, o alimento é mais difícil de capturar (são animais predadores), porém é mais nutritivo e mais fácil de digerir e aproveitar. Mamíferos carnívoros têm dentes adaptados para prender, matar e cortar suas presas em pedaços: os caninos são pontiagudos, os molares são cortantes. Não é necessário mastigar prolongadamente o alimento; o suco estomacal, fortemente ácido, é capaz de digerir as proteínas da carne. O intestino é mais curto, se comparado ao dos herbívoros e onívoros.

Artiodáctilos

Exemplos: boi, cabra, ovelha, porco, hipopótamo, camelo, girafa e lhama.
Artiodáctilos (do grego, *artios* = par + *daktylos* = dedo) apoiam-se sobre um número par de dedos (dois ou quatro, revestidos por um casco conhecido como casco fendido). Herbívoros, muitos deles são ruminantes. Presentes no mundo todo, exceto Antártida e Austrália.

CHRISTIAN MUSAT/SHUTTERSTOCK

COPRINT/SHUTTERSTOCK

(a) Ovelhas e (b) girafas são mamíferos ruminantes e, apesar de tão diferentes, pertencem à ordem dos artiodáctilos. As girafas (*Giraffa camelopardalis*), que chegam a atingir 3,5 m de altura, sem dúvida são os animais com pescoço mais longo. Curiosamente, porém, possuem o mesmo número de vértebras cervicais que qualquer outro mamífero.

Perissodáctilos

Exemplos: cavalo, asno, jegue, zebra, anta (o maior mamífero da América do Sul) e rinoceronte. Perissodáctilos (do grego, *perissos* = ímpar + *daktylos* = dedo) apresentam dedos geralmente ímpares (um, três ou cinco), revestidos por casco queratinizado, não fendido. Com os artiodáctilos compõem um grupo denominado de **ungulados** (do latim, *unguis* = unha), isto é, possuem casco. Ampla distribuição pelos ambientes terrestres, exceto na Antártida.

DRAGONIKA/SHUTTERSTOCK

AMMIT JACK/SHUTTERSTOCK

(a) Asnos (*Equus africanus*) e (b) antas (*Tapirus* sp.) são mamíferos herbívoros, pertencentes à ordem perissodáctilos.

Proboscídeos

Exemplo: elefantes. Proboscídeos (do grego, *proboskys* = = tromba) são os maiores mamíferos terrestres. Tromba (probóscide) formada pelo nariz e lábio superior modificados. Herbívoros (alimentam-se de folhas e ervas). Apenas na África e Ásia.

As presas dos elefantes são de marfim, material muito procurado no passado e que, por isso, levou à caça desenfreada desses animais. Atualmente são os animais mais pesados do meio terrestre (pesam em torno de 5 ton e chegam a atingir 3,5 m de altura).

FOUR OAKS/SHUTTERSTOCK

Cetáceos

Exemplos: baleia, orca, golfinho e boto. Cetáceos (do grego *ketos* = cetáceo, baleia) apresentam membros anteriores transformados em nadadeiras; membros posteriores ausentes. Alimentação diversificada (plâncton, peixes, pinguins, por exemplo). Muitas espécies estão sendo caçadas impiedosamente e encontram-se ameaçadas de extinção. A baleia azul é o maior de todos os mamíferos.

SERGEY URYADNIKOV/SHUTTERSTOCK

MILES AWAY PHOTOGRAPHY/ SHUTTERSTOCK

(a) Orca (*Orcinus orca*), erroneamente tida como uma baleia, e (b) golfinhos, reconhecidos por sua inteligência, pertencem à mesma ordem (cetáceos) e à mesma família Delphinidae.

Sirênios

Exemplo: peixe-boi ou manati. Sirênios (do grego, *seiren* = sereia) são aquáticos, herbívoros, com membros anteriores adaptados à natação e membros posteriores ausentes. Cauda achatada. Lentos e mansos, correm perigo de extinção devido à caça impiedosa promovida pelo homem. Vivem em áreas costeiras de regiões tropicais e subtropicais.

Peixe-boi-marinho ou manati (*Trichechus manatus*) chega a pesar 700 kg e os adultos maiores atingem 4 m de comprimento.

Primatas

Exemplos: macaco, orangotango, gorila, chimpanzé e homem. Olhos frontais, conferindo visão binocular (em profundidade). Mãos e pés com 5 dedos distintos. Mãos usadas na manipulação de objetos. Muitos são adaptados à vida em árvores. Alimentação diversificada. Regiões tropicais e subtropicais, e, no caso do homem, no mundo todo.

ABESELOM ZERIT/SHUTTERSTOCK

(a) Chimpanzés e (b) gorilas (*Gorilla gorilla*), primatas da mesma ordem dos seres humanos.

EM CONJUNTO COM A TURMA!

Muitas pessoas costumam criar animais de estimação, como gatos, cães, pássaros e, inclusive, répteis, como cágados, cobras, lagartos, entre outros. Em conjunto com seu grupo de trabalho, façam uma pesquisa na internet ou em livros da biblioteca da sua escola ou consultem seus professores sobre as leis ambientais brasileiras para a criação de animais silvestres, como cobras, lagartos, araras, papagaios e saguis, por exemplo.

Nosso desafio

Para preencher os quadrinhos de 1 a 10, você deve utilizar as seguintes palavras: 4 cavidades, alvéolos, diafragma, mamárias, pelos, sebáceas, sudoríparas, suor, ureia, venoso.

À medida que você preencher os quadrinhos, risque a palavra que você escolheu para não usá-la novamente.

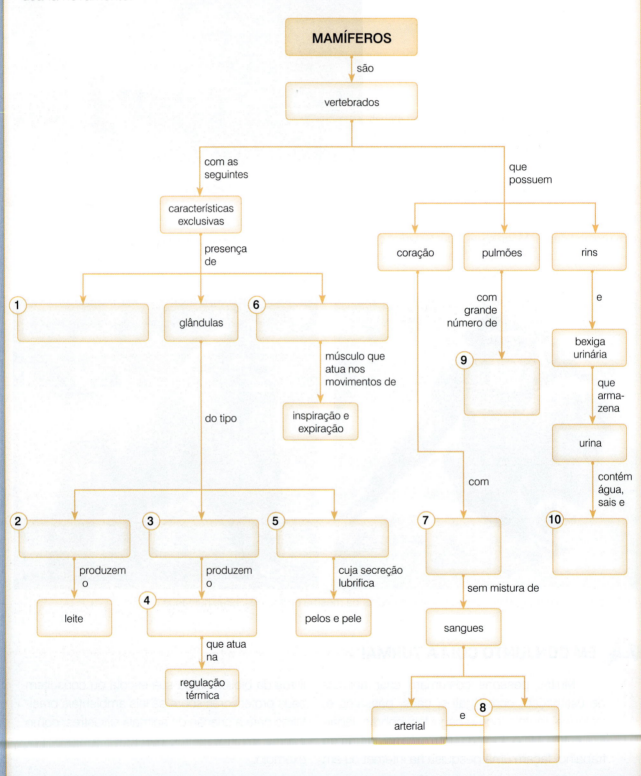

Atividades

1. [6, 10] Assim como ocorre nos répteis e nas aves, a pele dos mamíferos possui características que os adaptam à vida em meio terrestre.

a) Cite as estruturas ricas em queratina exclusivas da pele dos mamíferos.

b) Cite duas outras estruturas presentes na pele dos mamíferos, uma delas relacionada à lubrificação da pele e dos pelos e a outra referente à regulação da temperatura do corpo e à eliminação de excretas.

2. [6, 7, 10] Para elaborar as respostas dos itens a seguir, utilize as informações que você obteve ao ler os itens "Respiração nos mamíferos", "Circulação e excreção", neste capítulo.

a) Quais são os órgãos comuns a répteis, aves e mamíferos, que os adaptam às trocas gasosas diretamente em contato com o ar? Cite uma diferença importante presente nesses órgãos respiratórios dos mamíferos, comparativamente ao dos répteis e aves.

b) O coração dos mamíferos se assemelha ao das aves ou ao da maioria dos répteis? Existe mistura de sangues rico e pobre em oxigênio no coração dos mamíferos? Justifique a sua resposta.

c) Nos mamíferos e em todos os demais vertebrados, os rins são os órgãos responsáveis pela remoção e eliminação de excretas. O sistema urinário dos mamíferos, no entanto, possui um órgão de armazenamento de urina, inexistente em aves e répteis. Qual é esse órgão? Qual o produto de excreção nitrogenada excretado pela grande maioria dos mamíferos?

3. [6, 7, 10]

a) Relativamente ao controle da temperatura corporal, qual é a diferença entre répteis e mamíferos?

b) Embora nessas duas classes a fecundação seja interna, há uma diferença marcante entre a reprodução da maioria dos répteis, comparando-se com o que ocorre na reprodução dos mamíferos placentários. Qual é essa diferença? Cite as estruturas envolvidas no desenvolvimento embrionário dos mamíferos placentários, sendo uma delas exclusiva dessa classe de vertebrados.

4. [6, 10] Cite uma característica do coração e uma dos pulmões dos mamíferos, que contribuem para a endotermia. Justifique a resposta.

5. [6, 7, 10] Qual é a importância da grossa camada de gordura sob a pele de mamíferos, especialmente dos que vivem na água ou em regiões muito frias?

6. [1, 5, 6, 10] As fotos a seguir mostram três animais pertencentes à classe dos mamíferos.

WORLDSWILDLIFEWONDERS/SHUTTERSTOCK

VERONIKA 7833/SHUTTERSTOCK

KASSIA MARIE OTT/SHUTTERSTOCK

Utilizando os conhecimentos que você obteve ao ler esse capítulo:

a) Cite as duas estruturas exclusivas, de origem epidérmica, presentes nos três animais representados.

b) Cite a principal diferença, relativa à reprodução, existente entre o ornitorrinco e os outros dois mamíferos representados.

7. **[6, 10]** Consulte o item "Classificação dos mamíferos" no texto do livro e cite, para cada um dos três grupos, pelo menos uma característica marcante e diferencial e um exemplo de animal pertencente a cada um deles.

8. **[1, 6, 10]** Muita gente tem medo de morcegos. A ordem a que pertencem, a dos quirópteros, é a segunda maior da classe dos mamíferos, perdendo apenas, em número, para a ordem dos roedores. No Brasil, há cerca de 164 espécies de morcegos, o que representa um terço da fauna de mamíferos do nosso país. O temor das pessoas refere-se às espécies sugadoras de sangue (hematófagas), que são representadas por apenas três espécies (0,2% do total mundial). São prejudiciais à pecuária, pois transmitem o vírus da raiva ao gado. Importantes mesmo são os frugívoros (comedores de frutos), os insetívoros (comedores de insetos) e os polinizadores que se alimentam do néctar produzido por flores. Considerando as informações do texto:

a) Cite a importância ecológica dos morcegos, relativamente a cada um dos alimentos que consomem.

b) Em que níveis tróficos você enquadraria os morcegos frugívoros, insetívoros e polinizadores?

Leia com atenção o texto a seguir e responda às questões **9** e **10**.

As baleias e outros mamíferos aquáticos, como nós, respiram por pulmões. Para respirar elas necessitam subir até a superfície para retirar ar da atmosfera. As baleias são animais perfeitamente adaptados à vida marinha. Ocorre que é frequente o encalhe de baleias na orla marítima. O problema é que as baleias não conseguem suportar o seu peso na terra; o seu corpo é tão pesado que, uma vez em terra os órgãos internos, incluindo o pulmão, ficam muito pressiona-

dos, fato que não ocorre quando estão no seu *habitat* natural. Como as baleias vivem dentro da água, não apresentam glândulas sudoríparas.

9. **[1, 6, 7, 9, 10, 15, 17]** É correto dizer que as baleias não necessitam de diafragma no seu ambiente natural, porém morrem sufocadas em terra por não o terem? Justifique a resposta.

10. **[6, 7, 9, 10]** Qual é a consequência da falta das glândulas sudoríparas para as baleias quando encalham no ambiente terrestre?

11. **[3, 6, 7, 8, 9, 10]** Nós, seres humanos, somos primatas, uma ordem a que também pertencem, entre outros, o orangotango, o chimpanzé e o gorila. Nossa nutrição é diversificada, embora entre outros primatas, como, por exemplo, nos bugios do Pantanal Mato-grossense, a alimentação seja essencialmente herbívora, alimentando-se de folhas e frutos. Consulte o item "Algumas ordens de mamíferos placentários", no texto do livro, e:

a) Cite uma ordem cujos representantes sejam exclusivamente herbívoros e outra cujos representantes sejam, na natureza, essencialmente carnívoros.

b) Bois e vacas, entre outros, pertencem à ordem dos artiodáctilos e são ruminantes. Como é o estômago desses mamíferos? Por que são chamados de ruminantes?

12. **[6, 7, 8, 10]** Do ponto de vista reprodutivo, a presença dos monotremados reforça a hipótese de que existiram animais com características de mamíferos e répteis?

Leia com atenção o texto a seguir e responda às questões **13** a **15**.

A evolução do coração dos vertebrados revela o seguinte caminho: os peixes possuem um coração dividido em um átrio e um ventrículo. O ventrículo bombeia sangue diretamente nos capilares (vasos sanguíneos) das *brânquias*. Das brânquias, o sangue oxigenado é levado aos tecidos. Já os anfíbios possuem dois átrios;

um recebe sangue oxigenado dos *pulmões* e o outro, sangue rico em gás carbônico do resto do organismo. Os dois átrios terminam em um único ventrículo.

Nas aves e nos mamíferos o coração está completamente dividido em dois átrios e dois ventrículos, o que não ocorre na maioria dos répteis. Nas aves e nos mamíferos o lado direito do coração recebe sangue dos tecidos e o bombeia para os *pulmões*. O lado esquerdo recebe sangue oxigenado dos pulmões e o bombeia para os tecidos.

13. **[6, 7, 8, 10]** É correto dizer que o sistema circulatório dos peixes está adaptado para o ambiente aquático? Justifique a resposta.

14. **[6, 7, 8, 10]** É correto dizer que o sistema circulatório dos anfíbios, répteis, aves e mamíferos está adaptado para o ambiente terrestre? Justifique a resposta.

15. **[6, 7, 8, 10]** Ao analisarmos a evolução do coração dos vertebrados, notamos que o caminho seguido permitiu a formação de um coração que favoreceu a enorme expansão geográfica desses animais, praticamente a qualquer região da Terra. Isso é correto? Justifique a resposta.

16. **[1, 6, 7, 9, 10, 15]** A palavra hibernação origina-se do latim hibernare, que significa invernar. Os mamíferos hibernantes continuam a controlar a sua temperatura como qualquer homeotermo. Eles apenas ajustam o seu metabolismo para níveis abaixo do normal. Somente alguns poucos mamíferos realmente hibernam; é o caso dos esquilos, que quando hibernam têm a temperatura do corpo abaixada. O batimento cardíaco de um esquilo bate normalmente 400 vezes por minuto, ao passo que em hibernação bate de 7 a 10 vezes por minuto. O despertar dos hibernantes é muito rápido. Alguns despertam imediatamente de suas tocas quando a temperatura cai a níveis ameaçadores, tipo zero graus centígrados. Outros acordam por barulho ou por toque.

a) De onde provém a energia para manter o metabolismo celular?

b) Qual é a relação entre inverno e hibernação?

c) Como se explica que, em um experimento, morcegos mantidos em um refrigerador durante 144 dias, sem alimento, foram capazes de sobreviver e, após 15 minutos à temperatura ambiente, voltaram a voar?

d) É possível levantar a hipótese de que os animais hibernantes têm vida mais longa do que os não hibernantes, visto que o envelhecimento é interrompido durante o tempo de hibernação? Justifique a resposta.

17. Em um período geológico conhecido como Cretáceo (136-65 milhões de anos atrás), existiam dois grupos principais de mamíferos – os marsupiais e os placentários –, que diferem em muitos aspectos, notadamente no processo de reprodução. Explique como ocorre o desenvolvimento do embrião nos dois grupos citados.

Leia com atenção o enunciado a seguir e responda às questões **18** e **19**.

Pertencemos à classe dos mamíferos. Então, como qualquer outro mamífero, somos homeotermos, com pelos, glândulas mamárias, coração com quatro cavidades, entre outras características. No entanto, não somos capazes de correr tão rápido como uma onça, nadar com a eficiência de uma foca ou pular de galho em galho como macacos, mas podemos, uma vez treinados, correr alguns quilômetros, nadar determinadas distâncias e até se deslocar em uma árvore.

18. **[1, 6, 7, 10]** Com base nas informações do texto, pode-se afirmar que nós nos distinguimos dos demais mamíferos por sermos uma espécie *especializada*, enquanto outros são *versáteis*? Justifique a resposta.

19. **[1, 6, 7, 10, 15]** Entre os mamíferos, o homem é o menos especializado, exceto na inteligência e na capacidade de aprender. Essa frase é correta? Justifique a resposta.

Você, desvendando a Ciência

A evolução dos cordados

Entre 395-345 milhões de anos atrás viveu um grupo de peixes (os crossopterígios) que tinham nadadeiras com uma base espessa e carnuda. Dentro dessas bases existiam elementos capazes de se desenvolver em suportes esqueléticos muito rígidos, como se fossem membros de vertebrados terrestres. Tinham as narinas externas que, em vez de se abrirem em bolsas fechadas, como na maioria dos peixes, ligavam-se a aberturas no céu da boca. Dessa forma, podiam respirar pelo nariz com a boca fechada. Esse grupo de peixes possuía bexigas aeríferas que funcionavam como verdadeiros pulmões. Essa disposição das narinas associadas à bexiga e às nadadeiras muito rígidas permitia a esse grupo se deslocar em ambiente terrestre. Esse grupo de peixes deu origem aos primeiros anfíbios, que embora passassem boa parte da vida no ambiente aquático, podiam deixar a água e sobreviver no ambiente terrestre quando fosse necessário.

Os anfíbios deram origem aos répteis, entre 345-280 milhões de anos atrás. Estes efetivamente conquistaram o ambiente terrestre, pois a cobertura do corpo evita a perda de água; assim, os répteis passaram a sobreviver em ambientes secos, e os ovos depositados em terra conseguiram se desenvolver graças à presença de anexos embrionários.

Entre 230-195 milhões de anos atrás viveu um grupo de pequenos répteis, os tecodontes, cuja característica mais distintiva era o seu método de locomoção – o bipedalismo, isto é, se movimentavam sobre dois pés. Os membros anteriores, livres da locomoção, passaram a ser usados para agarrar, segurar e até para se aventurar a pequenos voos. Ainda nesse período viveram os terapsídeos, répteis que já tinham algumas características de mamíferos, como dentes diferenciados em incisivos, caninos, pré-molares e molares, membros dispostos para uma locomoção mais eficiente no ambiente terrestre, entre outras.

A partir dos tecodontes, entre 195-136 milhões de anos atrás, surgiram as aves, e a partir dos terapsídeos surgiram os primeiros mamíferos, que inicialmente eram animais pequenos, a maioria do tamanho de camundongos. Quem praticamente dominava o ambiente terrestre naquela época eram os répteis, notadamente os dinossauros.

Entre 136-63 milhões de anos atrás houve a extinção dos dinossauros e entre 65-53 milhões de anos atrás aconteceu uma expansão muito grande dos mamíferos, o que redundou na sua ampla diversidade hoje observada.

Comparando a evolução dos grandes grupos de cordados e com base em seus conhecimentos sobre o assunto, que característica(s) distintiva(s) foram importantes para que aves e mamíferos pudessem se adaptar a diferentes climas terrestres?

TecNews

O que há de mais moderno no mundo da Ciência!

Regeneração de partes perdidas: se pudéssemos fazer o mesmo...

Nós, seres humanos, poderíamos invejar o axolotl *Ambystoma mexicanum*. Normalmente, nosso poder de regeneração de órgãos é bem limitado: fraturas ósseas consolidam, ferimentos na pele logo curam e grandes porções do fígado podem regenerar. O axolotl – uma grande salamandra de 20 cm de comprimento que no México é conhecida como *peixe mexicano que caminha*, por lembrar uma enguia com patas atarracadas – pode repor totalmente a perda de um membro locomotor ou mesmo a cauda, o que significa fazer crescer novamente a coluna vertebral, a medula espinal, ossos e músculos. Pesquisadores perceberam que nesse animal vários tecidos atuam em conjunto e contribuem na detecção da perda de membros, ao mesmo tempo em que coordenam sua reposição. Neste procedimento, ocorre a reativação dos mesmos circuitos genéticos que atuam na formação dessas estruturas durante o desenvolvimento embrionário, o que faz com que células-tronco multipotentes produzam novas células que conduzem à formação de novos tecidos e, no final, à recomposição do membro perdido.

Axololts não são os únicos animais capazes de regenerar partes perdidas do corpo. Existem exemplos ainda mais extremos. Planárias, por exemplo, demonstram maior capacidade de reconstituição corporal (resiliência), ao serem capazes de regenerar cerca de 90% do corpo. Um pequeno fragmento de cerca de 2 cm desses platelmintos aquáticos pode refazer o sistema nervoso, a pele, o sistema digestório e todos os demais órgãos funcionalmente valiosos. Novamente, neste exemplo, células-tronco são a chave do mistério. No caso, um conjunto especial de genes, presente em células musculares, é capaz de informar o procedimento a ser adotado, ao ativar o crescimento e a especialização dos genes corretos no tempo certo. Assim, planárias podem reconstruir-se totalmente a partir de restos corporais, praticamente do nada, enquanto o axolotl pode refazer partes do corpo apenas se a porção principal do corpo estiver intacta.

Cientistas que pesquisam regeneração darão um passo adiante ao estudar as moléculas envolvidas nesse processo, ao sequenciar os genomas dessas duas espécies. A esperança: em algum momento, graças ao progresso das conquistas científicas, nós, seres humanos, conseguiremos seguir estes exemplos e regenerar partes perdidas naturalmente ou como consequência de acidentes.

Adaptado de: PENNISI, E. Resilience by regeneration. *Science*, Washington, v. 359, n. 6379, 2 Mar. 2018. p. 978.

Investigando

Consulte em livros da biblioteca da sua escola ou na internet a respeito de capacidade de regeneração em outros animais e em vegetais. Procure informações a respeito dos mecanismos que conduzem a reparos de estruturas perdidas, tanto em animais como em vegetais. Pesquise, também, nas mesmas fontes, se o transplante de órgãos em seres humanos pode ser considerado um mecanismo de regeneração.

Matéria e
ENERGIA

Não dá para imaginar nossa existência sem a presença de calor, não é mesmo? Além de ligar-se a nossa sobrevivência, ao nosso bem-estar, com o calor cozinham-se os alimentos, aquece-se a água, evapora-se o suor, entre tantas outras aplicações. Na indústria é utilizado para a produção de um número gigantesco de produtos necessários, como papel, tecidos e vidros, por exemplo, sendo a fonte primária utilizada para movimentar máquinas térmicas, veículos automotores, aviões e foguetes. Mas, apesar da enorme importância do calor no nosso dia a dia, só recentemente sua natureza foi compreendida pela ciência.

Nesta unidade, vamos estudar algumas máquinas simples, pequenas ferramentas utilizadas em nosso cotidiano, como a roda, por exemplo, e também veremos conceitos importantes ligados ao calor e seus efeitos sobre a matéria.

capítulo 13

MÁQUINAS SIMPLES

Elas estão ao alcance das nossas mãos

Você já deve ter visto alguém utilizando um macaco mecânico para erguer um carro e efetuar a troca de um pneu. Como é possível por meio da aplicação de uma força tão pequena surgir uma força tão intensa capaz de elevar um veículo? O macaco mecânico é um exemplo de como uma máquina simples pode multiplicar forças para facilitar nosso trabalho. Em sua casa, você também pode encontrar muitos objetos que facilitam suas tarefas. Alguns alteram a direção da força que você aplica; outros multiplicam a força.

Embora muitas pessoas não percebam, mas uma faca, um parafuso, um martelo, uma roda, são máquinas simples, pois permitem que pequenas forças sejam utilizadas para realizar tarefas que exigem muita força. Por exemplo, ao usar o gancho de um martelo para tirar um prego da parede, o martelo está funcionando como uma alavanca, que é uma máquina simples. Se você tem persianas nas janelas pode ver como funciona outra máquina simples: a polia, que é uma roda fixa em um eixo, acionada por uma pequena corda. Note como o martelo usado para extrair o prego da parede e a polia usada para acionar a persiana facilitam o nosso trabalho.

Neste capítulo, reconheceremos alguns objetos do nosso dia a dia e que funcionam como máquinas simples segundo as leis da Física.

A força e o Sistema Internacional de Unidades

Antes de entendermos como algumas máquinas simples funcionam, precisamos rever o conceito de força com sua unidade de medida. Você pode ter uma ideia inicial sobre força, considerando-a como sendo um empurrão ou um puxão sobre um corpo. Assim, uma força pode alterar a velocidade, deformar ou manter um corpo em equilíbrio. Neste capítulo, vamos estudar como as forças podem se equilibrar, por exemplo, quando duas crianças brincam em uma gangorra mantendo-a na horizontal.

No Sistema internacional de Unidades, que é um conjunto de unidades criada pelos cientistas para serem utilizadas por todos os países, a unidade de força é o newton (N), em homenagem ao cientista inglês Isaac Newton (1643-1727).

Algumas unidades de medidas usadas no Sistema Internacional.

GRANDEZA	UNIDADE	SÍMBOLO
comprimento	metro	m
massa	quilograma	kg
tempo	segundo	s

Como calcular o peso de um corpo

Todos os corpos nas proximidades da Terra estão submetidos a uma força proporcionada pela gravidade do planeta, que é dirigida "para baixo" em direção ao centro da Terra. Essa força da gravidade, também denominada peso (P), pode ser calculada multiplicando-se a massa (m) do corpo pela gravidade (g) da Terra, ou seja,

$$P = m \cdot g$$

Quando for efetuar os cálculos, adote a gravidade (g) na Terra como sendo aproximadamente 10 m/s² (lemos dez metros por segundo ao quadrado) e a massa (m) em quilograma (kg). Veja o exemplo a seguir.

Suponha que uma criança possua massa igual a 30 kg. Como podemos calcular o seu peso?

Para acharmos a resposta, basta utilizarmos a equação anterior, substituindo nela os valores dados:

$$P = m \cdot g$$
$$P = 30 \cdot 10$$
$$P = 300 \text{ N}$$

Lembre-se!

Newton, cujo símbolo é N, é a unidade de medida de força no Sistema Internacional.

Dessa forma, dizemos que a criança de massa igual a 30 kg possui peso igual a 300 N, ou seja, a força de atração gravitacional do planeta sobre a sua massa (30 kg) vale 300 N.

Note a diferença que existe entre **massa** e **peso**. A massa de um corpo é uma grandeza física que está associada à quantidade de matéria contida no corpo e o peso do corpo é a força de atração gravitacional que atua sobre esse corpo.

A *massa nunca se altera*, seja na Terra, na Lua ou em qualquer lugar do Universo. Por outro lado, *o peso de um corpo* irá variar de acordo com sua posição no Universo, pois ele *depende da gravidade local*.

Máquinas simples

Instrumentos que facilitam muitas tarefas do dia a dia, alterando a intensidade e a direção das forças aplicadas, ferramentas formadas por uma ou duas partes, são chamadas de **máquinas simples**. Entre elas, vamos conhecer neste capítulo alavancas, rodas, engrenagens, roldanas (também chamadas polias) e planos inclinados.

É SEMPRE BOM SABER MAIS! ■

O que é trabalho em Física?

No dia a dia, utilizamos a palavra *trabalho* no sentido de uma tarefa a ser desempenhada com determinado objetivo, como, por exemplo, arrumar nosso quarto ou escrever uma redação sobre o uso que fazemos dos celulares.

Já em Física o termo trabalho tem um significado bem preciso: um trabalho é realizado quando uma força aplicada sobre determinado corpo ou objeto realmente produz um deslocamento. Ou seja, em Física para que seja realizado um trabalho, é necessário que haja força **e** deslocamento.

O personagem da ilustração "pode morrer" de tanto empurrar a parede de tijolo, mas se ela não se movimentar não terá realizado trabalho nenhum.

RON LEISHMAN/SHUTTERSTOCK

Alavancas

Alavanca é uma barra rígida que pode girar em torno de um ponto fixo (ponto de apoio), sendo muito útil para mover ou erguer objetos pesados. Em nossos estudos vamos desprezar o peso da barra e o atrito que pode ser gerado quando ela se movimenta.

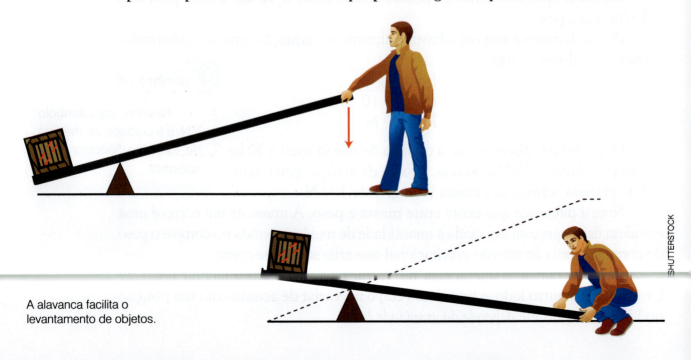

A alavanca facilita o levantamento de objetos.

SHUTTERSTOCK

◗ A lei das alavancas

Vamos utilizar algo parecido com uma gangorra e construir uma visão matemática de como funciona uma alavanca. Para isso, você precisa conhecer a nomenclatura utilizada.

A força aplicada na alavanca é chamada de **força motriz** ou **força potente.** Vamos indicá-la por F_p. Essa é a força que aplicamos para vencer outra força, a **força resistente** ou **resistência**, que indicaremos por F_r. A força resistente surge porque o corpo que procuramos deslocar oferece resistência proporcionada principalmente pelo seu peso.

O **calço**, também chamado de **fulcro**, funciona como ponto de apoio. É o **ponto fixo** (O) em torno do qual a alavanca se movimenta.

A distância do ponto de apoio à força potente é chamada de **braço de potência** e indicaremos por B_p e a distância do ponto de apoio à força resistente é chamada de **braço de resistência,** que indicaremos por B_r. A alavanca permanece na horizontal quando a força potente equilibra a força resistente. Neste caso podemos escrever a equação das alavancas:

$$F_p \cdot B_p = F_r \cdot B_r$$

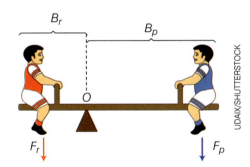

Um brinquedo muito comum em parques de diversão, a gangorra, e até muitos instrumentos, como tesouras e alicates, funcionam de acordo com o princípio das alavancas.

Note as duas forças aplicadas sobre a alavanca e suas distâncias ao ponto de apoio. Para a alavanca permanecer em equilíbrio na horizontal, a força aplicada multiplicada pela distância de seu ponto de aplicação até o ponto de apoio deve ser a mesma para os dois lados da alavanca.

Brincando na gangorra

Vamos aplicar a lei das alavancas em um exemplo muito simples. Suponha que mãe e filha brincam em uma gangorra e que a mãe possui massa igual a 50 kg (peso igual a 500 N), e sua filha tem massa igual a 25 kg (peso igual a 250 N). A filha encontra-se a 2 m do ponto de apoio. Vamos calcular a que distância do ponto de apoio a mãe deve se posicionar para que possa ser sustentada pela criança, de tal forma que a gangorra permaneça na horizontal.

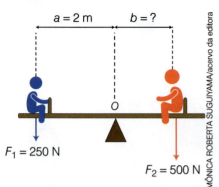

$a = 2$ m $b = ?$

$F_1 = 250$ N

$F_2 = 500$ N

MÔNICA ROBERTA SUGUIYAMA/acervo da editora

A figura ao lado mostra um esquema dessa situação. Nosso objetivo é, utilizando a *lei das alavancas*, obter a distância b entre a mãe e o ponto de apoio da gangorra a fim de equilibrar a criança.

A mãe deve se posicionar a que distância do ponto de apoio a fim de equilibrar sua filha?

Substituindo os valores numéricos, obtemos:

$$F_1 \cdot a = F_2 \cdot b$$
$$250 \cdot 2 = 500 \cdot b$$
$$500 = 500 \cdot b$$
$$b = 1 \text{ m}$$

Note que, na expressão acima, F_1 e F_2 representam os pesos da filha e da mãe, respectivamente, e a e b representam as distâncias, respectivamente, da filha e da mãe ao ponto de apoio.

Observe atentamente a figura ao lado e note que se $b = 1$ m, a condição de equilíbrio (equação das alavancas) é satisfeita:

$$F_1 \cdot a = F_2 \cdot b$$
$$250 \text{ N} \cdot 2 \text{ m} = 500 \text{ N} \cdot 1 \text{ m}$$

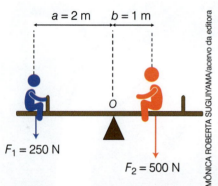

$a = 2$ m $b = 1$ m

$F_1 = 250$ N

$F_2 = 500$ N

MÔNICA ROBERTA SUGUIYAMA/acervo da editora

Com isso, podemos concluir que a distância entre a mãe, que possui o dobro do peso da criança, e o ponto de apoio deve ser metade da distância da criança até esse mesmo ponto. Portanto, não se esqueça: para que uma gangorra esteja em equilíbrio, o mais leve deve sempre ocupar a posição mais afastada do ponto de apoio. Além disso, se o peso da pessoa de menor massa for duas vezes menor do que o da outra pessoa, a distância dela ao ponto de apoio deve ser duas vezes maior. Se o peso for três vezes menor, a distância ao ponto de apoio deve ser três vezes maior, e assim por diante.

Para simplificar, você pode utilizar na equação anterior a massa em lugar do peso e o resultado será o mesmo:

$$M_1 \cdot a = M_2 \cdot b$$
$$25 \cdot 2 = 50 \cdot b$$
$$50 = 50 \cdot b$$
$$b = 1 \text{ m}$$

◗ Balança

A balança é um instrumento de medida de massas. Em sua forma tradicional, é uma alavanca com braços de igual comprimento e um prato suspenso em cada braço (observe a figura). A massa desconhecida é colocada em um prato e as massas-padrão (conhecidas) são adicionadas ao outro prato até que a alavanca esteja o mais próximo possível da horizontal (equilí-

Jogo rápido

Sobre uma alavanca serão colocadas duas pedras de massas diferentes. Onde deve estar localizada a pedra de massa 5 kg para que possa equilibrar a pedra de massa 50 kg, localizada a duas unidades do ponto de apoio?

50 kg

5 kg

?

MÔNICA ROBERTA SUGUIYAMA/acervo da editora

brio). Nesta situação, a massa desconhecida é obtida, pois seu valor é igual à massa conhecida colocada no outro prato, já que as distâncias dos pratos até o ponto de apoio são iguais.

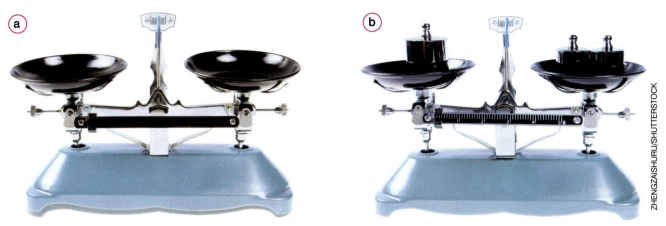

Em (a), balança com pratos equilibrados sem massas sobre eles. Em (b), a massa no prato esquerdo é igual às duas massas do lado direito, pois dessa forma os pratos da balança estão equilibrados.

▶ Classificação das alavancas

As alavancas podem ser classificadas de acordo com a posição dos pontos de aplicação da força potente, da força resistente e do ponto fixo, em três tipos: interfixa, inter-resistente e interpotente.

Na alavanca **interfixa**, o ponto fixo está situado entre a força potente e a força resistente. Na alavanca **inter-resistente**, a força resistente está localizada entre o ponto fixo e a força potente. Já na alavanca **interpotente**, a força potente é aplicada entre o ponto fixo e a força resistente. Veja a seguir alguns exemplos dos três tipos de alavanca.

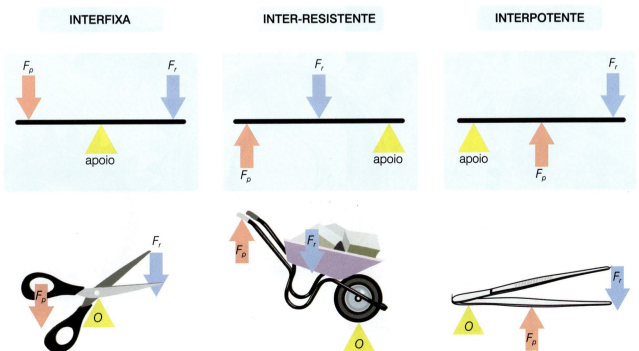

Tipos de alavanca.

Rodas

Quando duas rodas de tamanhos diferentes se conectam surge uma vantagem mecânica, ou seja, velocidade e força se alteram; por isso, as rodas são consideradas máquinas simples.

Quando duas rodas de diâmetros diferentes estão conectadas, os pontos da periferia de ambas giram com a mesma velocidade, porém, o número de voltas efetuadas pelas rodas na unidade de tempo não é o mesmo.

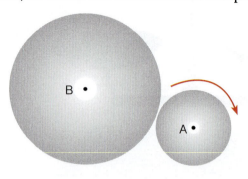

Engrenagens

Rodas conectadas a outras por dentes são denominadas de **engrenagens** ou **rodas dentadas**. Uma roda dentada também pode utilizar uma corrente para se conectar a outra roda dentada. Os dentes evitam que as rodas, ao girarem, deslizem umas sobre as outras e, portanto, deixem de transferir o movimento quando ocorre a aplicação de forças mais intensas.

Engrenagens são utilizadas para aumentar a velocidade de rotação de determinado dispositivo. Estão presentes em motores de automóveis, em eletrodomésticos, em robôs, ou no interior de um relógio, como mostra a foto.

DMYTRO HERASYMENIUK/SHUTTERSTOCK

GLYNSTOCK/SHUTTERSTOCK

Em uma engrenagem, os dentes de uma roda dentada se encaixam no espaço entre os dentes de outra para transmitir o movimento contínuo.

ESTABELECENDO CONEXÕES

Esportes

Bicicletas

A bicicleta é uma máquina composta por várias máquinas simples, tais como alavancas (para acionar os freios e o câmbio), rodas dentadas e corrente.

A engrenagem em que se pedala é chamada de *coroa* e a que recebe o movimento é chamada de *catraca*. Dessa forma, o pedal da bicicleta movimenta a coroa, que por meio de uma corrente movimenta a catraca que, por sua vez, movimenta a roda. Assim, o movimento produzido no pedal é transferido à roda de trás, movimentando a bicicleta. Esse é um exemplo de rodas e engrenagens transmitindo movimento e força.

Engrenagens e corrente da bicicleta.

coroa   catraca

Roldanas

A **roldana** (ou **polia**) é uma roda de material resistente com um canal por onde passa um fio ou uma corda. Essa roda está presa a um eixo em torno do qual pode girar.

Sua função é alterar a força necessária para elevar determinada carga e podem ser classificadas em **roldanas fixas** e **móveis**.

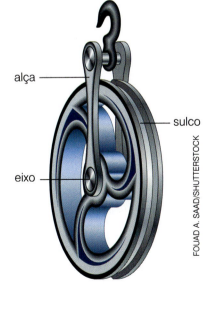

alça

sulco

eixo

Em muitas casas da zona rural, ainda podem ser vistos poços onde uma roldana com manivela é utilizada para retirar água do subsolo.

▶ Roldanas fixas

A principal característica da roldana fixa é ter o eixo da roda fixo a um suporte. Esse tipo de roldana não realiza um ganho de força, ou seja, para equilibrar o corpo a pessoa precisa exercer uma força de intensidade igual à intensidade do peso do corpo. Em outras palavras, para uma única roldana fixa, a intensidade da força potente (F_p) é igual à intensidade da força resistente (F_r).

Matematicamente podemos escrever:

$$F_p = F_r$$

Portanto, a função da roldana fixa é apenas mudar a direção da força, muitas vezes invertendo o seu sentido, sem alterar a sua intensidade.

Observe a figura abaixo e note que, para levantar a carga, a pessoa pode usar o peso de seu próprio corpo para ajudá-la a puxar a corda para baixo.

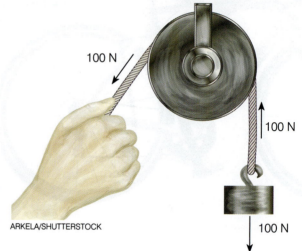

Na **roldana fixa** as intensidades das forças potente e resistente são iguais. Portanto, não há ganho de força.

ARKELA/SHUTTERSTOCK

▶ Roldanas móveis

Roldanas móveis não possuem seu eixo fixo em um suporte. Assim, à medida que a roda gira, ela pode se movimentar para baixo ou para cima. Observe a figura ao lado e note como essa roldana permite um ganho de força.

Para a roldana permanecer em equilíbrio, a resultante das forças sobre ela deve ser nula, ou seja, as forças que atuam na roldana com sentidos opostos devem se anular. É assim que as duas extremidades superiores da corda aplicam juntas uma força com a mesma intensidade da força aplicada pelo corpo que a roldana sustenta.

Dessa forma, cada extremidade da corda aplica na roldana uma força com intensidade igual à metade da intensidade do peso do corpo. Como uma extremidade está presa no suporte, é este que aplica a força. Portanto, o operador aplica somente metade do peso do corpo suspenso. Em outras palavras, para uma única roldana móvel, a intensidade da força potente (F_p) é igual à metade da intensidade da força resistente (F_r).

FOUAD A. SAAD/SHUTTERSTOCK

A **roldana móvel** permite um ganho de força. Note que podemos sustentar um corpo de 10 kg, cujo peso é igual a 100 N, aplicando uma força de 50 N, metade da força necessária para sustentar o corpo sem a utilização da roldana.

Matematicamente podemos escrever:

$$F_p = \frac{F_r}{2}$$

Portanto, a função da roldana móvel é diminuir a intensidade da força aplicada.

Combinando roldanas fixas e roldanas móveis

Embora a roldana móvel possa diminuir a força necessária para deslocar uma carga, ela geralmente estabelece uma posição incômoda para o trabalho. No entanto, se associarmos à roldana móvel uma roldana fixa, poderemos inverter o sentido da força aplicada. Observe a figura abaixo.

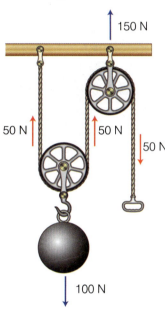

Qual das duas roldanas é fixa?

O que ocorre com a força necessária para sustentar o peso à medida que aumentamos o número de roldanas móveis?

Para cada polia móvel acrescida no sistema, a força necessária para deslocar o peso se reduz pela metade. Portanto, à medida que o número de polias móveis aumenta, a força potente se torna cada vez menor.

Fique por dentro!

Você ficou sabendo que ao aumentarmos o número de roldanas, diminuímos o esforço necessário para levantarmos uma carga. Isso é verdade, mas não podemos concluir que, se associarmos um número muito grande de roldanas móveis para mover um objeto, o esforço será praticamente nulo. Por quê? Na prática, para cada roldana acrescentada, acrescenta-se também um peso extra, além de aumentar o atrito que surge ao movimentarmos o sistema.

Jogo rápido

Os esquemas abaixo representam dois sistemas com duas e três roldanas móveis cada um, sustentando uma carga de 100 kg. Determine em cada caso, a força potente (F_P) que deve ser aplicada para sustentar o peso.

Sistema com duas roldanas móveis

100 kg

Sistema com três roldanas móveis

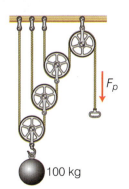

100 kg

ILUSTRAÇÕES: FOUAD A. SAAD/SHUTTERSTOCK

Muitas vezes vemos que um cobertor ou pedaço de feltro foi colocado debaixo de uma caixa ou móvel que está sendo empurrado por um plano inclinado bem liso para dentro de um caminhão de mudanças. Por que esse cobertor ou feltro facilita o deslocamento da carga?

Planos inclinados

Qualquer superfície plana que forme um ângulo com uma superfície horizontal é chamada de **plano inclinado** ou **rampa**. E quanto menor for a inclinação do plano, menor será a força necessária para elevar ou abaixar uma carga. Isto inclui carregar ou descarregar um caminhão, subir ou descer uma ladeira, por exemplo.

Mover um corpo para cima em um plano inclinado necessita menos força do que erguê-lo verticalmente, porém temos de deslocá-lo por uma distância maior. O ganho de força só é possível porque ocorre um aumento da distância percorrida pelo corpo.

Compare as duas imagens e perceba que a escada das duas apresenta apenas quatro degraus. Em qual delas a subida de um cadeirante pela rampa seria mais fácil? Por quê?

Cunha

A cunha é uma máquina simples que consiste de dois planos inclinados conectados (observe a figura a seguir). Quando a borda mais fina, onde os planos inclinados se encontram, é empurrada para o interior de um material, ela transforma a força exercida em forças laterais, que superam a resistência do material, separando-o em duas partes.

MATTI SALMINEN/SHUTTERSTOCK

cunha

DESIGNUA/SHUTTERSTOCK

A força vertical da cunha é convertida em forças laterais.

O machado é uma ferramenta de corte e o formato em cunha de sua lâmina bem afiada permite rachar a madeira mais facilmente do que quando a lâmina está grossa.

Quanto mais afiada a cunha, ou seja, quanto menor o ângulo entre os planos inclinados, menor será a força necessária para separar o material. O princípio de funcionamento da cunha pode ser notado em facas, lâminas, pregos e garfos.

▶ Parafuso

O parafuso consiste de um plano inclinado, que é a rosca do parafuso, em volta de um cilindro. Como outras máquinas simples, os parafusos amplificam a força aplicada. Uma pequena força rotacional pode produzir uma grande força ao longo do eixo, empurrando-o para o interior ou para fora do material. Parafusos são utilizados para conectar, apertar ou afrouxar as peças de um equipamento.

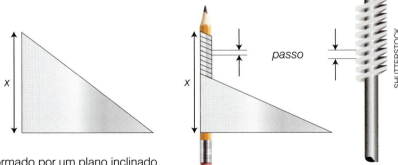

passo

SHUTTERSTOCK

O parafuso é formado por um plano inclinado em torno de um cilindro.

EM CONJUNTO COM A TURMA!

Reúna seu grupo de trabalho e façam um levantamento da aplicação de máquinas simples que, acopladas ou não a outras ferramentas, facilitam a movimentação de cargas ou de materiais pesados, aquelas que são utilizadas em esportes e em atividades domésticas.

Nosso desafio

Para preencher os quadrinhos de 1 a 5, você deve utilizar as seguintes palavras: fixas, interfixas, interpotentes, inter-resistentes, móveis.

À medida que você preencher os quadrinhos, risque a palavra que escolheu par não usá-la novamente.

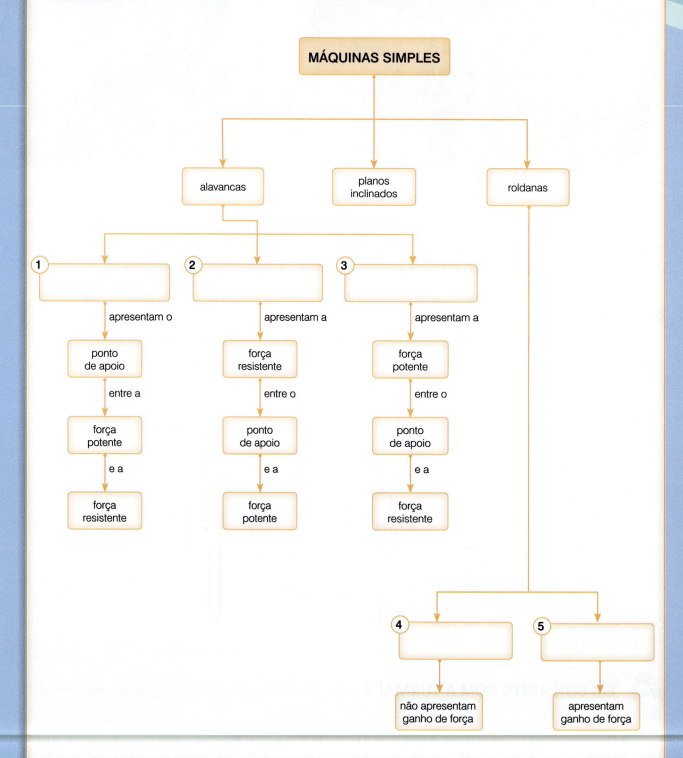

Atividades

1. [1, 5, 10] O que são máquinas simples?

2. [1, 3, 6, 7, 8, 9, 10] Entre os anos de 1969 e 1972, durante os desembarques tripulados do programa Apollo na Lua, foram coletados aproximadamente 380 kg de rochas e amostras do solo lunar. Sabendo-se que, aproximadamente, a gravidade na Terra vale 10 m/s² e na Lua, 1,6 m/s², responda ao que se pede.

a) A massa de rochas e amostras do solo lunar citada no enunciado refere-se a medidas efetuadas na Terra ou na Lua? Justifique sua resposta.

b) Determine o peso das rochas e amostras do solo lunar na Lua.

c) Determine o peso das rochas e amostras do solo lunar na Terra.

3. [1, 10] O Sistema Internacional de Unidades (SI) foi desenvolvido para tornar mais fácil a comunicação das unidades de medida utilizadas ao redor do mundo, facilitando a comparação e divulgação de informações. Quais são, nesse sistema, as unidades usadas para comprimento, tempo, massa e força?

4. [1, 3, 6, 7, 8, 9, 10] Classifique as alavancas abaixo em interfixas, interpotentes ou inter-resistentes.

a) pinça

b) espremedor de batatas

c) alicate

HAMSTERMAN/ SKLEP SPOZYWCZY/ ANDRII SPY K/ SHUTTERSTOCK

5. [1, 2, 3, 5, 6, 7, 8, 9, 10] Você tem o propósito de deslocar uma pedra muito pesada. Para isso vai utilizar uma alavanca interfixa que terá como ponto de apoio uma pequena pedra. Seu objetivo será mais facilmente alcançado colocando-se o ponto de apoio mais próximo da pedra que pretende deslocar ou da extremidade em que está aplicando a força?

6. [1, 3, 6, 7, 8, 9, 10] Despreze as massas das alavancas e indique quais das figuras a seguir representam alavancas em equilíbrio.

Em cada situação descreva como é possível, matematicamente, concluir isso.

a)
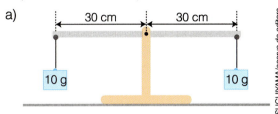

b)
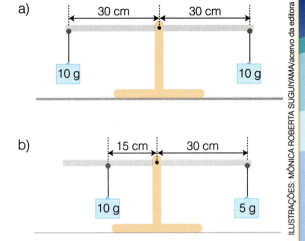

c)
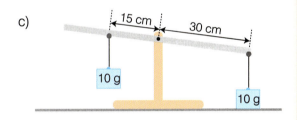

d)
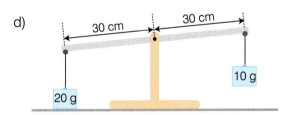

ILUSTRAÇÕES: MÔNICA ROBERTA SUGUIYAMA/acervo da editora

7. [1, 3, 6, 7, 8, 9, 10] Um garoto, ao observar a balança representada abaixo, notou que a barra permanece sempre na horizontal. Concluiu, portanto, que a balança está em equilíbrio. É possível chegar à mesma conclusão analisando a relação entre as massas dos blocos e suas respectivas distâncias ao ponto de equilíbrio? Como?

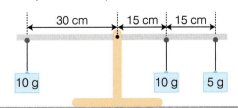

8. **[1, 3, 6, 7, 8, 9, 10]** Considere dois blocos de madeira com massas M_1 e M_2. Conhecendo-se a massa de um deles, por meio de uma alavanca em equilíbrio deseja-se obter a massa do outro bloco. Sabe-se que a alavanca permanece em equilíbrio quando os blocos são dispostos como na figura abaixo.

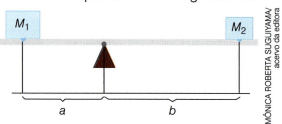

O bloco M_2 possui massa igual a 10 kg e está localizado a 30 cm do ponto de apoio. O bloco M_1, de massa desconhecida, está localizado a 10 cm do ponto de apoio. Qual é a massa do bloco M_1?

9. **[1, 3, 6, 7, 8, 10]** Movimentos circulares podem ser transmitidos por meio de contato entre rodas, como mostra a figura abaixo.

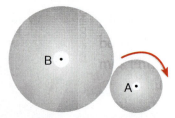

Sabendo-se que a roda A gira no sentido horário, qual é o sentido de rotação da roda B?

10. **[1, 3, 6, 7, 8, 10]** Uma roda que gira em torno de um eixo e que pode ser acoplada a outra roda por meio de uma correia para a transmissão de movimento é denominada polia. A figura abaixo mostra as polias A e B acopladas por meio da correia C.

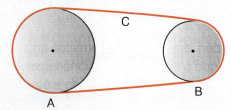

Sabendo-se que a polia A gira no sentido anti-horário, qual é o sentido de rotação da polia B?

11. **[1, 3, 6, 7, 8, 10]** Rodas conectadas a outras por dentes são denominadas de engrenagens. Na figura você pode observar uma engrenagem com três rodas conectadas.

Determine o sentido de rotação das engrenagens B e C, sabendo-se que a engrenagem A possui sentido de rotação anti-horário.

12. **[1, 3, 6, 7, 9, 10]** Se na utilização de uma roldana fixa não ocorre ganho de força, qual é a vantagem da utilização de uma roldana desse tipo?

13. **[1, 3, 6, 7, 9, 10]** A figura abaixo mostra duas maneiras de se combinar três polias. A intenção é deslocar a carga para cima. Em qual delas o esforço será menor? Por quê?

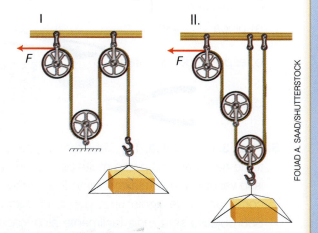

14. **[1, 2, 3, 5, 6, 7, 8, 9, 10]** Roldanas são muito utilizadas em obras de construção civil para transportar materiais. Em uma obra de construção civil, os operários montaram um sistema utilizando duas roldanas para transportarem verticalmente um bloco de 50 kg.

Para isso, o operário deve aplicar uma força superior à força que mantém o bloco em equilíbrio. Determine a força a partir da qual o bloco pode ser deslocado para cima.

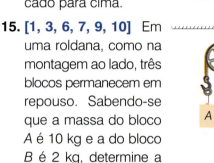

50 kg

15. [1, 3, 6, 7, 9, 10] Em uma roldana, como na montagem ao lado, três blocos permanecem em repouso. Sabendo-se que a massa do bloco *A* é 10 kg e a do bloco *B* é 2 kg, determine a massa do bloco *X*.

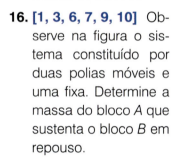

A B

X

16. [1, 3, 6, 7, 9, 10] Observe na figura o sistema constituído por duas polias móveis e uma fixa. Determine a massa do bloco *A* que sustenta o bloco *B* em repouso.

A

B 100 kg

17. [1, 3, 6, 7, 9, 10] A figura abaixo mostra um esquema de duas montagens utilizando polias para sustentar o mesmo peso. Na primeira, apenas uma polia fixa é utilizada; na segunda, uma polia fixa e uma móvel são utilizadas. Em qual montagem, com uma ou duas polias, a polia fixa aplica maior força no suporte?

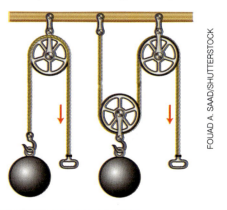

18. [1, 2, 3, 5, 6, 7, 8, 9, 10] Uma estrutura está sendo montada para um *show* e será necessário transportar um piano. Para isso, foi utilizado um plano inclinado, como pode ser visto na representação abaixo.

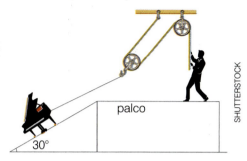

palco

30°

Como o piano era muito pesado, alguns trabalhadores sugeriram alterar a inclinação do plano inclinado. Uns sugeriram que se aumentasse o ângulo para 45°; outros sugeriram uma diminuição do ângulo para 15°. Qual é a melhor sugestão? Por quê?

19. [1, 3] O que é uma cunha e como ela funciona?

20. [1, 3] Durante a aula, um garoto distraído brincava com uma folha de papel cortada em forma triangular, enrolando-a em torno de um lápis, como pode ser visto no esquema abaixo.

peça de papel ou papelão fino

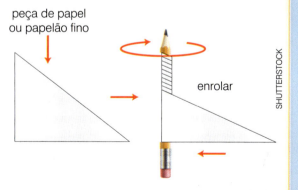

enrolar

Surpreendido pelo professor, afirmou que estava realizando um experimento cientifico. O professor, então, pediu que ele explicasse seu experimento. Se fornecesse uma explicação convincente, ele não seria penalizado. Qual explicação deveria ser fornecida pelo aluno?

capítulo 14

TERMOMETRIA

23 °C
Manaus

17 °C
Letícia

Imperatriz

17 °C
Rio Branco

20 °C
Alta Floresta

31 °C
Palmas

26 °C
Salvador

12 °C
Cuiabá

21 °C
Brasília

12 °C
Santa Cruz de la Sierra

23 °C
Teixeira de Fr

12 °C
Campo Grande

12 °C
São Paulo

2 °C
Antofagasta

7 °C
Asunción

Faz frio ou calor?

A foto de satélite acima apresenta a informação das temperaturas pelo Brasil, como vemos com frequência nos noticiários de TV e na internet. Quais cidades apresentam maior temperatura no momento desse registro? e de menor?

Em geral, associamos a ideia de alta temperatura à sensação de calor. Podemos afirmar que está calor em Manaus e um pouco mais frio em São Paulo. No contexto da Física, **calor** e **temperatura** são coisas distintas. Além disso, fisicamente falando, não faz sentido falar em "frio". A sensação de frio está associada a uma perda de calor. Uma perda de calor pode (mas não necessariamente vai) estar relacionada a uma queda de temperatura. Assim como usual-

mente falamos de temperatura associada ao tempo, ou seja, da medida da temperatura ambiente, podemos falar também em temperatura de um corpo ou objeto. A temperatura de um forno, por exemplo, pode estar mais alta do que a temperatura ambiente, assim como uma pedra de gelo pode apresentar temperatura mais baixa do que a do ambiente. Já o nosso corpo mantém uma temperatura relativamente constante mesmo em dias de muito frio ou calor. Um aumento da temperatura corporal geralmente indica, inclusive, algum problema de saúde.

Como se medem as temperaturas em uma cidade? Como se mede a temperatura do corpo humano? O que é, afinal, temperatura?

Medidas de temperatura

Sabemos, conforme as leis da Física, que uma das coisas que pode ocorrer quando fornecemos **calor** (que é uma *forma de energia*) a um corpo ou objeto é o aumento de sua temperatura. E para entender melhor o que significa esse aumento de temperatura precisamos lançar mão do modelo microscópico da matéria. Isso significa imaginar o que acontece com as moléculas e os átomos de determinado corpo quando recebem calor.

Sabemos que átomos e moléculas que compõem qualquer substância estão em permanente agitação ou vibração. Assim, segundo uma teoria microscópica, a **temperatura** é a medida da agitação das partículas de um corpo. Quanto menor a agitação ou vibração, menor a temperatura. Quanto maior a agitação ou vibração, maior a temperatura.

Mas como medir a temperatura de um corpo? Em geral, um corpo ou uma substância é composto de muitos átomos e/ou moléculas. Como as teorias microscópicas são modelos, e não permitem medidas diretas (que seria medir a velocidade de cada partícula!), temos então que fazer medidas indiretas. E, para nossa sorte, a temperatura é uma grandeza que varia de forma conhecida quando outras grandezas, como o volume e a pressão, mudam.

Para a medida de temperatura utilizamos aparelhos chamados **termômetros**.

(a) A temperaturas mais baixas, o estado de agitação das moléculas é menor do que (b) a temperaturas mais elevadas.

Lembre-se!

A temperatura é a *medida* da agitação térmica das partículas (átomos ou moléculas) que compõem uma substância.

Descubra você mesmo!

Mergulhe ao mesmo tempo uma das mãos em um balde com água fria e a outra mão em um balde com água quente (**mas não fervendo!!!**). Logo depois coloque as duas mãos em um balde com água morna. Agora, responda: a sensação de quente e frio é um mecanismo eficiente de medida de temperatura?

Termômetro de mercúrio

O termômetro de mercúrio é um dos tipos mais comuns de termômetro que usamos no dia a dia para medir a temperatura corpórea. Também conhecido por termômetro clínico, esse aparelho usa o mercúrio, um metal que é líquido à temperatura ambiente.

Um termômetro de mercúrio consiste em um tubo muito fininho, que chamamos de tubo capilar, ligado a um bulbo, espécie de reservatório, um pouco mais grosso que o capilar. Entre o capilar e o bulbo há um pequeno estrangulamento, de modo que o mercúrio, que se encontra no bulbo, só passa para o capilar quando há aumento de temperatura.

Os termômetros de mercúrio são muito usados para medir a temperatura do corpo humano. Os mais comuns possuem a escala graduada entre 35 e 42 °C, consideradas temperaturas extremas para os seres humanos. Normalmente, é adicionado corante vermelho ao metal para que possa ficar mais fácil a leitura.

bulbo

capilar

Quando colocamos o bulbo do termômetro em contato com o corpo humano, por exemplo, os corpos (termômetro e corpo humano) entrarão em **equilíbrio térmico**, ou seja, depois de passar algum tempo, ambos estarão à mesma temperatura. O mercúrio do bulbo, que antes estava à temperatura ambiente (pois estava em equilíbrio térmico com o ambiente), estará agora à mesma temperatura do corpo com o qual entrou em contato. Essa medida é possível em um termômetro de mercúrio porque esse líquido se dilata, ou seja, aumenta de volume quando sua temperatura aumenta. E o mercúrio, em específico, tem a propriedade de se dilatar bastante com pouca variação de temperatura.

Como um aumento de temperatura é proporcional a um aumento de volume, basta desenhar uma escala de medida no tubo capilar para podermos medir a variação térmica.

Observe, nas imagens abaixo, a diferença de temperatura marcada pelos termômetros de mercúrio, quando no gelo (o aparelho indica 0 °C) e na areia quente (40 °C).

Jogo rápido

Por que precisamos de aparelhos como termômetros para medir a temperatura?

É SEMPRE BOM SABER MAIS!

Termômetros digital e de cristal líquido

Há outros dois tipos de termômetro, que inclusive são empregados para medir a temperatura corpórea: o **digital** e o de **cristal líquido**.

Os termômetros digitais operam com base nas propriedades eletrônicas de alguns de seus componentes e a temperatura é medida a partir da variação dessas propriedades.

Nos termômetros digitais, a indicação da temperatura é direta.

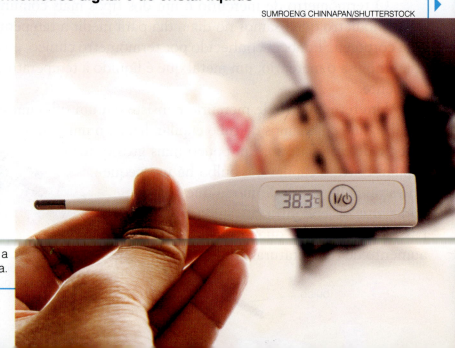

Os chamados termômetros de cristal líquido apresentam-se como uma fita que deve ser colocada sobre a testa do paciente: o valor da temperatura é dado pela mudança de cor do cristal. Não se trata de uma leitura precisa, mas esse aparelho dá uma indicação qualitativa.

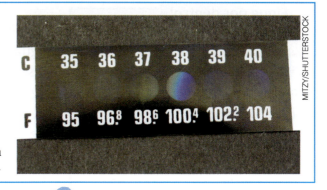

Termômetro de cristal líquido, indicando a temperatura nas proximidades de 38 °C.

Termômetro a álcool

Também comum em muitas residências, o termômetro a álcool é usado com frequência para medir a temperatura ambiente. Utiliza o mesmo princípio que o termômetro de mercúrio, isto é, a dilatação de um líquido – nesse caso, o álcool. Esse tipo de aparelho pode medir temperaturas maiores e menores do que o termômetro de mercúrio, sendo que sua escala pode variar de −10 a 150 °C.

Ilustração de termômetro a álcool. Também nesse aparelho são adicionados corantes ao álcool para facilitar a leitura.

Escalas termométricas

Galileu Galilei construiu, em 1592, o primeiro instrumento para avaliar a temperatura. Esse instrumento, um termoscópio, era usado para fins médicos e tinha a variação de pressão do ar como princípio de funcionamento.

Termoscópio: instrumento que pode ser utilizado para comparar temperaturas de corpos diferentes.

O termoscópio construído por Galileu consta de um tubo, conectado de um lado a um bulbo e de outro, a um recipiente com água. Para saber se uma pessoa estava com a temperatura normal, inicialmente o bulbo era colocado em contato com o corpo de uma pessoa sadia, e era feita a marcação da coluna de água. Em seguida, o mesmo aparato era colocado em contato com uma pessoa com suspeita de febre. Se a coluna de água apresentasse uma marcação diferente, a pessoa estaria enferma. Nesse caso, temos um aparelho que pode *comparar* duas medidas.

Com o passar do tempo surgiu a necessidade de obter medidas mais absolutas, que permitissem a comparação de vários valores de temperatura em condições diferentes.

A busca pela construção de uma **escala termométrica** (escala de temperatura) precisava de pontos de referência.

Hoje em dia, uma das escalas mais conhecidas e utilizadas é a **escala Celsius**, cuja unidade é o grau Celsius (°C). Na escala Celsius, os pontos de referência são o **ponto de fusão** e o **ponto de ebulição** da água.

Representação ilustrativa do termoscópio de Galileu. O bulbo na parte superior contém ar e é colocado em contato com o corpo do qual se quer ter uma ideia da temperatura. Dependendo da temperatura interna atingida pelo ar, o líquido sobe ou desce pelo tubo.

Fique por dentro!

Algumas temperaturas interessantes*	
areia do deserto	58 °C
combustão da madeira	247 °C
interior da geladeira	5 a 8 °C
lava de vulcão	1.200 °C
núcleo do Sol	14 milhões °C
planeta Marte	–73 °C a 22 °C

*Dados compilados pelos autores.

Para graduar um termômetro qualquer na escala Celsius, basta colocá-lo em contato com uma mistura de água e gelo, esperar a temperatura estabilizar e marcar o seu zero. Depois, é preciso colocá-lo em contato com água em ebulição, esperar estabilizar e marcar 100 °C. A diferença de marcação entre o ponto de fusão e o de ebulição da água é dividida em cem partes iguais, cada uma sendo um grau da escala. Trata-se, portanto, de uma escala centígrada.

Centígrada: dividida em cem graus.

É SEMPRE BOM SABER MAIS!

O zero absoluto

Se a temperatura é a medida da agitação térmica das partículas de uma substância, é natural nos perguntarmos: e se as partículas estivessem todas totalmente paradas? Que temperatura seria essa? Essa temperatura seria o **zero absoluto**. Cientistas já chegaram muito perto dessa temperatura, que é calculada teoricamente como sendo −273,15 °C. A essa temperatura teriam cessado todos os movimentos de quaisquer moléculas e átomos.

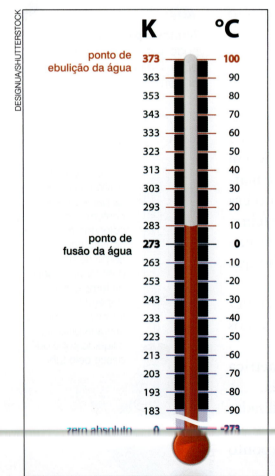

Comparação entre as escalas termométricas Kelvin e Celsius.

No meio científico, a escala mais comum é a **escala Kelvin** (K) ou escala de temperatura absoluta. Nessa escala, o zero corresponde ao chamado zero absoluto, que é a temperatura em que não há resquício da menor agitação atômico-molecular. Nessa escala, a temperatura de fusão do gelo corresponde a 273 K e a de ebulição da água corresponde a 373 K (valores arredondados.

Para converter uma temperatura da escala Celsius para a escala Kelvin, usamos a expressão:

$$T = t_C + 273$$

em que T será a temperatura na escala Kelvin e t_C é a temperatura na escala Celsius.

Jogo rápido

Se a temperatura de um corpo é 36,5 °C, qual será sua temperatura na escala Kelvin?

Outra escala bastante utilizada nos países de língua inglesa é a escala Fahrenheit (°F). Essa escala usa como referência medidas de temperaturas cotidianas, como a temperatura do corpo humano. O zero da escala Celsius corresponde a 32 °F e a temperatura de ebulição da água nessa escala corresponde a 212 °F. A diferença entre essas duas temperaturas da escala Fahrenheit apresenta 180 graus, diferentemente das escalas Celsius e Kelvin que apresentam 100 graus.

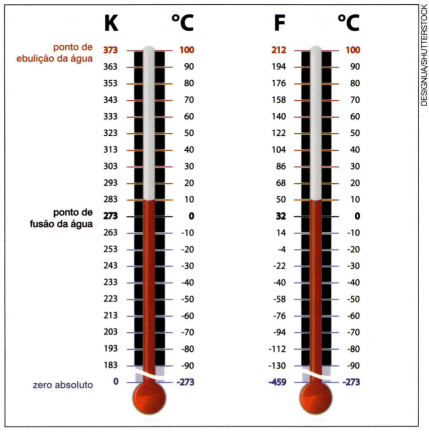

Comparação entre as escalas termométricas Kelvin, Celsius e Fahrenheit.

Para converter uma temperatura da escala Celsius para a escala Fahrenheit, usamos a expressão:

$$\frac{t_C}{100} = \frac{t_F - 32}{180} \quad \text{ou} \quad \frac{t_C}{5} = \frac{t_F - 32}{9}$$

em que t_C é a temperatura na escala Celsius e t_F é a temperatura na escala Fahrenheit.

Assim, se a temperatura de uma cidade for 40 °C na escala Celsius, sua temperatura na escala Fahrenheit será:

$$\frac{t_C}{5} = \frac{t_F - 32}{9}$$

$$\frac{40}{5} = \frac{t_F - 32}{9}$$

$$9 \times 40 = 5(t_F - 32)$$

$$360 = 5t_F - 160$$

$$360 + 160 = 5t_F$$

$$t_F = \frac{520}{5} = 104$$

A temperatura da cidade será de 104 °F.

Lembre-se!

Em resumo, a conversão de temperatura de graus Celsius para Fahrenheit é dada pela equação

$$\frac{t_C}{5} = \frac{t_F - 32}{9}$$

Descubra você mesmo!

Pesquise nos livros de uma biblioteca ou mesmo na internet sobre o porquê de as escalas apresentadas se chamarem Celsius, Kelvin e Fahrenheit.

ESTABELECENDO CONEXÕES

Economia

A temperatura e o armazenamento de grãos

Não basta ter uma boa colheita de grãos – é preciso que o produto não se deteriore durante o período de armazenamento e também no transporte.

Não é raro que seja necessário manter uma safra de grãos, como a de soja, milho, feijão ou café, depois de colhida em um silo ou armazém até que seja possível a sua distribuição. O armazenamento tem como finalidade principal conservar os grãos com praticamente a mesma qualidade de quando colhidos.

Nos armazéns mal monitorados, além da perda por ataque de insetos e roedores, também há a importante diminuição da qualidade do produto em decorrência do aumento da temperatura. Além da variação da temperatura externa, a respiração dos grãos (são organismos vivos) libera CO_2, água e também calor, contribuindo para o aumento da temperatura interna do silo ou armazém. Com isso, organiza-se um meio favorável para a ação de fungos, que causam fermentação do produto, deterioração de sua qualidade nutricional além de um tremendo mau cheiro.

Para minimizar a possibilidade de ocorrência de fungos, além da limpeza propriamente dita do local de armazenamento, o controle da temperatura é fundamental: manter as temperaturas baixas dificulta a atividade desses organismos decompositores.

O controle termométrico em armazéns é feito por meio de sensores que detectam as variações de temperatura e, a partir dos dados coletados, pode-se acionar medidas de aeração para resfriar a temperatura interna do silo e, consequentemente, dos grãos ali estocados, preservando sua qualidade.

Silo para armazenamento de grãos na cidade de Santos, SP.

CASADAPHOTO/SHUTTERSTOCK

Nosso desafio

Para preencher os quadrinhos de 1 a 10, você deve utilizar as seguintes palavras: calor, Celsius, centígrada, é a mesma, é diferente, escala absoluta, Fahrenheit, Kelvin, termômetros, volume.

À medida que você preencher os quadrinhos, risque a palavra que escolheu para não usá-la novamente.

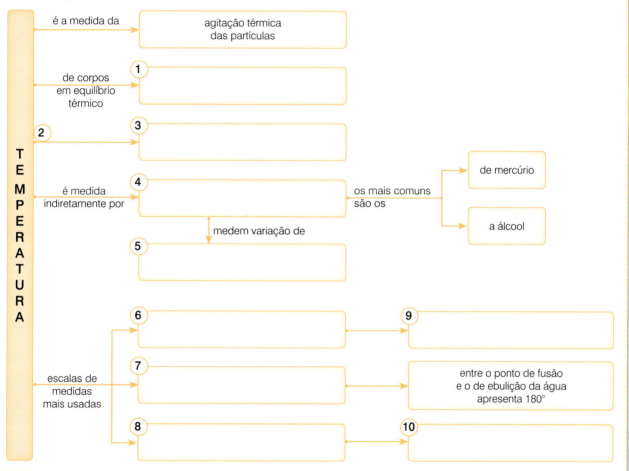

Atividades

1. **[1, 10]** O que é temperatura?

2. **[1, 6, 8, 9, 10]** O mapa ao lado informa as previsões de temperaturas médias de algumas cidades do Brasil em determinado dia.

    a) De acordo com o que estamos estudando, e com a forma de se apresentar uma grandeza física, há um erro evidente nessa representação. Qual é esse erro?

    b) Que problemas essa informação poderia acarretar a um turista inglês desatento, que estivesse pensando em aproveitar o final do verão carioca?

MÔNICA ROBERTA SUGUIYAMA/acervo da editora

3. **[1, 6, 9, 10]** A criação do primeiro instrumento de medida de temperatura pelo homem está articulada com a ideia de Galileu de avaliar as variações de temperatura por meio da variação de outras pro-

priedades mensuráveis das substâncias. Essa ideia foi conservada na evolução do termômetro? Que propriedade Galileu usou?

4. **[1, 10]** Marque verdadeiro (V) ou falso (F) para cada uma das alternativas e explique qual é o erro nas alternativas falsas.

( ) A noção de quente ou frio pelo contato com a pele oferece, com boa aproximação, uma medida da temperatura de um corpo.

( ) A condição para que haja equilíbrio térmico entre dois corpos é que a temperatura entre esses corpos seja a mesma.

( ) O termômetro é um dispositivo para medir o calor de um corpo.

5. **[1, 9, 10]** Explique qual é a diferença entre temperatura e calor.

6. **[1, 10]** Na escala Kelvin, o zero corresponde ao zero absoluto. Qual é o comportamento das partículas que compõem a matéria nessa temperatura?

7. **[1, 10]** Qual é a temperatura de ebulição da água ao nível do mar (1 atm) na escala Kelvin?

8. **[1, 10]** As três escalas termométricas mais importantes são as escalas Celsius, Fahrenheit e a escala Kelvin. Qual delas é usada no Sistema Internacional de Unidades?

9. **[1, 3, 7, 10]** Por que é necessário que, ao medir a temperatura de um corpo com um termômetro, o corpo e o termômetro estejam em equilíbrio térmico?

10. **[1, 3, 7, 10]** Por que se usa o mercúrio como substância termométrica em muitos termômetros?

11. **[1, 10]** Um termômetro a álcool é colocado em uma sala e marca a temperatura ambiente, que é de 25 °C. Após algum tempo, a temperatura do ambiente se eleva a 30 °C. O que ocorre com a altura da coluna de álcool no termômetro? Explique.

12. **[1, 10]** Qual é o ponto de referência da escala Kelvin?

13. **[1, 3, 6, 7, 9, 10]** Quais são os pontos de referência usados para a marcação da escala Celsius?

14. **[1, 3, 6, 7, 9, 10]** Um amigo seu comenta que leu em um *site* da internet que os cientistas já conseguiram chegar, em laboratório, a uma temperatura muito, muito baixa (de –290 °C). Você deve confiar nessa informação? Será que o *site* no qual ele navegou é confiável? Que argumentos você teria para duvidar dessa informação?

15. **[1, 10]** A variação de temperatura de 1 °F corresponde a 1 °C? Explique.

16. **[1, 10]** Dois ou mais corpos, ao atingirem o equilíbrio térmico entre si, apresentam:

a) a mesma energia térmica.

b) a mesma capacidade térmica.

c) a mesma quantidade de calor.

d) a mesma temperatura.

e) o mesmo calor específico.

17. **[1, 3, 6, 7, 9, 10]** (NET) Um turista brasileiro sente-se mal durante uma viagem a Nova York. Ao ser examinado em um hospital local, a enfermeira lhe diz que sua temperatura no momento era 105°, mas que ele deveria ficar tranquilo, pois já havia baixado 4°. O que pode explicar essa medida tão absurda?

18. **[1, 10]** (NET) Um astrônomo analisa um buraco negro no espaço. Após muitos estudos ele chegou à conclusão de que esse corpo celeste tinha temperatura de 10 K. Qual a temperatura do buraco negro em escala Celsius?

19. **[1, 10]** (UNIBAN – SP) Ao utilizar um termômetro de mercúrio para medir a temperatura de uma pessoa, um médico percebeu que a escala do instrumento estava apagada entre os valores 36,5 °C e 40 °C. Para saber a temperatura do paciente, o medico mediu o comprimento da escala do instrumento (de 35 °C a 45 °C), encontrando 5,0 cm. Em seguida mediu a altura da coluna de mercúrio correspondente à temperatura da pessoa, encontrando 1,5 cm. Qual é a temperatura determinada pelo médico?

20. **[1, 10]** Nos desertos, entre o dia e a noite a temperatura varia cerca de 40 °C. Na escala Kelvin, a quanto essa variação corresponde?

CALOR

capítulo 15

Sob o calor do Sol

O verão é uma estação do ano geralmente marcada pelo calor. Nessa época, algumas pessoas vão à praia e alguns assessórios são muito comuns, como guarda-sol e protetor solar.

A foto acima ilustra um dia típico de verão no Brasil, em que os termômetros podem registrar temperaturas em torno dos 30 °C ou mais. Especialistas alertam a população, todos os anos, sobre os riscos de insolação e desidratação. Para se proteger da insolação, é recomendado permanecer embaixo do guarda-sol e usar protetor solar.

Como a luz do Sol viaja enormes distâncias e nos atinge em um dia de praia? Por que é mais seguro ficar sob um guarda-sol? Por que a água serve para nos refrescar? Por que a areia é tão quente com Sol a pino e tão fria à noite?

Neste capítulo, discutiremos os fenômenos responsáveis por muitas das nossas sensações de calor (e frio). Vamos compreender melhor por que diferentes substâncias, como a areia e a água, se comportam de maneira distinta ao receberem ou emitirem calor. Mas o que é calor, afinal? O que é esse algo que transita do Sol até nós ou da areia quente até nossos pés?

◾ A natureza do calor

Comumente, nos referimos ao "calor" como uma sensação associada ao que sentimos em um dia quente de verão ou ao ficarmos expostos ao Sol na areia da praia, uma sensação oposta ao frio.

Mas o que seria essa coisa que chamamos de calor? O calor é proveniente de uma fonte de calor, como o próprio Sol, uma fogueira, um forno ou um dispositivo elétrico, por exemplo. Esse calor produzido por algum dispositivo se propaga, ou seja, de alguma forma transita em corpos e ambientes diferentes. Mas o que é essa coisa que passa ou transita entre corpos e percorre distâncias?

Já se acreditou que o calor fosse uma espécie de substância que "fluiria" entre os corpos. Essa teoria ficou conhecida como a "teoria do calórico". Segundo essa teoria, o calórico seria um fluido transferido dos corpos mais quentes para os corpos mais frios – quanto maior a temperatura de um corpo maior seria a quantidade de calórico que esse corpo possuiria. A sensação de calor estaria associada ao ganho de calórico e a sensação de frio, à perda dessa substância.

Embora a teoria do calórico explicasse muito bem vários fenômenos ligados à transferência de calor e até o funcionamento de máquinas térmicas, como a máquina a vapor, algumas outras questões permaneciam controversas.

No fim do século XVIII, veio à tona um problema para o qual a teoria do calórico não oferecia uma boa explicação. Tratava-se do aquecimento de blocos de ferro ao serem perfurados para a fabricação de canhões: toda a vez que se perfurava um bloco de ferro para fazer o canal por onde a bala passaria, se percebia um grande aquecimento. E, nesse caso, não havia nenhum corpo muito quente que pudesse estar transferindo calórico para o bloco de metal.

As locomotivas a vapor são exemplos de máquinas térmicas.

Na foto, "Tsar dos Canhões", um imenso canhão de 18 toneladas e 5,34 m de altura. Encontra-se exposto em frente ao Kremlin, em Moscou, Rússia.

Se o aumento de temperatura não vinha de um corpo mais quente, então só poderia vir do movimento da broca. É como se parte do movimento da broca, ou da energia mecânica contida nesse movimento, se transferisse para o corpo na forma de aquecimento. Assim, o fenômeno de aquecimento dos corpos estaria associado a um aumento da *energia* do movimento das partículas.

O calor, então, deixou de ser visto como uma "substância" e passou a ser considerado uma forma específica de **energia**, que transita de um corpo a outro quando há diferença de temperatura entre eles. Podemos, então, definir **calor** como sendo energia em trânsito devido a uma diferença de temperatura.

Lembre-se!

Calor é energia em trânsito devido a uma *diferença de temperatura*.

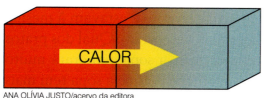

CALOR

ANA OLÍVIA JUSTO/acervo da editora

O calor transita sempre do corpo mais quente para o menos quente. (Cores-fantasia.)

Lembre-se!

Uma caloria é a quantidade de calor necessária para elevar em 1 °C a temperatura de 1 g de H_2O, sob pressão normal.

Quilocaloria (kcal) é um múltiplo de caloria e equivale a 1.000 cal.

Como o calor é uma forma de energia, sua unidade de medida no Sistema Internacional é o **joule** (J), em homenagem ao físico inglês James Joule. Outra unidade de medida, no entanto, tem sido mais utilizada: é a **caloria** (cal). Uma caloria é a quantidade de calor necessária para elevar em 1 °C a temperatura de 1 g de água, sob pressão normal (ao nível do mar). A relação entre essas unidades é 1 cal = 4,18 J.

É SEMPRE BOM SABER MAIS!

Como a quantidade de calor necessária para a elevação de temperatura pode variar um pouco, estipulou-se, mais precisamente, que caloria seria a quantidade de calor necessária para elevar a temperatura de 1 g de água, sob pressão normal, de 14,5 °C para 15,5 °C.

EM CONJUNTO COM A TURMA!

Com seu grupo de trabalho, enumere situações onde ocorre transferência de energia na forma de calor de um corpo a outro. Veja quem consegue enumerar mais situações! Indiquem, para cada situação, de onde para onde a energia transita. Confira seus resultados com o resto da turma e com o seu professor.

Efeitos do calor em substâncias e objetos

Alguns fenômenos dizem respeito especificamente à troca de calor entre os corpos. Entre os fenômenos que podem acontecer se um corpo ganhar ou perder calor, temos **mudança de temperatura**, **dilatação térmica** e **mudança de fase**.

Mudança de temperatura

Primeiramente, é interessante observar que nem todos os corpos têm a mesma tendência ou facilidade para mudar sua temperatura. Podemos pensar em termos de diferentes alimentos, por exemplo. Vamos imaginar que em sua casa, em determinado dia, o jantar seja sopa, mas alguém não gosta de sopa e resolve fazer um macarrão. Vamos supor agora que o macarrão ficou cozido ao mesmo tempo que a sopa. O macarrão será escorrido e colocado em uma travessa, assim como a sopa será colocada em uma sopeira. Tanto a sopa quanto o macarrão foram cozidos em água fervente e estavam à mesma temperatura até o momento em que o macarrão foi escorrido. Qual dos pratos você acha que esfriará primeiro? Com toda certeza, a sopa demorará muito mais para esfriar do que o macarrão... E isso acontece porque a sopa tem mais água! Mesmo que os dois alimentos estivessem à mesma temperatura inicial, e trocassem energia sob a forma de calor com um mesmo ambiente, o alimento que contém mais água esfriará mais lentamente! Mas por quê?

SIAMIONAU PAVEL/SHUTTERSTOCK

TIMOLINA/SHUTTERSTOCK

Isso acontece porque a água tem uma grande *capacidade de armazenar energia internamente*. Dizemos, então, que ela tem um alto **calor específico** (c). Essa grandeza é definida em termos de quanta energia na forma de calor é necessária para variar em 1 °C a temperatura de uma substância. A unidade de medida do calor específico é cal/g · °C.

Por meio de tabelas, como a tabela a seguir, podemos comparar as substâncias e perceber se demoram mais ou menos para esfriar do que a água, por exemplo.

Calor específico de algumas substâncias.

Substância	Calor específico (cal/g · °C)	Substância	Calor específico (cal/g · °C)
água	1,0	hidrogênio	3,4
álcool	0,6	latão	0,092
alumínio	0,22	madeira	0,42
ar	0,24	mercúrio	0,033
areia	0,22	nitrogênio	0,25
carbono	0,12	ouro	0,032
chumbo	0,031	oxigênio	0,22
cobre	0,091	prata	0,056
ferro	0,11	rochas	0,21
gelo	0,5	vidro	0,16
hélio	1,25		

Pelo fato de a água ter calor específico relativamente alto, ela demora mais para aquecer e também demora mais para esfriar. Já a areia tem calor específico menor, e é por isso que ela esquenta muito mais do que a água, mesmo recebendo a mesma radiação solar. Por outro lado, a areia também esfria muito rápido, enquanto a água mantém a temperatura por mais tempo.

Disponível em: <http://fep.if.usp.br/~profis/experimentando/diurno/downloads/Tabela%20de%20Calor%20Especifico%20de%20Varias%20Substancias.pdf>. *Acesso em:* 20 jan. 2018.

ESTABELECENDO CONEXÕES

Cotidiano

Embalagens longa vida

A conservação dos alimentos usa muitos dos conhecimentos sobre o calor. Você já se perguntou por que um alimento conservado na geladeira demora mais para estragar? Isso acontece porque a maioria dos fungos e bactérias que atuam na decomposição de alimentos vive menos ou não sobrevive a temperaturas mais baixas. Assim, quanto mais conseguirmos manter um alimento longe de calor e oxigênio maior será seu tempo de validade. É por isso que algumas embalagens, conhecidas como "longa vida", são formadas por várias camadas, algumas delas "espelhadas". Com isso, é possível manter o alimento dentro da embalagem isolado do calor e da luz.

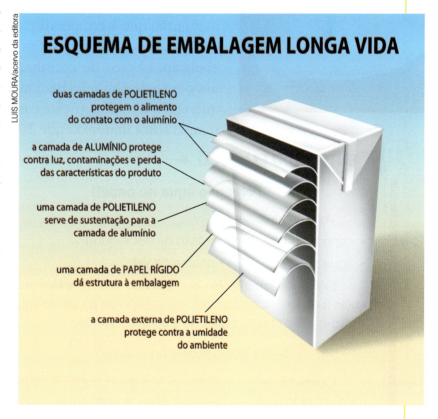

LUIS MOURA/acervo da editora

ESQUEMA DE EMBALAGEM LONGA VIDA

duas camadas de POLIETILENO protegem o alimento do contato com o alumínio

a camada de ALUMÍNIO protege contra luz, contaminações e perda das características do produto

uma camada de POLIETILENO serve de sustentação para a camada de alumínio

uma camada de PAPEL RÍGIDO dá estrutura à embalagem

a camada externa de POLIETILENO protege contra a umidade do ambiente

Mudança de fase

Um dos efeitos possíveis quando uma substância recebe calor é o seu aumento de temperatura. Porém não é só isso que pode acontecer. Em condições mais específicas uma substância pode receber calor e continuar à mesma temperatura. Isso acontece quando a energia na forma de calor que a substância recebe é usada para uma **mudança de fase**. Durante uma mudança de fase a temperatura da substância permanece constante.

Cada substância tem temperaturas específicas nas quais muda de fase. A água, por exemplo, sai do estado sólido para o líquido a 0 °C (com a pressão de 1 atm, ou seja, ao nível do mar). O gelo pode estar a temperaturas menores e a água a temperaturas maiores, mas quando o gelo começa a derreter, até que todo ele vire água, a temperatura do sistema estará próxima a 0 °C. Assim, dizemos que a temperatura de fusão (transformação de sólido em líquido) da água é 0 °C.

VALENTYN VOLKOV/SHUTTERSTOCK

O fenômeno pelo qual as moléculas de água de um líquido escapam na forma de vapor depende de várias coisas, inclusive do ambiente.

Mas sabemos que se formos aumentando a temperatura da água, fornecendo calor, algo acontece quando essa temperatura atinge os 100 °C (com a pressão de 1 atm, ou seja, ao nível do mar). A essa temperatura toda a energia fornecida ao sistema é usada para fazer a água virar vapor-d'água. Por isso, enquanto a água ferve, sabemos que sua temperatura é constante e próxima de 100 °C. Dizemos então que a temperatura de ebulição da água é 100 °C.

KEI SHOOTING/SHUTTERSTOCK

Outras substâncias têm diferentes temperaturas de fusão e de ebulição. O óleo de cozinha, por exemplo, de milho ou soja, tem um ponto de ebulição bem mais alto. Por isso usamos óleo quando queremos cozinhar (nesse caso usamos a palavra fritar) algo a uma temperatura maior do que 100 °C.

ENTRANDO EM AÇÃO

Fervendo água no papel!

Você vai precisar de

- copo de papel (pode ser feito de dobradura)
- água
- chama de vela

Encha totalmente (se o copo não estiver totalmente cheio a experiência não funciona) o copo de papel de água e leve-o até a chama para que a água esqueça.

> ➢ Por que o papel não queima?

Cuidado: apague a chama e retire o copo de papel com cuidado para não derramar água quente sobre você.

CUIDADO USO DE FOGO

ANA OLIVIA JUSTO/acervo da editora

Dilatação térmica

Já sabemos que quando um corpo recebe ou cede calor é possível que sua temperatura se modifique.

Se aumentarmos a temperatura de uma substância, aumentará a energia cinética das partículas que a compõem. Mais movimento leva, em geral, a um maior distanciamento entre as partículas e, em consequência, a um aumento de volume.

O aumento de volume devido a um aumento de temperatura é conhecido como **dilatação térmica**.

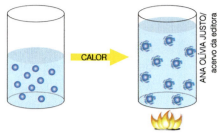

O aumento de temperatura leva, em geral, a um aumento de volume. (Cores-fantasia. Ilustração fora de escala.)

O aquecimento de uma barra leva a uma dilatação, que depende do material de que ela é feita. (Cores-fantasia. Ilustração fora de escala.)

As peças de um automóvel, por exemplo, devem ter folgas para compensar o efeito da dilatação dessas peças quando o conjunto está aquecido. Estruturas muito grandes, como pontes e vigas de prédios, tendem a dilatar mais e, por isso, têm folgas que podem ser facilmente notadas para compensar esses efeitos.

(a) Junta de dilatação em ponte.
(b) Junta de dilatação na Rodovia Carvalho Pinto, Guararema, SP. Essa "rachadura" na ponte é na verdade uma "junta de dilatação", que nada mais é do que uma solução técnica (e não um defeito como pode parecer) para contornar o fenômeno da dilatação. Se não fosse essa abertura, com um aumento normal da temperatura no verão, por exemplo, essa ponte correria o risco de se deformar ou mesmo de rachar! Com a diminuição da temperatura, os materiais se contraem. Engraçado que coisas tão estáticas como pontes e prédios tenham que ser preparadas para o movimento de suas peças, não é?

Há ainda uma complexidade a mais, porque as substâncias não se dilatam todas do mesmo jeito: cada uma possui seu próprio **coeficiente de dilatação**. O mercúrio, por exemplo, é uma substância que se dilata bastante, enquanto o ferro se dilata menos. A madeira se dilata menos ainda, mas em corpos grandes podemos sempre sentir os efeitos da dilatação.

Lembre-se!

Materiais diferentes apresentam diferentes coeficientes de dilatação.

Fique por dentro!

Algumas vezes, ao colocarmos água fervente em um recipiente de vidro, mesmo mais espesso, ele se quebra, porque a porção do recipiente em contato com o líquido quente se dilata mais do que as outras partes.

É SEMPRE BOM SABER MAIS!

Comportamento anômalo da água

A água tem um comportamento diferente, que chamamos de anômalo, quando sua temperatura varia de 0 °C a 4 °C: em lugar de sofrer uma expansão com o aumento de temperatura, a água sofre uma contração. Aumentando mais a temperatura, a água volta a sofrer expansão.

Quando colocamos água no congelador para fazer gelo, o comportamento anômalo pode ser facilmente observado: o gelo depois de formado terá um volume maior do que a água líquida! Isso significa que enquanto a água se resfriava ela aumentou de volume e não diminuiu como as outras substâncias fazem! Faça essa experiência em casa!

Jogo rápido

Por que uma garrafa completamente cheia de água e bem tampada pode estourar quando deixada no congelador ou no *freezer*?

Energia transitando na forma de calor

Para podermos compreender melhor os fenômenos envolvidos nas sensações de um dia de praia, por exemplo, precisamos conhecer as formas pelas quais o calor se propaga. A seguir, vamos estudar os fenômenos da **irradiação**, da **condução** e da **convecção**.

O fenômeno da irradiação

O Sol encontra-se a cerca de 150 milhões de quilômetros da Terra. A energia produzida nessa estrela é resultado de um processo de fusão nuclear.

Imagem do Sol, estrela do Sistema Solar. As áreas mais claras, quase brancas, são as mais quentes, enquanto as regiões mais escuras são as mais frias. Estima-se que a temperatura da superfície solar seja de 5.500 °C e a do núcleo, de 15.000.000 °C.

Fusão nuclear: simplificadamente, processo em que núcleos de hidrogênio se juntam formando átomos mais pesados e liberando muita energia.

Tanto o Sol como qualquer corpo com uma temperatura diferente do zero absoluto (temperatura na qual todas as partículas de um corpo estão completamente ordenadas e paradas, equivalente a −273 °C) emite radiação. Essa radiação vai variar em função da temperatura do objeto. Corpos muito quentes, como o Sol, emitem radiação também na faixa do visível.

NASA/EUROPEAN SPACE AGENCY

Já corpos a temperaturas mais amenas, como o próprio corpo humano, emitem radiação na faixa do infravermelho. Nossos olhos não detectam radiação infravermelha, mas existem algumas câmeras que podem fazer isso.

A **irradiação térmica**, também chamada **radiação térmica**, é um processo que tem origem no movimento de cargas elétricas, em geral no interior do átomo. Esse movimento emite uma onda eletromagnética que pode se propagar inclusive no vácuo por muitos e muitos milhões de quilômetros. Essa radiação interage diretamente com as partículas do corpo sobre o qual incide, podendo causar aquecimento, sem depender de nenhum meio de propagação.

É assim que a energia do Sol chega até nós e incide diretamente sobre as partículas da sua pele, sobre a areia da praia, sobre o telhado da sua casa, sobre as plantas, animais etc.

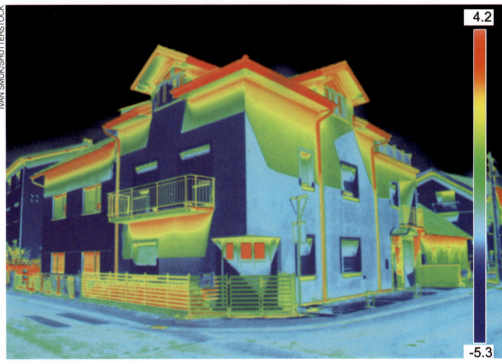

Fotografia obtida com câmera de infravermelho. As regiões da casa que receberam mais insolação apresentam as cores amarelo, laranja e vermelho.

Descubra você mesmo!

Como funcionam os aquecedores solares? Pesquise na internet ou na biblioteca da sua escola sobre os vários tipos de aquecedores solares!

DE OLHO NO PLANETA
Meio Ambiente

Ilhas de calor

Cada material que compõe a superfície da Terra tem certa capacidade para absorver e refletir os raios solares. Como vimos neste capítulo, diferentes materiais têm diferentes capacidades de absorver calor, alterar a sua temperatura e interagir com outros corpos.

Quando vegetações nativas e rios são substituídos por concreto, asfalto, vidro, telha etc., podemos esperar mudanças na absorção e nas trocas de calor. Ruas, prédios, telhados e estacionamentos, por exemplo, caracterizam-se pela grande capacidade de reflexão e emissão de radiação térmica, diferente das áreas rurais e paisagens naturais. Além disso, a poluição atmosférica pode interferir no mecanismo que permite ao calor refletido pela superfície terrestre ser dissipado atmosfera afora.

Esses fenômenos podem culminar na formação de "ilhas de calor" nas grandes cidades, que se caracterizam pelo aumento da temperatura em determinada área, que pode chegar a vários graus de diferença em relação às áreas do entorno. Nessas situações, perde-se em conforto térmico e ambiental, além de aumentar o risco de ocorrência de grandes chuvas torrenciais.

Para evitar esse fenômeno é preciso aumentar as áreas verdes, não impermeabilizar o solo, diminuir a emissão de poluentes e cuidar dos rios e lagos da cidade!

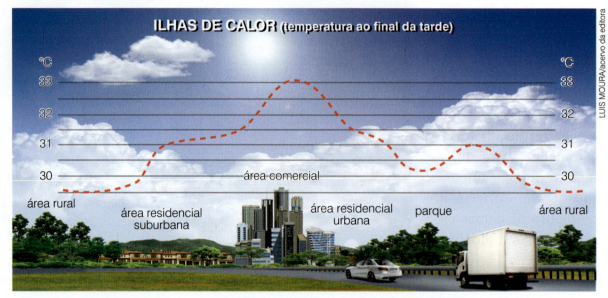

ILHAS DE CALOR (temperatura ao final da tarde)

área rural — área residencial suburbana — área comercial — área residencial urbana — parque — área rural

Observe no esquema acima como a temperatura da região urbana é mais alta do que a da região rural.

O fenômeno da condução

Outra maneira pela qual a energia em forma de calor pode transitar de um corpo para outro é pelo próprio contato. Quando dois corpos estão em contato, a agitação das partículas de um corpo (que está a maior temperatura) é transferida para o outro (que está a menor temperatura). Chamamos a esse fenômeno de propagação por **condução**.

Esse tipo de propagação ocorre principalmente em corpos sólidos e depende das características desses corpos. Metais, por exemplo, são bons condutores de calor. Se aquecermos uma barra metálica em uma das extremidades, o calor se propagará em direção à outra extremidade por condução.

Saber se uma substância é **isolante** ou **condutora** de calor é muito importante para que empreguemos materiais adequados na confecção de objetos e estruturas.

Descubra você mesmo!

Os povos nômades do deserto costumam utilizar vestimentas escuras e de lã, o que parece um contrassenso tendo em vista as temperaturas diurnas da região. Pesquise na biblioteca ou mesmo pela internet o porquê desse hábito.

OLIVEROMG/SHUTTERSTOCK

Um cobertor ou um casaco de frio deve ser feito de material **isolante**, impedindo que o calor do corpo se propague para o ambiente.

Uma frigideira, por exemplo, deve ser feita com um material que seja **bom condutor**, para que o calor da chama do fogão atinja o alimento.

Fique por dentro!

Em geral, os pisos de cerâmica são chamados de **pisos frios**, enquanto pisos de madeira são chamados de **pisos quentes**. Embora qualquer piso vá ter a mesma temperatura de todo o ambiente, a cerâmica é melhor condutora de calor do que a madeira e, assim, rouba mais calor de um par de pés descalços do que a madeira. Por isso, alguém que pisa no chão de cerâmica tem uma maior sensação de frio!

O fenômeno da convecção

Esse fenômeno ocorre predominantemente em líquidos e gases. Quando em certa quantidade de líquido ou gás há um aquecimento desigual (uma parte pode estar mais próxima da fonte de calor do que outra), ocorre uma mudança na densidade da porção mais quente. As partículas mais aquecidas apresentam maior energia cinética, com isso movimentam-se mais e ocupam um espaço maior do que as partículas menos aquecidas. Uma mesma quantidade de partículas ocupando espaço maior apresenta uma densidade menor.

Em geral, a porção com menor densidade tende a subir, enquanto a porção mais densa tende a descer, em um movimento ordenado de subida e descida que gera as chamadas **correntes de convecção**.

É isso o que acontece, por exemplo, quando aquecemos água em uma chaleira, pois a parte inferior da água, mais próxima à chama, irá se aquecer mais rapidamente. Assim que essa porção se aquece antes do restante da água, ela tende a subir. Em contrapartida, a água que está na porção superior apresenta-se mais densa por estar menos quente, e assim tende a descer. Isso gera um movimento de convecção dentro da chaleira que permite ao calor se propagar pelo líquido.

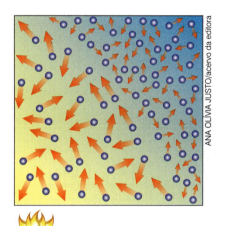

Moléculas mais aquecidas apresentam uma maior energia cinética do que as que se encontram em temperatura mais baixa.

Jogo rápido

Como a energia do Sol, sob a forma de calor, chega até nós?

correntes de convecção

A porção mais quente da água (indicada pelas setas vermelhas), menos densa, tende a subir, enquanto a porção mais fria (indicada pelas setas azuis), mais densa, tende a descer.

ESTABELECENDO CONEXÕES
Cotidiano

Garrafas térmicas

Uma garrafa térmica é construída de modo a conservar, pelo maior tempo possível, a temperatura do líquido colocado em seu interior. Para isso, ela é construída de modo a evitar ao máximo que ocorram os processos de transmissão de calor.

tampa isolante

vácuo entre as camadas de vidro

dupla camada de vidro espelhado

líquido (quente ou frio)

base isolante

Esquema de garrafa térmica. A dupla camada de vidro espelhado impede a perda de calor por irradiação; o vácuo entre elas minimiza o fenômeno da condução de calor.

Nosso desafio

Para preencher os quadrinhos de 1 a 10, você deve utilizar as seguintes palavras: ar atmosférico, calórico, condução, convecção, dilatação, forma de energia, irradiação, mudança de fase, Sol, substância.

À medida que você preencher os quadrinhos, risque a palavra que escolheu para não usá-la novamente.

energia em trânsito devido a diferença de temperatura

definida como

1

CALOR

hoje é uma

4 — exemplo — **7**

já foi considerado

2

chamada

3

propaga-se por

5 — exemplo — panelas no fogo

6 — exemplo — **8**

tem como efeitos

9

aumento de volume devido a aumento de temperatura

mudança de temperatura

10

neste processo, a temperatura permanece constante

Atividades

1. [1, 3, 6, 7, 8, 9, 10] Segundo a teoria do calórico, como você explicaria o fenômeno em que dois copos de água idênticos, a temperaturas de 10 °C e 20 °C, quando misturados chegam a 15 °C?

2. [1, 6, 9, 10] Que fenômeno observado no século XVIII não podia ser explicado pela teoria do calórico?

3. [1, 10] Para nós, hoje, em Física, o que é calor? Explique.

4. [1, 10] É correto afirmar que calor e temperatura são sinônimos?

5. [1, 8, 10] Marque falso ou verdadeiro. Corrija as afirmações falsas. Associamos a existência de calor a:

( ) apenas aqueles corpos que se encontram "quentes".

( ) situações nas quais há, necessariamente, transferência de energia.

( ) qualquer corpo, pois todo corpo possui calor.

6. [1, 9, 10] É correto afirmar que o cobertor de lã nos aquece nas noites de inverno?

SVETLANAFEDOSEYEVA/SHUTTERSTOCK

7. [1, 9, 10] Uma bola de voleibol é aquecida durante o dia pelo intenso calor do Sol, enquanto à noite é resfriada. Por essa razão, ela se torna mais dura durante o dia e mais murcha durante a noite. Por que isso acontece?

8. [1, 3, 6, 7, 9, 10] (CEP – DF) Uma garrafa de refrigerante e uma lata de suco permanecem durante certo tempo no interior da geladeira. Esse tempo é suficiente para que ambas estejam à mesma temperatura e em equilíbrio térmico com o interior da geladeira. Entretanto, ao retirarmos os dois recipientes da geladeira, temos a impressão de que a lata está mais fria do que a garrafa. Como você explica esse fato?

9. [1, 3, 6, 7, 9, 10] Se uma pessoa colocar ao Sol um copo contendo água fria, tanto a temperatura da água como a do copo aumentam. Qual é o principal mecanismo pelo qual a energia do Sol chega à água do copo?

10. [1, 3, 6, 7, 9, 10] Quando se aquece água em uma vasilha de alumínio, há formação de bolhas de ar que sobem, enquanto outras descem. Quais os processos de propagação de calor envolvidos nesta situação?

11. [1, 3, 6, 7, 9, 10] (UFSCar – SP) Considere as situações a seguir:

I. circulação de ar em uma geladeira;

II. aquecimento de uma barra de ferro;

III. bronzeamento da pele em um banho de Sol.

Associe, nessa mesma ordem, o principal tipo de transferência de calor que ocorre em cada uma:

a) convecção, condução, irradiação.

b) convecção, irradiação, condução.

c) condução, convecção, irradiação.

d) irradiação, convecção, condução.

e) condução, irradiação, convecção.

12. [1, 3, 6, 7, 9, 10] Por que um copo de vidro espesso pode rachar quando é colocado nele algum líquido muito quente?

13. [1, 3, 6, 7, 9, 10] O que acontecerá a uma mistura de água e gelo a 0 °C se ela for mantida isolada, ou seja, sem receber nem ceder calor?

14. [1, 3, 6, 7, 9, 10] Por que usamos óleo em vez de água para "cozinhar" alguns tipos de alimento?

15. [1, 3, 6, 7, 9, 10] Por que um alimento que contém mais água demora mais a esfriar?

Leitura

Você, desvendando a Ciência

Os combustíveis fósseis e as máquinas térmicas

Os combustíveis fósseis se formaram há pelo menos 600 milhões de anos pela decomposição anaeróbica (ausência de oxigênio) de organismos mortos. Com grande concentração de carbono, constituem principalmente petróleo, carvão e gás natural. Estima-se que a energia consumida no planeta seja originada 86,4% de combustíveis fósseis, 8,5% de energia nuclear, 6,3% de energia hidrelétrica e 0,9% de outras fontes, tais como energia solar, eólica (dos ventos), madeira, geotérmica e de marés.

Os combustíveis fósseis são considerados recursos naturais *não renováveis*, porque embora ainda possam ser constantemente originados, seu processo de formação leva milhões de anos – e as reservas estão se esgotando. Sua queima libera cerca de 21,3 bilhões de toneladas de dióxido de carbono (CO_2) por ano e somente metade dessa quantidade é reabsorvida por processos naturais. Como o dióxido de carbono é um gás de efeito estufa, seu acúmulo na atmosfera tem contribuído para o aquecimento global. Por isso há um empenho em todo o planeta para substituir os combustíveis fósseis por fontes de energia *renováveis* (como a eólica, por exemplo).

O engenheiro mecânico James Watt (1736-1819) desenvolveu o primeiro motor a vapor rotativo em 1781. As melhorias introduzidas por Watt foram fundamentais para a Revolução Industrial, porque ele aumentou muito a eficiência dos primeiros motores a vapor diminuindo o desperdício de energia. No Sistema Internacional de Unidades, a unidade utilizada para potência é o watt (W) em sua homenagem.

As máquinas construídas pelo homem para a utilização da energia dos combustíveis fósseis são dotadas de mecanismos que permitem a obtenção de energia mecânica a partir da energia térmica e por isso são designados motores térmicos.

O motor de combustão interna surgiu por volta de 1859, criado por Étienne Lenoir e aperfeiçoado por Nikolaus Otto em 1876. Nesses motores, a combustão ocorre no interior de uma câmara e a expansão dos gases aplica uma força, por exemplo em pistões, gerando movimento. Turbinas a gás, motores a jato e motores de foguete também são motores de combustão interna.

Nos motores de combustão externa, como nos motores a vapor, a energia é fornecida a um fluido (líquido ou gás) em uma caldeira. Esse fluido aquecido se expande e gera uma força que pode ser utilizada para movimentar, por exemplo, um pistão. Em seguida, o fluido é esfriado e o ciclo se repete.

Os motores de combustão externa foram muito utilizados nas locomotivas a vapor, que atualmente foram substituídas por locomotivas elétricas ou as movidas a óleo diesel, embora algumas ainda sejam utilizadas em linhas turísticas.

? Sabemos que a queima de combustíveis fósseis lança na atmosfera uma grande quantidade de dióxido de carbono (CO_2) que, não sendo reabsorvida, contribui para o aquecimento global. Sugira duas ações que possam minimizar o uso desses combustíveis, sem implicar redução nas atividades econômicas.

TecNews

O que há de mais moderno no mundo da Ciência!

Inteligência artificial
e sua utilização em Biologia e Medicina

Inteligência artificial, IA (AI, em língua inglesa), é a utilização de recursos tecnológicos, com o uso de computadores, que auxiliem profissionais da área da saúde a estabelecerem diagnósticos e tratamentos mais precisos ao lidar com alterações da saúde das pessoas, a exemplo de diversos tipos de câncer que afligem nossa espécie. Para a execução dessa atividade é comum a criação dos chamados *algoritmos*, que são elaborados por meio do levantamento de dados de portadores de alterações na saúde, além de recorrer a um refinado conjunto de regras, raciocínios ou operações que facilitem a interpretação dos dados obtidos e, assim, permitam a implementação de medidas terapêuticas aplicáveis a cada caso. É o que está sendo executado em alguns países relativamente a pessoas portadoras de câncer de mama e de próstata, por exemplo.

Por meio das informações fornecidas por instituições de saúde e pelos próprios pacientes, com a concordância expressa deles quanto ao compartilhamento dos dados, elaboram-se estudos detalhados a respeito da alteração apresentada em seus organismos, que permite a criação de protocolos que favoreçam estudo aprofundado dos dados. E, com esse estudo, programam-se procedimentos preventivos e terapêuticos que aliviem o sofrimento dos portadores e, o mais importante, promovam o aumento da sobrevida, que é o aspecto mais relevante em casos de câncer como os citados.

Em resumo, inteligência artificial nada mais é do que a utilização de computadores e recursos tecnológicos que facilitem a criação de procedimentos que possibilitem a prevenção, o diagnóstico e o maior tempo de vida em casos de alterações da saúde que podem comprometê-la, como ocorre hoje com diversas formas de câncer. É preciso deixar bem claro, porém, que de modo algum esse procedimento substitui equipes médicas e biológicas especializadas que lidam com esse tipo de situação. É um suporte a mais que favorece a vida saudável das pessoas e, nesse sentido, é preciso incentivar e investir todos os recursos necessários para a sua realização em larga escala.

Leia mais em: MAXMEN, A. AI researchers embrace Bitcoin technology. Blockchain could let people retain control of data they contribute to health research. *Nature*, London, v. 555, n. 7696, 15 Mar. 2018. p. 293-294. COGHLAN, A. Treat cancer like a game. An algorithm that tailors treatments to shape cancer evolution is letting doctors gain the upper hand on the disease, doubling survival times. *New Scientist*, London, n. 3168, 10 Mar. 2018. p. 4-5.

Investigando

Faça uma pesquisa na internet e verifique se em outras áreas de conhecimento ou profissionais ocorre atualmente utilização da inteligência artificial. Se sua procura for positiva, relacione as áreas que assim procedem e divulgue para seus professores, colegas de classe, familiares e amigos.

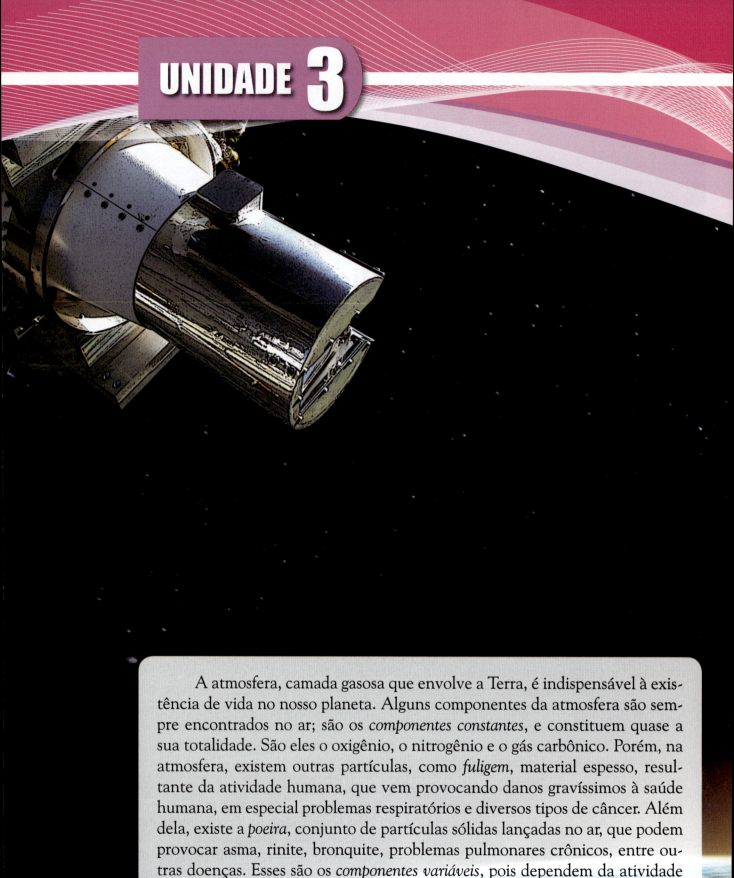

UNIDADE 3

A atmosfera, camada gasosa que envolve a Terra, é indispensável à existência de vida no nosso planeta. Alguns componentes da atmosfera são sempre encontrados no ar; são os *componentes constantes*, e constituem quase a sua totalidade. São eles o oxigênio, o nitrogênio e o gás carbônico. Porém, na atmosfera, existem outras partículas, como *fuligem*, material espesso, resultante da atividade humana, que vem provocando danos gravíssimos à saúde humana, em especial problemas respiratórios e diversos tipos de câncer. Além dela, existe a *poeira*, conjunto de partículas sólidas lançadas no ar, que podem provocar asma, rinite, bronquite, problemas pulmonares crônicos, entre outras doenças. Esses são os *componentes variáveis*, pois dependem da atividade humana. O grande desafio do ser humano é minimizar os componentes variáveis, isto é, preocupar-se com a limpeza do ar.

Nesta unidade, estudaremos a composição e as propriedades do ar que envolve a Terra, além dos fenômenos naturais e seus impactos ambientais.

TERRA E
UNIVERSO

Uma "casca" que não é rígida!

Com certeza, você já viu um ovo! De galinha, pata, marreca... não importa. Você já percebeu que a casca do ovo protege o que está em seu interior.

Nosso planeta também possui o que poderia ser comparado a uma "casquinha", porém gasosa, e não sólida, que também o protege, participa de ciclos da matéria e auxilia a manter a temperatura de nosso planeta, por exemplo. Essa "casquinha" é a camada de ar que envolve a Terra, ou seja, a atmosfera terrestre.

Você pode estar imaginando que essa camada é bem extensa, mas – acredite! – 50% de sua massa está concentrada em menos de 5,6 km de altura e 90%, em menos de 16 km de altura. Comparando com o diâmetro da Terra, que é de aproximadamente 17.742 km (no Equador), você vai concordar que a camada de ar que nos protege é, de fato, bem fina!

Apesar de sua pouca espessura, é na atmosfera terrestre que ocorrem a maioria das transformações químicas e físicas que possibilitam a existência de vida em nosso planeta. Neste capítulo, você conhecerá um pouco dessas transformações e saberá por que são essenciais para a manutenção da vida.

O planeta Terra e sua atmosfera

A atmosfera (do grego, *atmós* = vapor, ar + *sphaîra* = esfera, ou seja, esfera de ar) é a camada de gases que envolve um corpo celeste como, por exemplo, um planeta. No caso da Terra, esses gases são, principalmente, o nitrogênio, o oxigênio, o gás carbônico, o vapor-d'água e os gases nobres (argônio, hélio, neônio, xenônio, criptônio e radônio). Todos esses gases não se perdem no espaço interplanetário pelo mesmo motivo que nossos corpos não se soltam da superfície do planeta: a Terra atrai qualquer corpo (sólido, líquido ou gasoso) pela ação de sua gravidade.

> **Jogo rápido**
>
> A partir do que você leu no texto, que condições são necessárias para que um planeta mantenha uma atmosfera ao seu redor?

É SEMPRE BOM SABER MAIS!

A Lua e a atmosfera

A Lua, satélite natural da Terra, sendo menor e com menos massa que ela, possui uma gravidade seis vezes menor que a do nosso planeta e uma atmosfera quase insignificante. Comparativamente com a Terra, podemos afirmar que a Lua não possui atmosfera, já que ela é aproximadamente oito bilhões de vezes menos densa do que a atmosfera da Terra.

A maior parte da pequena quantidade de gases que existem na superfície da Lua tem origem em seu interior. Esses gases, uma vez liberados, escapam para o espaço interplanetário, devido à baixa gravidade da Lua.

É por causa da existência da atmosfera em nosso planeta que o céu é azul. Como na Lua não existe atmosfera, lá o céu é permanentemente escuro, como a noite.

> **Descubra você mesmo!**
>
> Procure na internet ou em livros e revistas, algumas informações sobre a existência de atmosfera em outros planetas e em seus satélites naturais, também chamados de luas.

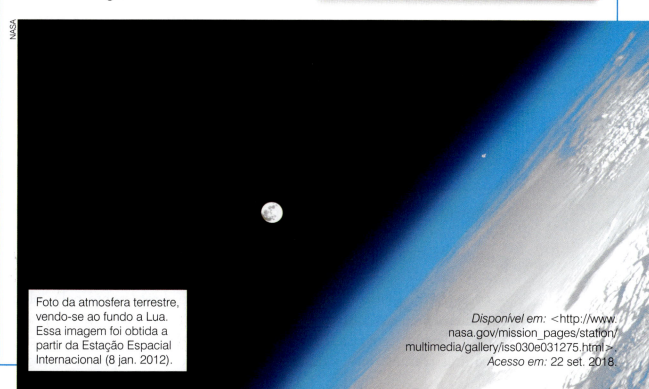

NASA

Foto da atmosfera terrestre, vendo-se ao fundo a Lua. Essa imagem foi obtida a partir da Estação Espacial Internacional (8 jan. 2012).

Disponível em: <http://www.nasa.gov/mission_pages/station/multimedia/gallery/iss030e031275.html>. Acesso em: 22 set. 2018.

A formação da atmosfera da Terra

A atmosfera da Terra, camada de gases (ar) que a envolve, tem sua origem em processos físicos, químicos e biológicos que ocorreram continuamente durante toda a vida do planeta. Portanto, o ar que respiramos hoje não é o mesmo de quando a atmosfera surgiu juntamente com o planeta há 4,6 bilhões de anos. No início, não havia oxigênio e o hidrogênio era abundante.

O nosso planeta, em sua origem, estava repleto de rochas (em brasa) e sua atmosfera era uma nuvem de poeira e gases. Com todo o calor que se desprendia de sua superfície, os gases que se originavam durante a formação do planeta acabavam se perdendo para o espaço. Lentamente o planeta foi esfriando, formando uma superfície sólida. Os gases liberados do interior do planeta, agora mais frio, se acumularam sobre a superfície e assim surgiu uma segunda atmosfera, composta principalmente por hidrogênio, dióxido de carbono (gás carbônico) e vapor-d'água. Mais tarde, com a contínua diminuição da temperatura, o vapor-d'água da atmosfera se condensou, formando os oceanos e mares.

Nos primeiros 2 bilhões de anos de história da Terra, um grupo de seres microscópicos que conseguiam viver na ausência de oxigênio surgiu, iniciando a longa jornada para tornar nosso planeta habitável.

Esses seres multiplicaram-se em um ambiente repleto de erupções vulcânicas, que liberavam grandes quantidades de hidrogênio que passou a ser utilizado na produção de metano, cuja principal função era manter o planeta aquecido, como em uma estufa, proporcionado condições para o surgimento de outro grupo de seres microscópicos que, mais uma vez, mudariam a atmosfera terrestre.

Isso ocorreu há cerca de 2,3 bilhões de anos e esses novos seres microscópicos, capazes de produzir oxigênio por meio da fotossíntese, preencheram nossa atmosfera com esse gás. Sem ele, a maior parte dos seres vivos atuais nunca existiria.

A importância da atmosfera para os seres vivos

A atmosfera terrestre atual é fundamental para os seres vivos, entre outros fatores, porque:

- contém oxigênio (O_2), gás essencial para a combustão (queima) de materiais e para a respiração da maioria dos seres vivos (animais, vegetais, algas etc.). É produzido principalmente pelo fitoplâncton marinho e pelas plantas terrestres no processo de fotossíntese;
- contém gás carbônico (CO_2), produzido nas combustões e na respiração, e utilizado na fotossíntese para a produção de substâncias orgânicas (açúcares, proteínas, lipídios etc.), que são consumidas na nutrição de todos os seres vivos das teias alimentares;
- contém nitrogênio (N_2), que não é utilizado diretamente pelas plantas e animais. Esse gás é fixado por bactérias presentes no solo ou em associação com algumas espécies de plantas. Essas bactérias transferem o nitrogênio para as plantas, que o utilizam na produção de compostos nitrogenados

(proteínas, DNA). E assim esses compostos entram nas cadeias alimentares de todos os ecossistemas;

- contém quantidades variáveis de vapor-d'água que, ao se condensar, forma as chuvas (ciclo da água), devolvendo água à superfície terrestre;

- retém parte do calor proveniente do Sol, impedindo grandes variações de temperatura. A presença do gás carbônico e de vapor-d'água na atmosfera forma uma barreira que retém parte do calor que retorna da superfície terrestre para a atmosfera. É o que se conhece como "efeito estufa", pela semelhança com o que ocorre em uma estufa de plantas;

- protege contra vários tipos de radiação solar. Os raios ultravioleta (UV), que podem aumentar os riscos de câncer de pele e doenças nos olhos (catarata, por exemplo), são parcialmente filtrados pela atmosfera;

- protege contra a "chuva" de meteoritos, que são pedaços de rochas e metais que chegam do espaço exterior. A grande velocidade e o atrito com a atmosfera fazem com que esses corpos sejam tão aquecidos que acabam por se volatilizar e raramente chegam a atingir a superfície da Terra. São chamados "estrelas cadentes";

- permite a propagação dos sons por meio de vibrações do ar, isto é, das moléculas dos gases presentes no ar.

> **Jogo rápido**
>
> Um astronauta na Lua, batendo com uma ferramenta em uma rocha para coletar alguns fragmentos, produziria algum som?

É SEMPRE BOM SABER MAIS!

O som só se propaga em meios materiais

É por intermédio de vibrações de um meio material, principalmente do ar, que o som se propaga. Você já deve ter sentido o seu corpo vibrando diante de um som intenso. Isso só ocorre porque o ar está vibrando e transferindo essas vibrações para você. Seus ouvidos captam essas vibrações do ar e seu cérebro traduz essas vibrações em sons.

Se não houvesse um meio material, como o ar, seus ouvidos não perceberiam som algum; o som não se propaga no vácuo (ausência de ar).

DE OLHO NO PLANETA
Meio Ambiente

Vento e energia eólica

É possível sentir o movimento do ar que sai dos nossos pulmões, ao expirá-lo ou soprá-lo sobre a pele. De modo semelhante, percebemos uma brisa ou uma rajada de vento. É por isso que se costuma definir *vento* como uma massa de *ar que se movimenta*. E os ventos são importantes para impulsionar as embarcações a vela, para dispersar sementes e poluentes, e mover as nuvens, por exemplo. Fortes demais, os ventos podem causar catástrofes. São eles também os causadores da erosão de formações rochosas, a erosão eólica, capaz de mudar a paisagem no decorrer do tempo.

Erosão: é o processo de desagregação (desunião) produzido sobre o solo por agentes externos, como vento, chuvas etc.

A energia associada ao movimento é denominada de **energia cinética** (do grego, *kinesis =* = movimento). Portanto, o vento, que é o ar em movimento, possui energia cinética, que chamamos, especificamente neste caso, de **energia eólica** (o termo *eólico* vem do latim *aeolicus*, que significa pertencente ou relativo a Éolo, deus dos ventos na mitologia grega).

Se, de alguma forma, o ar em movimento for usado para produzir outro movimento, a energia será transferida do ar para o outro objeto que agora passará a se movimentar. Normalmente, nós utilizamos uma espécie de grande cata-vento, semelhante àquele que as crianças usam em suas brincadeiras, para captar o movimento do ar. A energia do cata-vento em movimento é transformada principalmente em energia elétrica. Esses cata-ventos recebem o nome de *turbinas eólicas* ou *aerogeradores*. A energia eólica pode ser usada para substituir a energia que provém de combustíveis fósseis (como petróleo, por exemplo), pois é renovável e limpa, não prejudicando a natureza e reduzindo o efeito estufa e o aquecimento global.

VITORMARIGO/SHUTTERSTOCK

Até agosto de 2018, o Brasil tinha 595* usinas de energia eólica instaladas em território nacional.

*BRASIL. Ministério de Minas e Energia. *Boletim Mensal de Monitoramento do Sistema Elétrico Brasileiro –* agosto/2018. Brasília: MME, 2018. p. 13.

As camadas da atmosfera

Devido à ação gravitacional do planeta, quanto mais próximo da superfície, maior a concentração das moléculas que compõem o ar. Isso ocorre porque o peso de umas sobre as outras acaba por comprimir as moléculas que estão mais em baixo, ou seja, mais próximas à superfície. É por isso que quanto maior a altitude, maior é a dificuldade para respirar, pois quanto mais distante do nível do mar, mais afastadas entre si se tornam as moléculas dos gases que compõem o ar. Dizemos então que o ar se torna cada vez mais **rarefeito**. Nessa condição, uma quantidade menor de moléculas de gases, entre eles o oxigênio, penetra em nossos pulmões em cada movimento de inspiração (entrada de ar). Para compensar a redução do oxigênio, ficamos ofegantes, isto é, o tempo entre uma inspiração e outra diminui. Ou, de outra forma, dizemos que a frequência respiratória aumenta.

Frequência respiratória: número de movimentos respiratórios executados em cada minuto.

Volumes iguais (por exemplo, 1 L) de ar contêm maior número de moléculas em regiões mais baixas, próximo ao nível do mar, onde o ar é comprimido, e menor número de moléculas em regiões mais altas, onde o ar é rarefeito.

Como a atmosfera se altera à medida que nos afastamos do planeta, costumamos dividi-la em camadas.

Vamos analisar algumas características das cinco camadas mais importantes: **troposfera**, **estratosfera**, **mesosfera**, **termosfera** e **exosfera**. Não há um limite definido entre elas; a passagem de uma para outra é gradual.

Troposfera

É a camada de ar em contato com a superfície do planeta. Sua altura é de aproximadamente 15 km (15.000 m). Portanto, é na troposfera que praticamente ocorre todo o ciclo da água. É nela que ocorre a formação dos ventos, nuvens, chuva e neve. É também devido à maior concentração de gases nessa camada, que ela permite a existência da vida, tal como a conhecemos.

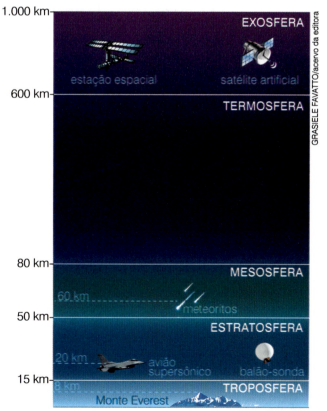

Principais camadas da atmosfera terrestre. (Cores-fantasia. Ilustração fora de escala.)

Lembre-se!

É na troposfera que ocorre a maioria dos transportes aéreos (pequenos aviões, helicópteros e aviões a jato).

■ Estratosfera

Acima da troposfera, inicia-se a estratosfera, que atinge uma altitude de até 50 km. É uma camada com pouco oxigênio e quase sem nuvens, possuindo baixa umidade. A temperatura pode atingir −50 °C (50 graus Celsius abaixo de zero). É nela que se encontram os balões-sonda e que trafegam os aviões supersônicos, aqueles que atingem velocidades superiores à velocidade do som, pois nessa região praticamente não ocorrem as turbulências, que são comuns na troposfera.

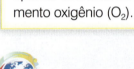

Lembre-se!

Cada molécula do gás ozônio (representado pela fórmula O_3) é formada pela união de três átomos de oxigênio, enquanto que o oxigênio que respiramos é formado por moléculas constituídas pela união de apenas dois átomos do elemento oxigênio (O_2).

Balões-sonda: usados para investigar fenômenos atmosféricos importantes no estudo da meteorologia.

É na estratosfera que se localiza uma camada formada pelo gás ozônio – *a camada de ozônio*. Esse gás atua como um filtro de proteção para a vida na Terra, absorvendo parte dos raios ultravioleta provenientes do Sol. A exposição prolongada a essa radiação pode causar danos nas células, provocando câncer de pele e lesões oculares nos seres humanos.

DE OLHO NO PLANETA

Sustentabilidade

Buraco na camada de ozônio: você já ouviu falar?

Em volta da Terra há uma frágil camada de um gás chamado ozônio (O_3), que protege animais, plantas e seres humanos dos raios ultravioleta emitidos pelo Sol. Na superfície terrestre, o ozônio contribui para agravar a poluição do ar das cidades e a chuva ácida. Mas, nas alturas da estratosfera (entre 25 e 30 km acima da superfície), é um filtro a favor da vida. Sem ele, os raios ultravioleta poderiam aniquilar todas as formas de vida no planeta. (...)

Há evidências científicas de que substâncias fabricadas pelo homem estão destruindo a camada de ozônio. Em 1977, cientistas britânicos detectaram pela primeira vez a existência de um buraco na camada de ozônio sobre a Antártida. Desde então, têm se acumulado registros de que a camada está se tornando mais fina em várias partes do mundo, especialmente nas regiões próximas do polo Sul e, recentemente, do polo Norte.

Diversas substâncias químicas acabam destruindo o ozônio quando reagem com ele.

Tais substâncias contribuem também para o aquecimento do planeta, conhecido como efeito estufa. A lista negra dos produtos danosos à camada de ozônio inclui os óxidos nítricos e nitrosos expelidos pelos veículos e o CO_2 produzido pela queima de combustíveis fósseis, como o carvão e o petróleo. Mas, em termos de efeitos destrutivos sobre a camada de ozônio, nada se compara ao grupo de gases chamado CFCs.

Fonte: WWF.
O que é a camada de ozônio?
Disponível em: <http://www.wwf.org.br/natureza_brasileira/questoes_ambientais/camada_ozonio/>.
Acesso em: 22 jun. 2018.

CFCs: clorofluorcarbonos. São gases liberados pelos *sprays*, geladeiras, aparelhos de ar-condicionado e extintores de incêndio. Atualmente, a indústria já evita o uso desse grupo de substâncias.

Devido a algumas medidas implementadas pelas nações, o buraco na camada de ozônio foi estabilizado, com leve tendência à sua diminuição. Os resultados finais, no entanto, dependem ainda da concentração de substâncias químicas e da temperatura da estratosfera.

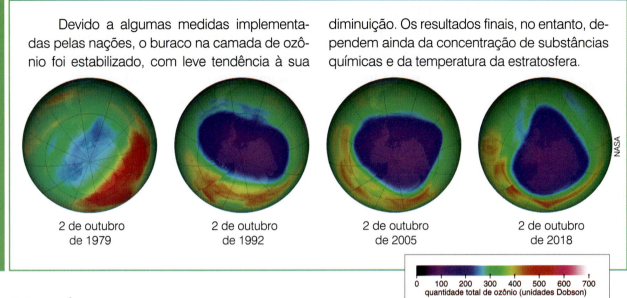

2 de outubro de 1979   2 de outubro de 1992   2 de outubro de 2005   2 de outubro de 2018

0   100   200   300   400   500   600   700
quantidade total de ozônio (unidades Dobson)

Mesosfera

Esta camada está localizada entre 50 km e 80 km de altitude. O ar bastante rarefeito dessa camada pode atingir no limite superior uma temperatura de –120 °C (120 graus Celsius abaixo de zero).

Termosfera

Esta camada tem uma espessura que vai de 80 km até 600 km de altitude e possui gases extremamente quentes, podendo atingir temperaturas que chegam a mais de 1.000 °C. É devido à alta temperatura dessa camada que ela é chamada de termosfera (do grego, *thermós* = calor).

Exosfera

Nessa camada, o ar é composto quase que exclusivamente de hidrogênio, é extremamente rarefeito e a temperatura durante o dia pode atingir 2.000 °C, porém à noite essa temperatura cai para –270 °C. Ela pode atingir 1.000 km de altitude e é considerada a fronteira entre a atmosfera e o espaço cósmico. É nessa região que moléculas de hidrogênio estão continuamente sendo perdidas para o espaço. É também na exosfera que se costumam colocar os satélites artificiais.

A composição da atmosfera terrestre

O ar é uma mistura de gases composta principalmente por nitrogênio e oxigênio.

Se considerarmos o volume de ar atmosférico seco contido em 100 garrafas de 1 L, e pudéssemos separar os gases, o nitrogênio ocuparia a maior parte, 78 dessas garrafas e o oxigênio, 21 delas. Dizemos, então, que o nitrogênio ocupa 78% do volume do ar atmosférico e o oxigênio, 21%. Em 1% restante, isto é, em apenas uma das garrafas, encontramos o volume ocupado pelo gás carbônico (0,03%) e outros gases, os chamados gases raros ou nobres, como o argônio (0,93%) o hélio e o neônio. Dependendo das condições atmosféricas, o ar também pode conter quantidades variáveis de vapor-d'água.

O gás nitrogênio

Inodoro: sem cheiro.

Insípido: sem gosto, ou seja, não tem qualquer sabor.

O nitrogênio é um gás incolor (perfeitamente transparente), inodoro e insípido. Além disso, ele também não é inflamável (é impossível queimar o gás nitrogênio).

Embora esse gás seja o mais abundante, os animais não o utilizam diretamente do ar. Todo o nitrogênio que passa pelos pulmões por meio dos movimentos respiratórios é devolvido para o ar.

Se os animais não absorvem o nitrogênio diretamente do ar, outro tipo de ser vivo deve fazer isso, e em seguida transferir esse nitrogênio para os animais. O processo de captação e transformação do nitrogênio atmosférico a fim de ser utilizado nas cadeias alimentares é chamado de *fixação de nitrogênio* e começa com a participação de diversos tipos de *bactérias* no solo ou que vivem em associação com algumas espécies de plantas. Em uma das etapas desse processo, bactérias produzem sais de nitrogênio solúveis em água. Esses sais minerais são absorvidos pelas plantas, que os utilizam na produção de proteínas, por exemplo, que contêm o elemento nitrogênio como parte de suas moléculas. Assim, esse elemento está disponível para percorrer as teias alimentares, através dos animais que se alimentam de vegetais ou de outros animais herbívoros e carnívoros.

Fique por dentro!

Na indústria, o gás nitrogênio é usado na produção de amônia (ou amoníaco), que é empregado na fabricação de produtos de limpeza, fertilizantes, espumas de colchões e estofados em geral, fios de náilon etc.

Agora, falta saber como o nitrogênio é devolvido à atmosfera. É aí que entram em cena bactérias decompositoras de material orgânico. Seres vivos e mortos ou seus dejetos (urina, por exemplo) são decompostos e, como parte desse processo, nitratos (sais nitrogenados) são formados novamente e reutilizados pelos vegetais. Porém, outras bactérias transformam parte desses sais em nitrogênio, que é devolvido à atmosfera na forma de gás. Dessa maneira, o nitrogênio é reciclado na natureza. Todo esse processo é chamado de **ciclo do nitrogênio.**

LUIS MOURA/acervo da editora

gás nitrogênio na atmosfera

bactérias decompositoras de matéria orgânica

seres vivos mortos ou seus dejetos

bactérias fixadoras de nitrogênio atmosférico produzem sais de nitrogênio

Esquema simplificado do ciclo do nitrogênio.

É SEMPRE BOM SABER MAIS! ■

Rotação de cultura e adubação verde

Plantas pertencentes à família das leguminosas (feijão, soja, amendoim, ervilha, grão-de-bico, lentilha) são muito ricas em proteínas e muito importantes na agricultura, na chamada *rotação de cultura*, para o enriquecimento do solo em compostos nitrogenados. Nas raízes desses vegetais existem nódulos onde vivem bactérias fixadoras de

Nódulos: caroços pequenos.

nitrogênio, de modo que essas culturas não empobrecem o solo em substâncias nitrogenadas como acontece em outras plantações.

Muitas vezes, alguns tipos especiais de pés de feijão são plantados intercalados no meio de outras culturas. Em seguida, o agricultor passa o arado a fim de incorporar essas leguminosas ao solo, enriquecendo-o com mais sais de nitrogênio. Esse procedimento é conhecido como *adubação verde*.

● O gás oxigênio

O gás oxigênio é incolor, inodoro, insípido e solúvel em água, por isso pode ser encontrado dissolvido em rios, lagos e oceanos.

O oxigênio é necessário para fazer com que muitas substâncias queimem, isto é, entrem em **combustão**. Sem oxigênio, um papel jamais queimaria, um carro jamais poderia funcionar utilizando-se, por exemplo, do álcool ou da gasolina, e jamais poderíamos cozinhar utilizando fogão a gás, pois não existiria a chama.

A substância que está sendo queimada é chamada de **combustível**, e o oxigênio, **comburente**. Assim, dizemos que *o comburente reage com o combustível para provocar a combustão*.

Existe uma experiência muito simples em que mostramos que o ar contém um gás necessário para que ocorra a queima das substâncias. Quando cobrimos uma vela acesa com um copo, depois de um pequeno intervalo de tempo a chama da vela se apaga. Deduzimos que a combustão está consumindo um componente do ar. Quando esse componente acaba, a chama se extingue, mostrando que a combustão chegou ao fim. Esse componente necessário para manter a combustão é o oxigênio. Quando todo o oxigênio do interior do copo for consumido, a chama se apaga.

Vamos entender melhor como ocorre o aparecimento da chama na vela. Para iniciar a combustão, é necessário

Quando o oxigênio é totalmente consumido, a chama se apaga, pois sem oxigênio não há combustão.

aquecer o combustível que, no caso da vela, é a parafina. Para isso acendemos o pavio. O pavio aceso irá transferir calor para a parafina, que derrete, ou seja, sofre fusão, e em seguida, vaporização. O vapor aquecido da parafina reage com o oxigênio do ar liberando luz e calor. Além disso, também é produzido gás carbônico e vapor-d'água. A queima da parafina em uma vela é um exemplo de combustão, em que a parafina é o combustível e o oxigênio é o comburente.

A combustão descrita acima é um exemplo de **fenômeno químico** ou **reação química**, em que o combustível (parafina), na presença de oxigênio, é *transformado* em outras substâncias: neste caso, em gás carbônico e água. Na combustão, houve liberação de energia na forma de luz e calor.

É SEMPRE BOM SABER MAIS!

Fenômenos físicos × fenômenos químicos

Quando a matéria é submetida a transformações que não alteram sua natureza, dizemos que está ocorrendo um **fenômeno físico**. Assim, por exemplo, quando a água passa por mudanças de estados, ela não deixa de ser a substância água, com todas as suas propriedades, em qualquer dos estados em que se encontre.

Agora, considere a queima (combustão) de uma folha de papel. O papel é feito a partir de fibras de celulose, extraída da madeira. Quando o papel é queimado, a celulose deixa de existir, pois transforma-se em novos materiais, como carvão, gás carbônico e vapor-d'água.

Cada um desses produtos tem características diferentes da celulose. Nesse caso, a matéria passa por transformações que alteram sua natureza. Dizemos, então, que está ocorrendo um **fenômeno químico**.

◼ O gás oxigênio e a respiração celular

Agora que já sabemos o que é combustão, podemos entender porque o oxigênio é necessário para os seres vivos. Você ainda vai aprender muito mais a respeito desse assunto tão importante, a **respiração celular**, porém convém ter uma ideia de como ela ocorre.

Você sabe que, ao aumentarmos nossa atividade física, aumentamos a frequência de nossos movimentos respiratórios. Normalmente, nós dizemos que isso ocorre porque precisamos de mais ar. Na realidade, o que o corpo precisa é de mais *oxigênio*, pois o organismo precisa produzir mais energia. Para que isso ocorra é necessário intensificar reações químicas que estão continuamente acontecendo no interior das células de seu corpo. Essas reações utilizam glicose (um tipo de açúcar) e oxigênio, liberando energia, água e gás carbônico, que será eliminado pela respiração.

Reação química simplificada da respiração celular.

Observe que tanto nas combustões em geral como na respiração celular ocorre a produção de gás carbônico e água, liberando energia. Porém, na respiração celular o processo é mais lento, de tal forma que a energia seja liberada aos poucos. Caso contrário, a temperatura das células se tornaria tão elevada que provocaria sua morte.

O gás carbônico

Também chamado de dióxido de carbono, é um gás levemente tóxico, inodoro e incolor. Não é um gás combustível (não é inflamável), nem alimenta a combustão (não é comburente); pelo contrário, ele impede as combustões. Sua quantidade na atmosfera é muito pequena, apenas 0,03%.

Como já foi visto, o gás carbônico é produto da respiração e as plantas e algas o utilizam, na fotossíntese, para produzir o seu próprio alimento; portanto, é um gás imprescindível para a vida no planeta. Sua importância também é relevante na manutenção da temperatura do planeta.

Na ausência desse gás, a Terra seria um planeta gelado, impossibilitando a existência da vida, tal como a conhecemos. Porém, o seu excesso é uma das causas da acentuação do aquecimento global, que está provocando sérias consequências ambientais. Como ele é produzido na combustão, que é usada para obtenção de quase toda a energia consumida no planeta, sua quantidade na atmosfera está aumentando muito com a utilização de derivados de petróleo e carvão.

Ciclo do carbono

Da mesma forma que a água e o nitrogênio, o gás carbônico também é reciclado na natureza. Os caminhos percorridos por esse gás fazem parte do chamado *ciclo do carbono*, passando da atmosfera aos produtores e consumidores na forma de alimentos orgânicos (que contêm carbono). Esse ciclo compreende as seguintes etapas:

- as plantas captam e utilizam o gás carbônico atmosférico como fonte de carbono para a produção de compostos orgânicos (açúcares, proteínas etc.) na fotossíntese;
- ao se alimentarem direta ou indiretamente de plantas, os animais consomem alguns dos compostos de carbono para o seu crescimento e outros para liberar energia na respiração;
- na respiração, plantas e animais eliminam gás carbônico para a atmosfera podendo ser reutilizado pelas plantas;
- o gás carbônico também é liberado pela decomposição de organismos mortos e na combustão de madeira e combustíveis fósseis.

Fique por dentro!

Você observa também o gás carbônico como bolhas que se desprendem de refrigerantes, água com gás ou de comprimidos efervescentes quando colocados em água. Ele também é utilizado em extintores; sua função é ocupar o lugar do oxigênio do ar, impedindo-o de entrar em contato com o combustível. Afinal, você já sabe que, sem oxigênio, as chamas se apagam.

VERA LARINA/SHUTTERSTOCK

As bolhas que se desprendem dos comprimidos efervescentes, quando colocados em água, são de gás carbônico.

Lembre-se!

Não esqueça que as plantas também usam parte dos compostos que produzem para seu próprio desenvolvimento.

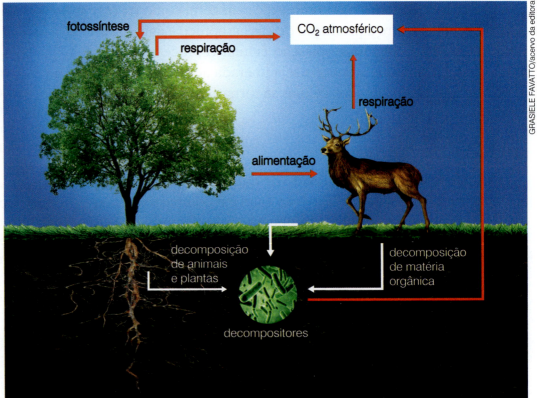

fotossíntese

respiração

CO_2 atmosférico

respiração

alimentação

decomposição de animais e plantas

decomposição de matéria orgânica

decompositores

GRASIELE FAVATTO/acervo da editora

Esquema simplificado do ciclo do carbono.

EM CONJUNTO COM A TURMA!

Efeito estufa e quecimento global

Na Lua, a temperatura média no equador é aproximadamente 55 °C negativos. Por que a temperatura na Lua é tão diferente da temperatura na Terra?

Existem muitos fatores que influenciam a temperatura terrestre, porém o mais importante é a atmosfera. Para entendermos como isso ocorre, primeiramente vamos observar o funcionamento de uma estufa, dessas que se utilizam para cultivar vegetais. As estufas são feitas de vidro, material transparente à luz do Sol, que aquece o seu interior. Porém, o vidro é mais dificilmente atravessado pela radiação infravermelha (calor). Dessa forma, o vidro permite a passagem da luz que aquece o interior da estufa, porém atua como um isolante térmico, dificultando a saída do calor de seu interior. Um efeito semelhante é observado em nosso planeta. Só que em vez do vidro, o que retém o calor são os gases de nossa atmosfera, principalmente o gás carbônico e o gás metano. Esse efeito da

atmosfera sobre a temperatura da Terra é chamado de **efeito estufa**, por semelhança com as estufas de vidro.

A temperatura média do planeta manteve-se aproximadamente constante durante muitos anos, porque a concentração desses gases também permaneceu a mesma. Porém, a quantidade de gás carbônico liberada principalmente pela queima de combustíveis fósseis tem aumentado muito, provocando a intensificação do efeito estufa, levando à acentuação do aquecimento do planeta, ao que chamamos de **aquecimento global**.

Agora você sabe o que é atmosfera e como o homem pode alterar os gases que formam o ar que sustenta a vida no planeta. Junto com seus colegas, pesquise como o homem está transformando a atmosfera do planeta. Você acredita que essa transformação irá afetar a sua qualidade de vida? Que ações individuais podem ser tomadas para a proteção da atmosfera?

Gases nobres

Os gases nobres recebem esse nome porque dificilmente se combinam com outras substâncias. Também não são utilizados pelos seres vivos nas reações químicas que ocorrem em suas células. Na natureza, existem seis gases nobres:

- **hélio** – depois do hidrogênio, o gás hélio é o mais abundante no Universo, porém na atmosfera encontramos quantidades mínimas desse gás. Por seus átomos serem muito leves, escapa do campo gravitacional da Terra e se perde no espaço. E, por ser menos denso do que o ar, o gás hélio é usado para fazer flutuar balões e bexigas;
- **neônio** – também chamado de gás neon, é utilizado em anúncios luminosos;

- **argônio** – é o mais abundante dos gases nobres ocupando 0,93% da atmosfera, quantidade que supera até a do gás carbônico (0,03%). Foi muito utilizado nas antigas lâmpadas incandescentes para evitar a combustão do filamento;
- **criptônio** – utilizado na fabricação de lâmpadas fluorescentes;
- **xenônio** – é um dos componentes de lâmpadas de *flash* de máquinas fotográficas;
- **radônio** – é um gás radioativo que pode ser emanado do solo em regiões com altas concentrações de urânio. Segundo a OMS (Organização Mundial da Saúde), o radônio é a segunda causa de desenvolvimento de câncer de pulmão, ficando atrás apenas do cigarro.

Vapor-d'água

Além dos muitos gases que compõem a atmosfera terrestre, sabemos que o vapor-d'água também está presente, em fração pequena, principalmente nas camadas baixas da atmosfera.

A presença e a distribuição de água na atmosfera do planeta afetam o clima de cada região. Já estudamos o ciclo da água (ciclo hidrológico) e aprendemos que a maior parte da água do planeta encontra-se em constante circulação. Quando transferida para a atmosfera, a água que se encontra sob a forma de vapor, se condensa e retorna à superfície terrestre por meio de precipitações, que se dão sob a forma líquida (chuvas) ou sólida (neve e granizo).

◗ *Umidade relativa do ar*

Chamamos de **umidade relativa do ar** à quantidade de água presente na atmosfera em um dado momento, em relação à quantidade máxima de vapor-d'água que a atmosfera pode conter.

Existem aparelhos – os **higrômetros** – que medem a umidade relativa do ar. Esse conhecimento é necessário para se fazer as previsões do tempo. Quanto maior a umidade relativa maior a probabilidade de chuva.

ESTABELECENDO CONEXÕES ■

Cotidiano

Respirar confortavelmente depende da umidade do ar. A superfície interna dos nossos pulmões precisa estar sempre úmida para que o oxigênio, ao penetrar nesses órgãos, dissolva-se na camada úmida que os reveste. Só assim esse gás poderá passar para o sangue, que o transporta às nossas células. Como toda a "tubulação" (laringe, traqueia e brônquios) que liga o meio externo aos pulmões é recoberta internamente por uma camada de secreção (muco), as partículas em suspensão no ar ficam retidas nesse muco, evitando que atinjam o interior dos pulmões.

Durante as estações mais secas do ano, os meios de comunicação trazem informações sobre os riscos da baixa umidade presente na atmosfera. Nessas ocasiões, em algumas cidades, a exemplo do que ocorre em Brasília, a população sente dificuldades para respirar. Aumentam os problemas respiratórios e a procura por postos de saúde e hospitais para inalações. Recomenda-se a utilização de nebulizadores e a disposição de vasilhas com água ou toalhas molhadas no ambiente doméstico a fim de aumentar o teor de umidade no ar.

Ponte Juscelino Kubitschek e o lago Paranoá (Brasília, DF). Quando da construção de Brasília, foi necessária a construção de um imenso lago (48 km² de extensão e, em média, 38 m de profundidade) para minimizar o problema da baixíssima umidade relativa do ar. O lago Paranoá foi construído a partir do represamento do rio Paranoá.

Nosso desafio

Para preencher os quadrinhos de 1 a 10 você deve utilizar as seguintes palavras: chuvas, efeito estufa, energia, fotossíntese, nitrogênio, oxigênio, produtores, proteínas, raios ultravioleta, respiração celular.

À medida que você preencher os quadrinhos, risque a palavra que você escolheu para não usá-la novamente.

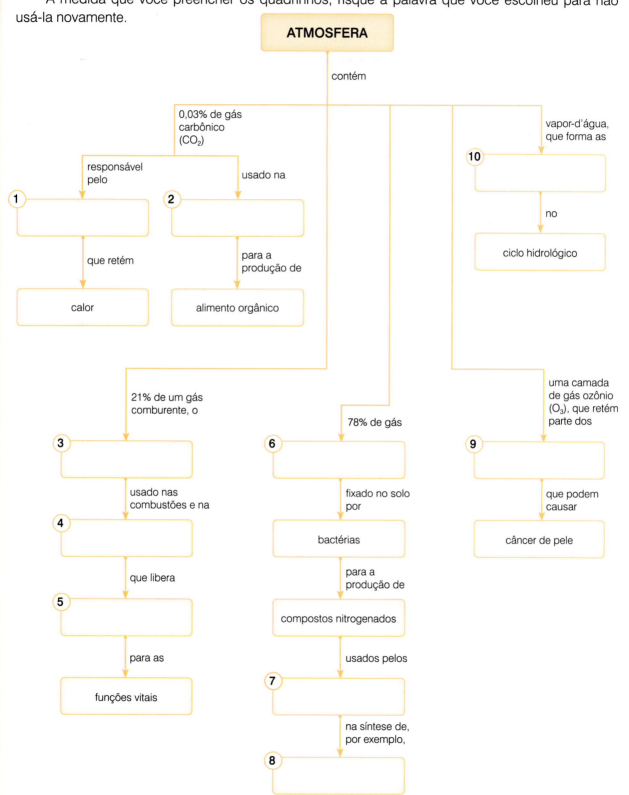

ATMOSFERA

contém

0,03% de gás carbônico (CO_2)

responsável pelo

1

que retém

calor

usado na

2

para a produção de

alimento orgânico

vapor-d'água, que forma as

10

no

ciclo hidrológico

21% de um gás comburente, o

3

usado nas combustões e na

4

que libera

5

para as

funções vitais

78% de gás

6

fixado no solo por

bactérias

para a produção de

compostos nitrogenados

usados pelos

7

na síntese de, por exemplo,

8

uma camada de gás ozônio (O_3), que retém parte dos

9

que podem causar

câncer de pele

Atividades

1. **[1, 3, 6, 7, 9, 10]** Cerca de 99% da massa da atmosfera está concentrada abaixo de 30 km, sendo que 90% dessa massa encontra-se em menos de 16 km de altura. E quanto mais próximo da superfície do planeta (50% da massa da atmosfera está concentrada em menos de 5,6 km de altura), mais concentrados estão os gases da atmosfera, ou seja, maior a densidade da atmosfera. Por que isto ocorre?

2. **[1, 10]** Quais são os principais gases que compõem a atmosfera terrestre? Quais são as suas porcentagens?

3. **[1, 3, 6, 7, 9, 10]** Em qual camada da atmosfera está concentrada a maior massa de gases?

4. **[1, 3, 6, 7, 9, 10]** Como a atmosfera protege a Terra contra meteoritos que chegam do espaço?

5. **[1, 9, 10]** O ar que respiramos hoje não é o mesmo de quando a atmosfera surgiu com o planeta há 4,6 bilhões de anos. Quais eram os principais gases existentes na atmosfera primitiva?

6. **[1, 9, 10]** Como surgiu o oxigênio em nosso planeta?

7. **[1, 3, 6, 7, 9, 10]** Você sabe que as moléculas de um gás ocupam todo o espaço disponível, então por que as moléculas de ar não se espalham pelo espaço interplanetário?

8. **[1, 10]** Que nome se dá à energia gerada pelo vento?

9. **[1, 9, 10]** Por que a energia gerada pelo vento é considerada um tipo de "energia limpa"?

10. **[1, 9, 10]** O ar pode atrapalhar nossas vidas, como, por exemplo, aumentando o gasto de combustíveis dos veículos, pois quanto maior a velocidade, maior a resistência ao deslocamento. Porém, o movimento do ar pode ser usado a nosso favor, por exemplo, para movimentar grandes cata-ventos, as turbinas eólicas. Existem muitas outras situações em que o vento age a nosso favor. Cite algumas dessas situações.

11. **[1, 9, 10]** Cite os três principais gases da atmosfera relacionados com a possibilidade de vida nos ecossistemas. De que processo(s) realizado(s) pelos seres vivos cada um desses gases participa?

12. **[1, 9, 10]** Você aprendeu que nossa atmosfera é uma camada de ar que envolve o planeta. Aprendeu também que essa camada de ar é formada por vários gases. Dos gases citados no texto, quais você considera mais importantes para a vida no planeta? Qual é o gás encontrado em maior quantidade no planeta?

13. **[1, 3, 6, 7, 9, 10]** O que pode ocorrer se o ciclo do nitrogênio for interrompido, por exemplo, com a morte das bactérias que vivem nas raízes das plantas leguminosas?

14. **[1, 3, 6, 7, 9, 10]** Todos os animais consomem continuamente oxigênio da atmosfera, contudo ele nunca chega ao fim. Como você explica isso?

15. **[1, 3, 6, 7, 9, 10]** Um astronauta na Lua gostaria de fazer um experimento envolvendo o fogo. Ele sabe que é necessário um combustível. Para isso, coloca uma pequena folha de papel sobre o solo lunar e, em seguida, com um fósforo vai colocar fogo no papel. O astronauta conseguirá realizar o seu experimento com sucesso? Explique.

16. **[1, 3, 6, 7, 9, 10]** Os alpinistas que escalam montanhas com altitudes acima de 4.000 metros, por medida de segurança levam recipientes contendo gás oxigênio. Por que isso é necessário?

17. **[1, 9, 10]** No texto, você aprendeu como ocorre a combustão. Identifique em uma vela acesa os elementos que se comportam como combustível e como comburente.

18. **[1, 9, 10]** Escreva um pequeno texto resumindo tudo o que você aprendeu sobre reações químicas e ilustre com um exemplo.

Pipas: de brincadeira de criança a instrumento da Ciência

Papagaio, maranhão, pandorga, arraia, raia, cafifa ou, simplesmente, pipa. Não importa o nome que este brinquedo receba, geralmente ele é feito com uma armação de varetas de madeira leve, papel ou plástico fino e linha. Em uma de suas pontas se prende uma fita, o rabo ou rabiola, que lhe proporciona certa estabilidade quando empinada no ar por meio de uma linha.

Fabricar e colocar uma pipa no ar é sempre uma grande diversão! E essa diversão tem muito a nos ensinar. Por exemplo, como podemos explicar o voo de um objeto "mais pesado" que o ar? Que propriedades do ar possibilitam esses voos?

É impossível empinarmos uma pipa sem vento. Se tentarmos, ela irá cair devido à força de gravidade. Por outro lado, se a linha que a prende se romper, a pipa se solta e, então, é empurrada pelo vento, acompanhando o movimento da corrente de ar. Mas quando está presa à linha, a força aplicada pelo fio impede o movimento da pipa a favor do vento e, ao mesmo tempo, lhe dá a inclinação adequada, que deve ser exata para que o vento empurre o conjunto para cima. Portanto, para que a pipa fique suspensa no ar, é preciso compreender algumas leis da Física relacionadas à gravidade e conhecer as propriedades do ar, tema deste nosso capítulo.

ANA OLÍVIA JUSTO/acervo da editora

O ar que ocupa o espaço interno do copo impede a entrada da água. Ao incliná-lo levemente, o ar sai na forma de bolhas.

O ar ocupa espaço

O ar está sempre presente em nossas vidas e sem ele não existiríamos. Apesar disso, muitas vezes, nos esquecemos de que somos cercados por ele. Quando afirmamos que um copo ou uma garrafa estão vazios, estes objetos estão, na verdade, cheios de ar. Ao tentar mergulhar um copo ou uma garrafa com a extremidade aberta voltada para baixo em um recipiente com água, a água não irá entrar, pois o interior dos recipientes está cheio de ar. Porém, se lentamente inclinarmos os recipientes, iremos permitir que a água entre em seu interior. Ela irá ocupar o espaço anteriormente preenchido pelo ar. As bolhas que se deslocam para a superfície são formadas do ar que ocupava o interior do copo ou da garrafa. Para que a água entre, o ar precisa sair, pois tanto o ar quanto a água são tipos de matéria, têm *massa* e *volume*; portanto, não podem ocupar o mesmo lugar no espaço ao mesmo tempo.

O ar tem massa

O ar é perfeitamente transparente, ou seja, ele é invisível. O ar também não tem cheiro, por isso dizemos que ele é inodoro. Porém, o ar, como já foi dito, além de ocupar lugar no espaço, tem massa.

Quando se coloca água para ferver, já deve ter notado que o líquido se transforma em vapor e torna-se invisível, passando a fazer parte do ar. De fato, toda a água que você vê, um dia fez parte do ar, quando se encontrava na forma de vapor, como você pode notar no ciclo da água. Se a água em sua forma líquida possui massa e ocupa lugar no espaço, o mesmo ocorre quando ela está na fase de vapor, fazendo parte do ar. Além do vapor-d'água, o ar tem outros gases misturados, que em condições normais não se tornam líquidos como a água. Porém **todos esses gases têm massa** e, portanto, são atraídos pela força de gravidade do planeta, acumulando-se nas camadas mais baixas da atmosfera.

G-STOCKSTUDIO/SHUTTERSTOCK

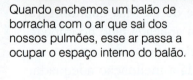

Quando enchemos um balão de borracha com o ar que sai dos nossos pulmões, esse ar passa a ocupar o espaço interno do balão.

O ar tem massa, como podemos comprovar pela montagem ao lado. Note que, à esquerda, o cabide está equilibrado com dois balões iguais cheios de ar, um em cada extremidade. Quando retiramos o ar de um deles, como na montagem à direita, o cabide sai da posição de equilíbrio e pende para o lado do balão cheio de ar.

ANA OLÍVIA JUSTO/acervo da editora

▶ Massa é diferente de peso?

Na linguagem do dia a dia, as pessoas empregam as palavras **massa** e **peso** como se fossem sinônimos. Na verdade há uma diferença. A *massa* está relacionada com a quantidade de matéria presente seja em um corpo sólido, um líquido ou um gás. O *peso*, porém, depende da atração gravitacional exercida sobre essa massa.

Assim, um corpo com certa massa terá pesos diferentes se estiver em locais onde a gravidade é diferente, como, por exemplo, na superfície da Terra e na superfície da Lua.

Lembrando que a atração gravitacional da Lua é seis vezes menor que a da Terra, para erguer um corpo na Lua, por exemplo, um livro, você aplicaria uma força seis vezes menor do que a força necessária para erguê-lo na Terra.

Agora, como o ar tem massa e está sujeito à ação da gravidade, ele também tem **peso**.

> **Lembre-se!**
>
> Corpos de *mesma massa*, dependendo da *atração gravitacional* que atua sobre eles, têm *pesos diferentes*.

▶ O ar se expande

O ar é uma mistura de gases e, como vimos anteriormente, suas moléculas encontram-se espalhadas e em movimento desordenado, chocando-se constantemente com as superfícies de contato.

Ao colocarmos uma pequena quantidade de água no estado líquido em um copo, ela se acomodará no fundo do recipiente. Com a matéria no estado gasoso isso não ocorre, pois ela nunca se acumula em um único ponto do recipiente, espalhando-se por todo o espaço interno disponível. Lembre-se, por exemplo, do perfume que, na forma de gás, se espalha por todo o ambiente. Assim, concluímos que o ar tende a ocupar todo o espaço disponível. A esta propriedade dos gases em geral dá-se o nome de **expansibilidade**.

AFRICA STUDIO/SHUTTERSTOCK

TOBIAS1900/SHUTTERSTOCK

A matéria no estado líquido se deposita no fundo do recipiente, porém, no estado gasoso se espalha por todo o ambiente, como quando abrimos um frasco de perfume. Isso acontece porque as partículas no estado gasoso possuem individualmente maior quantidade de energia do que no estado líquido.

Então, uma mesma quantidade de ar pode expandir-se quando transferida de um ambiente menor para outro maior. É claro que, nesse caso, as moléculas dos gases que compõem o ar se afastam umas das outras ainda mais.

Expansibilidade. O mesmo número de moléculas de um gás, representadas por bolinhas, ocupando espaços diferentes. (Cores-fantasia. Ilustrações fora de escala.)

O ar pode ser comprimido

Já vimos anteriormente que para juntarmos moléculas de um gás bastaria retirar parte da energia que as mantém em movimento. Podemos fazer isso esfriando o gás. O abaixamento da temperatura diminui a movimentação de suas moléculas. Por exemplo, ao esfriarmos o vapor-d'água, suas moléculas se aproximam, o vapor se condensa e se transforma em líquido, estado físico em que a agitação das moléculas é menor do que no estado gasoso.

Outra maneira de aproximarmos as moléculas que se encontram no estado gasoso, fazendo com que ocupem um espaço ou volume menor, é por meio do uso de força.

Isso pode ser demonstrado usando-se uma seringa sem agulha. Quando puxamos o êmbolo (parte móvel) para trás, a seringa se enche de ar. Se, com um dedo, obstruirmos a saída de ar e em seguida aplicarmos uma força sobre o êmbolo, empurrando-o para dentro, o ar pressionado passará a ocupar um volume menor. Dizemos que o ar foi **comprimido**. Isso ocorre devido a uma propriedade ou característica dos gases chamada de **compressibilidade**.

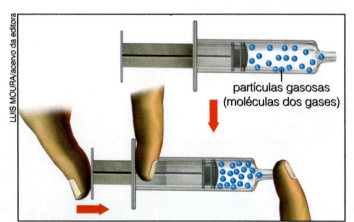

partículas gasosas (moléculas dos gases)

Uma mesma quantidade de gases pode ocupar volumes diferentes. Quando comprimido dentro de um recipiente de parede rígida, o gás passa a ocupar um volume menor. A essa propriedade dá-se o nome de *compressibilidade*. (Cores-fantasia. Ilustrações fora de escala.)

O ar é elástico

Em uma seringa, com o ar sendo comprimido, quando o êmbolo é solto a força aplicada aos gases por meio do êmbolo desaparece e a mistura gasosa se expande, voltando a ocupar o volume inicial. Essa propriedade dos gases é chamada de **elasticidade**: os gases tendem a voltar a ocupar o volume inicial de um recipiente após cessar a força que os comprime.

O ar exerce pressão

Já vimos que o ar pode ser comprimido, quando aplicamos uma força sobre as moléculas dos gases que o compõem.

Por meio de um experimento muito simples, podemos demonstrar que o ar exerce pressão. Pegue uma bexiga, como as que são usadas em festas de aniversário, e vá enchendo devagar. Perceba que ela vai se esticando cada vez mais, pois o ar comprimido em seu interior exerce uma pressão sobre a parede interna da bexiga, forçando-a a se expandir.

Como você já sabe, o ar possui massa e está sujeito à força gravitacional do planeta. Logo, o ar tem peso e esse peso pressiona qualquer superfície com a qual o ar está em contato. A pressão exercida pelo ar na Terra é chamada de **pressão atmosférica**, porque a atmosfera é a camada de ar que exerce essa pressão.

> **Lembre-se!**
>
> O ar também exerce pressão sobre tudo aquilo que ele envolve, inclusive sobre nós, seres humanos, como se estivéssemos mergulhados em um oceano gasoso.

ESTABELECENDO CONEXÕES
Cotidiano

Por que o avião voa?

Bem, a maioria das pessoas diria que é porque tem asas! Mas por que será que as asas permitem o voo?

Observe a figura abaixo, que representa de maneira simplificada um corte da asa de um avião. A parte superior apresenta uma curvatura e a parte de baixo é plana. Dessa forma, a distância percorrida pelo ar em sua face superior é maior do que na inferior.

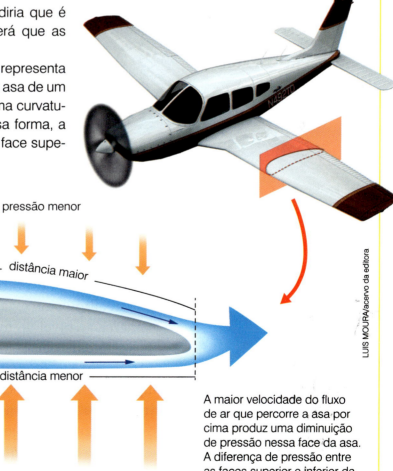

pressão menor

distância maior

fluxo de ar

distância menor

pressão maior

LUIS MOURA/acervo da editora

A maior velocidade do fluxo de ar que percorre a asa por cima produz uma diminuição de pressão nessa face da asa. A diferença de pressão entre as faces superior e inferior da asa produz a sustentação que mantém o avião no ar.

O ar que se choca com a parte frontal da asa divide-se em duas correntes; uma superior, outra inferior. Se ambas percorrem distâncias diferentes em um mesmo tempo e reencontram-se na parte posterior da asa, a corrente que percorre a face superior deve ser mais veloz. Essa diferença de velocidade provoca uma diminuição da pressão na parte de cima e a força que o ar exerce de baixo para cima sobre a área inferior da asa mantém o avião no ar. Assim, os aviões voam porque a forma das suas asas cria uma força aerodinâmica de sustentação!

Essa força para cima deve ser suficientemente intensa para sustentar o peso do avião, por isso sua velocidade deve ser relativamente alta. O impulso é dado pelas hélices ou pelas turbinas a jato. Para ajudar, as aeronaves são fabricadas com materiais leves: por fora, ligas de metais leves; por dentro, plásticos, espumas.

ENTRANDO EM AÇÃO

Compreendendo o funcionamento das asas de um avião em voo

Para entender melhor como a asa do avião atua no voo, pegue uma folha de papel e a segure esticada horizontalmente e encostada em seu **lábio inferior**. Em seguida, sopre fortemente de modo que o ar percorra a face superior da folha, como mostra a figura ao lado.

Repita o passo anterior soprando com intensidades diferentes. O que você observa? Como pode relacionar o que acontece com a folha com o que acontece com a asa do avião durante o voo?

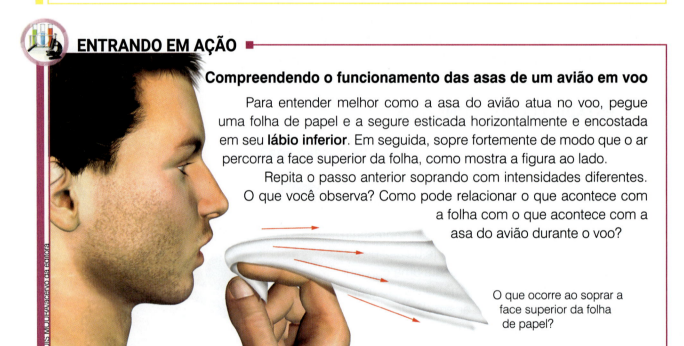

O que ocorre ao soprar a face superior da folha de papel?

Torricelli e a pressão atmosférica

O físico e matemático italiano Evangelista Torricelli (1608-1647), aluno brilhante e membro da equipe de Galileu Galilei, realizou uma experiência para demonstrar a pressão que o ar exerce ao nível do mar.

Torricelli tomou um tubo longo de vidro (de cerca de 1 m), aberto em apenas uma das extremidades, e encheu-o completamente com mercúrio, metal líquido usado em muitos termômetros. Tampou a extremidade aberta com o dedo e, invertendo o tubo, mergulhou essa extremidade em uma bacia cheia de mercúrio. Quando destampou a extremidade aberta, a coluna de mercúrio que estava no interior do tubo desceu e parou ao chegar à altura de 76 cm em relação à superfície do mercúrio na bacia.

Lembre-se!

As medidas do experimento de Torricelli foram feitas ao nível do mar.

Torricelli percebeu que não importava o comprimento do tubo utilizado (desde que fosse superior a 76 cm), que o mercúrio sempre escoava para a bacia até a altura de 76 cm, deixando uma região vazia na extremidade superior. Dizemos que nessa região se forma o **vácuo**, ou seja, um espaço onde não existe ar. Portanto, acima da superfície do mercúrio do tubo não existe atmosfera.

Mas por que o mercúrio no interior do tubo sempre se estabilizava quando a coluna chegava aos 76 cm de altura? A resposta estava na pressão do ar fora do tubo sobre a superfície líquida do mercúrio da bacia. O mercúrio parou de descer quando a altura da coluna atingiu 76 cm porque a pressão da coluna foi equilibrada pela pressão que o ar exerce sobre a superfície do mercúrio fora do tubo, na bacia. Esta pressão exercida sobre a superfície do mercúrio na bacia é a **pressão atmosférica**. No equilíbrio, essa pressão é exatamente igual à pressão da coluna de mercúrio do interior do tubo, pois em seu interior a pressão atmosférica não atua (lembre-se que o tubo é fechado na extremidade superior, restando aí somente uma região vazia).

Portanto, é o peso do ar sobre a superfície do mercúrio da bacia, isto é, a pressão do ar, que sustenta a coluna de mercúrio no interior do tubo. Se essa pressão diminuir, o mercúrio do interior do tubo flui para a bacia e a altura da coluna diminui. Por exemplo, se fosse possível transportar todo esse conjunto montanha acima, você notaria que a coluna de mercúrio iria diminuindo lentamente, à medida que você subisse a montanha. Voltando a descer a montanha, o peso do ar aumentaria, pressionando cada vez mais a superfície do mercúrio da bacia, fazendo com que ele entrasse no tubo e sua altura iria aumentar até atingir 76 cm ao nível do mar.

É importante ressaltar que a altura da coluna depende da densidade do líquido que a preenche. Sendo assim, a altura da coluna será de 76 cm se o líquido for o mercúrio.

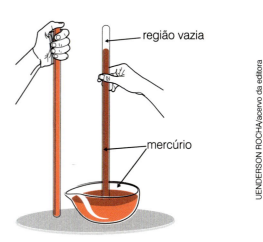

Ilustração do aparelho usado por Torricelli.

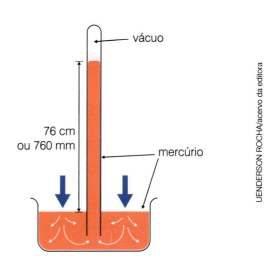

Neste esquema da aparelhagem usada por Torricelli, as duas setas verticais indicam a ação do peso do ar que gera pressão sobre a superfície externa do mercúrio. É essa pressão atmosférica que equilibra a coluna de mercúrio no interior do tubo, que ao nível do mar apresenta uma altura de 76 cm.

A pressão atmosférica varia com a altitude. Quanto maior a altitude, menor o peso da camada de ar sobre os corpos, isto é, menor a pressão atmosférica e, portanto, menor a altura da coluna de mercúrio no barômetro de Torricelli. (Cores-fantasia. Ilustrações fora de escala.)

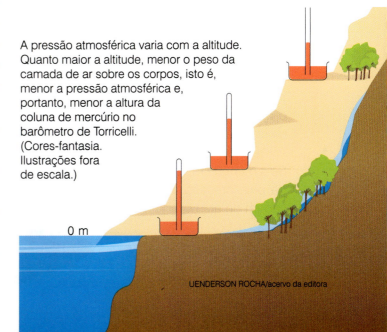

Foi assim, a partir dessa aparelhagem bastante simples, que Torricelli demonstrou a existência da pressão atmosférica e criou uma maneira de medi-la. Seu aparelho, foi o primeiro **barômetro** da história, nome dos instrumentos usados para medir a pressão atmosférica.

Dizemos, então, que a pressão atmosférica ao nível do mar é equivalente a uma coluna de mercúrio de 76 cm de altura, que chamamos de 1 atm (1 atmosfera). Acompanhe na tabela abaixo a variação da altura da coluna de mercúrio em diferentes altitudes.

Jogo rápido

Como já vimos, os barômetros são aparelhos que medem a variação da pressão atmosférica. Vimos também que essa pressão varia com a altitude. Portanto, os barômetros servem também para medir altitudes; nesse caso, são chamados de **altímetros**.

Em que meio de transporte a utilização de um altímetro é importante?

Variação da pressão atmosférica em diferentes altitudes.

Nível do mar	Pressão
0 m	1 atm
3.000 m	0,69 atm
6.000 m	0,44 atm
9.000 m	0,29 atm
12.000 m	0,18 atm

É SEMPRE BOM SABER MAIS!

Como descobrir a pressão atmosférica em sua cidade

Você já aprendeu que à medida que nos elevamos na atmosfera a altura da coluna líquida de mercúrio no aparelho de Torricelli diminui. A cada 100 m que subimos, a partir do nível do mar, a coluna de mercúrio desce aproximadamente 1 cm. Assim, em uma cidade situada a 700 m de altitude (São Paulo, por exemplo) a coluna atingirá 69 cm de altura, isto é, 7 cm abaixo do valor registrado ao nível do mar (76 cm – 7 cm = 69 cm).

ESTABELECENDO CONEXÕES
Cotidiano

Por que as mangueiras dos aspiradores de pó devem ser resistentes?

Se você já teve oportunidade de ver de perto um aspirador de pó, deve ter reparado que a mangueira é feita de um material bem resistente. Isso porque, ao ligar o aparelho, o ar é sugado a uma velocidade muito alta, de modo que a pressão no tubo diminui em relação à pressão externa (pressão atmosférica). Se a mangueira não for resistente, ela será comprimida pela pressão atmosférica, impedindo a passagem do ar.

TATIANA POPOVA/SHUTTERSTOCK

Como ouvimos os sons

Para que o som se propague no ar é necessário produzir uma vibração das moléculas dos gases que compõem o ar. Essas vibrações se espalham e atingem nossas orelhas, fazendo vibrar nossos tímpanos. Os tímpanos, por sua vez, vibrando como o couro esticado na superfície de um tambor, transmite as vibrações às terminações nervosas de nossa orelha interna gerando impulsos nervosos. Quando esses impulsos chegam à área auditiva do nosso cérebro são interpretados como sons.

Tímpano: membrana que separa a orelha externa da orelha média.

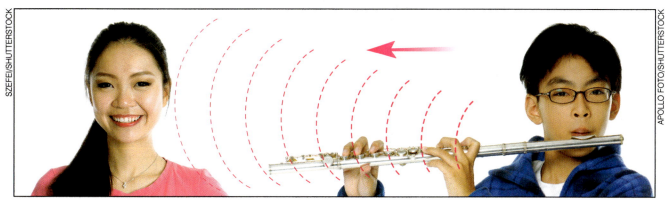

O som se propaga em ondas, que consistem na vibração das moléculas dos gases que compõem o ar.

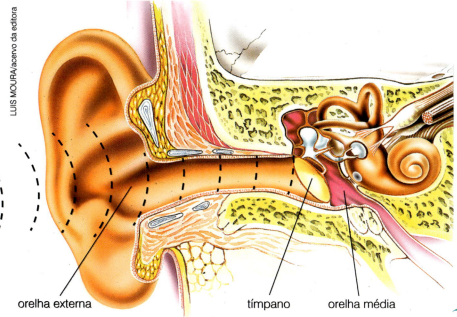

orelha externa   tímpano   orelha média

As ondas sonoras, ao atingirem nossas orelhas, fazem o tímpano vibrar.

O som pode propagar-se através de qualquer meio onde existam partículas (átomos, moléculas) capazes de transmitir as vibrações. Propaga-se mais rapidamente nos sólidos, onde as partículas encontram-se bem próximas umas das outras. Nos líquidos, cujas partículas estão mais afastadas, a condução do som é mais lenta que nos sólidos. O som propaga-se mais lentamente nos gases, porque no estado gasoso as partículas estão ainda mais distanciadas do que nos líquidos.

Jogo rápido

Se instalarmos uma campainha dentro de uma câmara de vácuo, à medida que vamos retirando o ar da câmara o som da campainha vai desaparecendo até não poder mais ser ouvido. Por quê?

EM CONJUNTO COM A TURMA!

Com seu grupo de trabalho, façam uma pesquisa para saber qual é a importância da emissão de sons na vida de alguns animais. Procurem saber o que é um ultrassom e como certos animais os utilizam para sua orientação.

DE OLHO NO PLANETA
Ética & Cidadania

Minha música preferida

Sem dúvida, uma banda ou até mesmo um bom samba merecem ser ouvidos com o som um pouco mais intenso. Mas será que sons constantemente intensos podem afetar a audição, além de incomodar aos vizinhos? A resposta é sim.

Em nossa orelha interna, temos (em uma estrutura chamada cóclea) células especializadas com pequenos cílios que vibram conforme a intensidade do som. Sons muito fortes me a intensidade do som. Sons muito fortes podem fazer com que esses cílios, vibrando intensamente, se rompam ou se dobrem, causando uma perda de audição real.

Agora, quanto aos vizinhos, imagine uma música de que você não goste. Qualquer uma. Como você se sentiria se seu vizinho a tocasse em um volume bem intenso, frequentemente, de forma que interferisse com qualquer outro som que você quisesse ouvir?

ENTRANDO EM AÇÃO

Percepção do som

Você vai precisar de uma régua escolar e de uma mesa.

Encoste uma das extremidades de sua régua na posição vertical em uma lateral do tampo de uma mesa, como mostra a figura abaixo.

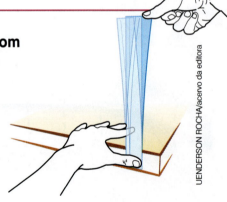

UENDERSON ROCHA/acervo da editora

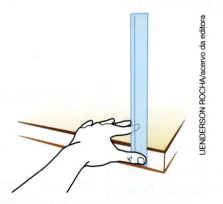

UENDERSON ROCHA/acervo da editora

Segure-a firmemente com um dos polegares e, com a outra mão, produza uma oscilação (vibração) na extremidade oposta da régua.

Repita o mesmo procedimento várias vezes, apenas diminuindo a extensão da régua acima do tampo. Houve diferença na percepção dos sons? Procure explicar o motivo dessas alterações.

Com sua mão, bata levemente no tampo da mesa e perceba o som emitido. A seguir, encoste sua orelha no mesmo tampo de mesa e bata de modo suave sobre o tampo novamente com a mesma intensidade. Qual é a diferença na percepção do som nesses dois casos? O que se pode concluir disso?

Nosso desafio

Para preencher os quadrinhos de 1 a 12 sobre as principais propriedades do ar, você deve utilizar as seguintes palavras: compressível, comprimido, elasticidade, expansível, forças, maior, massa, menor, moléculas, peso, pressão, volume.

À medida que você preencher os quadrinhos, risque a palavra que você escolheu para não usá-la novamente.

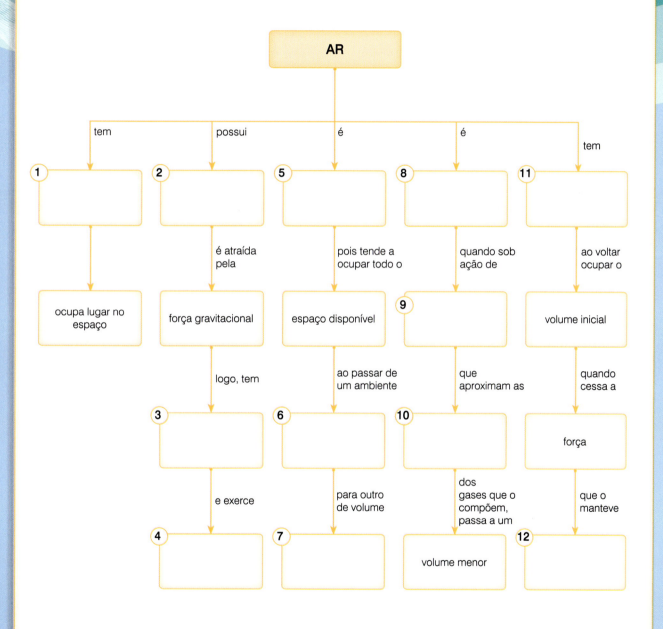

Atividades

1. [1, 3, 6, 7, 9, 10] Você pega um copo no armário da cozinha de sua casa e o mergulha com a extremidade aberta voltada para baixo em um recipiente contendo água e nota que a água não entra no copo. Por meio de um experimento muito simples como esse é possível observar uma das propriedades mais importantes dos gases. Que propriedade é essa?

2. [1, 3, 6, 7, 9, 10] Pedro e Paulo conversavam sobre a aula de Ciências quando, com sede, Paulo colocou água em um copo. Imediatamente Pedro exclamou: "Note como a água ao entrar no copo vai expulsando o ar", ao que Paulo completou: "E a água fica no fundo porque é mais pesada do que o ar". As afirmações de Pedro e Paulo estão corretas? Justifique sua resposta.

3. [1, 3, 6, 7, 9, 10] A calibração dos pneus é muito importante para a segurança dos veículos. Observe, por exemplo, uma bicicleta. A quantidade de ar que colocamos em seus pneus está diretamente ligada a sua trepidação ao trafegar, por exemplo, por uma rua esburacada. Quanto mais ar você coloca nos pneus, mais a bicicleta irá trepidar ao trafegar. O mesmo efeito pode ser notado em uma bola. Tome, por exemplo, uma bola de basquete murcha, coloque-a na altura de sua cabeça, solte-a e observe a altura que ela retorna após chocar-se com o solo. Coloque mais ar em seu interior e abandone a bola da mesma altura. O que você observa? Ela retornará a uma altura maior. De acordo com as situações descritas acima, responda:

a) O que ocorre com o ar ao ser colocado no interior de um pneu ou de uma bola?

b) Como é chamada a condição em que se encontra o ar no interior de um pneu ou de uma bola?

c) Que propriedade dos gases faz com que aumente a trepidação de um veículo, quando se aumenta a quantidade de gás em seus pneus?

4. [1, 3, 6, 7, 9, 10] Por que o ar é considerado elástico?

5. [1, 3, 6, 7, 9, 10] Por que o ar pode ser comprimido?

6. [1, 3, 6, 7, 9, 10] Imagine uma bexiga vazia, como as que são usadas em festas de aniversário e suponha que você coloque lentamente ar em seu interior. À medida que você assopra o ar, a bexiga vai se esticando cada vez mais. Por que isso ocorre?

7. [1, 3, 6, 7, 9, 10] Um garoto recebe de seu pai uma bexiga cheia com gás hélio, que flutua presa por um fio e que tende a subir. Em casa, ele guarda a bexiga em seu quarto, que, ao ser solta, sobe e permanece em contato com o teto. Após alguns dias o garoto nota que a bexiga esvaziou e permanece no chão sobre o assoalho de seu quarto. Ao encher a bexiga, assoprando ar em seu interior, nota que ela não flutua. Explique por que a bexiga deixou de flutuar.

8. [1, 3, 6, 7, 9, 10] Como é possível retirar energia do vento?

9. [1, 3, 6, 7, 9, 10] Sabemos que a pressão atmosférica está associada com o fato de que o ar tem massa e ocupa lugar no espaço. Levando em conta esse fato, onde a pressão do ar é maior: em locais de menor altitude ou em locais de maior altitude?

10. [1, 3, 6, 7, 9, 10] Um compressor é qualquer dispositivo que eleva a pressão do ar acima da pressão atmosférica. Eles são usados, por exemplo, para encher os pneus dos carros. Quando um veículo tem o seu pneu perfurado, por exemplo, por um prego, o ar que está em seu interior flui para fora. Explique, usando as propriedades do ar, por que ele escapa para fora do pneu.

11. [1, 8] Quem foi o cientista que demonstrou a existência da pressão atmosférica e criou uma maneira de medi-la?

12. [1, 3, 6, 7, 9, 10] Observe e compare as figuras a seguir e responda: por que o líquido não sobe pelo canudo quando o recipiente está fechado (figura a) e sobe quando está aberto (figura b)?

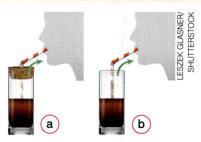

13. [1, 3, 6, 7, 9, 10] Em qual cidade as pessoas estão submetidas a uma pressão atmosférica maior: Recife, localizada ao nível do mar, ou Campos do Jordão, localizada a 1.628 metros de altitude? Justifique sua resposta.

14. [1, 3, 6, 7, 9, 10] Tome uma folha de caderno e corte uma tira de papel com, por exemplo, 20 cm de comprimento e 3 cm de largura. Em seguida faça uma pequena dobra em uma de suas extremidades e com os dois dedos indicadores, comprima essa dobra em seu lábio inferior. Olhando para frente, comece assoprando horizontal e suavemente pela face superior da tira, e aumente o fluxo de ar até que a tira permaneça na horizontal. Como é possível explicar que um fluxo de ar somente pela face superior faça a tira flutuar?

15. [1, 3, 6, 7, 9, 10] Suponha uma seringa sem agulha, cuja extremidade aberta é imersa em um copo com água. Ao puxar o êmbolo para trás, a seringa enche-se de água. Explique por que isso ocorre.

16. [1, 3, 6, 7, 9, 10] Como se comportaria na Lua o barômetro inventado por Torricelli?

17. [1, 3, 6, 7, 9, 10] Considere que a cada 100 metros de altitude a coluna de mercúrio do barômetro de Torricelli diminui de 10 milímetros (1 centímetro). Procure se informar a respeito da altitude de sua cidade e calcule a altura da coluna de mercúrio que esse barômetro marcaria em sua cidade.

18. [1, 3, 6, 7, 9, 10] Você fez uma experiência onde encheu um copo com água até a boca. Em seguida, colocou uma folha de papel bem ajustada à borda do copo e o virou de boca para baixo. Se for repetir o experimento, para facilitar, você pode colocar um livro so-

bre a folha de papel para auxiliar no momento em que for virar o copo de boca para baixo. Como você observou ao retirar a mão (ou o livro), a água não cai do copo, pois a pressão exercida pela atmosfera sobre o papel vai mantê-lo preso à borda do copo. Note que a pressão atmosférica é tão intensa que sustenta a coluna de água no interior do copo.

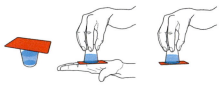

Agora, suponha que fosse possível substituir a água por mercúrio e que o copo fosse um tubo de vidro semelhante ao usado por Torricelli.

a) Aproximadamente, qual seria a altura máxima da coluna de mercúrio que poderia ser utilizada no lugar da água, se a experiência fosse realizada em sua cidade?

b) Caso fosse possível realizar essa experiência por um astronauta na Lua, qual seria a altura da coluna de mercúrio nesse satélite?

19. [1, 3, 6, 7, 9, 10] Gabriela pressionou o desentupidor de pia no azulejo e ele ficou grudado. Como é possível explicar isto?

20. [1, 3, 6, 7, 9, 10] Abaixo, na coluna da esquerda, são fornecidos alguns instrumentos muito utilizados para efetuar medidas de eventos que ocorrem na atmosfera. Relacione esta coluna com a coluna da direita.

a) termômetro
b) barômetro
c) higrômetro
d) biruta
e) anemômetro

( ) Instrumento que mede a velocidade do vento.

( ) Instrumento que indica o sentido de movimento do vento.

( ) Instrumento que mede a umidade do ar.

( ) Instrumento utilizado para medir a pressão atmosférica e que também pode ser utilizado para medir a altitude.

( ) Instrumento que mede a temperatura.

capítulo 18

FENÔMENOS NATURAIS E IMPACTOS AMBIENTAIS

Terra: um planeta em constantes modificações

Com certeza, você já ouviu falar em terremotos, os tremores de terra que vira-e-mexe causam grandes estragos e perdas de vida em nosso planeta.

Já foram mencionados na mitologia como causadores do desaparecimento do "continente perdido de Atlântida", que teria sido uma ilha – não um continente – no meio do oceano Atlântico. Segundo os escritos de Platão, filósofo e matemático grego, no século IV a.C., a ilha teria desaparecido após um desastre natural de grandes proporções, como a erupção de um gigantesco vulcão seguida por violentos terremotos. Se existiu ou não a ilha, até hoje os estudos nada revelaram ao certo.

É fato que as grandes erupções vulcânicas podem causar tanto o desaparecimento como o surgimento de novas ilhas ou o aumento das já existentes. Uma delas surgiu em novembro de 2013, ao sul de Tóquio, no Japão, após violenta erupção vulcânica. A ilha que continua crescendo, alimentada por uma cratera que solta lava algumas vezes por dia, já se juntou à sua vizinha Nishinoshima e hoje, juntas, já têm cerca de 3 km².

Mas uma grande erupção vulcânica, como dissemos, pode causar o desaparecimento de terras. Uma delas, a considerada pior erupção vulcânica de que se tem registro, ocorreu em 1883 quando o vulcão Krakatoa, na Indonésia, deu início a uma sucessão de erupções e grandes explosões, levando à morte 37 mil pessoas e o desaparecimento da ilha de mesmo nome com todas as formas de vida que nela havia.

Você deve estar perguntando por que, de tempos em tempos, ocorrem erupções vulcânicas e por que acontecem os terremotos, que frequentemente resultam em modificações nas características do nosso planeta, como as descritas no texto. As respostas a essas perguntas você encontrará ao ler as páginas deste capítulo.

Um quebra-cabeças gigante

Quando começaram a surgir os primeiros mapas com o traçado das linhas da costa atlântica da América do Sul e da África, o filosofo inglês Francis Bacon (1561-1626), em 1620, apontou o perfeito encaixe entre essas duas costas e levantou a hipótese, pela primeira vez registrada, de que estes continentes estiveram unidos no passado. Porém, a hipótese de Francis Bacon não tinha nenhuma base científica.

Foi somente no início do século XX que Alfred Wegener (1880-1930) apontou fatos que ajudariam a comprovar essa hipótese, além da coincidência ente as linhas das costas dos dois continentes. Um desses fatos refere-se aos fósseis das mesmas espécies de plantas e animais que foram encontrados na África e no Brasil, nas áreas em que os contornos são correspondentes. Impossível imaginar que esses seres, pequenos e frágeis, tivessem um dia atravessado o oceano Atlântico.

Para Wegener, o segredo de um grande quebra-cabeças estava sendo decifrado: os continentes, que no passado estiveram unidos, formando um supercontinente, posteriormente teriam se separado e chegado às posições que conhecemos hoje. Assim, nascia a teoria conhecida por **deriva continental**.

Fósseis: nome dado aos restos (esqueleto, por exemplo) ou vestígios (pegadas, fezes, por exemplo) de seres vivos que se encontram nas camadas rochosas anteriores ao período geológico atual. Vão desde ossadas de enormes dinossauros até minúsculas plantas e seres microscópicos.

Deriva: movimento de afastamento.

É SEMPRE BOM SABER MAIS!

Em 1915, Wegener publicou um livro, *A Origem dos Continentes e Oceanos*, em que reuniu as evidências que encontrou para justificar sua teoria. Entretanto, ele não foi levado muito a sério pelo mundo científico da época.

Algumas questões levantandas não puderam ser respondidas, como, por exemplo: Que forças poderiam mover um continente inteiro?

Como uma crosta rígida como a continental deslizaria sobre outra crosta rígida, como a oceânica, sem que elas fossem quebradas? Infelizmente, as respostas a essas perguntas só vieram após a morte de Wegener, que faleceu em 1930, mas suas ideias acabariam revolucionando as Geociências.

Geociências: conjunto de ciências que estudam a Terra.

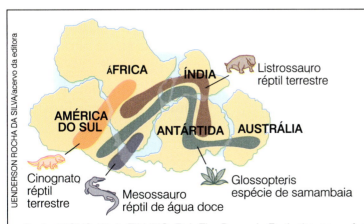

Registros fósseis de:

- Cinognato
- Glossopteris
- Mesossauro
- Listrossauro

ÁFRICA — ÍNDIA — Listrossauro réptil terrestre

AMÉRICA DO SUL — ANTÁRTIDA — AUSTRÁLIA

Cinognato réptil terrestre

Mesossauro réptil de água doce

Glossopteris espécie de samambaia

O registro fóssil foi uma evidência importante para a teoria da deriva continental proposta por Wegener. Observe na imagem acima as faixas coloridas: elas indicam que alguns fósseis foram encontrados de forma contínua através dos continentes, que agora estão separados por um imenso oceano.

UENDERSON ROCHA DA SILVA/acervo da editora

Fonte: KIOUS, W. J.; TILLING, R. I. *The Dynamic Earth:* the story of plate tectonics. Reston: USGS, 2008. p. 9.
Disponível em: <http://pubs.usgs.gov/gip/dynamic/continents.html>. *Acesso em:* 24 maio 2018. Adaptação.

Pangea, o supercontinente

Ao supercontinente formado no passado, Wegener denominou **Pangea**, (do grego, *pan* = todo e *gea* = Terra). Assim, Pangea (ou Pangeia) significa "toda a Terra" ou "todas as terras juntas".

De acordo com Wegener, posteriormente o supercontinente dividiu-se em dois: **Laurásia**, que deu origem à América do Norte, à Ásia e ao Ártico, e **Gondwana**, que originou a América do Sul, a África, a Austrália e a Índia.

A Pangea, cercada pelo oceano Pantalassa (do grego, *pan* = todo e *talassa* = = mar), que significa "todos os mares", começou a se fragmentar há cerca de 220 milhões de anos, sendo que essa separação prossegue até os dias de hoje.

POSIÇÃO DOS CONTINENTES AO LONGO DO TEMPO

250 milhões de anos atrás

200 milhões de anos atrás

145 milhões de anos atrás

65 milhões de anos atrás

UENDERSON ROCHA DA SILVA/ acervo da editora

Fragmentação do supercontinente Pangea ao longo do tempo.

Fonte: KIOUS, W. J.; TILLING, R. I. *The Dynamic Earth:* the story of plate tectonics. Reston: USGS, 2008. p. 7.
Disponível em: <http://pubs.usgs.gov/gip/dynamic/historical.html#anchor9508964>. *Acesso em:* 24 maio 2018. Adaptação.

A litosfera e a deriva continental

A litosfera compreende a crosta terrestre mais a parte superior e sólida do manto.

Você também já sabe que abaixo da litosfera existe uma região do manto em que rochas se apresentam em estado pastoso. É sobre essa camada pastosa que a litosfera se apoia. Por isso, a litosfera pode mover-se, deslocando-se vagarosamente. Com o passar do tempo ela se dividiu em placas, chamadas de **placas tectônicas** ou **placas litosféricas**.

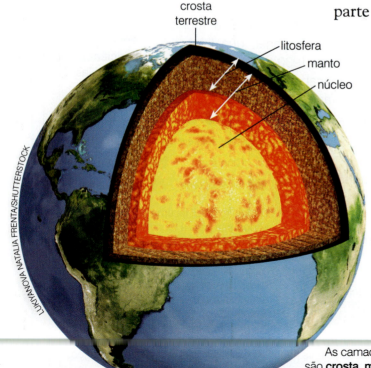

crosta
terrestre

litosfera
manto
núcleo

LUKIYANOVA NATALIA FRENTA/SHUTTERSTOCK

As camadas do planeta Terra, do seu exterior ao interior, são **crosta**, **manto** e **núcleo**. Observe que a porção do manto próxima à crosta terrestre forma com ela a chamada **litosfera**.

É sobre essas placas que se situam os continentes e os oceanos.

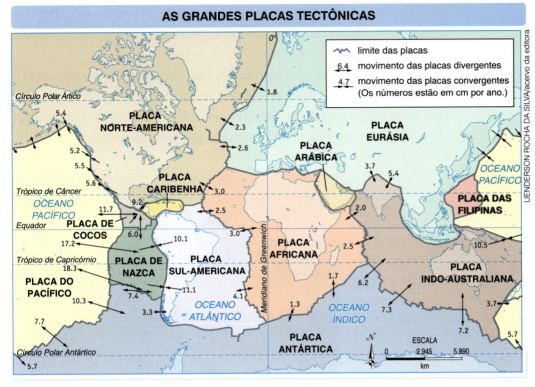

AS GRANDES PLACAS TECTÔNICAS

Fonte: ATLAS Geográfico Escolar: ensino fundamental do 6º ao 9º ano/ IBGE. Rio de Janeiro: IBGE, 2010. p.103. Adaptação.

A lenta movimentação das placas tectônicas pode afastar ou aproximar os fundos oceânicos e os continentes de 2 a 10 centímetros por ano. O deslocamento dos continentes é chamado de **deriva continental**, ideia proposta por Wegener no início do século XX.

ESTABELECENDO CONEXÕES

Geografia

Correntes de convecção e placas tectônicas

As placas tectônicas flutuam sobre a camada mais externa do manto da Terra, chamada *astenosfera*. Essa camada é mais fria do que a porção mais central do planeta, chamada *núcleo interno*, que apresenta temperatura e pressão extremamente altas, o que faz com que sua consistência seja líquida (magma).

A diferença de temperatura e, portanto, de densidade entre as camadas forma uma corrente de convecção, com o magma (mais quente e menos denso) se movimentando da região central para a astenosfera. Como essa camada é mais rígida, ela força as correntes para se movimentarem lateralmente, e em seu movimento vão perdendo calor. Menor temperatura leva a uma maior densidade, fazendo com que a massa se movimente para baixo novamente, em direção ao centro do planeta.

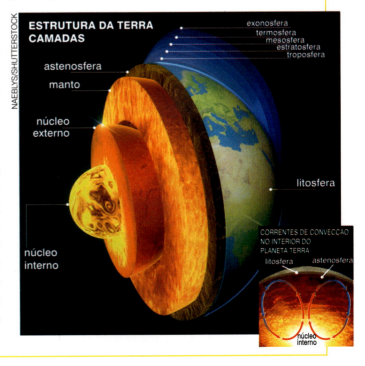

Adjacente: que está próximo.

Movimentos das placas tectônicas

Na movimentação das placas tectônicas pode ocorrer **colisão** entre duas placas adjacentes, **afastamento** ou um simples **deslizamento** de uma em relação à outra.

Quando duas placas *colidem* (se chocam), a pressão entre elas faz com que a crosta se eleve e se formem "dobras" ou, então, que uma placa mergulhe debaixo da outra. Muitas vezes, em caso de colisões entre placas, em virtude das fendas que se formam, o magma sobe à superfície.

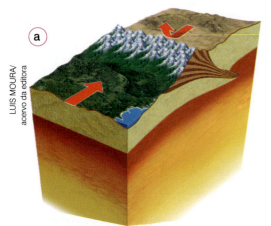

LUIS MOURA/ acervo da editora

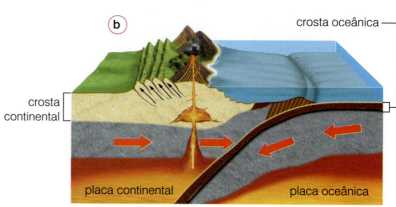

crosta oceânica

crosta continental

placa continental   placa oceânica

Grandes cadeias de montanhas foram formadas como resultado de colisão entre placas. (a) No caso da cadeia do Himalaia, por exemplo, a colisão ocorreu entre duas placas continentais. (b) Já os Andes foram formados por placas que colidiram, sendo que uma mergulhou sob a outra.

No caso de duas placas que se *afastam*, pode ocorrer que o magma que se encontra sob elas escape, se solidifique e forme novas rochas.

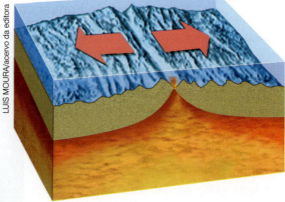

LUIS MOURA/acervo da editora

As placas tectônicas também podem *deslizar uma* em relação a outra, como acontece na falha de San Andreas, na América do Norte, limite entre a Placa do Pacífico e a Placa Norte-americana.

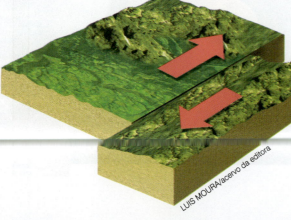

LUIS MOURA/acervo da editora

Terremotos e maremotos

O movimento das placas tectônicas também é responsável por "tremores" da crosta terrestre, os chamados **terremotos** ou **sismos**. Eles ocorrem como consequência da tensão causada pelo deslizamento lateral entre placas ou mesmo da zona de colisão entre elas. A pressão de uma placa sobre a outra vai se acumulando até que em determinado momento essa energia contida é liberada de forma brusca a partir de um ponto da crosta terrestre. A esse ponto inicial dá-se o nome de **foco** do terremoto.

Brusca: de modo inesperado, repentina.

A origem do terremoto (foco) não se situa na superfície da crosta terrestre, mas em seu interior, e a energia liberada a partir do foco se propaga por meio de ondas, as chamadas **ondas sísmicas**. São essas ondas que sentimos na superfície terrestre e que, dependendo de sua intensidade, causam grande destruição.

Esses sismos não ocorrem apenas na região continental – eles também podem ocorrer pelo encontro de duas placas tectônicas oceânicas (submarinas). Neste caso, o encontro entre as placas produz agitação e deslocamento de grandes volumes de água, que são chamados de **maremotos** ou *tsunamis*.

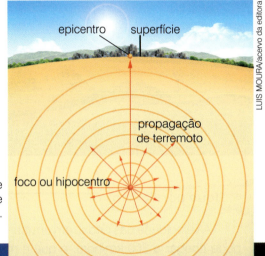

A propagação de um terremoto a partir de seu foco ocorre em ondas e o ponto na superfície terrestre imediatamente acima do foco é conhecido como epicentro do terremoto.

O terremoto que atingiu em 24 de agosto de 2016 a cidade histórica de Amatrice, na Itália, de 6,2 pontos na escala Richter, causou fortes danos. Estima-se que o hipocentro estava situado a 10 km de profundidade.

Nos *tsunamis*, o grande deslocamento repentino de água gera ondas de grande extensão (algumas com mais de 100 km de largura) que se deslocam a uma velocidade muita alta. À medida que se aproxima da costa, como a profundidade do oceano diminui, esse enorme volume de água forma ondas gigantescas, que podem atingir 30 m de altura. Como essas ondas ainda têm muita energia, elas avançam terra adentro, provocando efeitos devastadores.

No dia 11 de março de 2011, a costa nordeste do Japão sofreu um fortíssimo terremoto (naquela época, o quinto mais forte já registrado na história do nosso planeta), seguido de um violentíssimo *tsunami*. A tragédia deixou quase 16.000 mortos e 3.000 desaparecidos, além da destruição de milhares de construções.

LUIS MOURA/acervo da editora

Fique por dentro!

A velocidade das ondas em um *tsunami* pode chegar a 800 km/hora, o que é muito maior do que as ondas geradas pelo vento, cuja velocidade varia entre 8 e 100 km/h, e quase a mesma velocidade de deslocamento de um avião a jato comercial (900 km/h).

ESTABELECENDO CONEXÕES

Cotidiano

Quando a imprensa falar de um terremoto...

Nem todos os abalos sísmicos são iguais: eles variam desde leves tremores de terra até os fortíssimos, que ocasionam grandes perdas, tanto em termos de edificações quanto em vidas, e que são amplamente noticiados pelos órgãos de imprensa (como tevês e jornais, por exemplo).

Para medir esses abalos foram criadas algumas escalas, sendo que a primeira de que se tem notícia foi criada no século XVIII e classifica-

va a **intensidade** do terremoto (forte, muito forte, fraco, moderado). Mas no início do século XX foi desenvolvida a escala mais frequentemente mencionada nos dias de hoje: a **escala Richter.** Quando essa escala foi criada, em 1935, a partir de medidas e fórmulas matemáticas, pôde-se classificar a energia liberada pelos terremotos e as consequências ocasionadas e atribuir-lhes valores (de 0 a 9), ou seja, por essa escala medi-

mos a **magnitude** de um terremoto. Por exemplo, o terremoto que abalou o Japão em 11 de março de 2011 – e que tantas mortes provocou – foi classificado pela escala Richter como sendo de magnitude 8,9.

Agora, atenção quando você ouvir ou ler uma notícia sobre terremotos, pois os termos *intensidade* (forte, fraco, moderado, muito forte etc.) e *magnitude* (de 0 a 9) não são sinônimos, apesar de ambos darem uma ideia da dimensão do abalo sísmico.

Magnitude na escala Richter	Consequências dos tremores
Menor do que 3,9	Raramente causam danos.
De 4,0 a 4,9	Danos pouco importantes.
De 5,0 a 6	Grandes danos em edificações precárias, mas pequenos danos em edificações bem estruturadas.
De 6,1 a 6,9	Destruição em um raio de mais de 100 km a partir do epicentro.
De 7,0 a 8,9	Sérios danos em uma área vastíssima.
Acima de 9,0	A devastação atinge milhares de quilômetros a partir do epicentro.

Vulcões

Com o movimento das placas tectônicas, podem surgir "fendas" na litosfera que se tornam um caminho para que o magma, que se encontra no interior da Terra, suba para a superfície. Mas nem sempre essa fenda chega até a superfície terrestre. Quando isso não ocorre e o magma não encontra como sair, ele vai se acumulando em uma espécie de reservatório até que, de tão cheio, ocorre uma erupção vulcânica.

Erupção vulcânica: liberação violenta de cinzas, rochas e magma para fora de um vulcão.

Lembre-se!

O magma quando sobe à superfície recebe o nome de **lava**.

CORBAC40/SHUTTERSTOCK

chaminé

placa tectônica

movimento da placa

movimento da placa

câmara magmática

movimento da placa

Esquema de um vulcão. Observe que o magma que se encontra no interior da Terra sobe através de fenda entre as placas tectônicas e se acumula em um reservatório chamado câmara magmática. Quando a pressão nessa câmara ultrapassa determinado limite, o magma sobe de forma violenta e é lançado para a superfície do planeta.

É SEMPRE BOM SABER MAIS! ▪

Os vulcões também podem ser formados quando duas placas se chocam e uma delas curva-se para baixo, desloca-se sob a outra e mergulha para o interior da Terra. A parte que mergulha atinge a camada líquida e superaquecida do manto, derrete e se incorpora ao magma. O magma, submetido a grandes pressões, escapa para a superfície.

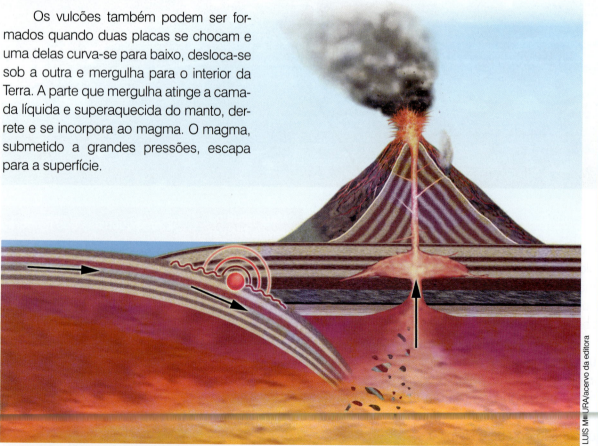

LUIS MOURA/acervo da editora

Jogo rápido

Analise o mapa ao lado. Que relação você observa entre a localização dos vulcões (faixa vermelha) e as placas tectônicas? Em que região do planeta há maior concentração deles? Por que o Brasil é menos abalado por terremotos de grande intensidade?

Fonte: ATLAS Geográfico Escolar: ensino fundamental do 6º ao 9º ano/IBGE. Rio de Janeiro: IBGE, 2010. p.103. Adaptação.

MAPA DOS VULCÕES ATIVOS DO MUNDO

Círculo Polar Ártico

PLACA NORTE-AMERICANA

PLACA EURÁSIA

PLACA ARÁBICA

PLACA CARIBENHA

Trópico de Câncer

PLACA DAS FILIPINAS

PLACA DO PACÍFICO

PLACA DE COCOS

Equador

Trópico de Capricórnio

PLACA DE NAZCA

PLACA SUL-AMERICANA

PLACA AFRICANA

PLACA INDO-AUSTRALIANA

ESCALA
0   2.900   5.800
km

PLACA ANTÁRTICA

ANA OLÍVIA JUSTO/acervo da editora

Apesar da destruição e alterações atmosféricas produzidas pelas erupções vulcânicas, há um efeito positivo que o tempo se encarrega de revelar. Quando as cinzas vulcânicas se depositam no solo, o tornam fértil para a atividade agrícola.

Nosso desafio

Para preencher os quadrinhos de 1 a 11, você deve utilizar as seguintes palavras: afastamento, deslizamento, fósseis, Gondwana, Laurásia, litosfera, Pangea, placas tectônicas, terremotos, vulcões, Wegener.

À medida que você preencher os quadrinhos, risque a palavra que escolheu para não usá-la novamente.

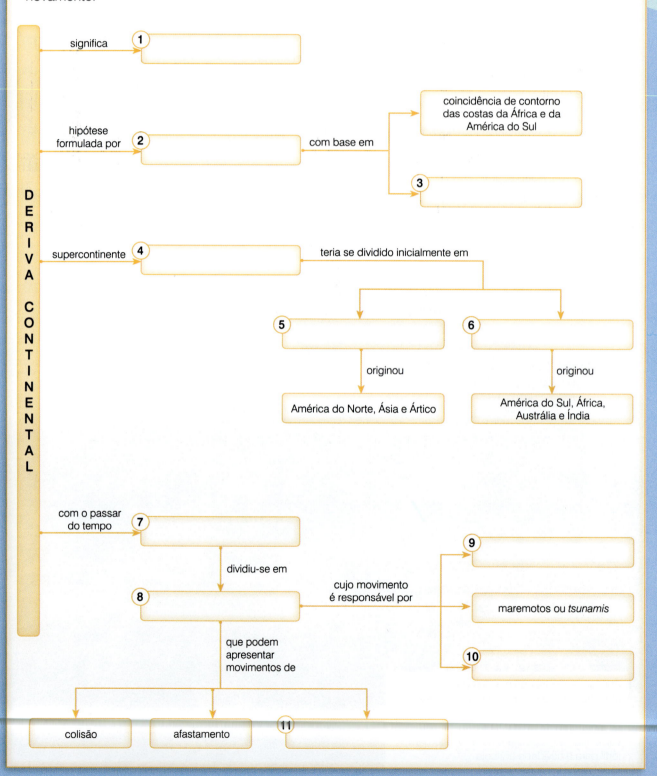

Atividades

1. **[3, 7, 9]** Quando, em 1864, o francês Júlio Verne escreveu "Viagem ao Centro da Terra", pouco se conhecia a respeito do interior do planeta. A narrativa descreve uma grande galeria em que é possível a existência de vida a milhares de metros de profundidade. Hoje, sabemos que isso é impossível. Escreva um pequeno texto explicando os porquês da impossibilidade de tal viagem.

2. **[3, 7, 9, 12]** Spirit e Opportunity são robôs exploradores enviados pela NASA para Marte. Pousaram no planeta em janeiro de 2004 e sua missão foi considerada um sucesso. No entanto, não é possível enviarmos robôs para investigar o núcleo do nosso próprio planeta. Explique por que é tão difícil enviarmos equipamentos em direção ao centro da Terra.

3. **[7, 8, 9]** Se fosse possível filmar a Terra do espaço, desde a sua formação até hoje, e esse filme fosse acelerado transformando séculos em segundos, o filme mostraria um planeta em que os continentes estariam constantemente em movimento, colidindo ou se afastando. Daqui a alguns milhões de anos, provavelmente nosso planeta será muito diferente. Escreva um pequeno texto explicando por que a Terra é um planeta com uma estrutura tão dinâmica.

4. **[1, 3, 6, 7, 9, 10]** No mapa "As grandes Placas Tectônicas", localize o continente sul-americano, onde o Brasil se encontra.
   a) Qual é o nome da placa tectônica sobre a qual esse continente está apoiado?
   b) Quais são os nome das placas tectônicas situadas a leste e a oeste da placa que contém a América do Sul?

5. **[1, 3, 6, 7, 9, 10]** Cite duas evidências que contribuíram para comprovar a hipótese de que os continentes africano e sul-americano um dia estiveram unidos.

6. **[1, 3, 6, 7, 9, 10]** A América do Sul está se afastando da África com uma velocidade que pode chegar a 8,8 cm/ano. Parece pouco, mas em 100 anos os continentes terão se distanciado 880 cm, ou seja, 8 metros e 80 centímetros. Supondo que os continentes continuem se afastando com a mesma velocidade, calcule o seu afastamento em metros após 1 milhão de anos.

7. **[1, 7, 9, 10]** Como ocorre a formação dos vulcões?

8. **[1, 7, 9, 10]** Por que ocorrem terremotos?

9. **[1, 7, 9, 10]** No Brasil, principalmente na região que vai do estado de São Paulo ao Rio Grande do Sul, há grandes extensões de terras-roxas, muito férteis para a atividade agrícola. Qual é a origem dessas terras?

Navegando na net

A aproximação do *tsunami* ocorrido no Japão em 2011 e seus efeitos podem ser vistos no vídeo disponível, entre outros *sites* interessantes, em

<https://www.youtube.com/watch?v=5K6evRtpdAw>

Aproveite e visite o endereço

<https://www.youtube.com/watch?v=GSpvbjpCP8U>

para conhecer dados sobre o maior terremoto da Terra já registrado (até out. 2018). (*Acesso em:* 14 out. 2018.)

Descarbonização da atmosfera

No mês de outubro de 2018, representantes de aproximadamente 130 países e inúmeros cientistas se reuniram na cidade de Incheon, na Coreia do Sul, com uma preocupação: como limitar o aumento da temperatura terrestre a 1,5 °C em relação à era pré-industrial e, assim, moderar o incremento do aquecimento global?

Segundo dados recentes, já estamos com aumento de quase 1 °C em relação à era pré-industrial e, para piorar, as emissões dos chamados gases de estufa, entre eles o gás carbônico e o gás metano, continuam aumentando. Seguramente, se a temperatura chegar a aumentar 2 °C, são previstas muitas ocorrências danosas ao ambiente, tais como aumento do nível dos oceanos com derretimento das calotas polares e, também, muitas tragédias, associadas a *tsunamis*, furacões e outras tempestades que, conforme se verificou nos últimos meses do ano de 2018, acarretaram perdas de muitas vidas em várias regiões.

E qual é o desafio? Consiste na adoção de medidas que atenuem a emissão dos gases de estufa e diminuam o risco do incremento do aquecimento global. Para isso, os governos precisam implementar ações que reduzam as emissões dos tais gases e, efetivamente, executar o que há tempos se denomina de *descarbonização da atmosfera*.

Segundo estimativas científicas, em 2030 as emissões mundiais de gases de estufa precisarão cair em cerca de 40% e, pela metade do século atual, as sociedades teriam de ter emissões líquidas zero. Com isso, deve-se estimular, entre outras medidas, o fim da utilização de veículos que se locomovem com combustíveis derivados de petróleo, como a gasolina e o diesel, além de desestimular a construção e utilização de usinas a carvão e termelétricas.

O chamado IPCC – Painel Intergovernamental sobre Mudanças Climáticas, composto de representantes de vários países, deve comunicar aos governos os riscos que corremos ao descumprir as metas do chamado Acordo de Paris (2017), o primeiro pacto sobre o clima desde a realização do protocolo de Kyoto (1997), com medidas sugeridas para a atenuação dos impactos ambientais decorrentes do excesso de emissão de gases de estufa. O ideal é partir para a utilização de energias alternativas, não poluentes e, com isso, contribuir para que nosso planeta possa abrigar os estimados 10 bilhões de habitantes que se preveem para daqui a alguns anos. E, para isso, é preciso coragem e vontade política com uma única finalidade: manter a sustentabilidade do planeta Terra.

Sugira algumas modalidades de energias alternativas, não poluentes, que poderiam ser estimuladas no sentido de evitar o colapso ambiental que se prevê com o aumento da temperatura, caso as medidas atenuadoras de emissão de gases de estufa não sejam adotadas.

TecNews

O que há de mais moderno no mundo da Ciência!

Risco de terremoto no Brasil?

No dia 2 de maio de 2017, ocorreu um terremoto de magnitude 4,0 na fronteira entre o Peru e a Bolívia, detectado pela Rede Sismográfica Brasileira (RSBR), da qual faz parte o Centro de Sismologia da Universidade de São Paulo. Por meio de vários estudos, cientistas identificaram os tipos e a direção das tensões que causam movimentação das falhas geológicas, com ruptura de grandes blocos de rochas superficiais, cuja quebra pode liberar energia suficiente que se expressa na forma de terremotos.

E no Brasil, qual é a probabilidade de que tremores de terra venham a ocorrer com magnitude considerável? "A caracterização da direção e do tipo dos movimentos das falhas geológicas ajudou a compreender as tensões que geraram os três tremores registrados nas últimas décadas no estado do Amazonas, e o maior de todos já ocorrido no Brasil. Em 1690, um terremoto com magnitude estimada em 7,0 revirou a terra, derrubou árvores e ergueu no rio Amazonas ondas que alagaram povoados, a 45 km de onde hoje é Manaus, de acordo com o relato de jesuítas da época."

"A ruptura das rochas sob a superfície é o resultado da compressão ou do estiramento da crosta. Os dois efeitos expressam a pressão aplicada principalmente pela expansão da cordilheira meso-oceânica, que ocupa a região central do oceano Atlântico, e pelo mergulho da placa tectônica de Nazca sob a placa Sul-americana, sobre a qual está o Brasil. Constatamos que a maioria dos terremotos da região Sudeste e do Pantanal são gerados por tensões que concordam com essa compressão leste-oeste", afirma Fabio Luiz Dias, pesquisador da USP, atualmente no Observatório Nacional, no Rio de Janeiro, e um dos autores de importante estudo relacionado a movimentos horizontais e verticais das falhas geológicas, os chamados mecanismos focais, associados a quase 400 terremotos ocorridos na América do Sul, a maioria ao longo da cordilheira dos Andes, e 76 que ocorreram no Brasil."

As informações da RSBR indicaram as regiões com maior risco de serem atingidas por tremores de terra: os estados do Ceará e Rio Grande do Norte, o sul de Minas Gerais e o Pantanal mato-grossense, de acordo com o mapa de risco sísmico apresentado em dezembro de 2016 no Boletim da Sociedade Brasileira de Geofísica.

Como se pode perceber, nosso país não está livre da ocorrência de abalos sísmicos, popularmente conhecidos como terremotos, que nos últimos meses de 2018 atingiram vários países. Resta torcer para que essas manifestações naturais da crosta terrestre não sejam tão danosas e prejudiciais ao continente sul-americano e ao Brasil.

Fonte: BATISTA, E. L. Tensão sob a terra. Caracterização dos movimentos de falhas geológicas na crosta elucida tremores sísmicos no Brasil. *Revista Pesquisa Fapesp*, São Paulo, edição 256, jun. 2017.

Investigando

Pesquise na internet as prováveis causas da ocorrência de abalos sísmicos e identifique as regiões e países que, nos últimos anos, foram mais afetados por esse tipo de movimento da crosta terrestre.

BIBLIOGRAFIA

ANDERY, M. A. *et al. Para Compreender a Ciência*. Rio de Janeiro: Garamond, 2007.

BRESINSKY, A. *et al. Tratado de Botânica de Strasburger*. 36. ed. Porto Alegre: Artmed, 2012.

BRUSCA, R. C.; BRUSCA, G. J. *Invertebrados*. 2. ed. Rio de Janeiro: Guanabara Koogan, 2007.

CANIATO, R. *As Linguagens da Física*. São Paulo: Ática, 1990. (coleção Na sala de aula).

CHALMERS, F. A. *O que É Ciência Afinal?* São Paulo: Brasiliense, 1993.

CHANG, R. *Chemistry*. 9. ed. New York: McGraw-Hill, 2007.

CLEMENTS, J. *Darwin's Notebook* – the life, times and discoveries of Charles Robert Darwin. Philadelphia: The History Press, 2009.

CUNNINGHAM, W.; CUNNINGHAM, M. A. *Environmental Science* – a global concern. 10. ed. New York: McGraw-Hill, 2008.

LEPSCH, I. F. *Formação e Conservação dos Solos*. São Paulo: Oficina de Textos, 2010.

MILLER, T. G. *Living in the Environment* – principles, connections, and solutions. 13. ed. Belmont: Cengage Learning, 2004.

NELSON, D. L.; COX, M. M. *Lehninger Principles of Biochemistry*. 5. ed. New York: W. H. Freeman, 2008.

POUGH, F. H.; JANIS, C. M.; HEISER, J. B. *Vertebrate Life*. 6. ed. New Jersey: Prentice-Hall, 2002.

PRESS, F. *et al. Para Entender a Terra*. 4. ed. Porto Alegre: Artmed, 2008.

RAVEN, P. H.; EVERT, R. F.; EICHHORN, S. E. *Biology of Plants*. 7. ed. New York: W. H. Freeman, 2005.

SILVERTHORN, D. U. *Fisiologia Humana* – uma abordagem integrada. 5. ed. Porto Alegre: Artmed, 2010.

STARR, C. *et al. Biology* – the unity and diversity of life. 13. ed. Stamford: Brooks/Cole, 2009.

TAIZ, L.; ZEIGER, E. *Plant Physiology*. 3. ed. Sunderland: Sinauer Associates, 2002.